全国高等职业教育财会类规划教材——工学结合项目化系列

财务管理项目化教程

（第2版）

郑明望　主　编
周　浩　副主编

電子工業出版社
Publishing House of Electronics Industry
北京・BEIJING

前　　言

财务管理是高职学院会计专业的一门专业课程。随着经济的发展，财务管理在现代企业中起着越来越重要的作用，许多注重管理的企业都建立了以财务管理为核心的管理模式。

为贯彻《国家中长期教育改革和发展规划纲要（2010—2020）》和教育部《2016年教育信息化工作要点》精神，推进教育教学改革，编者根据高职高专会计专业教学的实际情况，结合多年教学、实践工作经验，遵循“就业导向、能力本位、持续发展”的高职教育理念，按照高职高专教育“教、学、做”一体化的要求，基于财务管理工作岗位工作过程系统化，设置财务管理基本知识认知、财务管理的基本价值观念、预算管理、筹资管理、投资管理等8个学习情境，每个学习情境分为若干单元，从实际工作情境入手，按照任务描述、知识准备、任务实施等环节进行设计，着力体现“教、学、做、测、评”一体和“以学生为主体、以教师为主导、以训练为主线”的课程教学改革新思路。

本书由湖南化工职业技术学院郑明望教授担任主编，由湖南化工职业技术学院周浩老师担任副主编。具体的编写工作分工如下：学习情境一由郑明望编写；学习情境二由湖南化工职业技术学院蔡丽编写；学习情境三由湖南化工职业技术学院朱再英编写；学习情境四由周浩编写；学习情境五由湖南化工职业技术学院黄波兰编写；学习情境六由湖南化工职业技术学院苏蓉编写；学习情境七由湖南化工职业技术学院张红编写；学习情境八由湖南化工职业技术学院王丽平编写。

本书在编写过程中得到湖南化工职业技术学院党委书记刘望教授的大力支持，电子工业出版社为本书的统稿付出了辛勤的劳动，同时，本书的编写参考了国内外许多同类教材和著作，在此一并表示衷心的感谢。

财务管理的理论与方法及其实践的总结，当前仍处在不断发展与探索中，虽然我们为编写本书付出了艰辛的努力，但由于时间仓促，编者水平有限，书中仍存在不足及疏漏之处，恳请读者批评指正。

编　者

2017年5月

目　　录

学习情境一　财务管理基本知识的认知

知识要点

（1）掌握财务管理的内容，掌握财务管理目标理论的各种观点。
（2）熟悉财务管理的环节，熟悉财务管理的技术、经济、金融和法律环境。
（3）了解财务管理体制。

核心概念

财务活动　财务关系　财务管理　企业价值最大化　财务预测　财务决策　财务预算　财务控制　财务分析　经济环境　财务管理环境　金融市场　利息率　法律环境

情境导入

刘冰是刚从旅游学院毕业的学生，他决定自主创业。他根据所学的专业知识，结合自己积累的一些实习经验，通过请教导师，经过反复可行性论证后，决定开设一家旅行社。

刘冰在实习期间考察过几家旅行社，对经营有一定的了解，但创建旅行社他认为需要解决以下几个问题：旅行社的选址与设计；旅行社筹建期间的费用预算；如何筹集旅行社所需资金；如何经营旅行社；如何协调旅行社未来发展规划问题。

【思考】

假设你是旅行社的财务管理者，应如何为他规划、管理与财务相关的问题？

单元一　财务管理的内容

一、财务管理的含义与内容

在商品经济条件下，社会产品是使用价值和价值的统一体。企业再生产过程也表现为使用价值的生产与交换过程和价值的形成与实现过程的统一。在这个过程中，劳动者将生产中消耗掉的生产资料的价值转移到产品中去，并且创造出新的价值，通过实物商品的出售或者提供劳务，使转移价值和新创造的价值得以实现。在企业再生产过程中，商品价值的货币表现就是资金，资金的实质是再生产过程中运动着的价值。资金离不开实物商品，又不等于实物商品，它是实物商品的价值方面，体现抽象的人类劳动，而不论其使用价值如何。资金不能离开再生产过程，离开了再生产过程，既不存在价值的转移也不存在价值的增值，也就是说，不处于再生产过程中的财产不是资金。

在企业生产经营过程中，实物商品不断地变化，实物商品的价值形态也不断地发生变化，由一种形态转化为另一种形态，周而复始，不断循环，形成了资金运动。所以，企业的生产经营过程，一方面表现为实物商品或者服务的运动过程；另一方面表现为资金的运动过程。资金运动不仅以资金循环的形式而存在，而且伴随再生产过程的不断进行，因此，资金运动也表现为一个周而复始的周转过程。资金运动是企业再生产过程的价值方面，它以价值形式综合地反映着企业的再生产过程。企业的资金运动，构成企业经济活动的一个独立方面，这就是企业的财务活动。

企业的资金运动，从表面上看是钱和物的增减变动。其实，钱和物的增减变动都离不开人与人之间的经济利益关系。

一言以蔽之，企业财务是指企业在再生产过程中客观存在的资金运动及其所体现的经济利益关系。前者称为财务活动，后者称为财务关系。

财务管理是企业组织财务活动、处理财务关系的一项综合性的管理工作。

二、财务活动

企业的财务活动包括筹资、投资、资金营运和资金分配等一系列经济活动。

1. 筹资活动

企业组织商品运动必须以一定的资金为前提，也就是说，企业从各种渠道以各种形式筹集资金，筹资是资金运动的起点。所谓筹资是指企业为了满足投资、日常运营和调整资本结构的需要，筹措所需资金的过程。在筹资过程中，企业一方面要确定筹资的总规模，以保证投资所需要的资金；另一方面要通过筹资渠道、筹资方式或者工具的选择，合理确定筹资结构，以降低资本成本和筹资风险。

从整体上看，任何企业都可以从两方面筹资并形成两种性质的资金来源：一是权益性资金，它是企业通过向投资者吸收直接投资、发行股票、企业内部留存收益等方式取得，其投资者包括国家、法人、个人等；二是债务性资金，它是企业通过向银行借款、发行债券、融资租赁等方式取得。企业筹集资金，表现为企业资金的流入。企业偿还借款、支付利息、股利，以及付出各种筹资费用等，则表现为企业资金的流出。这种因为资金筹集而产生的资金收支，便是由企业筹资而引起的财务活动，是企业财务管理的主要内容之一。

2. 投资活动

企业取得资金后必须将资金投入使用，以谋求最大的经济效益与社会效益，增加企业价值。企业投资可以分为广义投资和狭义投资两种。广义投资是指企业将筹集的资金投入使用的过程，包括企业内部使用资金的过程（如购置流动资产、固定资产、无形资产等），以及对外投放资金的过程（如投资购买其他企业的股票、债券或者与其他企业联营等）。狭义投资仅指对外投资。无论企业购买内部所需资产，还是购买各种证券，都需要支付资金。而当企业变卖其对内投资形成的各种资产或者收回其对外投资时，则会产生资金的收入。这种因企业投资而产生的资金的收付，便是由投资而引起的财务活动。

另外，企业在投资过程中，必须考虑投资的规模，也就是在怎样的投资规模下，企业的经济效益最佳；而且，企业还必须通过投资方向和投资方式的选择，确定合理的投资结构，以提高投资效益、降低投资风险。所有这些投资活动都是财务管理的内容之一。

3. 资金营运活动

企业在日常生产经营过程中，会发生一系列的资金收付行为。首先，企业要采购材料或者商品，以便从事生产经营活动，同时，还要支付职工工资和其他营业费用；其次，当企业把商品销售出去后，便可取得销售收入，收回资金；最后，如果企业现有资金不能满足企业日常经营的需要，还要采取短期借款方式来筹集所需资金。为满足日常营业活动的需要而垫支的资金，称为营运资金。因企业日常经营而引起的财务活动，称为资金营运活动。

在一定时期内，营运资金周转越快，资金的利用效率就越高，企业就可能生产出更多的产品，取得更多的收入，获得更多的报酬。

企业需要确定合理的营运资金持有政策、合理的营运资金融资政策以及合理的营运资金管理策略，具体包括现金和交易性金融资产持有计划的确定；应收账款的信用政策确定；最佳存货持有量的确定；短期借款和商业信用筹资计划的确定；等等。因此，如何加速资金周转，提高资金使用效率，也是财务管理的主要内容之一。

4. 资金分配活动

企业通过投资和资金营运活动可以取得相应的收入，并实现资金的增值。企业取得的各种收入在补偿成本、缴纳税金之后，还应依据有关法律对剩余收益进行分配。广义地说，分配是对各种收入进行分割和分派的行为；而狭义的分配则是对净利润的分配。

企业通过投资取得的收入，如销售收入，首先要用以弥补生产经营耗费，缴纳流转税，其余部分为企业的营业利润。营业利润和投资净收益、营业外收支净额等构成企业的利润总额。利润总额首先要按国家规定缴纳所得税，净利润要提取公积金，分别用于扩大积累、弥补亏损等，其余利润作为投资者的收益分配给投资者或者暂时留存于企业或者作为投资者的追加投资。值得说明的是，企业筹集的资金归结为所有者权益和负债两个方面，在对这两种资金分配报酬时，前者是通过利润分配的形式进行的，属于税后分配；后者是通过将利息等计入成本费用的形式进行分配的，属于税前分配。

另外，随着分配过程的进行，资金或者退出或者留存于企业，它必然会影响企业的资金运动，这不仅表现在资金运动的规模上，而且表现在资金运动的结构上，如筹资结构。因此，在依据一定的法律原则下，如何合理确定分配规模和分配方式，以使企业的长期利益最大，也是财务管理的主要内容之一。

上述财务活动的四个方面，不是相互割裂、互不相关的，而是紧密联系、相互依存的。上述互相联系又互相区别的四个方面，构成了完整的企业财务活动，这四个方面也就是企业财务管理的基本内容。

三、财务关系

企业财务关系是指企业在组织财务活动过程中与有关各方面所发生的经济利益关系，企业资金的筹集、投放、使用、收入和分配，与企业上下左右各方面有着广泛的联系。企业的财务关系可概括为以下几个方面。

1. 企业与投资者之间的财务关系

这主要是指企业的投资者向企业投入资金，企业向其投资者支付投资报酬所形成的经济关系。企业的所有者主要包括国家、法人和个人。企业的所有者要按照投资合同、协议、章程的约定履行出资义务以便及时形成企业的资本。企业利用资本进行营运，实现利润后，应该按照出资比例或者合同、章程的规定，向其所有者支付报酬。一般而言，所有者的出资不同，他们各自对企业承担的责任也不同，相应地对企业享有的权利和利益也不相同。

2. 企业与债权人之间的财务关系

这主要是指企业向债权人借入资金，并按借款合同的规定按时支付利息和归还本金所形成的经济关系。企业除利用资本进行经营活动外，还要借入一定数量的资金，以便降低企业资金成本，扩大企业经营规模。企业的债权人主要有债券持有人、贷款机构、商业信用提供者、其他出借资金给企业的单位和个人。企业利用债权人的资金，要按约定的利息率，及时向债权人支付利息；债务到期时，要合理调度资金，按时向债权人归还本金。企业同其债权人的财务关系在性质上属于债务与债权关系。

3. 企业与受资者之间的财务关系

这主要是企业以购买股票或者直接投资的形式向其他企业投资所形成的经济关系。随着市场经济不断地深入发展，企业经营规模和经营范围地不断扩大，这种关系将会越来越广泛。企业向其他单位投资，应按约定履行出资义务，并依据其出资份额参与受资者的经营管理和利润分配。企业与受资者的财务关系是体现所有权性质的投资与受资关系。

4. 企业与债务人之间的财务关系

这主要是指企业将其资金以购买债券、提供借款或者商业信用等形式出借给其他单位所形成的经济关系。企业将资金借出后，有权要求其债务人按约定的条件支付利息和归还本金。企业同其债务人的关系体现的是债权与债务关系。

5. 企业内部各单位之间的财务关系

这主要是指企业内部各单位之间在生产经营各环节中相互提供产品或者劳务所形成的经济关系。企业内部各职能部门和生产单位既分工又合作，共同形成一个企业系统。只有这些子系统功能的执行与协调，整个系统才能具有稳定功能，从而达到企业预期的经济效益。因此，企业在实行企业内经济核算制和企业内部经营责任制的条件下，企业供、产、销各个部门，以及各个生产单位之间，相互提供劳务和产品也要计价结算。这种在企业内部形成的资金结算关系，体现了企业内部各单位之间的利益关系。

6. 企业与职工之间的财务关系

这主要是指企业向职工支付劳动报酬过程中所形成的经济关系。职工是企业的劳动者，他们以自身提供的劳动作为参加企业分配的依据。企业根据劳动者的劳动情况，用其收入向职工支付工资、津贴和奖金等，体现着职工个人和集体在劳动成果上的分配关系。

7. 企业与政府之间的财务关系

中央政府和地方政府作为社会管理者，担负着维持社会正常秩序、保卫国家安全、组织和管理社会活动等任务，行使政府行政职能。政府依据这一身份，无偿参与企业利润的分配。企业必须按照税法规定向中央和地方政府缴纳各种税款，包括所得税、流转税、资源税、财产税和行为税等。这种关系体现一种强制和无偿的分配关系。

【课堂讨论】

如何理解财务活动和财务关系？

单元二 财务管理目标

一、企业财务管理目标的含义与种类

财务管理是企业组织财务活动、处理财务关系的一项综合性管理工作，是企业管理的重要组成部分。任何管理工作都是有目的的行为，财务管理也不例外。财务管理目标是企业进行财务管理所要希望实现的结果，是财务管理工作的起点，是财务人员工作实践的出发点和归宿，是评价财务活动是否合理的标准。制定正确的财务管理目标是企业做好财务管理工作的前提条件。

首先，值得注意的是，财务管理目标的设置，必须要与企业整体发展的战略目标相一致，符合企业长期发展战略的需要，体现企业发展战略的意图。

其次，财务管理目标还应具有“与时俱进”性和相对稳定性。“与时俱进”性是指随着一定的政治、经济、文化等环境因素的变化，财务管理目标也可能发生变化，人们对财务管理目标的认识也会不断深化。如我国计划经济体制下，财务管理是围绕国家下达的产值指标来进行的，所以那时的财务管理目标可以看作是“产值最大化”。改革开放初期，企业经营活动的中心从关注产值转变为关注利润，这时的财务管理目标就是“利润最大化”。在构建和谐社会的当代，企业是多边契约关系的总和，企业的发展壮大是股东、债权人、员工、企业经营者、客户、供应商和政府等相关利益者共同努力作用的结果，只有正确处理这些相关利益者的关系，企业才可能保持可持续发展，这时的财务管理目标就是相关者利益最大化。从长期来看，财务管理目标是变化的，但从短期来看，财务管理目标是相对稳定的，财务管理目标的变化性并不是否定其相对稳定性，只有相对稳定的财务管理目标才具有实际的指导意义，因此，在一定时期内，财务管理目标应保持相对稳定。

最后，财务管理目标具有层次性。财务管理目标的层次性是指总目标的分解，即把企业财务管理总目标分解到企业的各个部门，形成部门目标，甚至进一步分解到班组和岗位。特别值得注意的是，财务管理目标的分解应该与企业战略目标的分解同时进行，以保证财务管理目标的落实与企业战略目标的落实相一致。

企业财务管理目标有以下几种代表性的模式。

（一）利润最大化目标

利润最大化目标就是假定在企业的投资预期收益确定的情况下，财务管理行为将朝着有利

于企业利润最大化的方向发展。以追逐利润最大化作为财务管理的目标，其主要原因有三：一是人类从事生产经营活动的目的是为了创造更多的剩余产品，在商品经济条件下，剩余产品的多少可以用利润这个价值指标来衡量；二是在自由竞争的资本市场中，资本的使用权最终属于获利最多的企业；三是只有每个企业都最大限度地获得利润，整个社会的财富才可能实现最大化，从而带来社会的进步和发展。在社会主义市场经济条件下，企业作为自主经营的主体，所创利润是企业在一定期间全部收入和全部费用的差额，是按照收入与费用配比原则加以计算的，它不仅可以直接反映企业创造剩余产品的多少，而且也从一定程度上反映出企业经济效益的高低和对社会贡献的大小。同时，利润是企业补充资本、扩大经营规模的源泉。因此，以利润最大化作为理财目标是有一定的道理的。

利润最大化目标的主要优点是企业若追求利润最大化，就必须讲究经济核算，加强管理，改进技术，提高劳动生产率，降低产品成本。这些措施都有利于企业资源的合理配置，有利于企业整体经济效益的提高。

但是，以利润最大化作为财务管理的目标存在以下缺陷。

（1）没有考虑利润实现的时间和资金时间价值。比如，今年 100 万元的利润和 10 年以后同等数量的利润其实际价值是不一样的，10 年间还会有时间价值的增加，而且这一数值会随着贴现率的不同而有所不同。

（2）没有反映创造的利润与投入的资本之间的关系，因而不利于不同资本规模的企业或者同一企业不同期间之间的比较。

（3）没有考虑风险问题。不同行业具有不同风险，同等利润值在不同行业中的意义也不相同，比如风险比较高的高科技企业和风险相对较小的制造企业无法进行简单比较。

（4）片面追求利润最大化，可能导致企业短期行为，如忽视产品开发、生产安全、技术装备水平、生活福利设施、履行社会责任等。

（二）股东财富最大化

股东财富最大化是指企业财务管理以实现股东财富最大为目标。在上市公司，股东财富是由其拥有的股票数量和股票市场价格两方面决定的。在股票数量一定时，股票的价格达到最高，股东财富也就达到最大。

与利润最大化目标相比，股东财富最大化主要具有以下几点优点。

（1）考虑了风险因素，因为股价通常会对风险做出较敏感的反应。

（2）在一定程度上能避免企业的短期行为，因为不仅目前的利润会影响股票价格，预期未来的利润同样会对股价产生重要影响。

（3）对上市公司而言，股东财富最大化目标容易量化，便于考核和奖惩。

以股东财富最大化作为财务管理的目标也存在以下缺点。

（1）通常只适应于上市公司，非上市公司难以应用，因为非上市公司无法像上市公司一样随时准确获得公司股价。

（2）股价受众多因素的影响，特别是企业外部的因素，有些还可能是非正常因素。股价不能完全准确反映企业财务管理状况，比如有的上市公司处于破产的边缘，但由于可能存在某些机会，其股票市价可能还在走高。

（3）它强调得更多的是股东利益，而对其他相关者的利益重视不够。

（三）企业价值最大化

企业价值最大化是指财务管理行为以实现企业的价值最大为目标。企业价值可理解为企业所有者权益的市场价值，或者是企业能创造的未来现金流量的现值。未来现金流量这一概念，包含了资金时间价值和风险价值两个方面的因素。因为未来现金流量的预测包含了不确定性的风险因素，而现金流量的现值是以资金时间价值作为基础进行折现计算出来的。

企业价值最大化要求企业通过最优的财务政策，充分考虑资金时间价值和风险与报酬的关系，在保证企业长期稳定发展的基础上使企业总价值达到最大。

以企业价值最大化作为财务管理的目标，具有以下优点。

（1）考虑了取得报酬的时间，并用资金时间价值的原理进行了计量。

（2）考虑了风险与报酬的关系。

（3）将企业长期、稳定的发展和持续的获利能力放在首位，能克服企业在追求利润上的短期行为，因为不仅目前的利润会影响企业的价值，预期未来的利润对企业价值的增加也会产生重大影响。

（4）用价值代替价格，克服了过多受外界市场因素的干扰，有效地规避了企业的短期行为。

但是，以企业价值最大化作为财务管理的目标也存在以下问题。

（1）企业的价值过于理论化，不易操作。尽管对于上市公司，股票价格的变动在一定程度上揭示了企业价值的变化，但是股价是由多种因素共同作用的结果，特别是在资本市场效率低下的情况下，股票价格很难反映企业的价值。

（2）对于非上市公司，只有对企业进行专门的评估才能确定其价值，而在评估企业资产时，由于受评估标准和评估方式的影响，很难做到客观和准确。

近年来，随着上市公司数量的增加，以及上市公司在国民经济中的地位、作用的增强，企业价值最大化目标逐渐得到了认可。

（四）相关者利益最大化

在现代企业是多边契约关系的总和前提下，要确立科学的财务管理目标，首先就要考虑哪些利益关系会对企业发展产生影响。在市场经济中，企业的理财主体更加细化和多元化。股东作为企业所有者，在企业中承担着最大的权利、义务、风险和报酬，但是债权人、员工、企业经营者、客户、供应商和政府也为企业承担着以下几个方面的风险。

（1）随着举债经营的企业越来越多，举债比例和规模不断扩大，使得债权人的风险大大增加。

（2）在社会分工细化的今天，由于简单劳动越来越少，复杂劳动越来越多，使得职工的再就业风险不断增加。

（3）在现代企业制度下，企业经理人受所有者委托，作为代理人管理和经营企业，在激烈的市场竞争和复杂多变的形势下，代理人所承担的责任越来越大，风险也随之增大。

（4）随着市场竞争和经济全球化的影响，企业与客户及企业与供应商之间不再是简单的买卖关系，更多的情况下是长期的伙伴关系，处于一条供应链上，并共同参与同其他供应链的竞争，因而与企业共同承担一部分风险。

（5）政府不管是作为出资人，还是作为监督机构，都与企业各方的利益密切相关。

综合上述，企业利益的相关者不仅包括股东，还包括债权人、企业经营者、客户、供应商、员工、政府等。因此，在确定企业财务管理目标时，不能忽视这些相关利益群体的利益。

相关者利益最大化目标的具体内容包括以下几个方面。

（1）强调风险与报酬的均衡，将风险限制在企业可以承受的范围内。

（2）强调股东的首要地位，并强调企业与股东之间的协调关系。

（3）强调对代理人即企业经营者的监督和控制，建立有效的激励机制以确保企业战略目标的顺利实施。

（4）关心本企业普通职工的利益，创造优美和谐的工作环境和提供合理恰当的福利待遇，培养职工长期努力为企业工作。

（5）不断加强与债权人的关系，培养可靠的资金供应者。

（6）关心客户的长期利益，以便保持销售收入的长期稳定增长。

（7）加强与供应商的协作，共同面对市场竞争，并注重企业形象的宣传，遵守承诺，讲究信誉。

（8）保持与政府部门的良好关系。

以相关者利益最大化作为财务管理目标，具有以下几方面的优点。

（1）有利于企业稳定、长期发展。这一目标注重企业在发展过程中考虑并满足各利益相关者的利益关系。在追求长期稳定发展的过程中，站在企业角度上进行投资研究，避免站在股东的角度进行投资可能导致的一系列问题。

（2）体现了合作共赢的价值理念，有利于实现企业经济效益与社会效益的统一。由于兼顾了企业、股东、政府、客户等多方面的利益，企业就不仅仅是一个牟利的组织，还承担了一定的社会责任。企业在寻求其自身发展和利益最大化的过程中，由于客户及其他相关者的利益，就会依法经营、依法管理，正确处理各种财务关系，自觉维护和确保国家、集体和社会公众的合法权益。

（3）这个目标本身是一个多元化、多层次的目标体系，较好地兼顾了各利益主体的利益。这一目标可使企业各利益主体相互作用、相互协调，并在使企业利益、股东利益达到最大化的同时，也使其他相关者利益达到最大化。也就是将企业这块“蛋糕”做到最大的同时，保证每个利益主体得到的“蛋糕”更多。

（4）体现了前瞻性和现实性的统一。比如，企业作为相关利益者之一，有其一套评价指标：未来企业报酬贴现值；股东评价指标可以使用股票市价；债权人可以寻求风险最小、利息最大的方案；职工可确保工资福利待遇发放；政府可以考虑社会效益等。不同的利益相关者有各自的指标，只要合理合法、互利互惠、相互协调，就可以实现相关者利益最大化。

因此，相关者利益最大化是企业财务管理最理想的目标。但鉴于该目标过于理想化且无法操作，本书后续章节仍采用企业价值最大化作为财务管理目标。

二、财务管理目标的协调

将相关者利益作为财务管理目标，其首要任务就是要协调相关者的利益关系，化解他们之间的利益冲突。协调相关者的利益冲突，要把握的原则是尽可能使企业相关者利益分配在数量上和时间上达到动态的协调平衡。而在所有的利益冲突协调中，所有者与经营者、所有者与债权人的利益冲突协调又至关重要。

（一）所有者与经营者的矛盾与协调

在现代企业中，经营者一般不拥有占支配地位的股权，他们只是所有者的代理人。所有者希望经营者代表他们的利益工作，实现所有者财富最大化，而经营者则有其自身的利益考虑，二者的目标会经常不一致。通常而言，所有者支付给经营者报酬的多少，在于经营者能够为所有者创造多少财富。经营者和所有者的主要利益冲突，就是经营者希望在创造财富的同时，能够获得更多的报酬、更多的享受；而所有者则希望以较小的代价（支付较少的报酬）实现更多的财富。

为了协调这一利益冲突，通常可以采取下列方式解决。

1. 解聘

这是一种通过所有者约束经营者的办法。所有者对经营者予以监督，如果经营者绩效不佳，就解聘经营者，经营者为了不被解聘就需要努力工作，为实现财务管理目标服务。

2. 接收

这是一种通过市场约束经营者的办法。如果经营者经营决策失误、经营不力，绩效不佳，该公司就可能被其他公司强行接收或者吞并，相应经营者也会被解聘。为此，经营者为了避免这种接收，就必须努力实现财务管理目标。

3. 激励

激励就是将经营者的报酬与其绩效挂钩，以使经营者自觉采取能提高所有者财富的措施。激励有以下两种基本方式。

（1）股票期权，是允许经营者以固定的价格购买一定数量的公司股票，当股票的价格高于固定价格越多时，经营者所获得的报酬就越多，经营者为了获取更大的股票涨价益处，就必然主动采取能够提高股价的行动，从而增加所有者的财富。

（2）绩效股，是公司运用每股利润（每股收益）、资产报酬率等指标来评价经营者的业绩，视其业绩大小给予经营者数量不等的股票作为报酬。如果公司的经营业绩未能达到规定目标时，经营者也将部分丧失原先持有的绩效股。这种方式使经营者不仅为了多得绩效股而不断地采取措施提高公司的经营业绩，而且为了使每股市价最大化，也会采取各种措施使股票市价稳定上升。

（二）所有者与债权人的矛盾与协调

所有者的财务目标可能与债权人期望实现的目标发生矛盾。首先，所有者可能未经债权人同意，要求经营者投资于比债权人预计风险更高的项目，这会增大偿债的风险，债权人的负债价值也必然会实际降低。若高风险的项目一旦成功，额外的利润就会被所有者独享；但若失败，债权人却要与所有者共同负担由此而造成的损失，这对债权人来说风险与收益是不对称的。其次，所有者或者股东未征得现有债权人同意，而要求经营者发行新债券或者举借新债，因为相应的偿债风险增加，致使原有债权的价值降低。

为协调所有者与债权人的上述矛盾，通常可采用以下方式。

1. 限制性借债

即在借款合同中加入某些限制性条款，如规定借款的用途、借款的担保条款和借款的信用条件等。

2. 收回借款或者停止借款

即当债权人发现公司有侵蚀其债权价值的意图时，采取收回债权或者不给予新的借款，从而来保护自身的权益。

【课堂讨论】

利润最大化和企业价值最大化有何异同？如何确定企业价值？

单元三 财务管理环节

一、财务预测

财务预测是根据财务活动的历史资料，在考虑现实的要求和条件下，对企业未来的财务活动和财务成果做出科学的预计和估算。财务预测的主要任务：测算各项生产经营方案的经济效益，为决策提供可靠的依据；预计财务收支的发展变化情况，以确定经营目标；测定各项定额和标准，为编制计划、分解计划指标服务。

财务预测主要包括以下几个步骤。

1. 明确预测目标

财务预测的目标，即财务预测的对象和目的。预测目标不同，则预测资料的收集、预测模型的建立、预测方法的选择及预测结果的表现方式等也有不同的要求。为了达到预期的效果，必须根据管理决策的需要，明确预测的具体对象和目的，如降低成本、增加利润、加速资金周转等，从而规定预测的范围。

2. 收集相关资料

根据预测对象的目的，要广泛收集与预测目标相关的各种资料信息，包括内部和外部资料、财务和生产技术资料、计划和统计资料等。对所收集的资料除进行可靠性、完整性和典型性的检查，还必须进行归类、汇总、调整等加工处理，使资料符合预测的需要。

3. 建立预测模型

建立预测模型，即根据影响预测对象的各个因素之间的相互联系，建立相应的财务预测模型，常见的财务预测模型包括因果关系预测模型、时间序列预测模型以及回归分析预测模型等。

4. 实施财务预测

实施财务预测，即将经过加工整理的资料代入财务预测模型，选取适当的预测方法，进行定性、定量分析，确定预测结果。

二、财务决策

财务决策是指财务人员在财务目标的总体要求下，通过专门的方法从各种备选方案中遴选出最佳方案。在市场经济条件下，财务管理的核心是财务决策，财务预测是为财务决策服务的，决策关系到企业的兴衰成败。财务决策环节的工作主要包括以下步骤。

1. 确定决策目标

由于各种不同的决策目标所需的决策分析资料不同，所采取的决策依据也不相同，因此，只有明确了决策目标，才能有针对性地做好各个阶段的决策分析工作。

2. 提出备选方案

根据决策目标运用一定的预测方法，对所收集的资料进行进一步的加工、整理，提出实现目标的各种可供选择的方案。

3. 选择最优方案

备选方案提出后，根据决策目标采用一定的方法，分析、评价各种方案的经济效益，进行综合权衡，从中选择最优方案。

三、财务预算

财务预算是指根据整体战略目标规划和各种预测信息，运用科学的技术手段和方法，确定预算期内各种预算指标的过程。财务预算是以财务决策确立的方案和财务预测提供的信息为基础编制的，是财务预测和财务决策的具体化，是控制财务活动的依据。财务预算的编制一般包括以下几个步骤。

1. 分析财务环境，确定预算指标

根据企业的外部宏观环境和内部微观状况，运用科学方法，分析与所确定的经营目标有关的各种因素，按照总体经济效益的原则，确定出主要的预算指标。

2. 协调财务能力，组织综合平衡

要合理安排人力、物力、财力，使之与财务目标的要求相适应，资金运用同资金来源平衡，财务收入同财务支出平衡。还要努力挖掘企业潜力，从提高经济效益出发，对企业各方面的生产经营活动提出要求，制定好各单位的预算指标。

3. 选择预算方法，编制财务预算

可供选择的预算编制方法有固定预算和弹性预算、增量预算和零基预算、定期预算和滚动预算等。合理地运用这些方法，编制企业的财务预算，并检查各项有关的预算指标是否密切衔接、协调平衡。

四、财务控制

财务控制就是对预算和计划的执行进行追踪监督、对执行过程中出现的问题进行调整和修正，以保证预算的实现。一般而言，财务控制要经过以下几个步骤。

1. 制定控制标准，分解落实责任

按照责权利相结合的原则，将预算任务以标准和指标的形式分解落实到车间、科室、班组以至个人，这样，企业内部每个单位、每个职工都有明确的工作要求，便于落实责任，检查考核。

2. 实施追踪控制，及时调整误差

在日常财务活动中，应采取各种手段对资金的收付、费用的支出、物资的占用等方面实施事前控制。凡是符合标准的，就予以支持，并给予机动权限；凡是不符合标准的，则加以限制，并研究处理。

在预算执行过程中还应对结果与目标的差异及时进行调整，以使预算得以顺利执行。在执行过程中，要详细记录预算的执行情况，将实际数与预算数或者其他标准数进行对比，考察可能出现的变动趋势，确定差异的程度和性质，确定造成差异的责任归属，随时调节实际过程，以消除差异，顺利实现预算指标。

3. 分析执行差异，搞好考核奖惩

企业在一定时期终了，应对各责任单位的预算执行情况进行分析、评价，考核各项财务指标的执行结果，把财务指标的考核纳入各级岗位责任制，运用激励机制，实行奖优罚劣。

五、财务分析

财务分析是根据核算资料，运用特定方法，对企业财务活动过程及其结果进行分析和评价的一项工作。通过财务分析，可以掌握各项财务计划的完成情况，评价财务状况，研究和掌握企业财务活动的规律性，改善财务预测、决策、预算和控制，改善企业管理水平，提高企业经济效益。一般而言，财务分析包括以下几个步骤。

1. 获取资料，掌握信息

开展财务分析首先应充分获取有关资料和信息。财务分析所用的资料通常包括财务预算等计划资料、本期财务报表等实际资料、财务历史资料以及市场调查资料。

2. 指标对比，揭露矛盾

对比分析是揭露矛盾、发现问题的基本方法。财务分析要在充分占有资料的基础上，通过数量指标的对比来评价企业业绩，发现问题，找出差异。

3. 分析原因，明确责任

影响企业财务活动的因素，有生产技术方面的，也有生产组织方面的；有经济管理方面的，也有思想政治方面的；有企业内部的，也有企业外部的。这就要求财务人员运用一定的方法从各种因素的相互作用中找出影响财务指标的主要因素，以便分清责任，抓住关键。

4. 提出措施，改进工作

要在掌握大量资料的基础上，去伪存真，去粗取精，由此及彼，由表及里，找出各种财务活动之间，以及财务活动同其他经济活动之间的本质联系，然后提出改进措施。提出的措施，应当明确具体，切实可行，并通过改进措施的落实，推动企业财务管理的发展。

上述几个环节的财务管理工作相互联系、相互依存。

【课堂讨论】

企业财务管理核心环节是什么？

单元四 财务管理体制

一、企业财务管理体制的一般模式

企业财务管理体制概括地说，可分为三种类型。

（一）集权型财务管理体制

集权型财务管理体制是指企业对各所属单位的所有财务管理决策都进行集中统一，各所属单位没有财务决策权，企业总部财务部门不但参与决策和执行决策，在特定情况下还直接参与各所属单位的执行过程。

集权型财务管理体制下企业内部的主要管理权限集中于企业总部，各所属单位执行企业总部的各项指令。它的优点：企业内部的各项决策都由企业总部制定和部署，企业内部可以充分展现其一体化管理的优势，利用企业的人才、智力、信息资源，努力降低资金成本和风险损失，使决策的统一化、制度化得到有利保障，有利于内部采取避税措施及防范汇率风险等。它的缺点：集权过度会使各所属单位缺乏主动性、积极性，丧失活力，也可能因为决策程序相对复杂失去适应市场的弹性，丧失市场机会。

（二）分权型财务管理体制

分权型财务管理体制是指企业将财务决策权与管理权完全下放到各所属单位，各所属单位只须对一些决策结果报请企业总部备案即可。

分权型财务管理体制下企业内部的管理权限分散于各所属单位，各所属单位在人、财、物、供、产、销等方面有决定权。它的优点：由于各所属单位负责人对影响经营成果的因素进行控制，加之身在基层，了解情况，有利于针对本单位存在的问题及时做出有效决策，因地制宜地搞好各项业务，也有利于分散经营风险，促进所属单位管理人员和财务人员的成长。它的缺点：各所属单位大都从本位利益出发安排财务活动，缺乏全局意识和整体观念，从而可能导致资金管理分散、资金成本增大、费用失控、利润分配无序。

（三）集权与分权相结合型财务管理体制

集权与分权相结合型财务管理体制，其实质是集权下的分权，企业对各所属单位在所有重大问题的决策与处理上实行高度集权，各所属单位则对日常经营活动具有较大的自主权。

集权与分权相结合型财务管理体制意在以企业发展战略和经营目标为核心，将企业内重大决策权集中于企业总部，而赋予各所属单位自主经营权。其主要特点：

（1）在制度上，企业内应制定统一的内部管理制度，明确财务权限及收益分配方法，各所属单位应遵照执行，并根据自身的特点加以补充。

（2）在管理上，利用企业的各项优势，对部分权限集中管理。

（3）在经营上，充分调动各所属单位的生产经营积极性。各所属单位围绕企业发展战略和经营目标，在遵守企业统一制度的前提下，可自主制定生产经营的各项决策。为避免配合失误，明确责任，凡需要由企业总部决定的事项，在规定的时间内，企业总部应给予明确答复，否则，各所属单位有权自行处置。

正因为具有以上特点，因此，集权与分权相结合型财务管理体制，吸收了集权型和分权型财务管理体制各自的优点，避免了二者各自的缺点，从而具有较大的优越性。

二、集权与分权的选择

企业的财务特性决定了分权的必然性，而企业的规模效益、风险防范又要求集权。集权与分权各有特点，各有利弊。对集权与分权的选择、分权程度的把握历来是企业管理的一个难点。

从聚合资源优势，贯彻实施企业发展战略和经营目标的角度，集权型财务管理体制显然是最具保障力的。但是，企业意欲采用集权型财务管理体制，除了企业管理层必须具备高度的素质能力外，在企业内部还必须有一个能及时、准确传递信息的网络系统，并通过信息传递过程的严格控制加以保障信息的质量。如果这些要求能够达到的话，集权型财务管理体制的优势便有了充分发挥的可能性。但与此同时，与信息传递及过程控制有关的成本问题也会随之产生。此外，但各所属单位或者组织机构的积极性、创造性与应变能力却可能在不断削弱。

分权型财务管理体制实质上是把决策管理权在不同程度上下放到比较接近信息源的各所属单位或者组织机构，这样便可以在相当程度上缩短信息传递时间，减少信息传递过程中的控制问题，从而使信息传递与过程控制等相关成本得以节约，并能大大提高信息的决策价值与利用效率。但随着权力的分散，就会产生企业目标换位的问题，这是采用分权型财务管理体制通常无法完全避免的一种成本或者代价。集权型或者分权型财务管理体制的选择，本质上体现着企业的管理政策，是企业基于环境约束与发展战略考虑顺势而定的权变性策略。

依托环境预期与战略发展规划，要求企业总部必须根据企业的不同类型、发展的不同阶段以及不同阶段的目标取向等因素，对不同财务管理体制及其权力的层次结构做出相应的选择与安排。

财务决策权的集权与分权没有固定的模式，同时选择的模式也不是一成不变的。财务管理体制的集权和分权，需要考虑企业与所属单位之间的资本关系和业务关系的具体特征，以及集权与分权的“成本”和“利益”。作为实体的企业，各所属单位之间往往具有某种业务上的联系，特别是实施纵向一体化战略的企业，要求各所属单位保持密切的联系。各所属单位之间业务联系越密切，就越有必要采用相对集中的财务管理体制。反之，则相反。如果说各所属单位之间业务联系的必要程度是企业有无必要实施相对集中财务管理体制的一个基本因素，那么企业与所属单位之间的资本关系特征是企业能否采取相对集中的财务管理体制的一个基本条件。只有当企业掌握了各所属单位一定比例有表决权的股份（如50%以上）之后，企业才有可能派较多的董事去有效地影响各所属单位的财务决策，也只有这样，各所属单位的财务决策才有可能相对“集中”于企业总部。

事实上，考虑财务管理体制的集权与分权，除了受制于以上两点外，还取决于集权与分权的“成本”和“利益”差异。集权的“成本”主要是各所属单位积极性的损失和财务决策效率的下降，分权的“成本”主要是可能发生的各所属单位财务决策目标及财务行为与企业整体财务目标的背离以及财务资源利用效率的下降。集权的“利益”主要是容易使企业财务目标协调和提高财务资源的利用效率，分权的“利益”主要是提高财务决策效率和调动各所属单位的积极性。

此外，集权和分权应该考虑的因素还包括环境、规模和管理者的管理水平。由管理者的素质、管理方法和管理手段等因素所决定的企业及各所属单位的管理水平，对财权的集中和分散也具有重要影响。较高的管理水平，有助于企业更多地集中财权，否则，财权过于集中只会导致决策效率的低下。

三、企业财务管理体制的设计原则

一个企业如何选择适应自身需要的财务管理体制，如何在不同的发展阶段更新财务管理模式，在企业管理中占据重要的地位。从企业的角度出发，其财务管理体制的设定或者变更应该遵循如下原则。

（一）与现代企业制度的要求相适应的原则

现代企业制度是一种产权制度，它是以产权为信托，对各种经济主体在产权关系中的权利、责任、义务进行合理有效地组织调节的制度安排，它具有“产权清晰、责任明确、政企分开、管理科学”的特征。

企业内部相互间关系的处理以产权制度安排为基本依据。企业作为各所属单位的股东，根据产权关系享有作为终极股东的基本权利，特别是对所属单位资产的受益权、管理者的选择权、重大事项的决策权等，但是，企业各所属单位往往不是企业的分支机构或者分公司，其经营权是其行使民事责任的基本保障，它以自己的经营与资产对其盈亏负责。

企业与各所属单位之间的产权关系确认了两个不同主体的存在，这是现代企业制度特别是现代企业产权制度的根本要求。在西方，在处理母子公司关系时，法律明确要求保护子公司权益，其制度安排大致如下：

（1）确定与规定董事的诚信义务与法律责任，实现对子公司的保护；

（2）保护子公司不受母公司不利指示的损害，从而保护子公司权益；

（3）规定子公司有权向母公司起诉，从而保护自身利益与权益。

（二）明确企业对各所属单位管理中的决策权、执行权与监督权三者分立的原则

现代企业要做到科学管理，必须首先要求从决策与管理程序上做到科学、民主，因此，决策权、执行权与监督权三权分立的制度必不可少。这一管理原则的作用在于加强决策的科学性与民主性，强化决策执行的刚性和可考核性，强化监督的独立性和公正性，从而形成良性循环。

（三）明确企业综合管理与分层管理思想的原则

现代企业制度要求是一种综合管理、战略管理，因此，企业财务管理不是也不可能是企业总部财务部门单一职能部门的财务管理，当然也不是各所属单位财务部门的财务管理，它是一种战略管理。这种管理要求：

（1）从企业整体角度对企业的财务战略进行定位；

（2）对企业的财务管理行为进行统一规范，做到高层的决策结果能被战略经营单位完全执行；

（3）以制度管理代替个人的行为管理，从而保证企业管理的连续性；

（4）以现代企业分层管理思想指导具体的管理实践（股东大会、董事会、经理人员、财务经理及财务部门各自的管理内容与管理体系）。

（四）与企业组织体制相适应的原则

企业组织体制大体上有 U 型组织、H 型组织、M 型组织三种形式。U 型组织仅存在于产品简单、规模较小的企业，实行管理层级的集中控制。H 型组织实质上是企业集团的组织形式，子公司具有法人资格，分公司则是相对独立的利润中心。由于在竞争日益激烈的市场环境中不能显示其长期效益和整体活力，因此在 20 世纪 70 年代后期，它在大型企业的主导地位被 M 型结构所代替。M 型结构由三个相互关联的层次组成。第一个层次是由董事会和经理班子组成的总部，它是企业的最高决策层。它既不同于 U 型结构那样直接从事各项所属单位的日常管理，又不同于 H 型结构那样基本上是一个空壳。它的主要职能是战略规划和关系协调。第二个层次是由职能和支持、服务部门组成的。其中，计划部是公司战略研究和执行部门，它应向企业总部提供经营战略选择和相应的配套政策方案，指导各所属单位根据企业的整体战略制定中长期规划和年度的业务计划。M 型结构的财务是由中央控制的，负责整个企业的资金筹措、运作和税务安排。第三个层次是围绕企业的主导或者核心业务，互相依存又相互独立的各所属单位，每个所属单位又是一个 U 型结构。可见，M 型结构集权程度较高，突出整体优化，具有较强的战略研究、实施功能和内部关系协调能力。它是目前国际上大的企业管理体制的主流形式。M 型的具体形式有事业部制、矩阵制、多维结构等。

在 M 型组织中，在业务经营管理下放权限的同时，更加强化财务部门的职能作用。事实上，西方多数控股公司，在总部不对其子公司的经营过分干预的情况下，其财务部门的职能更为重要，它起到指挥资本运营的作用。有关资料研究表明，英国的控股型公司，财务部门的人数占到管理总部门人员的 60%～70%，而且主管财务的副总裁在公司中起着核心的作用。他一方面是母公司的“外交部长”，行使对外处理财务事务的职能；另一方面，又是各子公司的财务总管，各子公司的财务主管是“外交部长”的派出人员，充当“外交部长”的当地代言人角色。

四、集权与分权相结合型财务管理体制的一般内容

总结中国企业的实践，集权与分权相结合型财务管理体制的核心内容是企业总部应做到制度统一、资金集中、信息集成和人员委派。具体应集中制度制定权，集中筹资、融资权，集中投资权，集中用资、担保权，集中固定资产购置权，集中财务机构设置权，集中收益分配权，分散经营自主权，分散人员管理权，分散业务定价权，分散费用开支审批权。

（一）集中制度制定权

企业总部根据国家法律、法规和《企业会计准则》《企业财务通则》的要求，结合企业自身的实际情况和发展战略、管理需要，制定统一的财务管理制度，在企业范围内统一实行。各所属单位只有制度执行权，而无制度制定和解释权。但各所属单位可以根据自身需要制定实施细则和补充规定。

（二）集中筹资、融资权

资金筹集是资金运动的起点，为了使企业内部筹资风险最小、筹资成本最低，应由企业总部统一筹集资金供各所属单位有偿使用。如需银行贷款，可由企业总部办理贷款总额，各所属单位分别办理贷款手续，按规定自行付息；如需发行短期商业票据，企业总部应充分考虑企业资金的占用状况，并注意在到期日前存足款项，还要考虑因为票据到期不能兑现而影响企业信誉；如

需利用海外兵团筹集外资，应统一由企业总部根据国家现行政策办理相关手续，并严格审查贷款合同条款，注意汇率及利率变动因素，防止出现损失。企业总部对各所属单位进行追踪审查现金使用状况，具体做法是各所属单位按规定时间向企业总部上报“现金流量表”，动态地描述各所属单位现金的增减状况和分析各所属单位资金存量是否合理。遇有部分所属单位资金存量过多，运用不畅，而其他所属单位又急需资金时，企业总部可以调动资金，并应支付利息。企业内部应严禁各所属单位之间放贷，如需临时拆借资金，在规定金额之上的，应报企业总部批准。

（三）集中投资权

企业对外投资必须遵守的原则：效益性、分散风险性、安全性、整体性及合理性。无论企业总部还是各所属单位的对外投资都必须经过立项、可行性研究、论证、决策的过程，期间除专业人员外，必须有财务人员参加。财务人员应同有关专业人员，通过仔细调查了解，开展可行性分析，预测今后若干年内市场变化趋势及可能发生风险的概率、投资该项目的建设期、投资回收期、投资回报率等，写出财务报告，报送领导参考。

为了保证投资效益的实现，分散及减少投资风险，企业内对外投资可实行限额管理，超过其限额的投资决策权属企业总部。被投资项目一经批准确立，财务部门应协调有关部门对项目进行跟踪管理，对出现的与可行性报告的偏差，应及时报给有关部门予以纠正。对投资项目不能达到预期目的的项目应及时清理解决，并应追究相关人员的责任。同时，应完善投资管理，企业可根据自身特点建立一套可操作性的财务考核指标体系，规避财务风险。

（四）集中用资、担保权

企业总部应加强资金使用安全性的管理，对大额资金的拨付要严格监督，建立审批手续，并严格执行。这是因为各所属单位财务状况的好坏关系到企业所投资本的保值和增值问题，同时，各所属单位因资金受阻导致获得能力下降，会降低企业的投资回报率。因此，各所属单位用于经营项目的资金，要按照经营规划的范围使用，用于资本项目上的资金支付，应履行企业规定的报批手续。

担保不慎，会引起信用风险。企业内部对外担保权归企业总部管理，未经批准，各所属单位不得为外企业提供担保，企业内部各所属单位之间的相互担保，应经企业总部同意。同时，企业总部为所属单位提供担保应制定相应的担保程序，可由各所属单位与银行签订贷款协议，企业总部为各所属单位做贷款担保，同时要求各所属单位向企业总部提供“反担保”，保证资金的合理及按时归还，使贷款得到控制。

同时，企业对逾期未收货款，应做硬性规定。对过去的逾期未收货款，要指定专人，统一步调，积极清理，谁经手，谁审批，则由谁去收回货款。

（五）集中固定资产购置权

各所属单位需要购置固定资产必须说明理由，提出申请报企业总部审批，经批准后方可购置。各所属单位资金不得自行用于资本性支出。

（六）集中财务机构设置权

各所属单位财务机构设置必须报企业总部批准，财务人员由企业总部统一招聘，财务负责人或者财务主管人员由企业总部统一委派。

（七）集中收益分配权

企业内部统一收益分配制度，各所属单位应客观、真实、及时地反映其财务状况及经营成果。各所属单位收益的分配，属于法律、法规明确规定的按规定分配，剩余部分由企业总部本着长远利益与现实利益相结合的原则，确定分留比例。各所属单位留存的收益原则上可自行分配，但应报企业总部备案。

（八）分散经营自主权

各所属单位负责人主持本企业的生产经营管理工作，组织实施年度经营计划，决定生产和销售，研究和考虑周围的环境，了解和关注同行业的经营状况和战略措施，按所规定的时间向企业总部汇报生产管理工作情况。对突发的重大事件，要及时向企业总部汇报。

（九）分散人员管理权

各所属单位负责人有权任免下属管理人员，有权决定员工的聘用与辞退，企业总部原则上不应干预，但其财务主管人员的任免应报经企业总部批准或者由企业总部统一委派。一般财务人员必须获得“上岗证”，才能从事财会工作。

（十）分散业务定价权

各所属单位所经营的业务均不相同，因此，业务的定价应由所属单位经营部门自行拟报，但必须遵守加速资金周转、保证经营质量、提高经济效益的原则。

（十一）分散费用开支审批权

各所属单位在经营中必然发生各种费用，企业总部没必要进行集中管理，各所属单位在遵守财务制度的原则下，由其负责人批准各种合理的用于企业经营管理的费用开支。

【课堂讨论】

各种财务管理体制的内容和设计原则是什么？

单元五　财务管理环境

财务管理环境又称理财环境，是指对企业财务活动和财务管理产生影响作用的企业内外各种条件的统称。

企业的财务活动必然受到理财环境的制约，如生产、技术、供销、市场、物价、金融、税收等因素，对企业财务活动都有重大的影响。只有在理财环境的各种因素作用下实现财务活动的协调平衡，企业才能生存和发展。研究理财环境有助于正确的制定理财策略。

这里主要介绍对企业财务管理影响比较大的经济环境、金融环境和法律环境等因素。

一、经济环境

财务管理的经济环境是指影响企业财务管理的各种经济因素，主要包括经济体制、经济周期、经济发展水平和宏观经济政策、通货膨胀水平等。

1. 经济体制

在计划经济体制下，国家统筹企业资本、统一投资、统负盈亏，企业利润统一上缴、亏损全部由国家补贴，企业虽然是一个独立的核算单位但无独立的理财权利。财务管理活动的内容比较单一，财务管理方法比较简单。在市场经济条件下，企业成为“自主经营、自负盈亏”的经济实体，有独立的经营权，同时也有独立的理财权。企业可以从其自身需要出发、合理确定资本需要量，然后到市场上筹集资本，再把筹集到的资本投放到高效益的项目上获取更大的收益，最后将收益根据需要和可能进行分配，保证企业财务活动自始至终根据自身条件和外部环境做出各种财务管理决策并组织实施。因此，财务管理活动的内容比较丰富，方法也复杂多样。

2. 经济周期

在市场经济条件下，经济发展与运行带有一定的波动性。这种波动大体上经历复苏、繁荣、衰退和萧条几个阶段的循环，这种循环叫作经济周期。资本主义的经济周期是人所共知的现象，西方财务学者曾探讨了经济周期中的经营理财策略，择其要点归纳参见表 1-1。

表 1-1 经济周期中的理财策略

复苏	繁荣	衰退	萧条
（1）增加厂房设备	（1）扩充厂房设备	（1）停止扩张	（1）建立投资标准
（2）实行长期租赁	（2）继续建立存货	（2）出售多余设备	（2）保持市场份额
（3）建立存货	（3）提高价格	（3）停产不利产品	（3）缩减管理费用
（4）引入新产品	（4）开展营销规划	（4）停止长期采购	（4）放弃次要利益
（5）增加劳动力	（5）增加劳动力	（5）削减存货	（5）削减存货
		（6）停止雇员	（6）裁减雇员

我国的经济发展与运行也呈现其特有的周期性特征，带有一定的波动性。过去曾经历过若干次投资膨胀、生产高涨到控制投资、紧缩银根和正常发展的过程，从而促进了经济的持续发展。企业的筹资、投资和资产运营等理财活动都要受这种经济波动的影响，比如，在治理紧缩时期，社会资金十分短缺，利率上涨，会使企业的筹资非常困难，甚至影响到企业的正常生产经营活动。相应企业的投资方向会因为市场利率的上涨而转向本币存款或者贷款。此外，由于国际经济交流与合作的发展，西方的经济周期的影响也不同程度地波及我国。因此，企业财务人员必须认识到经济周期的影响，掌握在经济发展波动中理财的本领。

3. 经济发展水平

财务管理的发展水平和经济发展水平密切相关，经济发展水平越高，财务管理的管理水平也越好。财务管理水平的提高，将推动企业降低成本、改进效率、提高效益，从而促进经济发展水平的提高；而经济发展水平的提高，将改变企业的财务战略、财务理念、财务管理模式和财务管理的方法和手段，从而促进财务管理水平的提高。财务管理应当以经济水平发展为基础，以宏观经济发展目标为导向，从业务工作角度保证企业经营目标和经营战略的实现。

4. 宏观经济政策

我国经济体制改革的目标是建立社会主义市场经济体制，以进一步解放和发展生产力。在这个总目标的指导下，我国已经并正在进行财税体制、金融体制、外汇体制、外贸体制、计划体制、价格体制、投资体制、社会保障制度等各项改革。所有这些改革措施，深刻地影响着我国的经济生活，也深刻地影响着我国企业的发展和财务活动的运行。如金融政策中货币的发行量、信贷规模都能影响企业投资的资金来源和投资的预期收益；财税政策会影响企业的资金结构和投资项目的选择等；价格政策能影响决定资金的投向和投资的回收期及预期收益等。可见，经济政策对企业财务的影响是非常大的，这就要求企业财务人员必须把握经济政策，更好地为企业的经营理财活动服务。

5. 通货膨胀水平

通货膨胀对企业财务活动的影响是多方面的。主要表现在：

（1）引起占用资金的大量增加，从而增加企业的资金需求；

（2）引起企业利润虚增，造成企业资金由于利润分配而流失；

（3）引起利润上升，加大企业的权益资金成本；

（4）引起有价证券价格下降，增加企业的筹资难度；

（5）引起资金供应紧张，增加企业的筹资困难。

为了减轻通货膨胀对企业造成的不利影响，企业应当采取措施进行防范。在通货膨胀初期，货币面临贬值的风险，这时企业进行投资时可以避免风险，实现资本增值；与客户签订长期购货合同，以减少物价上涨造成的损失；取得长期负债，保持资本成本的稳定。在通货膨胀持续期，企业可以采取比较严格的信用条件，减少企业债权；调整财务政策，防止和减少企业资本流失等。

二、金融环境

企业总是需要资金从事投资和经营活动。而资金的取得，除了自有资金外，主要从金融机构和金融市场取得。金融政策的变化必然影响企业的筹资、投资和资金运营等活动。所以，金融环境是企业最为主要的环境因素之一。

（一）金融机构

社会资金从资金供应者手中转移到资金需求者手中，大多要通过金融机构。金融机构主要包括银行和非银行金融机构。

1. 银行

银行是指经营存款、放款、汇兑、储蓄等金融业务，承担信用中介的金融机构。银行的主要职能是充当信用中介、充当企业之间的支付中介、提供信用工具、充当投资手段和国民经济的宏观调控手段。我国银行主要包括：

（1）中央银行，即中国人民银行；

（2）国有商业银行，如中国工商银行、中国农业银行、中国银行和中国建设银行；

（3）国家政策性银行，如中国进出口银行、国家开发银行；

（4）其他银行，如交通银行、中信实业银行、广东发展银行、招商银行、光大银行等。

2. 非银行金融机构

非银行金融机构主要包括信托投资公司、租赁公司等。

信托投资公司主要办理信托存款和信托投资业务，在国外发行债券和股票，办理国际租赁等，如中国国际信托投资公司。

租赁公司则介于金融机构与企业之间，它先筹集资金购买各种租赁物，然后出租给企业。租赁公司的经营租赁等于向企业提供了短期资金，融资租赁则向企业提供了长期资金。

（二）金融市场

金融市场是指资金供应者和资金需求者双方通过金融工具进行交易而融通资金的场所。金融市场是以资金为交易对象的市场，在金融市场上，资金被当作一种“特殊商品”来交易。金融市场可以是有形的市场，也可以是无形的市场。前者有固定的场所和工作设备，例如银行、证券交易所；后者利用计算机、电传、电话等设施通过经纪人进行资金商品交易活动，而且可以跨越城市、地区和国界。金融市场为企业融资和投资提供了场所，具有充当金融中介、调节资金余缺，引导资金流向和流量的功能。

金融市场可以按照不同的标准进行不同的分类。

1. 货币市场和资本市场

以期限为标准，金融市场可以分为货币市场和资本市场。货币市场又称短期金融市场，是指以 1 年以内的金融工具为媒介，进行短期资金融通的市场，包括同业拆借市场、票据市场、大额定期存单市场和短期债券市场；资本市场又称长期金融市场，是指以期限在 1 年以上的金融工具为媒介，进行长期资金交易活动的市场，包括股票市场和债券市场。

2. 发行市场和流通市场

以功能为标准，金融市场可以分为发行市场和流通市场。发行市场又称为一级市场，它主要处理金融工具的发行与最初购买者之间的交易；流通市场又称为二级市场，它主要处理现有金融工具转让和变现的交易。

3. 基础性金融市场和金融衍生品市场

按所交易金融工具的属性，金融市场可分为基础性金融市场与金融衍生品市场。基础性金融市场是指以基础性金融产品为交易对象的金融市场，如商业票据、企业债券、企业股票的交易市场；金融衍生品市场是以金融衍生品为交易对象的金融市场，如远期、期货、掉期（互换）、期权，以及具有远期、期货、掉期（互换）、期权中一种或者多种特征的结构化金融工具的交易市场。

4. 地方性金融市场、全国性金融市场和国际性金融市场

以地理范围为标准，金融市场可分为地方性金融市场、全国性金融市场和国际性金融市场。

（三）利息率

利息率简称利率，是资金的增值额同投入资金价值的比率，是衡量资金增值程度的数量指标。从资金的借贷关系看，利率是一定时期运用资金资源的交易价格。资金作为一种特殊商品，以利率作为价格标准，其实质上是资金资源通过利率这个价格标准实行再分配。因此，利率在资金分配及企业财务决策中起着重要作用。

利率可按照不同的标准进行不同的分类。

1. 按利率之间的变动关系，分为基准利率和套算利率

（1）基准利率，又称为基本利率，是指在多种利率并存的条件下起决定作用的利率。所谓决定作用是指这种利率发生变动，其他利率也会相应变动。因此，了解基准利率水平的变化趋势，就可了解全部利率的变化趋势。基准利率在西方通常是中央银行的再贴现率，在我国是中国人民银行对商业银行贷款的利率。

（2）套算利率，是指在基准利率确定后，各金融机构根据基准利率和借贷款项的特点而换算出的利率。例如，某金融机构规定，贷款 AAA 级、AA 级、A 级企业的利率，应分别在基准利率基础上加 0.5%、1%、1.5%，加总计算所得的利率便是套算利率。

2. 按债权人取得的报酬情况，分为实际利率和名义利率

（1）实际利率，是指在物价不变从而货币购买力不变的情况下的利率，或者是在物价有变化时，扣除通货膨胀补偿后的利率。

（2）名义利率，是指包含对通货膨胀补偿后的利率。

两者之间的关系是名义利率等于实际利率加上预计通货膨胀率。

3. 按利率与市场资金供求情况的关系，分为固定利率和浮动利率

（1）固定利率，是指在借贷期内固定不变的利率。受通货膨胀的影响，实行固定利率会使债权人利益受到损害。

（2）浮动利率，是指在借贷期内可以调整的利率。在通货膨胀条件下采用浮动利率，可使债权人减少损失。

4. 按利率变动与市场的关系，分为市场利率和法定利率

（1）市场利率，是指根据资金市场上的供求关系，随着市场而自由变动的利率。

（2）法定利率，是指由政府金融管理部门或者中央银行确定的利率。

正如任何商品的价格均由供应和需求两方面来决定一样，资金这种特殊商品的价格，即利率，也主要是由供给与需求两方面来决定。但除这两个因素外，经济周期、通货膨胀、国家货币政策和财政政策、国际经济政治关系、国家利率管制程度等，对利率的变动均有不同程度的影响。因此，资金的利率通常由三部分组成：

（1）纯利率；

（2）通货膨胀补偿率（或者称通货膨胀贴水）；

（3）风险报酬率。

利率的一般计算公式可表示为

$$利率=纯利率+通货膨胀补偿率+风险报酬率$$

式中　纯利率——没有风险和通货膨胀情况下的均衡点利率；

通货膨胀补偿率——由于持续的通货膨胀会不断降低货币的实际购买力，为补偿其购买力的损失而要求提高的利率；

风险报酬率——风险报酬率分为违约风险报酬率、流动性风险报酬率和期限风险报酬率三种。违约风险报酬率是指借款人无法按时支付利息或者偿还本金会给投资人带来风险，投资人为了弥补这些风险而要求提高的利率；流动性风险报酬率是指由于债务人资产的流动性不好会给债权人带来风险，为补偿这种风险而提高的利率。期限风险报酬率是指为了弥补因偿债期长而带来的风险，由债权人要求提高的利率。

三、法律环境

1. 法律环境的范畴

市场经济是法制经济，企业的一切经济活动必须在法律允许的范围内进行。法律既约束企业的非法经济行为，也为企业从事各种合法经济活动提供保护。

国家相关法律法规对财务管理内容的影响情况可以分为以下几类。

（1）影响企业筹资的各种法规主要有公司法、证券法、金融法、证券交易法、合同法等。这些法规可以从不同的方面规范或者制约企业的筹资活动。

（2）影响企业投资的各种法规主要有证券交易法、公司法、企业财务通则等。这些法规从不同的角度规范企业的投资活动。

（3）影响企业收益分配的各种法规主要有税法、公司法、企业财务通则等。这些法规从不的同方面对企业收益分配进行了规范。

2. 法律环境对企业财务管理的影响

法律环境对企业的影响是多方面的，影响范围包括企业组织形式、公司治理结构、投/融资活动、日常经营、收益分配等。《公司法》规定，企业可以采用独资、合伙、公司制等组织形式。企业组织形式不同，业主（股东）的权利责任、企业投资额、收益分配、纳税、信息披露等不同，公司治理结构也不同。上述不同种类的法律，分别从不同的方面约束企业的经济行为，对企业财务管理产生影响。

【课堂讨论】

利率和纯利率有何异同？

【综合案例解析】

李海是某高校财务管理专业的应届毕业生，经学校推荐来到华威有限责任公司实习，公司总经理是技术管理出身，对财务管理不太在行，对李海寄予很高期望，希望李海能够充分利用所学专业知识，为公司的财务管理献计献策，解决公司目前存在的财务问题。

李海白天深入企业一线，晚上查阅专业资料进行分析，经过一个月的调查和了解，发现公司存在下列问题：

（1）公司没有财务预算和现金收支计划，资金周转困难时就向银行贷款解决。

（2）公司的采购行为无计划，审批程序流于形式；部分存货长期积压，部分存货因出现缺货现象而调整生产进度。

（3）产品质量控制不严格，部分工序没有质量检查程序。

（4）产品销售价格不均衡，存在不同客户不同价格的现象。

（5）税款缴纳不及时。

（6）公司员工工作积极性不高，普遍存在“磨洋工”现象。

要求：

（1）上述问题中，哪些属于财务管理问题？

（2）企业应该从哪些方面解决上述问题？

知识总结

本学习情境主要介绍了财务管理的内容、财务管理目标、财务管理环节、财务管理体制和财务管理环境。财务管理的内容即财务管理的对象，包括组织四大财务活动和处理七大财务关系。明确财务管理目标是进行财务管理的第一步，要实现财务管理目标必须对企业各层级的责权利进行合理配置，并且使企业的财务活动与环境保持高度和谐。

教学检测

一、单项选择题

1．假定甲公司向乙公司赊销商品，并持有丙公司债券和丁公司股票，且向戊公司支付公司债券利息，假定不考虑其他条件，从甲公司的角度看，下列各项中属于本企业与债权人之间财务关系的是（　　）。

A．甲公司与乙公司的关系　　B．甲公司与丙公司的关系

C．甲公司与丁公司的关系　　D．甲公司与戊公司的关系

2．作为企业财务目标，企业价值最大化的财务目标没有考虑的因素是（　　）。

A．预期资本利润率　　B．社会资源的合理配置

C．资金使用的风险　　D．企业净资产的账面价值

3．财务管理的核心是（　　）。

A．财务规划与预测　　B．财务决策

C．财务预算　　D．财务控制

4．没有风险与通货膨胀情况下的均衡点是（　　）。

A．利率　　B．纯利率

C．流动风险报酬率　　D．市场利率

5．下列有关相关者利益最大化目标的具体内容中不正确的是（　　）。

A．强调尽可能降低风险　　B．强调股东的首要地位

C．加强企业代理人的监督与控制　　D．保持与政府部门的良好关系

二、多项选择题

1．在下列各项中，属于筹资决策必须考虑的因素有（　　）。

A．取得资金的渠道　　B．取得资金的方式

C．取得资金的总规模　　D．取得资金的成本与风险

2．在下列各项中，属于筹资引起的财务活动有（　　）。

A．偿还借款　　B．购买国库券

C．支付股票股利　　D．利用商业信用

3．在下列各项中，可用来协调公司债权人与所有者利益冲突的方法有（　　）。

A．规定借款用途　　B．规定借款的信用条件

C．要求提供借款担保　　D．收回借款或者停止借款

4．企业财务管理体制中，集权制的优点包括（　　）。

A．有利于企业内部优化资源配置

B．有利于适应市场弹性

C．有利于决策的统一化

D．有利于因地制宜地搞好业务

5．在下列各项中，更适合企业采用集权制财务管理体制的情形有（　　）。

A．企业管理层具有较高的管理水平

B．企业与各所属单位的业务联系非常紧密

C．企业拥有各所属单位在表决权的股份比例非常低

D．各所属单位的积极性对企业的财务管理体制非常敏感

6．在下列各项中，属于财务管理经济环境构成要素的有（　　）。

A．经济周期　　B．经济发展水平

C．宏观经济政策　　D．金融工具

7．通货膨胀对企业财务活动的影响是多方面的，主要表现在（　　）。

A．增加企业的资金需求

B．造成企业资金由于利润分配而流失

C．增加企业的筹资难度

D．加大企业的权益资本成本

8．以相关者利益最大化作为财务管理目标，必须协调各利益主体的利益冲突，在众多利益冲突中，最重要的是协调（　　）的利益冲突。

A．所有者与经营者　　B．所有者与供应商

C．所有者与客户　　D．所有者与债权人

三、判断题

1．以利润最大化作为财务管理目标，有利于企业资源的合理配置。（　　）

2．企业各所属单位之间业务联系越分散，就越有必要采用相对集中的财务管理体制，反之，则相反。（　　）

3．相关者利益最大化目标强调股东的首要地位，并强调企业与股东之间的协调关系。（　　）

4．从财务管理的角度来看，企业价值所体现的资产的价值既不是其成本价值，也不是其现时的会计价值。（　　）

5．在协调所有者与经营者利益冲突的方法中，解聘是通过所有者结束经营者的方式。（　　）

6．在集权与分权相结合型财务管理体制下，通常企业总部应做到制度统一、资金集中、

信息集成和人员委派，因此，在人员管理权、费用开支审批权等方面应实行集中。（ ）

7. M 型结构分权程度较高，充分调动了各个部门的积极性，提高了企业整体的实施功能和内部关系协调能力。（ ）

8. 企业的财务管理环境是指影响企业财务管理的外部条件的统称。（ ）

学习情境二　财务管理价值观念

知识要点

（1）掌握资金时间价值观念和计算原理。
（2）熟练掌握风险报酬观念和风险程度的计量方法。

核心概念

时间价值　单利　复利　年金　风险报酬

情境导入

将要毕业的你选择自己创业，想在一个十字路口开办快递公司，于是找到十字路口的一家商铺，提出要承租商铺 3 年。商铺的业主赵先生因商铺受附近超市的影响，生意清淡，也愿意清盘出租，但提出一次性支付 3 年的使用费 120 000 元。你觉得现在一次性支付 120 000 元比较困难，因此请求能否缓期支付。赵先生提出三种方案：第一种方案是现在一次性付款，可享受 2%的价格折扣；第二种方案是同意 3 年后支付，但金额为 200 000 元；第三种方案是 3 年中每年年末支付 48 000 元。假设银行的年利率为 8%。

【思考】

你应选择哪种付款方式更有利？

单元一　资金时间价值

一、资金时间价值认知

1. 资金时间价值的内涵

所谓资金的时间价值，是指资金在经历一段时间的投资与再投资后所增加的价值，通俗地讲，是指一定量的资金在不同时点上的价值量的差额，也称为货币的时间价值。

从现象上来看，它表现为投资收回的资金多于投入的资金，出现了资金的“增值”。资金投入周转使用的时间越长，实现的资金增值就越多。所以，资金时间价值是资金周转使用所形成的增值额。按照马克思的劳动价值理论，时间价值产生的根源在于用于投资的资金通过各种渠道进入生产经营领域后，最终可以通过雇佣劳动力，创造剩余价值，实现价值的增加。

在市场经济条件下，即使不存在任何通货膨胀，现在的 10 000 元与 3 年后的 10 000 元，其经济价值也是不相等的。假定将现在的 10 000 元投资存入银行，银行存款的年利率为 10%，则现在的 10 000 元等于一年后的 11 000 元，多出的 1000 元利息就是 10 000 元经过 1 年时间投资所增加的价值，即资金时间价值。

人们将资金在使用过程中产生的随时间的推移而发生价值增加的现象，称为资金具有的时间价值的属性。

【思考】

人们常说“时间就是金钱”，从资金时间价值角度如何理解？

2. 资金时间价值的产生

为什么资金在周转、使用过程中会产生时间价值呢？这是因为任何资金使用者把资金投入企业的生产经营后，企业用它来购买所需的相应资源，然后生产出新的产品，将产品出售后所得到的资金量都要大于初始投入的资金量。这样的过程中，资金的循环和周转，以及由此实现的资金的增值额需要或多或少的时间，每完成一次循环，资金就增加一定的数额，周转的次数越多，资金的增值额越大。

资金随时间变化而增值的原因，是因为一定量的货币如果作为资金投入到生产过程，由于劳动者的劳动，创造出新的价值——利润，会增加社会财富，使社会的总资金扩大，就相当于原有资金或者货币发生了增值。资金随时间的推移而增值的另一个含义是，作为货币一般都具有的时间价值——利息。资金随时间推移出现增值，其比率常用“i”表示，称为贴现率或者折现率。一般情况下贴现率按银行的年利率计算。

例如，现有一笔 10 万元的资金，如果把它放在保险箱里，不管经过多少年，它始终还是 10 万元。但是，如果我们把它存入银行，结果就不一样了。假设有关的银行存款年利率为 10%，则 1 年后连本带息我们可以获得 11 万元。如果我们用这 10 万元投资做买卖，假设商业的年利润率为 20%，则我们可以 1 年后连本带息共获得 12 万元。这就说明，资金只有及时使用，才能增加其价值；时间因素只有以使用资金作为前提，才会对资金的价值产生影响。所以，资金时间价值的实质是资金周转使用后的价值增加值。

简而言之，资金的时间价值是在资金周转使用中产生的，是资金所有者让渡资金使用权而参与社会财富分配的一种形式。

资金时间价值的衡量，一个是相对指标，表示增值的速度，即资金在周转使用过程中单位时间内的增值幅度；另一个是绝对指标，即资金在经历一段时间后的增值总额。在实际使用中，人们习惯于使用数字来表示资金时间价值的大小，即用增加的价值（利息总额）或者增加价值占投入资金的百分比（利息率）来表示。通常情况下，资金的时间价值相当于没有风险和没有通货膨胀条件下的社会平均资金利润率。由于时间价值的计算方法同有关利息的计算方法相同，因而时间价值与利率容易被混为一谈。实际上，财务活动总是或多或少地存在一些风险，而通货膨胀也是市场经济中客观存在的经济现象。因此，不仅包含时间价值，而且也包含了风险价值和通货膨胀的因素。只有在购买国库券等政府债券时几乎没有风险，同时，如果通货膨胀很低，可以用政府债券利率来表现时间价值。

通过资金时间价值的观念，还告诉人们在投资活动中必须考虑资金的机会成本：假如一项投资的报酬率低于其时间价值，则说明该项投资的收益低于该笔资金应该得到的最低报酬，这项投资显然是不合算的。

对于不同时间单位的资金价值不宜直接进行比较，这是因为不同时间单位的资金的价值是不相等的。所以需要先把它们换算到相同的时间单位的基础上，再进行大小的比较与计算。

资金时间价值以商品经济的高度发展、法人借贷关系的普遍存在为前提条件或者存在基础，它是一个客观存在的经济范畴，是财务管理中特别是投资管理活动中必须考虑的一个重要因素。

【知识拓展】

西方经济学对“资金时间价值”的理解

西方经济学认为时间价值主要取决于流动偏好、消费倾向、边际效用等心理因素。

（1）“时间价值论”者认为，时间价值产生于人们对现有资金的评价高于对未来资金的评价，它是价值对时差的贴水。

（2）“流动偏好论”者认为，时间价值是放弃流动偏好报酬。

（3）“节欲论”者则认为，时间价值是资金所有者不将资金用于生活消费所得的报酬。资金时间价值就是对资金所有者推迟消费的报酬。

二、资金时间价值计算

（一）单利的终值与现值计算

1. 资金的终值与现值

正确进行企业项目投资的分析与决策，就必须弄清楚在不同时点上收到或者付出的资金价值之间的数量关系，掌握各种终值和现值的换算方法。

终值（Future Value）也称将来值，是指现在一定数量的现金在未来某一时点上的价值，俗称本利和。通常用字母 F 来表示。

现值（Present Value）又称本金，是指未来某一时点上的一定数量的现金折合为现在的价值。通常用字母 P 来表示。

比如，在银行存入一笔现金 1000 元，年利率为复利 10%，经过 2 年后一次性取出本利和 1210 元。这 2 年后的本利和 1210 元就是我们理解的终值，即 F=1210 元。反过来，上述 2 年后的本利和 1210 元折合为现在的价值为 1000 元，这 1000 元即为现值，即 P=1000 元。

这里需要说明的是，终值和现值的计算涉及利息计算方式的选择。通常使用两种利息计算方式，一是单利，二是复利。在单利方式下，每期都按初始本金计算利息，当期利息即使不取出也不计入下期本金，计算基础不变。在复利方式下，以当期末本利和为计息基础计算下期利息，即为“利上加利”。现代财务管理中一般用复利方式计算终值和现值，因此也称为复利终值和复利现值。

2. 单利的计算

单利是指按借贷的原始金额或者本金支付（收取）的利息，即本金能带来的利息，利息必须在提取以后再以本金的形式投入才能生利，否则不能生利。为计算方便，经常使用下列符号标识：P 为现值，F 为终值，I 为利息，i 为利息率，n 为计算利息的期数。

现在存入银行 1 元，假设商业存款利率为 10%，则从第一年开始，各年年末的终值可计算如下：

1 年后的终值=1×(1+10%×1)=1.1

2 年后的终值=1×(1+10%×2)=1.2

3 年后的终值=1×(1+10%×3)=1.3

4 年后的终值=1×(1+10%×4)=1.4

……

所以，单利终值的计算公式为

$$\begin{aligned}F_n &= P_0 + I \\ &= P_0 + P_0 \cdot i \cdot n \\ &= P_0 \cdot (1+i \cdot n)\end{aligned}$$

式中　F_n——第 n 期期末的终值；

P_0——现值，即现在投入的本金。

除非特别指明，在计算利息时，给出的利率均为年利率，对于不足 1 年的利息，以 1 年等于 360 天来折算。

【例 2-1】　单利终值的计算。

某人持有一张面额为 1000 元的债券，票面利率为 6%，2012 年 12 月 30 日购入，到 2017 年 1 月 1 日按面值转让，则持有者可获利息为多少？

解：I=1000×6%×4=240（元）

转让该债券可获收入 $F=P_0+I$=1000+240=1240（元）

在单利计算方式下，现值的计算与终值的计算是互逆的，它可以用倒求本金的方法来计算。由终值求现值，称之为贴现。

所以，单利现值的一般计算公式为

$$P_0 = F_n \cdot \frac{1}{1+i \cdot n}$$

【例 2-2】　单利现值的计算。

某人希望能在 10 年后获得现金 10 000 元，拟进行一笔投资。若在利率为 6%的情况下，按单利计息，则此人现在应该存入银行的资金为多少？

解：$P_0 = \dfrac{10\,000}{(1+10\times 6\%)}$=6250（元）

【课堂讨论】

日常生活中，银行是按单利计算利息的吗？你若把今年过年得到的压岁钱存入银行，银行利率假设为 10%，定期 1 年、2 年、3 年，那么 1 年、2 年、3 年后你分别可以拿回多少钱呢？

（二）复利的终值和现值

复利与单利不同，它是指不但借贷的本金要支付（或者收取）相应的利息，而且前期的利息在本期也要计息，即在复利方式下，本金生息，利息在下期转为本金后，也要与原来的本金一起计息。

如果现在投入的一笔资金（本金）用 P_0 表示，n 期之后的本利和（即第 n 期末的终值）用 F_n 表示，每期的增值率用 i 表示，一笔资金的终值计算过程可参见表 2-1。

表 2-1　一笔资金的复利终值计算过程表

时期	期初本金	期末本利和
第 1 期（n=1）	P_0	$F_1=P_0(1+i)$
第 2 期（n=2）	F_1	$F_2=F_1(1+i)=P_0(1+i)^2$
第 3 期（n=3）	F_2	$F_3=F_2(1+i)=P_0(1+i)^3$
⋮	⋮	⋮
第 n 期	F_{n-1}	$F_n=F_{n-1}(1+i)=P_0(1+i)^n$

因此，一笔资金的复利终值公式为

$$F_n=P_0(1+i)^n$$

式中　$(1+i)^n$ ——复利终值系数，通常用$(F/P,i,n)$表示。例如，$(F/P,5\%,3)$表示利率为 5%时 3 期的复利终值系数，可以通过查阅“复利终值系数表”直接得到它的值，这在没有计算器（特别是科学计算器）的情况下是非常有用的。

因此，复利终值公式也可表示为

$$F_n=P_0\cdot(F/P,i,n)$$

“1 元复利终值系数表”的第一行是利率 i，第一列是计息期数 n，相应的$(1+i)^n$在其纵横交叉处。比如，通过该表可查到，$(F/P,5\%,3)=1.1576$，即表示在利率为 5%的情况下，现在的 1 元钱和 3 年后的 1.1576 元钱在经济上是等值的。

【例 2-3】　复利终值的计算。

某人将一笔资金 10 000 元存入到一家商业银行中，每年存款利息率为 8%，计算 1 年后此人可获得的本利和。

解： $F_1=10\,000\times(1+8\%)=10\,800$（元）

如果他继续将这笔钱存在银行，则第二年的本利和 $F_2=10\,000\times(1+8\%)^2=11\,664$（元）

投资 5 年后可收回的终值 $F_5=P_0\cdot(F/P,8\%,5)$

$=10\,000\times1.4693$

$=14\,693$（元）

求复利现值相当于求原始本金，它是指今后把一特定时间收到或者支付的一笔款项，按照折现率所计算的现在时点价值。

显然，求复利现值正是求复利终值的逆运算

$$P_0=\frac{F_n}{(1+i)^n}$$

$$=F_n(1+i)^{-n}$$

式中　$(1+i)^{-n}$——复利现值系数，用$(P/F,i,n)$表示，它的值可以通过查阅“复利现值系数表”

得到。

同理，复利现值公式也可表示为

$$F_n = P_0 \cdot (P/F,i,n)$$

【例 2-4】 复利现值的计算。

若现在银行存款的年利率为 3%，按复利计算利息，如果某人希望 10 年后能从银行取出 10 万元购买房产，则现在一次性应该存入多少钱？

解： 根据题意，已知 $F_{10} = 100\,000$， $n=10$ ， $i=3\%$ ，则

$$P_0 = \frac{F_n}{(1+i)^n} = \frac{100\,000}{(1+3\%)^{10}}$$

$$= 100\,000 \times 0.7441 = 74\,410 \text{（元）}$$

所以，他应该现在一次性存入 74 410 元。

【课堂讨论】

通过查阅 1 元复利终值表和现值表，你能发现随着利息率及期数的变化，系数呈现出怎样的变化趋势呢？

三、名义利率与实际利率

在用复利法计算终值或者现值时，每一期的增值率是影响计算结果的重要指标。在计算时人们一般习惯以一年为一期，利率、报酬率、收益率等资金增值率指标，如果没有特别说明，都是指在一年内发生的利息、投资报酬等增值额与年初本金的比率。但某些机构，如银行在发放贷款的时候，可能在合同上规定一个年利率，但却不是一年计息一次，而是将每次计息的期间缩短，一年内多次计息，其结果是使一年实际负担的利率增加了。

把合同上规定的年利率称为名义利率，它实际上就是通常所说的银行公布的利率或者借贷双方商定的利率。而把在计息周期小于一年的情况下换算出来的一年实际承担的利率称为实际利率[1]，又称为有效利率。

名义利率忽略了利息的时间因素，而实际利率则是将利息的时间因素考虑进去的年利率。如年利率为 9%，每年计息一次，它既是名义利率，也是实际利率。如果每年计息次数为 12 次，则其名义利率为 9%，但实际利率需要计算。

在一年内多次复利的情况下，一般用下列两种方法来计算时间价值。

（1）将名义利率调整为实际利率，然后按实际利率计算时间价值。

$$r = \left(1 + \frac{R}{m}\right)^m - 1$$

式中 r ——实际利率；

R ——名义利率；

m ——每年复利次数。

例如，名义利率为年利率 9%，若每年计息次数为 12 次，按利率换算公式，则年实际利

[1] 在谈到通货膨胀的时候，人们又将没有考虑通货膨胀影响的利率称为名义利率，而将扣除了通货膨胀影响之后的、以货币实际购买力来衡量的增值率称为实际利率。

率为

$$r=\left(1+\frac{R}{m}\right)^{m}-1=\left(1+\frac{9\%}{12}\right)^{12}-1=9.38\%$$

【例 2-5】 某企业从银行借入一笔贷款 100 万元，期限 3 年，合同上载明的利率为 8%，每半年计息一次。请问，这与 1 年付息一次，在经济上有多大的差别？

解：① 根据题意，已知 $P=100$，$R=8\%$，$m=2$，$n=3$，按实际利率来计算，则

$$r=\left(1+\frac{R}{m}\right)^{m}-1=\left(1+\frac{8\%}{2}\right)^{2}-1=8.16\%$$

第三年末本利和

$$F=100\times(1+8.16\%)^{3}=126.531\ 90 \text{（万元）}$$

② 如果每年计息一次，则第三年末的本利和为

$$F'=100\times(1+8\%)^{3}=125.971\ 20 \text{（万元）}$$

③ 两者相差数额为

$$F-F'=126.531\ 90-125.971\ 20=0.560\ 70 \text{（万元）}$$

所以，半年计息一次比一年计息一次将要多偿还 0.5607 万元。

（2）不直接计算实际利率，而是相应地调整有关的一些指标，即将利率变为 $\frac{R}{m}$，期数相应地转换为 $m\cdot n$。计算公式简化为

$$F=P\cdot\left(1+\frac{R}{m}\right)^{m\cdot n}$$

【例 2-6】 利用例 2-5 中的有关数据和资料，用这种方法来计算本利和。

这样，每半年计息一次，即计息周期为半年，则 3 年共经历了 6 期；而每期的利率为 4%（年利率 8%÷2），因此，计算到第三年末（即第 6 期末）时的本利和。

解：$F=P\cdot\left(1+\frac{R}{m}\right)^{m\cdot n}=100\times\left(1+\frac{8\%}{2}\right)^{2\times3}$

$$=100\times(F/P,4\%,6)=126.531\ 90 \text{（万元）}$$

四、各种年金的终值和现值

所谓年金，是指多笔定期发生的并且金额相同的收付款项，通常记作 A。例如，按月定期支付的房租、按年计提的折旧、养老金、保险金等，如果各期金额不变，就是年金。

按照收付的次数和支付的时间划分，年金又可以分为普通年金、即付年金、递延年金、永续年金等类型。其中，普通年金和即付年金是年金的基本形式，递延年金与永续年金是派生出来的年金。

（一）普通年金

普通年金是指从第一期起，连续若干期内每期期末等额发生的系列收付款项，也称后付年金。普通年金是各种年金中最基本的形式，在实际经济工作中被广泛使用。对于各种年金的计

算，一般采用时间序列图的形式来理解。

1. 普通年金终值的计算

在现实生活中，很多情况下都需要对普通年金求终值。普通年金求终值相当于零存整取的本利和，是指一定时间内每期期末收付款项的复利终值之和。例如，某人计划 5 年内每年年底存入银行 10 000 元，如果银行按复利计息，每年利率 3%，问 5 年期满该人可得多少钱？这就是一个普通年金求终值的问题。

上述例子可表示为如图 2-1 所示。

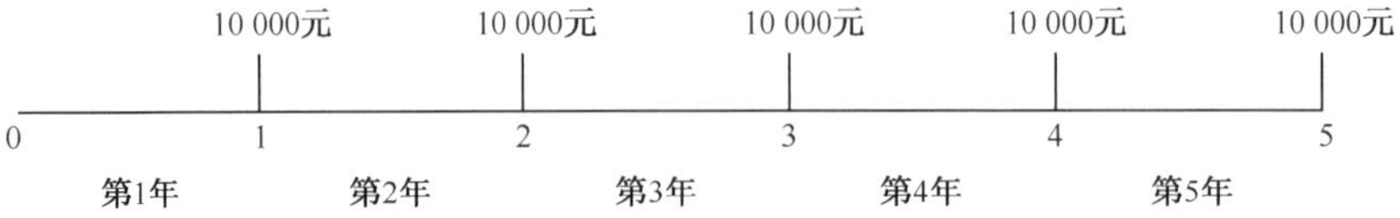

图 2-1　普通年金示意图

注：① 图中横轴代表时间，一般用数字标出各期的顺序号，如 0 表示初始时点，1 表示第 1 年年末，2 表示第 2 年年末……5 表示第 5 年年末；

② 竖线上面的数字表示支付的金额。

求普通年金的终值，其实就是计算各期资金到最后一期期末时的终值之和。一个期数为 n、每期利率为 i、每期金额为 A 的普通年金，其终值即为各期金额 A 的第 n 期期末时的终值之和。

该人 5 年期满可得金额就是每年年末的 10 000 元到第 5 年年末的终值之和，为

$$10\,000\times(1+3\%)^{5-1}+10\,000\times(1+3\%)^{5-2}+10\,000\times(1+3\%)^{5-3}+10\,000\times(1+3\%)^{5-4}+10\,000$$

一个期数为 n、每期利率为 i、每期金额为 A 的普通年金，其终值计算公式参见表 2-2。

表 2-2　普通年金终值计算过程

时期	金额	到第 n 期期末还需经历的时期数	到第 n 期期末时的终值
1	A	$n-1$	$A(1+i)^{n-1}$
2	A	$n-2$	$A(1+i)^{n-2}$
⋮	⋮	⋮	⋮
$n-1$	A	$n-(n-1)=1$	$A(1+i)$
n	A	$n-n=0$	A

注：n 为期数、i 为每期利率、A 为每期金额。

用 F 表示普通年金终值，则

$$F=A(1+i)^{n-1}+A(1+i)^{n-2}+\cdots+A(1+i)+A$$

$$=A\left[(1+i)^{n-1}+(1+i)^{n-2}+\cdots+(1+i)+1\right]$$

$$=A\cdot\frac{(1+i)^{n}-1}{i}$$

式中 $\frac{(1+i)^n-1}{i}$——普通年金终值系数，可表示为$(F/A,i,n)$，它的值可以在“1 元年金终值系数表”中查到。

因此，普通年金终值的公式也可表示为

$$F=A\cdot(F/A,i,n)$$

【例 2-7】 假设某企业拟投资一项目，在 4 年的建设期内每年年末从银行借款 200 万元，银行借款利率为 10%，则该项目完工时需支付银行本息的总额为多少万元？

解：$F=A\cdot(F/A,i,n)$

$=200\times(F/A,10\%,4)$

$=200\times4.6410$

$=928.2$（万元）

【例 2-8】 如果企业拟积累一笔资金用于 10 年后偿还 100 万元的债务，计划从现在起，在 10 年内每年年末等额存款多少，才能满足要求？已知年利率 3%，按复利计算。

解：已知 F=1 000 000，n=10，i=3%，假设每年末的存款额为 A，则

$$A\cdot\frac{(1+i)^n-1}{i}=F$$

变形得

$$A=F\cdot\frac{i}{(1+i)^n-1}=1\,000\,000\times\frac{3\%}{(1+3\%)^{10}-1}$$

$=1\,000\,000\times0.087\,230\,349\approx87\,230.35$（元）

即每年末需存入 87 230.35 元，方可于 10 年后累积 100 万元资金，正好用于偿还债务。

变形式 $A=F\cdot\frac{i}{(1+i)^n-1}$ 中的 $\frac{i}{(1+i)^n-1}$ 为年金终值系数的倒数，称为偿债基金系数，记作$(A/F,i,n)$。偿债基金是指为了在约定的未来某一时点偿还某笔债务或者是积存一定数额的资金而分次等额形成的存款准备金，它是把年金终值折算为每年需要支付的等额款项。

偿债基金的计算实际上是年金终值的逆运算。其计算公式为

$$A=F\cdot\frac{i}{(1+i)^n-1}$$

该例也可解答如下。

因为

$A\cdot(F/A,3\%,10)=F$

所以

$$A=F\cdot\frac{1}{(F/A,3\%,10)}$$

查“1 元年金终值系数表”知（F/A,3%,10）=11.4639，则

$$A=1\,000\,000\times\frac{1}{11.4639}\approx87\,230.35\text{（元）}$$

【课堂讨论】

日常生活中还有哪些例子可以用普通年金终值公式计算？

2. 普通年金现值的计算

与普通年金终值的计算相似，普通年金现值就是各期金额的现值之和。可以这样理解，普通年金现值是指为在今后的若干期内，每期期末取得相等的金额，现在需要投入多少钱。例如，某人需要在今后 4 年中每年年末取用 4000 元，若银行按复利计息，年利率为 3%，现在该一次性存入银行多少钱？这就是一个求普通年金现值的例子。

为在今后的 4 年内每年末取出 4000 元，现在该存入

$$4000\times\frac{1}{1+3\%}+4000\times\frac{1}{(1+3\%)^2}+4000\times\frac{1}{(1+3\%)^3}+4000\times\frac{1}{(1+3\%)^4}$$

一个期数为 n、每期利率为 i、每期金额为 A 的普通年金，其现值的计算公式推导可参见表 2-3。

表 2-3 普通年金现值计算过程

时期	金额	距初始点（现在）的时期数	现值
1	A	1	$P=A\bullet\frac{1}{(1+i)}$
2	A	2	$P=A\bullet\frac{1}{(1+i)^2}$
⋮	⋮	⋮	⋮
$n-1$	A	$n-1$	$P=A\bullet\frac{1}{(1+i)^{n-1}}$
n	A	n	$P=A\bullet\frac{1}{(1+i)^n}$

如果用 P 表示普通年金的现值，则

$$P=A\bullet\frac{1}{(1+i)}+A\bullet\frac{1}{(1+i)^2}+\cdots+A\bullet\frac{1}{(1+i)^{n-1}}+A\bullet\frac{1}{(1+i)^n}$$

$$=A\left[\frac{1}{(1+i)}+\frac{1}{(1+i)^2}+\cdots+\frac{1}{(1+i)^{n-1}}+\frac{1}{(1+i)^n}\right]$$

$$=A\bullet\frac{(1+i)^n-1}{i(1+i)^n}$$

或者

$$P=A\bullet\frac{1-(1+i)^{-n}}{i}$$

式中 $\frac{1-(1+i)^{-n}}{i}$——年金现值系数，可表示为$(P/A,i,n)$，其值可在“1 元年金现值系数表”中查到。

因此，普通年金现值的计算公式也可写为

$$P = A \cdot (P/A,i,n)$$

【例 2-9】 某人欲在银行存入一笔钱，使得其在今后 5 年每年年末都可以取出 1000 元，银行年利率为 10%，按复利计息，他现在应该存入多少钱？

解：根据题意，已知 A=1000，n=5，i=10%，设现在该存入的金额为 P，则

$$P = A \cdot \frac{1-(1+i)^{-n}}{i}$$

$$=1000 \times \frac{1-(1+10\%)^{-5}}{10\%}$$

$$=1000 \times 3.791$$

=3791（元）

或者简化为

$$P = A \cdot (P/A,10\%,5)$$

查表已知$(P/A,10\%,5)=3.791$，所以

P=1000×3.791 =3791（元）

即现在在银行里存入 3791 元，就可在今后 5 年每年年末取出 1000 元。

【例 2-10】 某人欲购商品房一套，面积为 100m^2，单价为 2000 元/m^2，该人现只能支付 70 000 元，其余款项准备向银行申请贷款，贷款期限为 15 年，按月等额偿还本息，年利率为 5.51%，问每月该偿还多少钱？

解：根据题意，时间间隔应该以月为单位，故每期的利率 i=5.51%/12=0.459 166 6%，而期数 n=15×12=180，设每月还款额为 A 元，借款金额即年金现值 P=100×2000−70 000=130 000 元，则

$$P = A \cdot (P/A,i,n)$$

$$A = P / (P/A,i,n)$$

$$=130\,000 / \frac{1-(1+0.459\,166\,6\%)^{-180}}{0.459\,166\,6\%}$$

=1062.90（元）

上式中 $\frac{1}{(P/A,i,n)}$ 也记作$(A/P,i,n)$，称为“资本回收系数”。它可利用年金现值系数的倒数求得，也可直接查阅“资本回收系数表”获得。

因此，上式可简化为

$$A = P \cdot (A/P,i,n)$$

式中 A——又称为年资本回收额。它是指在约定的年限内等额回收初始投入资本或者偿还所欠债务的金额。资本回收额的现金流量如图 2-2 所示。

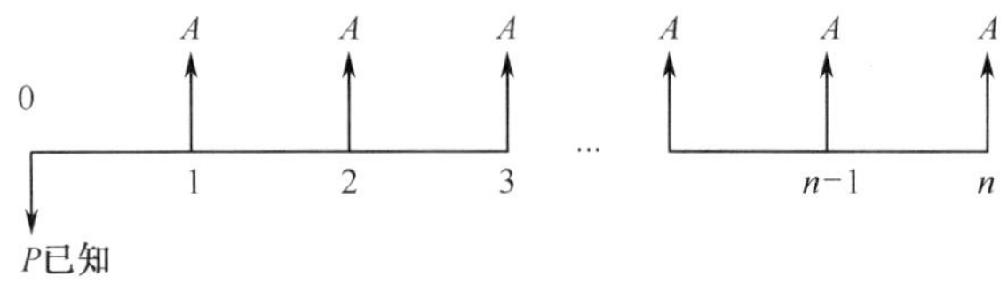

图 2-2　资本回收现金流量图

年资本回收额的计算实际上是年金现值的逆运算，其公式为

$$A = P \cdot \frac{i}{1-(1+i)^{-n}} = P \cdot (A/P, i, n)$$

（二）即付年金

1. 即付年金终值的计算

所谓即付年金，就是各期资金均发生于各期期初的一种年金，又称先付年金或者预付年金。即付年金终值的计算原则上与普通年金终值的计算是完全一致的，也是计算各期资金到最后一期期末的终值之和。

对于一个期数为 n、每期利率为 i、每期金额为 A 的即付年金，与同样条件的普通年金相比，区别在于两者对应各期资金的发生时间正好相隔一期，例如，同样第一期的资金，即付年金发生在第一期的期初，而普通年金则发生在第一期的期末，正好隔了一期的时间段；同样是最后一期（第 n 期）的资金，即付年金发生在第 n 期的期初，而普通年金则发生在第 n 期的期末，也正好相差一期的时间段。

普通年金和即付年金分别如图 2-3 所示，上为普通年金，下为即付年金。

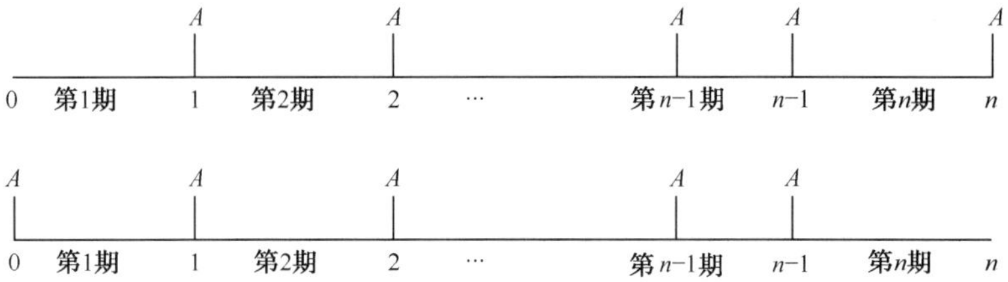

图 2-3　普通年金与即付年金示意图

注：① 图中横轴代表时间，0,1,2,…,(n−1)分别表示各时点，即对应每 1 期期初；1,2,…,n 分别表示第 1,2,…,n 期的期末；

② 竖线上面的字母 A 表示交易期每期收付的年金。

利用即付年金与普通年金的关系，可对即付年金现值的计算进行推导。由于即付年金各笔资金的发生都比相应的普通年金早一个期间的时间段，或者说，距离最后一期的期末，要多经过一期的时间。由于这种付款时间的不同，n 期即付年金终值比 n 期普通年金终值要多计算一期的利息。因此，在 n 期普通年金终值的基础上乘以$(1+i)$就是 n 期即付年金的终值。

如果用 $FA_1, FA_2, \cdots, FA_n$ 分别表示即付年金第 1,第 2,…,第 n 期的资金到第 n 期末的终值，而用 $FB_1, FB_2, \cdots, FB_n$ 分别表示普通年金第 1,第 2,…,第 n 期的资金到第 n 期末的终值，则有

$$FA_1 = FB_1(1+i)$$

$$FA_2 = FB_2(1+i)$$

$$\vdots$$

$$FA_n = FB_n(1+i)$$

用 F 表示即付年金的终值，则有

$$F = FA_1 + FA_2 + \cdots + FA_n = (FB_1 + FB_2 + \cdots + FB_n)(1+i)$$

而 $FB_1 + FB_2 + \cdots + FB_n$ 为普通年金的终值，且有

$$FB_1 + FB_2 + \cdots + FB_n = A \bullet \frac{(1+i)^n - 1}{i}$$

因此，即付年金终值的公式为

$$F = A \bullet \frac{(1+i)^n - 1}{i}(1+i)$$

或者

$$F = A\left[\frac{(1+i)^{n+1} - 1}{i} - 1\right]$$

式中 $\frac{(1+i)^n - 1}{i}(1+i)$ 或 $\frac{(1+i)^{n+1} - 1}{i} - 1$ ——即付年金终值系数，其值为相应的普通年金系数乘以(1+i)，即是在普通年金终值系数的基础上，期数加 1，系数减 1 所得的结果。通常记为[(F/A,i,n+1)−1]。这样，通过查阅“1 元年金终值系数表”得到(n+1)期的值。然后再减 1 便可求出对应的即付年金终值系数的值。

所以，即付年金终值的计算公式也可简化写为

$$F = A \bullet [(F/A,i,n+1)-1]$$

【例 2-11】 某企业为归还 5 年后的一笔债务，决定从现在开始每年年初存入 10 000 元，若银行年利率为 10%，则该笔存款到期的本利和是多少？

解： $F = A \bullet [(F/A,i,n+1)-1]$

$= 10\,000 \times [(F/A,10\%,5+1)-1]$

$= 10\,000 \times (7.7156-1)$

$= 67\,156$（元）

2. 即付年金现值的计算

如前所述，由于即付年金的各笔资金的发生都比相应的普通年金早一个期间的时间段，或者说，距离第 1 期的期初，要少经历一期的时间，因此 n 期即付年金现值比 n 期普通年金现值要少计息一期。所以，在相应的 n 期普通年金终值的基础上乘以(1+i)便可得到 n 期即付年金的终值。

若用 P 表示即付年金现值，则其计算公式为

$$P = A \cdot \frac{1-(1+i)^{-n}}{i}(1+i)$$

或者

$$P = A\left[\frac{1-(1+i)^{-(n-1)}}{i}+1\right]$$

式中 $\frac{1-(1+i)^{-n}}{i}(1+i)$ 或 $\frac{1-(1+i)^{-(n-1)}}{i}+1$ ——即付年金现值系数，其值为相应的普通年金系数乘以 $(1+i)$，即是在普通年金现值系数的基础上，期数减 1，系数加 1 所得的结果。通常记为 $[(P/A,i,n-1)+1]$。这样，通过查阅“1 元年金现值系数表”得到 $(n-1)$ 期的值，然后再加 1 便可求出对应的即付年金现值系数的值。

同样，即付年金现值的计算公式也可简化写为

$$P=A \cdot [(P/A,i,n-1)+1]$$

【例 2-12】 某人想分期付款购买一套住房，向银行的借款用 15 年全部还清，每年年初支付 8000 元，若银行借款利率为 5%，则该项分期付款相当于现在一次性支付的总金额是多少？

解： $P = A \cdot [(P/A,i,n-1)+1]$

$= 8000 \times [(P/A,5\%,15-1)+1]$

$= 8000 \times (9.899+1)$

$= 87\ 193$（元）

【课堂讨论】

比较普通年金与即付年金的区别。

（三）递延年金

递延年金是指第一期没有收付款项的发生，而是隔着若干期后才开始发生的等额收付款项。它是普通年金的特殊形式，凡不是从第一期开始的年金都是递延年金，如图 2-4 所示。

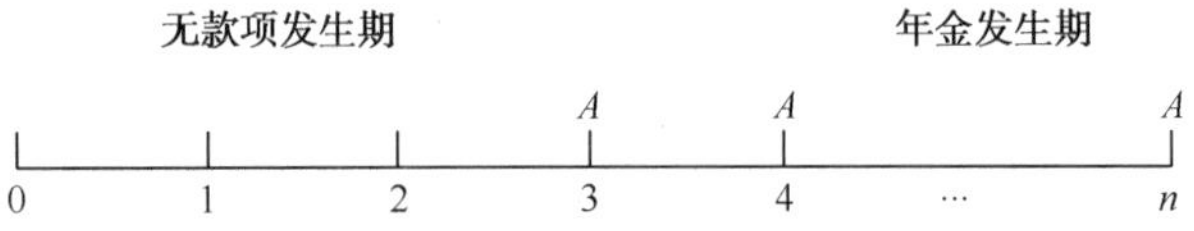

图 2-4 递延年金示意图

在这里，通常用 m 表示前面没有收付款项发生的期数，即为递延期。一般情况下，$m \geq 1$。

1. 递延年金终值的计算

由图 2-4 可知，递延年金终值的大小与递延期 m 无关，因此递延年金终值的计算与普通年金终值的计算方法相同，也就是求解递延期之后的 n 期普通年金的终值，即

$$F=A\cdot(F/A,i,n)$$

2. 递延年金现值的计算

关于递延年金现值的计算有如下三种方法。

（1）分段法。

分段法即将递延年金看作 n 期普通年金，先求出它在递延期末（即 m 处）的现值，然后再将此现值折算到第一期期初。因此，分段法又称为分步折现法。计算公式为

$$P_m=A\cdot(P/A,i,n)$$

$$P=P_m\cdot(1+i)^{-m}$$

$$=A\cdot\left[\frac{1-(1+i)^{-n}}{i}\right]\cdot(1+i)^{-m}$$

$$=A\cdot(P/A,i,n)\cdot(P/F,i,m)$$

【例 2-13】 某人现在存入银行一笔现金，计划 5 年后每年年末从银行提取现金 4000 元，连续提取 8 年，在利率为 6%的情况下，现在应该存入现金总额为多少？

解：$P=A\cdot(P/A,i,n)\cdot(P/F,i,m)$

$=4000\times(P/A,6\%,8)\cdot(P/F,6\%,5)$

$=4000\times6.2098\times0.7473$

$=18\,562.33$（元）

（2）补缺法。

补缺法，即先假设前 m 期也存在等额收付款项的发生，求出 $(m+n)$ 期的年金现值，再扣减并不存在收付款项的递延期（m 期）内年金的限值，即是要求的递延年金现值。计算公式为

$$P=P_{m+n}-P_m$$

$$=A\cdot\left[\frac{1-(1+i)^{-(m+n)}}{i}-\frac{1-(1+i)^{-m}}{i}\right]$$

$$=A\cdot[(P/A,I,m+n)-(P/A,i,m)]$$

【例 2-14】 某人年初存入银行一笔现金，从第 3 年年末起，每年取出 10 000 元用于家庭教育开支，至第 6 年年末全部取完，银行的存款利率为 10%，则他在最初时应该一次性存入银行的款项是多少？

解：$P=A\cdot[(P/A,i,m+n)-(P/A,i,m)]$

$=10\,000\times[(P/A,10\%,2+4)-(P/A,10\%,2)]$

$=10\,000\times(4.3553-1.7355)$

$=26\,198$（元）

（3）折现法。

这种方法的思路最为简单，即先求出递延年金在(m+n)期处的终值，再将其一次折算为第一期期初的现值。计算公式为

$$P = F \cdot (1+i)^{-(n+m)}$$

$$= A \cdot \left[\frac{(1+i)^n - 1}{i}\right] \cdot (1+i)^{-(n+m)}$$

或者

$$F = A \cdot (F/A,i,n)$$

$$P = A \cdot (F/A,i,n) \cdot (P/F,i,n+m)$$

（四）永续年金

永续年金是一种期数无限的特殊年金，和一般年金一样，每隔相等的时期发生相等的金额，但永远持续下去。优先股的股息就是典型的永续年金形式。有的国家曾经发行过不还本金但永远付息的国债，其利息也是永续年金。永续年金由于期数无限，没有终点，显然没有终值，但可以求现值。永续年金在数学上可以看作期数为无穷大的普通年金。已知普通年金现值为

$$A \cdot \frac{1-(1+i)^{-n}}{i}$$

式中 n——期数；

i——每期利率；

A——每期金额。

当 n 趋向于无穷大时，对上式求极值，即

$$\lim_{n\to\infty} A \cdot \frac{1-(1+i)^{-n}}{i} = \frac{A}{i}$$

设永续年金现值为 P，则

$$P = \frac{A}{i}$$

【例 2-15】 某企业决定成立一项永久性科技奖励基金，每年年末颁发 32 万元奖金给对公司发展有突出技术创新贡献的员工。假设现阶段银行存款利率为 10%，试问该公司现在应该存入多少钱，才能使该基金正常运转？

解： 根据题意，可以知道这是一个求解永续年金现值的问题，故有

$$P=\frac{A}{i}=\frac{32}{10\%}=320\text{（万元）}$$

随着我国商品经济的持续发展，资金的时间价值在企业财务管理决策中将会得到更为广泛的运用，也必将会在财务投资决策中帮助企业树立正确的理财观念，以及在节约资金使用、提

高经济效益等方面起到更大的作用。

【小贴士】

现实生活中的存本取息、永久性奖学金、诺贝尔奖金等都是永续年金的例子。

（五）相关参数的求解

1. 折现率（或者利息率）的推算

对于一次性收付款项，根据其复利终值（或者现值）的计算公式可求得折现率的计算公式为

$$F_n = P_0(1+i)^n$$

$$i = \left(\frac{F}{P}\right)^{\frac{1}{n}} - 1$$

根据公式，必须已知三个量 F、P、n 的值，这样不用查表便可直接计算出一次性收付款项的折现率（利息率）i。

当然，永续年金折现率（利息率）i 的计算也很方便。如果 P、A 已知，则根据永续年金现值计算公式

$$P = \frac{A}{i}$$

变形后可得到折现率 i 的计算公式为

$$i = \frac{A}{P}$$

至于普通年金折现率（利息率）i 的计算比较复杂，没有直接公式可以套用，而必须利用有关的年金系数表，有时还会涉及内插法的运用。下面就这个问题着重加以介绍。

（1）根据普通年金终值 F 的计算公式可推算出年金终值系数$(F/A,i,n)$的算式为

$$(F/A,i,n) = F/A$$

根据已知的 F,A 和 n，就可求出 F/A 的值。通过查阅年金终值系数表，有可能在表中找到恰好等于 F/A 的系数值，只要读出该系数所在列的 i 值，即为所求的 i。

（2）同样，根据普通年金现值 P 的计算公式也可推算出年金现值系数$(P/A,i,n)$的算式为

$$(P/A,i,n) = P/A$$

同理，根据已知的 P,A 和 n，也可求出 P/A 的值。通过查阅年金现值系数表，就能找出相应的 i 值，必要时可能会用到内插法。

下面就介绍利用年金终值系数表计算 i 的具体步骤。

① 计算出 F/A 的值，假设其为 $F/A=\alpha$ 。

② 查阅年金终值系数表。沿着已知的 n 所在的行进行横向查找，如果能找到某一个系数

恰好等于 α 的值，则该系数值所在列相对应的利率便为所求的 i 值。

③ 如果无法找到恰好等于 α 的系数值，就应该在表中 n 行上找到与 α 最接近的左右两个临界系数值，设为 β_1 和 β_2（$\beta_1>\alpha>\beta_2$ 或者 $\beta_1<\alpha<\beta_2$），读出 β_1 和 β_2 所对应的临界利率 i_1 和 i_2，且 $i_1<i<i_2$。然后可以运用内插法进行求解。

利用内插法，首先假定利率 i 同相关的系数在较小范围内线性相关，因而可根据临界系数 β_1、β_2 和临界利率 i_1、i_2 计算出 i 值，其公式为

$$i = i_1+\frac{\beta_1-\alpha}{\beta_1-\beta_2}(i_2-i_1)$$

【例 2-16】 某人拟于明年年初借款 42 000 元，从明年年末开始，每年年末还本付息额均为 6000 元，连续 10 年还清。问当银行存款利率为多少时，此人才能借到这笔钱？

解： 根据题意，已知 P=42 000，A=6000，n=10，则

$$P/A=\frac{42\ 000}{6000}=7=\alpha$$

即

$$(P/A,i,10)=7$$

查 n=10 的 1 元年金终值系数表。在 n=10 一列中找不到恰好等于 α 的系数值，于是只能找其两个临界值 β_1 和 β_2，分别是

$$\beta_1=7.0236>7,\quad \beta_2=6.7101<7$$

同时找出两个临界利率 i_1 和 i_2，分别为

$$i_1=7\%,\quad i_2=8\%$$

应用内插法，得

$$\begin{aligned} i &= i_1+\frac{\beta_1-\alpha}{\beta_1-\beta_2}(i_2-i_1) \\ &= 7\%+\frac{7.0236-7}{7.0236-6.7101}\times(8\%-7\%) \\ &= 7\%+0.075\% \\ &= 7.075\% \end{aligned}$$

因此，只要银行的存款利率不高于 7.075%时，此人就能借到这笔钱。

对于一次性收付款项，若要应用查表法求 i，可先计算出 F/P（或者 P/F）的值，假设其为 α，然后查阅复利终值（或者现值）系数表。

对于即付年金利率 i 的推算，同样可以采用上述方法。首先求出 F/A 的值，假设 $\alpha=F/A+1$，然后沿着$(n+1)$所在行横向在普通年金终值系数表中查找，若找到某一系数恰好等于 α，则该系数所在列相对应的利率便为所求的 i 值；否则，便查找临界系数值和对应的临界利率，可以应用内插法求出利率 i。

2. 期间的推算

期间 n 的推算，其原理和步骤同折现率（利息率）i 的计算相类似。

下面以普通年金为例，说明在 P、A 和 i 已知情况下，介绍推算期间 n 的基本步骤。

（1）计算出 P/A 的值，设其为 $P/A=\alpha'$。

（2）查年金现值系数表。沿着已知的 i 所在列纵向查找，若能找到某一系数恰好等于 α'，则该系数值所在的行相对应的期间便是所求的 n 值。

（3）若没有恰好等于 α' 的系数值，就应在该列上找到与 α' 最接近的左右两个临界系数值，设为 β_1' 和 β_2'，并读出它们所对应的临界期间 n_1 和 n_2，然后运用内插法求 n 值，其常用公式为

$$n = n_1 + \frac{\beta_1' - \alpha'}{\beta_1' - \beta_2'} \cdot (n_2 - n_1)$$

式中 n——所求的折现期间；

α'——对应的年金现值系数；

n_1、n_2——分别为与 n 相邻的两个临界折现期间，且 $n_1<n<n_2$；

β_1、β_2——分别为与 n_1、n_2 对应的年金现值系数。

【例 2-17】 某人拟于明年年初借款 42 000 元，从明年年末开始，每年年末还本付息额均为 6000 元，如果此时的银行存款利率为 8%，试问连续多少年还清，此人才能从银行借到这笔钱？

解： 根据题意，已知 $P = 42\,000$，$A = 6000$，$i = 8\%$，则有

$$P/A=\frac{42\,000}{6000}=7=\alpha'$$

即 $(P/A,8\%,n)= 7$

查 i=8% 的 1 元年金终值系数表。在 i=8% 一列中找不到恰好等于 α' 的系数值，于是只能找其两个临界值，分别是

$\beta_1' = 6.7101<7$，$\beta_2' = 7.1390 > 7$

同时找出两个临界期间，分别为

$n_1 =10$，$n_2 = 11$

应用内插法，得

$$n= n_1 + \frac{\beta_1' - \alpha'}{\beta_1' - \beta_2'} \cdot (n_2 - n_1)$$

$$= 10 + \frac{6.7101 - 7}{6.7101 - 7.1390} \times (11-10)$$

$$\approx 10 + 0.676$$

$$= 10.676\text{（年）}$$

【知识拓展】

72 法 则

Bill Veeck 曾用 1000 万美元购买了一幢别墅，并且在 5 年后把它卖出，得到 2000 万美元。简而言之，他在 5 年内使他的钱倍增了。那么，Veeck 这项投资的投资报酬率是多少呢？

处理复利问题，包括使自己的财富倍增的问题，一个快捷的方法是利用“72 法则”。该法则表明：用投资年限 72 去除投资年限 n，就得到了近似的利率 i。该利率将保证使投资的资金在年内增加一倍。在 Veeck 的例子中，72/5=14.4，即利率为 14.4%。

如果 Veeck 取消这笔投资而把资金用于储蓄，利率为 6%，那么他必须等上约 12 年才能使他的资金倍增。即 72/6=12 年。

实际上，“72 法则”给出了使资金倍增所要求的利率或者投资期数，但按该法则计算的结果并不总是准确的。例如，在每年复利一次的利率下，要使资金在 5 年内倍增，必须要求利率达到 14.58%，而根据“72 法则”计算的结果是 14.4%。同样，若准确计算，把资金按 6%的利率存入银行，只要过 11.9 年就能使资金倍增；而按“72 法则”计算得出的结果是 12 年。尽管它不准确，但是对于那些近似的、可用口算的资金倍增问题，“72 法则”还是相当方便的。

单元二 风险价值

一、风险的概念及分类

（一）风险的含义

风险是现代企业财务管理环境的一个重要特征，在企业投资管理的每一个环节都不可避免地要面对风险。风险是对企业目标产生负面影响的事件发生的可能性。从企业投资管理的角度来看，风险就是企业在具体投资活动中，由于各种难以预料或者无法控制的因素作用，使企业的实际收益与预计收益发生背离，从而蒙受经济损失的可能性。因此，项目投资管理中所讲的风险，简单地讲，就是指未来收益的不确定性，而且是可以用概率分布来进行测度的不确定性。

对于一项投资，假如只存在一种投资结果，也就是其未来收益是事先可以肯定的，这样的投资就是没有风险的，即为无风险投资。例如，投资于国债，假如不考虑市场利率和通货膨胀的影响，投资的名义收益率在购买国债时就已经确定了，并且是肯定可以实现的。因为这项投资所带来的未来收入（即国债的还本付息）是由发行者——政府做出了承诺的，由于政府拥有庞大的经济资源，以及无偿征税的权力，一般情况下，政府违约失信使投资者不能按期收回本息的可能性基本上可以排除。因此，对于国债投资者而言，只有一种投资结果：按期收回本钱并取得约定的利息，从而得到事先就可以确定的收益水平。

但在现实中，很多的投资带来的未来收益是无法完全确定的，即存在多种可能的投资结果，这样的投资就是有风险投资。例如，企业债券，虽然发行者也对还本付息做出了承诺，但企业很可能由于经营失败等原因，无力偿还债券的本息。故对于企业债券的投资，投资者可能会按期收回本息，取得预定的收益，也可能血本无归，因而存在一定的不确定性。至于股票投资，不确定性就更大了，因为股票既不还本，也没有对支付股息及其数额做出法律上的承诺。股息的多少完全取决于企业的经营效益，显然，在激烈的市场竞争中，谁也无法保证企业的经营效益是稳定不变的。因此，投资股票的收益存在多种结果：可能很高，也可能很低，甚至是负数。同样，一个企业的生产投资也是如此。

一般来讲，风险由风险因素、风险事故和风险损失三个要素构成。

1. 风险因素

风险因素是引起或者增加风险事故的机会或者扩大损失幅度的条件，是事故发生的潜在原因。风险因素又有有形的风险因素和无形的风险因素之分。比如，化妆品含有超标物质对人的危害、飞机因机械故障产生的飞行事故等，这些都是有形的风险因素；再如，工作中由于心不在焉而使财务出错、保管员忘记关门而丢失财产、收受贿赂而出卖公司商业秘密，等等，这些均是无形的风险因素。

2. 风险事故

风险事故，是指引起损失的直接或者外在的原因，它是使风险造成损失的可能性转化为现实性的媒介，简单地说，风险是通过风险事故的发生导致损失的。比如两车相撞、设备爆炸等都是风险事故。

3. 风险损失

风险损失是由于风险事故所带来的实际和潜在的利益丧失，主要表现在物质上、行为上、关系上或者心理上等方面。其损失一般是指非故意、非计划、非预期的经济价值减少的事实。

【课堂讨论】

假设有需要投资 1000 万元的项目 A 和 B，项目 A 是没有风险的，可获得的报酬是 100 万元；项目 B 存在着无法规避的风险，并且成功和失败的可能性均为 50%，成功后报酬是 200 万元，而失败的结果是损失 20 万元。这涉及风险和报酬。你选择哪个项目？

（二）风险的类别

按照不同的分类标志，风险可以进行以下几种分类。

1. 按风险的性质或者发生原因来划分，风险可分为自然风险、经济风险和社会风险

自然风险是由于自然现象导致的财产损失和人身伤害的风险；经济风险是指生产经营过程中，由于各种因素的变动，导致产量减少或者价格涨跌损失的风险；社会风险是指组织或者个人的异常行为导致的财产损失和人身伤害的风险。

2. 按风险损害的对象来划分，风险可分为人身风险、财产风险、责任风险和信用风险

人身风险是指由于员工生、老、病、死、伤残等原因而导致经济损失的风险；财产风险是导致财产发生毁损、灭失和贬值的风险；责任风险是指因侵权或者违约，依法对他人遭受的人身伤亡或者财产损失应负赔偿责任的风险；信用风险是指在经济交往中，权利人与义务人之间，由于一方违约或者犯罪而给对方造成经济损失的风险。

3. 按风险导致的后果来划分，风险可分为纯粹风险和投机风险

纯粹风险是指只会造成损失而无获利可能性的风险，这种风险所导致的结果只有两种情况：没有损失和遭受损失。换句话说，它只存在受损的可能性而没有获利的机会。人们通常概念中的风险——自然灾害，以及意外事故，都属于纯粹风险，比如疾病、火灾、交通事故以及失窃等。只有纯粹风险才是保险公司承担的可保风险。

投机风险是指既可能造成损失也可能产生收益的风险。这种风险所导致的结果有三种情况：获得收益、没有损失和遭受损失。也就是说，它既存在可能获利的机会，又有受损的可能性。

4. 按风险的起源与影响来划分，风险可分为基本风险与特定风险

基本风险是指风险的起源与影响方面都不与特定的组织或者个人有关，至少是某个特定组织或者个人所不能阻止的风险，即全社会普遍存在的风险，比如战争、自然灾害、经济衰退等

带来的风险；特定风险是指由特定的因素引起而且损失仅涉及特定组织或者个人的风险，如罢工、诉讼失败、失去销售市场等带来的风险。从个别理财主体的角度来看，基本风险通常是不可分散风险或称系统风险，特定风险通常是可分散风险或称非系统风险。

对于特定企业而言，企业特有风险可进一步分为经营风险和财务风险。经营风险是指因生产经营方面的原因给企业目标带来不利影响的可能性，比如，由于原材料供应地的政治经济情况变动、新材料的出现等因素带来的供应方面的风险；由于生产组织不合理而带来的生产方面的风险；由于销售决策失误带来的销售方面的风险。财务风险又称筹资风险，是指由于举债而给企业目标带来的可能影响。企业举债经营，全部资金中除自有资金外还有一部分借入资金，这会对自有资金的获利能力造成影响；同时，借入资金需还本付息，一旦无力偿付到期债务，企业便会陷入财务困境甚至破产。当企业息税前资金利润率高于借入资金利息率时，使用借入资金获得利润除了补偿利息外还有剩余，因而使自有资金利润率提高。但是，若企业息税前资金利润率低于借入资金利息率时，使用借入资金获得的利润率降低。用自有资金来支付利息，可能使企业发生亏损。若企业亏损严重，财务状况恶化，丧失支付能力，就会出现无法还本付息甚至招致破产的严重后果。

5. 按风险能否被分散来划分，风险可分为可分散风险和不可分散风险

可分散风险是指能够通过风险分担协议使得经济单位面临的风险减少的风险。在市场中，它强调的是个别企业特有的风险，包括企业的信用风险、经营风险、财务风险等。可分散风险又称为企业特有风险或非系统风险，是可以通过资产组合而分散掉的风险。一般情况下，又可以通过分散投资加以规避。它是指由于某种特定原因对某特定资产收益率造成影响的可能性。它是特定企业或者特定行业所特有的，与政治、经济和其他影响所有资产的市场因素无关。

不可分散风险是指由整体政治、经济、社会等环境因素对证券价格所造成的影响，主要包括政策风险、经济周期性波动风险、利率风险、购买力风险、汇率风险等。这些是通过风险分担协议不能使经济单位面临的风险减少的风险。一般来说，它不能通过分散投资加以消除。

值得注意的是，在风险分散的过程中，不应当过分夸大资产多样性和资产个数的作用。实际上，在资产组合中资产数目较低时，增加资产的个数，分散风险的效应会比较明显，但资产数目增加到一定程度时，风险分散的效应就会逐渐减弱。经验数据表明，当组合中不同行业的资产个数达到 20 个时，绝大多数非系统风险均已被消除掉。此时，如果继续增加资产数目，对分散风险已经没有多大的实际意义，只能增加管理成本。另外，不要指望通过资产多样化达到完全消除风险的目的，因为系统风险是不能通过风险的分散来消除的。

二、风险的衡量

风险客观存在，广泛影响着企业的财务和管理活动，因此，正视风险并将风险程度给予量化，进行较为准确的衡量，便成为企业投资管理中的一项重要工作。风险与概率直接相关，并由此与期望值、离散程度相联系，对风险进行衡量时应着重考虑以下这几个方面的因素。

【小贴士】

风险的衡量指标主要有收益率的方差、标准差和标准离差率。

1. 概率

在日常生活中，某一件事在完全相同的条件下既可能出现这种结果又可能出现那种结果，可能发生也可能不发生，称这类事件为随机事件。比如将一枚硬币抛出去，可能会出现正面，也可能会出现反面，这没有什么规律。

概率就是用百分数或者小数来表示随机事件发生可能性及出现某种结果可能性大小的数值。它是介于 0～1 之间的一个百分数或者小数。概率越大表示该结果发生的可能性越大。一般用 X 表示随机事件，X_i 表示随机事件的第 i 种结果，而用 P_i 表示出现该种结果的相应概率。如果 X_i 出现，则 $P_i=1$；若不出现，则 $P_i=0$。同时，所有可能结果的概率之和必定为 1。

用公式表示为

（1）$0\leqslant P_i\leqslant 1$

（2）$\sum_{i=1}^{n} P_i = 1$

将随机事件各种可能的结果按一定的规则进行排列，同时列出各种结果出现的相应概率，这一完整的描述称为概率分布。

概率分布有两种类型：一种是离散型分布，也称不连续的概率分布，其特点是概率分布在各个特定的点（指 X 值）上；另一种是连续型分布，其特点是概率分布在连续图像的两点之间的区间内。两者的区别在于，离散型分布中的概率是可数的，而连续型分布中的概率是不可数的。

【例 2-18】 建华公司现有一个投资项目，面临风险的各种可能结果及概率分布参见表 2-4。

表 2-4　该项投资结果的概率分布

宏观经济状况	投资利润 R_i（万元）	概率 P_i
繁荣	$R_1=10$	$P_1=0.3$
正常	$R_2=8$	$P_2=0.4$
萧条	$R_3=6$	$P_3=0.3$
合计		1

2. 期望值

期望值是以概率为权数的各种可能结果值的加权平均数。公式为

$$\bar{X} = \sum_{i=1}^{n} R_i P_i$$

式中　R_i ——第 i 种结果的值；

P_i ——第 i 种结果的概率；

n ——所有可能出现的结果的数目。

例 2-18 中建华公司投资项目的利润期望值是多少？

解： $\bar{X} = \sum_{i=1}^{n} R_i P_i = 10\times0.3+8\times0.4+6\times0.3= 8$（万元）

如果一项投资的结果不是使用利润额等绝对指标，而是使用如收益率、报酬率等指标来表示，则该项投资的各种结果的期望值就称为期望收益率或者期望报酬率。

【例 2-19】 某企业准备投资开发一种新产品，现有 A、B、C 三个方案可供选择，经预测 A、B、C 三个方案的年预期收益及相应概率分布参见表 2-5。

表 2-5 三个方案年预期收益及概率分布

市场状况	概率（P_i）	年预期收益（万元）		
		方案 A	方案 B	方案 C
良好	0.3	40	50	60
一般	0.5	16	10	−6
较差	0.2	5	−10	−20

要求：计算 A、B、C 三个方案预期收益率的期望值。

解： 根据题中提供的有关数据，结合期望值计算的公式可以求得

$$\overline{X}_A=\sum_{i=1}^{3}R_iP_i=40\times0.3+16\times0.5+5\times0.2=21\text{（万元）}$$

$$\overline{X}_B=\sum_{i=1}^{3}R_iP_i=50\times0.3+10\times0.5-10\times0.2=18\text{（万元）}$$

$$\overline{X}_C=\sum_{i=1}^{3}R_iP_i=60\times0.3-6\times0.5-20\times0.2=11\text{（万元）}$$

3. 连续型分布

在上述例子中，一般假定未来只有三种可能的经济情况出现，即经济繁荣、经济正常与经济萧条。实际上，未来出现的经济情况远不止以上三种，从经济迅速发展到经济大萧条之间，有无数种可能的情况出现。如果对每一种经济情况都赋予一个概率（这些概率的总和仍为 1），并且在每一种经济情况下对两家公司都先测定一个报酬率，再进行类似的计算，则各种概率及结果如图 2-5 所示。

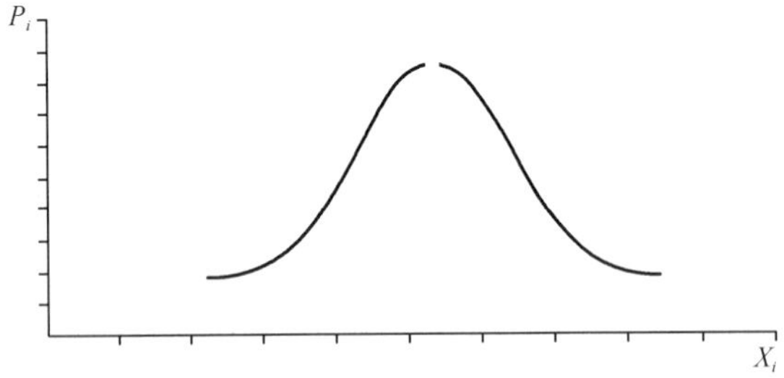

图 2-5 连续型概率分布

一般来说，概率分布越集中，或者说分布图形的峰度越高，公司的风险就越低。因为概率分布越集中，实际的结果就越接近期望，实际的报酬率远远低于预期报酬率的可能性越小。

从图 2-5 中可以看出，两家公司的报酬率呈正态分布，其主要特征为对称的钟形。实际上，并非所有的问题都服从于正态分布，但是，根据统计学原理，无论总体是呈正态还是非正态分布，当样本很大时，其样本平均数都呈正态分布。一般来说，如果被研究的量受彼此独立的大

量偶然因素的影响，并且每个因素在总影响中只占很小一部分，那么这个总影响所引起的数量上的变化就近似地服从于正态分布。所以，正态分布在统计上被广泛使用。

4. 标准差

风险是一个很难掌握的概念，对风险的定义和度量也有很多争议，不过，一个普遍为大家所接受并且可以达到很多目的的方法，就是利用图 2-5 所表示的连续概率分布的方法来说明：对任何投资而言，预期未来的报酬率分布越集中，则投资的风险就越小。

但是，要使所使用的方法具有应用价值，还必须提供一个确定的数值计算方法，以表明风险的大小，即衡量概率分布集中程度的标准差，用符号表示为σ。标准差越小，概率分布越集中，风险越小。

标准差的计算步骤如下。

（1）计算预期报酬率或者期望值，即

$$\overline{X}=\sum_{i=1}^{n}P_i \bullet X_i$$

（2）计算每一种可能出现的结果与预期报酬率的差，即

第 i 种可能结果的离差$=X_i-\overline{X}$

（3）将每一组离差平方后再乘以其有关结果发生的概率，然后加总起来，得到概率分布的方差σ^2，即

$$\sigma^2=\sum_{i=1}^{n}(X_i \bullet \overline{X})\bullet P_i$$

（4）将方差开方后，就可以得出标准差，即

$$\sigma=\sqrt{\sum_{i=1}^{n}(X_i-\overline{X})^2 \bullet P_i}$$

标准差也叫标准离差，反映的是各种可能结果的值与期望值之间的离散程度。

例 2-18 各种可能投资结果的标准差：

$$\sigma=\sqrt{(10-8)^2\times 0.3+(8-8)^2\times 0.4+(6-8)^2\times 0.3}$$

$$=1.67$$

【例 2-20】 结合例 2-19 中的资料和数据，计算 A、B、C 三个方案预期收益率的标准差。

解： $\sigma_A=\sqrt{\sum_{i=1}^{n}(X_i-\overline{X})^2 \bullet P_i}=\sqrt{(40-21)^2\times 0.3+(16-21)^2\times 0.5+(5-21)^2\times 0.2}$

$=\sqrt{108.3+12.5+51.2}\approx 13.11$（万元）

$\sigma_B=\sqrt{\sum_{i=1}^{n}(X_i-\overline{X})^2 \bullet P_i}=\sqrt{(50-18)^2\times 0.3+(10-18)^2\times 0.5+(-10-18)^2\times 0.2}$

$$=\sqrt{307.2+32+156.8}\approx 22.27\text{（万元）}$$

$$\sigma_{\mathrm{C}}=\sqrt{\sum_{i=1}^{n}(X_i-\overline{X})^2\cdot P_i}=\sqrt{(60-11)^2\times 0.3+(-6-11)^2\times 0.5+(-20-11)^2\times 0.2}$$

$$=\sqrt{720.3+144.5+192.2}\approx 32.51\text{（万元）}$$

标准差是以绝对数来衡量项目的风险，相对于某一投资结果的期望值，标准差越大，说明各种可能的结果与期望值之间的离散程度越大，即各种结果的变动幅度越大，风险也越大。因此，标准差可以用来比较期望值相同的项目风险大小，对期望值不同的项目则不能直接以标准差来比较，而要用标准离差率。

5. 标准离差率

标准离差率是标准离差同期望值的比值，其计算公式为

$$V=\frac{\sigma}{\overline{X}}$$

例 2-18 中投资结果的标准离差率为

$$V=\frac{1.67}{8}=0.20875=20.875\%$$

标准离差率是相对指标，适用于比较期望值不同的项目风险大小。即使期望值不同，标准离差率越大，风险也越大；标准离差率越小，风险就越小。

在知道不同投资项目的期望收益率和风险水平的前提下，决策的一般原则：

（1）如果两项目的风险相同，则选择期望收益率高的；

（2）如果期望收益率相同，则选择两项目中风险小的；

（3）如果一项目期望收益率高、风险也大，另一项目期望收益率低、风险也小，则选择取决于决策者对待风险的态度。

【例 2-21】 结合例 2-19 的资料和数据，计算 A、B、C 三个方案预期收益率的标准离差率。

解： $V_{\mathrm{A}}=\dfrac{\sigma_{\mathrm{A}}}{\overline{X}_{\mathrm{A}}}=\dfrac{13.11}{21}=0.62$

$V_{\mathrm{B}}=\dfrac{\sigma_{\mathrm{B}}}{\overline{X}_{\mathrm{B}}}=\dfrac{22.27}{18}=1.24$

$V_{\mathrm{C}}=\dfrac{\sigma_{\mathrm{C}}}{\overline{X}_{\mathrm{C}}}=\dfrac{32.51}{11}=2.96$

通过上述分析，从标准差的计算可以看出，项目 B 的标准差大于项目 C 的标准差，似乎项目 B 的风险应该大于项目 C 的风险；然而从标准离差率的计算来看，由于项目 B 的预期收益率要比项目 C 的预期收益率大，从而使得项目 B 的标准离差率却小于项目 C 的标准离差率。如此看来，项目 B 的相对风险却小于项目 C。

前面表述的衡量风险的三个指标：方差 σ^2、标准差 σ 和标准离差率 V，都是利用未来收益

率发生的概率及未来收益率的可能值来计算的，然而在现实中，管理者要想准确地获得这些信息往往是非常困难的。

因此，当不知道或者很难估计未来收益率发生的概率及未来收益率的可能值时，一般可以利用收益率的历史数据近似地估算预期收益率及其标准差。但由于不同的资产受其特性的影响较大，以及环境因素的多变、管理人员估计技术的限制等，容易造成估计的结果不够可靠、不够准确。因此，在估计某项资产风险大小时，通常会综合采用各种定量方法，并结合管理人员的经验等判断得出。

三、风险报酬的计算

在市场机制的作用下，市场会自发地对各种投资项目的风险与收益进行动态调整，最终实现风险与收益的均衡状态，由此也产生了相关的市场理论。

（一）风险与收益的一般关系

风险报酬是指投资者冒风险投资获得的超出无风险报酬之外的报酬。

以证券投资为例，如果两种证券期望收益率相等，但一个无风险，一个有风险。一般而言，投资者都是厌恶风险的，显然投资者都会选择无风险的证券。这种市场选择的结果无疑会使得该种证券市场价格提高，从而导致收益率降低；而那种有风险的证券，必然价格下跌，使得收益率提高，直到市场投资者认为该收益率足以弥补其所冒的风险。同样，两个期望收益率相同的证券，如果一个风险小，一个风险大，也会发生类似的过程，投资者的选择会使得风险小的价格提高，收益率下降；而风险大的，价格会下跌，收益率提高，分别达到市场所认同的风险和收益相均衡的水平。

简单地说，一个无风险的投资，其收益率必然降低到市场最低的水平，即为无风险收益率；一个有风险的投资，其期望收益率必然提高到市场投资者要求与其风险相称的水平；高的期望收益率必然对应着高风险，低的风险必然对应着低的期望收益率，这是市场调节的结果。

由于事先假定了资产的参与者都是风险回避者，因此，他们都会寻求风险与收益的一种权衡。对风险的厌恶并不意味着他们会不惜任何代价来回避风险，对风险的消极态度能被较高的收益水平所抵消。对于每项资产，投资者都会因承担风险而要求额外的补偿，其要求的最低收益率应该包括无风险收益率与风险收益率两部分。

因此，一个有风险投资的报酬率（或者说是必要收益率）可以用以下的模式来衡量：

必要收益率=无风险收益率+风险收益率

式中　无风险收益率——通常用 R_f 表示，纯粹利率与通货膨胀补贴之和，通常用短期国债的收益率来近似地替代；

风险收益率——因承担该项资产的风险而要求的额外补偿，大小则视所承担风险的大小及投资者对风险的偏好程度而定。

风险报酬率与风险大小有关，风险越大，要求的报酬率越高，风险报酬率是风险的函数。风险程度一般用标准离差率来衡量，从理论上来说，风险收益率（R_r）可以表述为风险价值系数与标准离差率的乘积。一般计算式为

$$R_r=b\times V$$

式中　b——风险价值系数，有时也称为风险报酬系数；

V——对应投资报酬的标准离差率。

特别说明，式中的风险报酬系数是一个经验数据，可以通过统计方法来计算得到。它的大小主要取决于全体投资者对于风险的态度，如果大部分投资者都是风险偏好者，对风险高的项目也不要求太高的收益率，风险报酬系数就低；反之，如果大家都不愿意冒风险，风险报酬系数就高。对于不同性质的投资项目，风险系数是变化的。有些投资项目的风险系数较大，而另一些投资项目的风险系数较小，这取决于投资者对待不同投资项目的风险厌恶程度。

因此，必要收益率的一般计算式为

$$R=R_f+b\times V$$

标准离差率反映了资产全部风险的相对大小，而风险价值系数则取决于投资者对风险的偏好。对风险的态度越是回避，要求的补偿也就越高，因而要求的风险收益率也就越高，所以风险价值系数的值也就越大；反之，如果对风险的容忍程度越高，则说明风险的承受能力较强，那么要求的风险补偿也就没那么高了，所以风险价值系数的取值就会较小。

风险价值系数的计算可采用统计回归方法对历史数据进行分析得出估计值，也可结合管理人员的经验分析判断而得出，但是由于 b 受风险偏好的影响，而风险偏好又受风险种类、风险大小及心理因素的影响，因此，对于 b 的准确估计就变得相当困难和不够可靠。

在现实中，对于公式中的风险价值系数和标准离差率的估计都是比较困难的，即便能够取得也不够可靠。因此，上述公式的理论价值远远大于其实用价值。

【例 2-22】　企业计划了两个投资项目：一号项目和二号项目，投资期限均为一年。经过调查分析和预测，一号项目投资规模为 200 万元，可能有三种投资结果，概率分布情况参见表 2-6；二号项目投资规模为 250 万元，可能有四种投资结果，概率分布情况参见表 2-7。无风险报酬率为 5%，而两种投资的风险报酬系数都为 0.1。

表 2-6　一号项目投资收益预测

投资结果	净利润（万元）	概率
最好的情况	50	0.3
正常的情况	30	0.5
最坏的情况	−20	0.2

表 2-7　二号项目投资收益预测

投资结果	净利润（万元）	概率
最好的情况	50	0.2
一般的情况	40	0.4
较差的情况	20	0.3
最坏的情况	−15	0.1

由于两项目的投资规模不同，因此，以投资利润率作为投资结果的指标。两项目以利润率表现的投资结果的概率分布及标准离差率计算参见表 2-8 和表 2-9。

表 2-8　一号项目投资风险　（金额单位：万元）

投资额	利润	利润率(r_i)	概率(p_i)	$r_i \cdot p_i$	$(r_i-\bar{X})^2$	$(r_i-\bar{X})^2 p_i$
200	50	25.00%	0.3	7.50%	1.44%	0.43%
	30	15.00%	0.5	7.50%	0.04%	0.02%
	−20	−10.00%	0.2	−2.00%	5.29%	1.06%
合计			1	13.00%		1.51%

表 2-9　二号项目投资风险　（金额单位：万元）

投资额	利润	利润率(r_i)	概率(p_i)	$r_i \cdot p_i$	$(r_i-\bar{X})^2$	$(r_i-\bar{X})^2 p_i$
250	50	20.00%	0.2	4.00%	0.61%	0.12%
	40	16.00%	0.4	6.40%	0.14%	0.06%
	20	8.00%	0.3	2.40%	0.18%	0.05%
	−15	−6.00%	0.1	−0.60%	3.31%	0.33%
合计			1	12.20%		0.56%

解：一号项目的有关指标计算如下

期望报酬率　$\bar{X}=\sum_{i=1}^{n} r_i p_i = 7.50\% + 7.50\% + (-2.00\%) = 13.00\%$

标准差　$\sigma_r=\sqrt{\sum_{i=1}^{n}(r_i-\bar{X})^2 p_i}=\sqrt{0.43\%+0.02\%+1.06\%}=\sqrt{1.51\%}=12.29\%$

标准离差率　$V=\dfrac{\sigma_r}{\bar{X}}=\dfrac{12.29\%}{13\%}$=94.5385%

必要报酬率=无风险报酬率+风险报酬系数×标准离差率

=5%+0.10×94.5385%

=14.454%

该项目的期望收益率小于其必要报酬率，所以这项投资不可行。

二号项目的有关指标计算如下

期望报酬率　$\bar{X}=\sum_{i=1}^{n} r_i p_i = 4.00\% + 6.40\% + 2.40\% + (-0.60\%)= 12.20\%$

标准差　$\sigma_r=\sqrt{\sum_{i=1}^{n}(r_i-\bar{X})^2 p_i}=\sqrt{0.12\%+0.06\%+0.05\%+0.33\%}$

$=\sqrt{0.56\%}$ =7.47%

标准离差率　$V=\dfrac{\sigma_r}{\bar{X}}=\dfrac{7.47\%}{12.20\%}$=61.3934%

必要报酬率=无风险报酬率+风险报酬系数×标准离差率

= 5%+0.10×61.3934%

=11.14%

该项目的期望报酬率大于其必要报酬率，投资可行。

【课堂讨论】

虽然说在自由竞争的市场上，不存在风险最低而报酬最高的投资机会，但有许多成功的企业家客观存在，请问这是什么原因？

（二）风险偏好

通过上述方法将决策方案的风险加以量化后，决策者便可以据此做出相应的决策。对于单个方案，决策者可根据其标准离差（率）的大小，将其同设定的可接受的此项指标最高值对比，看前者是否低于后者，然后做出取舍。对于多方案的择优，决策者一般的行动准则应该是选择低风险高收益的方案，也就是说，选择标准离差最低、期望收益最高的方案。然而高收益往往伴有高风险，低收益方案的风险程度往往也比较低，究竟选择何种方案，就要权衡期望收益与风险，而且还要视决策者对待风险的态度而定。对风险比较反感的人可能会选择期望收益较低同时风险也较低的方案，喜欢冒风险的人则可能选择风险虽高但同时收益也高的方案。

因此，根据人们的效用水平的不同，按照他们对待风险的偏好，可以将其分为风险回避者、风险追求者和风险中立者。

1. 风险回避者

当预期收益率相同时，风险回避者都会偏好于具有低风险的资产；而对于同样风险的资产，他们则都会钟情于具有高预期收益率的资产。但当出现这样的情况时，即有一项资产具有较高预期收益率的同时也具有较高的风险，或者一项资产虽然只有较低预期收益率，但其风险水平也较低，他们的选择就取决于他们对待风险的态度了。

风险回避者在承担风险时，就会因承担风险而要求额外的收益。额外收益要求的多少不仅与所承担的风险大小相关，还取决于他们对风险的偏好。对风险回避的愿望越强烈，其要求的风险收益就会越高。

一般的投资者和企业管理者都是风险回避者，因此，财务管理中的理论与实务大多是针对风险回避者而言的。

2. 风险追求者

与风险回避者恰恰相反，风险追求者往往是主动追求风险，喜欢收益的动荡远胜于喜欢收益的稳定。他们选择投资的原则是当预期收益率相同时，选择风险大的，因为这会给他们带来更大的效用。

3. 风险中立者

风险中立者既不会回避风险，也不会主动追求风险。他们选择投资的唯一标准是预期收益的高低，而不管风险状况如何，这是由于所有预期收益相同的资产将给他们带来同样的效用。

（三）风险控制的对策

由于投资者对待风险的看法不尽相同，因此，在市场中面临项目投资风险的时候，他们处理风险的方法和手段也不一样。一般有以下几种方式。

1. 规避风险

任何经济单位对风险的对策，首先考虑到的是避免风险，凡是风险所造成的损失不能由该项目可能获得利润予以抵消时，避免风险是最可行的简单方法。避免风险的方式：对在试制阶段发现存在诸多问题的新产品果断停止试制；拒绝与不守信用的企业的业务往来；放弃可能明显导致亏损的投资项目。

2. 减少风险

实现从制度、文化、决策和控制上，从培养核心能力上提高企业防御风险的能力。减少风险主要有两个方面：一是控制风险因素，减少风险的发生；二是控制风险发生的频率和降低风险损害程度。减少风险的常用方法：进行准确的预测，如对利率、汇率的预测，对债务人的信用评估等；对决策进行多方案的优选和相机替代；及时与政府部门沟通获取政策信息；在发展新产品前，充分进行市场调研；实行设备预防检修制度以减少设备事故；选择有弹性的、抗风险能力强的技术方案，进行预先的技术模拟实验，采用可靠的保护和安全措施；采用多领域、多地域、多项目、多品种的投资以分散风险。

3. 转移风险

企业以一定代价（如保险费、盈利机会、担保费和利息等），采取某种方式（如参加保险、信用担保、租赁经营、套期交易、票据贴现等），将风险损失转嫁给其他人承担，以避免可能给企业带来灾难性损失。如向专业性保险公司投保；采取合资、联营、增发新股、发行债券、联合开发等措施实现风险共担；通过技术转让、特许经营、战略联盟、租赁经营和业务外包等实现风险转移。

4. 接受风险

对于损失较小的风险，如果企业有足够的财力和能力承受风险损失，可以采取风险自担和风险自保自行消化风险损失。风险自担，就是风险损失发生时，直接将损失摊入成本或者费用，或者冲减利润；风险自保，就是企业预留一笔风险金或者随着生产经营的进行，有计划地计提风险基金，比如坏账准备金、存货跌价准备等。

【小贴士】

让我们做笔交易

假如你是一个参赛者，房东李某说：在第 1 扇门或者第 2 扇门后面，不论发现什么，它都将归你所有。其中一扇门后面是 1 万元钱，另一扇门后面是一文不值的旧轮胎。你选择打开哪扇门？而在你做出选择前，房东李某说他可以提供给你一笔钱，结束整个交易。

你认为房东李某给你多少钱可以让你放弃去开门呢？

若选择去开门，是有 50%的机会得到 1 万元，而有 50%的机会什么也得不到，所以选择去开门的期望价值是 5000 元。

若选择放弃开门，无任何风险，但接受放弃开门的标准因人而异，有些人 2000 元，有些人 3000 元。风险与报酬同在。

【综合案例解析】

住房按揭贷款

小张大学毕业已经 6 年，现在长沙一家外企工作，月薪 8000 元，他的女友是其大学同学，现在长沙一家中学做老师，月薪 5000 元。两人情投意合，计划今年准备结婚。两人商量在市区外环靠近地铁附近购买一套 100 平方米的两居室，按照目前市价需要 90 万元左右。两人根据目前的经济状况，打算商业贷款 50 万元，期限为 20 年。

假设按照现行的银行按揭贷款利率计算（如参照 2010 年 6 月份中国银行执行利率），对于购买首套自住房且产型建筑面积在 90 平方米以上的家庭，实行贷款首付比例不低于 30%，基本利率 0.85 的优惠政策；对于已利用贷款购买住房，又申请贷款购买二套住房的家庭，贷款首付比例不低于 50%，利率不低于基准利率的 1.1 倍；三套或者以上的房子目前要根据具体情况贷款，贷款利率为基准利率的 1.2 倍或者以上。对不能提供 1 年当地纳税证明或者社会保险缴纳证明的非本地居民，暂停发放购买住房贷款。银行贷款基准利率如表 2-10 所示。

表 2-10　银行贷款基准利率表

商业贷款时期	年利率/%
6 个月	4.88
1 年	5.31
1～3 年	5.40
3～5 年	5.76
5 年以上	5.94

假定小张符合首次购买住房条件，准备向中国银行申请贷款。

【问题】

（1）利用贷款系数表或者贷款计算器计算等额本金和等额本息两种还款方式的还款总额和每月还款额，并分别计算第 1 年每月还款额中的本金和利息。

（2）两种还款方式下，住房按揭贷款的本金和利息计算有何不同？导致最终还款总额差异的原因是什么？

（3）你认为对于申请按揭贷款者来说，两种还款方式各自有何优缺点？根据小张的实际情况，你认为适合的还款方式是哪种？

知识总结

资金时间价值的内容主要涉及资金在单利和复利两种模式下的计算，尤其是常见的四种年金的终值与现值的求解。本学习情境在理解资金时间价值的基础上掌握常见年金的内涵，通过对年金终值与现值的分析，准确求解经济中遇到的相关实际问题，为企业管理者进行科学、合理的资金运用决策提供参考和依据。要求能灵活运用此方法解决个人和企业日常资金使用的具体问题，锻炼学生分析问题与解决问题的能力。

风险价值主要介绍了风险的内涵及常见分类，衡量风险大小的概率、方差、标准离差等重要指标，还包括风险报酬的构成与计解分析，以及结合风险的特点为企业投资决策做出相应的参考和判断。要求能灵活运用风险知识解决企业决策中遇到的实际问题，锻炼学生运用知识分析具体问题与解决现实问题的能力。

教 学 检 测

一、单项选择题

1．资金时间价值是指没有风险和通货膨胀条件下的（　　）。

A．企业的成本利润率　　B．企业的销售利润率

C．利润率　　D．社会平均资金利润率

2．某公司年初购买债券 12 万元，利率为 6%，单利计息，则第四年年底债券到期时的本利和是（　　）万元。

A．2.88　　B．15.12　　C．14.88　　D．3.12

3．某人现在存入银行 1500 元，利率为 10%，复利计息，第五年年末的本利和为（　　）元。

A．2601　　B．2434　　C．2416　　D．2808

4．某企业在第三年年底需要偿还 20 万元债务，银行存款年利率为 8%，复利计息，该企业在第一年年初应存入（　　）万元。

A．18　　B．16.13　　C．15.88　　D．25.19

5．某学校为设立一项科研基金，拟在银行存入一笔款项，以后可以无限期地在每年年末支取利息 3 万元，年利率为 6%，该学校应存入（　　）万元。

A．75　　B．50　　C．18　　D．12

6．某商店准备把售价 25 000 元的计算机以分期付款的方式出售，期限为 3 年，年利率为 6%，顾客每年应付的款项为（　　）元。

A．9353　　B．2099　　C．7852　　D．8153

7. 某企业拟存入银行一笔款项，以备在 5 年内每年以 2000 元的等额款项支付车辆保险费，年利率 6%，该企业应存入（　　）元。

A．11 274　　B．8425　　C．10 000　　D．9040

8．普通年金终值系数的倒数称为（　　）。

A．复利终值系数　　B．偿债基金系数

C．普通年金现值系数　　D．回收系数

9．存本取息可以视为（　　）。

A．即付年金　　B．递延年金　　C．先付年金　　D．永续年金

10．一项 100 万元的借款，借款期限为 5 年，年利率为 10%，每半年复利一次，其实际利率比其名义利率高（　　）。

A．5%　　B．0.4%　　C．0.25%　　D．0.35%

11．6 年分期付款购物，每年年初付款 500 元，若银行年利率为 10%，该项分期付款相当于现在一次性现金支付的购价是（　　）元。

A．2395　　B．1895　　C．1934　　D．2177

12．投资者必须承担并可获得相应回报的风险是（　　）。

A．市场风险　　B．特殊风险　　C．经营风险　　D．财务风险

13．甲、乙两方案的预计投资报酬率均为 25%，甲方案标准差小于乙方案标准差，则下列说法中正确的是（　　）。

A．甲的风险大于乙　　B．甲的风险小于乙

C．甲、乙的风险相同　　D．甲、乙的风险不能比较

14．如果不考虑通货膨胀，投资者进行风险投资所期望的投资报酬率是（　　）。

A．资金时间价值　　B．风险报酬率

C．资金时间价值与风险报酬率之和　　D．资金时间价值与风险报酬率之差

15．已知甲、乙两投资项目的期望值分别为 10%和 15%，标准差分别为 20%和 25%，则下列说法中正确的是（　　）。

A．甲项目风险大于乙　　B．甲项目风险小于乙

C．甲项目风险等于乙　　D．不确定

二、多项选择题

1．按每次收付发生的时点不同，年金主要有（　　）。

A．普通年金　　B．预付年金　　C．递延年金　　D．永续年金

2．下列说法正确的是（　　）。

A．普通年金终值系数和偿债基金系数互为倒数

B．普通年金终值系数和普通年金现值系数互为倒数

C．复利终值系数和复利现值系数互为倒数

D．普通年金现值系数和资本回收系数互为倒数

3．关于递延年金，下列说法中正确的是（　　）。

A．递延年金无终值，只有现值

B．递延年金的第一次支付是发生在 n 期以后的（$n \geqslant 2$）

C．递延年金终值计算方法与普通年金终值计算方法相同

D．递延年金终值大小与递延期无关

4．某人决定在未来 5 年内每年年初存入银行 1000 元（共存 5 次），年利率为 2%，则在第五年年末能一次性取出的款项额计算正确的是（　　）。

A．$1000\times(F/A,2\%,5)$　　B．$1000\times(F/A,2\%,5)\times(1+2\%)$

C．$1000\times(F/A,2\%,5)\times(F/P,2\%,1)$　　D．$1000\times[(F/A,2\%,6)-1]$

5．递延年金的现值 P_A 可用三种方法来计算（　　）。

A．$P_A=A\times(P/A,i,n)\times(P/F,i,m)$　　B．$P_A=A\times[(P/A,i,m-n)-(P/A,i,m)]$

C．$P_A=A\times(F/A,i,n)\times(P/F,i,m+n)$　　D．$P_A=A\times[(P/A,i,m+n)-(P/A,i,m)]$

6．企业因从外部借入资金产生的风险叫作（　　）。

A．经营风险　　B．商业风险　　C．财务风险　　D．筹资风险

7．风险按照风险的性质或者发生的原因可以分为（　　）。

A．信用风险　　B．自然风险　　C．经济风险　　D．社会风险

8．下列会带来经营风险的有（　　）。

A．原材料供应变化
B．生产组织和管理不当
C．市场条件变化
D．销售决策失误

9．下列公式正确的是（　　）。

A．风险收益率=风险价值系数×标准离差率

B．风险收益率=风险价值系数×标准离差

C．投资总收益率=无风险收益率+风险收益率

D．投资总收益率=无风险收益率+风险价值系数×标准离差率

10．市场风险产生的原因有（　　）。

A．经济衰退　B．战争　C．通货膨胀　D．工人罢工

三、判断题

1．单利与复利是两种不同的计息方法，单利终值与复利终值在任何时候都不可能相等。（　　）

2．在终值和利率一定的情况下，计息期数越多，则复利终值越小。（　　）

3．折旧、租金、等额分期付款、养老金、保险费、零存整取等都属于年金问题。（　　）

4．预付年金的终值与现值，可在普通年金终值与现值的基础上乘（1+i）得到。（　　）

5．递延年金现值的大小与递延期无关，因此，计算方法与普通年金现值是一样的。（　　）

6．在利率和计息期数相同的条件下，复利现值系数与复利终值系数互为倒数；年金现值系数与年金终值系数互为倒数。（　　）

7．某人贷款 5000 元，该项贷款的年利率是 6%，每半年计息一次，则 3 年后该项贷款的本利和为 5955 元。（　　）

8．按照风险导致的后果风险可以分为纯粹风险和投机风险，其中，纯粹风险是指既可能造成损失也可能产生收益的风险。（　　）

9．采用多领域、多项目的投资以分散风险属于转移风险的措施。（　　）

10．风险自担就是企业预留一笔风险金或者随着生产经营的进行，有计划地计提风险基金，如坏账准备金、存货跌价准备等。（　　）

四、计算题

1．东星公司因生产扩张的需要，现向银行贷款现金 120 万元，分 5 年还清，银行利率为 12%。

试分析：（1）如果计单利，每年结息一次，请问需要支付多少钱？

（2）如果 5 年后一次还本付息，请问总共需要支付多少钱？

（3）如果是要求每月月末还款，请问每月需要支付多少钱？

（4）如果是要求每月月初还款，请问每月需要支付多少钱？

2．有两个投资额相等的项目可供选择，投资获利的有效期均为 10 年。第一个项目 10 年内每年年末可回收投资 20 000 元，第二个项目前 5 年每年年末回收 25 000 元，后 5 年每年年末回收 15 000 元，若银行年利率为 10%，哪一个项目获利大？

3．某公司需用一台计算机，购置价 25 000 元，预付使用 10 年。如果向租赁公司租用，每年年初需付租金 3000 元，如果银行年利率为 8%，该企业应如何决策？

4．某企业有一笔 12 600 元的资金，准备存入银行，希望在 7 年后利用这笔款项的本利和

购买一套生产设备，当时的存款利率为复利 10%，该设备的预计价格为 240 000 元，这笔钱 7 年后能否购买设备？

5．某公司计划在 5 年后购买 H 型生产设备，该设备为 120 000 元，现存入银行 100 000 元，银行存款年利率为 5%，复利计息。

请问：5 年后该公司能否用该笔存款购买 H 型设备？

6．假如从你出生起，你父母就计划在你的每一个生日均为你存款 2000 元，作为你的大学教育费用。该项存款年利率一直为 6%。在你考上大学（正好是你 20 岁生日）时，你去银行打算取出全部存款，结果发现在你 4 岁和 12 岁生日时没有存入。

请问：（1）你一共可以取出多少钱？

（2）假如该项存款没有间断，你可以取出多少钱？

7．某人贷款购买住宅，利率为 6%，第一期还款发生在距贷款日 8 个月后，每年 4000 元的 5 年期的现值是多少？

8．海利公司为建一条产品生产线，准备向中兴财务公司借款 3000 万元，中兴财务公司提出 5 年后归还本利和 3500 万元。另外，投资购买产品生产线设备，中联公司销售方提出的条件是现在立即付款为 2000 万元，如果分次付款，可在今后的 5 年内每年年末付款 450 万元。在银行年利率为 8%的情况下，海利公司能否接受中兴财力公司的借款条件？向中联公司采购设备选择哪种方式付款更有利？

9．假定你每年年末存入银行 2000 元，共存 20 年，年利率为 5%，在第 20 年年末你可获得多少资金？假定你每年年初存入银行 2000 元，其他条件不变，20 年年末你可获得多少资金？

10．某企业有甲、乙两个投资项目，计划投资额均为 1000 万元，其收益率的概率分布如表 2-11 所示。

表 2-11　某项目投资收益的概率分布

市场状况	概率	甲项目	乙项目
好	0.2	20%	30%
一般	0.6	10%	10%
差	0.2	5%	-10%

要求：

（1）分别计算甲、乙两个项目收益率的期望值。

（2）分别计算甲、乙两个项目收益率的标准离差和标准离差率。

（3）比较甲、乙两个投资项目风险的大小。

（4）如果无风险收益率为 5%，甲项目的风险价值系数为 10%，计算甲项目投资的总收益率。

五、简答题

1．什么是年金？年金有什么特点和种类？生活中有哪些收付属于年金的形式？

2．名义利率与实际利率有何关系？

3．如何理解财务风险与经营风险的关系？

学习情境三　预 算 管 理

知识要点

（1）理解预算的概念及作用。
（2）熟悉预算的分类与预算体系。
（3）掌握预算的编制方法。
（4）掌握各种财务预算的编制。
（5）掌握预算的执行与考核。

核心概念

财务预算　全面预算　固定预算法　弹性预算法　零基预算法　增量预算法　定期预算法　滚动预算法　预计利润　预计资产负债表

情境导入

光明公司财务预算

光明机械制造有限公司年生产能力为 20 000 机器工时，今年的业务量为 17 240 机器工时，预计明年业务量约 17 000～18 500 机器工时。制造费用项目单位变动费用和固定费用资料如表 3-1 所示。

表 3-1　制造费用项目单位变动费用和固定费用资料

费用项目	变动费用率（元/小时）	费用项目	固定费用（元）
变动费用：		固定费用：	
间接材料	0.65	间接人工	60 000
间接人工	1.85	维修费用	50 000
维修费用	2	通讯费	10 000
电力	1.6	折旧费	100 000
水费	0.4	保险费	6000
小计	6.5	小计	226 000

【思考】

你知道明年的制造费用是多少吗？制造费用预算表如何编制呢？

单元一　预算管理的认知

一、预算的概念与作用

（一）预算的概念

“凡事预则立，不预则废。”预算是企业在预测、决策的基础上，以数量和金额的形式反映企业未来一定时期内经营、财务等活动的具体计划，是为实现企业目标而对各种资源和企业活动的详细安排。

预算具有以下两个基本特征：

（1）预算必须与企业的战略或者目标保持一致。预算是企业目标的具体化，是将企业活动导向预定目标的有力工具。编制预算的目的是促成企业以最经济有效的方式实现预定目标。

（2）预算是一种数量化的计划。它是对未来活动的细致、周密的安排，是未来经营活动的依据。因此，预算是一种可据以执行和控制经济活动的最为具体的计划，应当具有可执行性。

（二）预算的作用

预算的作用主要表现在以下几个方面。

1. 预算通过引导和控制经济活动，使企业经营达到预期目标

通过预算指标可以控制实际活动过程，随时发现问题，采取必要的措施，纠正不良偏差，避免经营活动的漫无目的、随心所欲，通过有效的方式实现预期目标。因此，预算具有规划、控制、引导企业经济活动有序进行、以最经济、最有效的方式实现预定目标的功能。

2. 预算可以实现企业内部各个部门之间的协调

从系统论的观点来看，局部计划的最优化，对全局来说不一定是最合理的。为了使各个职能部门向着共同的战略目标前进，它们的经济活动必须密切配合，相互协调，统筹兼顾，全面安排，搞好综合平衡。通过各部门预算的综合平衡，能促使各部门管理人员清楚地了解本部门在全局中的地位和作用，尽可能地做好部门之间的协调工作。各级各部门因其职责不同，往往会出现相互冲突的现象。各部门之间必须协调一致，才能最大限度地实现企业整体目标。例如，企业的销售、生产、财务等各部门可以分别编制出对自己来说是最好的计划，而该计划在其他部门却不一定能行得通。销售部门根据市场预测提出了一个庞大的销售计划，生产部门可能没有那么大的生产能力。生产部门可能编制一个充分利用现有生产能力的计划，但销售部门可能无力将这些产品销售出去。销售部门和生产部门都认为应该扩大生产能力，财务部门却认为无法筹到必要的资金。全面预算经过综合平衡后可以提供解决各级各部门冲突的最佳办法，代表企业的最优方案，可以使各级各部门的工作在此基础上协调地进行。

3. 预算可以作为业绩考核的标准

预算作为企业财务活动的行为标准，使各项活动的实际执行有章可循。预算标准可以作为各部门责任考核的依据。经过分解落实的预算规划目标能与部门、责任人的业绩考评结合起来，

成为奖勤罚懒、评估优劣的准绳。

二、预算的分类与预算体系

（一）预算的分类

企业预算可以按不同标准进行多种分类。

1. 根据预算内容不同，可以分为业务预算、专门决策预算和财务预算

（1）业务预算。它又称经营预算，是指与企业日常经营活动直接相关的经营业务的各种预算。它主要包括销售预算、生产预算、材料采购预算、直接材料消耗预算、直接人工预算、制造费用预算、产品生产成本预算、经营费用和管理费用预算等。

（2）专门决策预算。专门决策预算是指企业不经常发生的、一次性的重要决策预算。它直接反映相关决策的结果，是实际中选方案的进一步规划。如资本支出预算，其编制依据可以追溯到决策之前搜集到的有关资料，只不过预算比决策估算更细致、更准确一些。例如，企业对一切固定资产的购置都必须在事先做好可行性分析的基础上来编制预算，具体反映预算额需要多少，何时进行预算，资金从何筹得，预算期限多长，何时可以投产，未来每年的现金流量多少。

（3）财务预算。它是指企业在计划期内反映有关预计现金收支、财务状况和经营成果的预算。财务预算作为全面预算体系的最后环节，它是从价值方面总括地反映企业业务预算与专门决策预算的结果，也就是说，业务预算和专门决策预算中的资料都可以用货币金额反映在财务预算内，这样一来，财务预算就成为各项业务预算和专门决策预算的整体计划，故也称为总预算，其他预算则相应地称为辅助预算或者分预算。显然，财务预算在全面预算中占有举足轻重的地位。

2. 从预算指标覆盖的时间长短划分，企业预算可分为长期预算和短期预算

短期预算通常是指预算期在 1 年以内（含 1 年）的预算。长期预算是指预算期在 1 年以上的预算。预算的编制时间可以视预算的内容和实际需要而定，可以是 1 周、1 月、1 季、1 年或者若干年等。在预算编制过程中，往往应结合各项预算的特点，将长期预算和短期预算结合使用。一般情况下，企业的业务预算和财务预算多为 1 年为期的短期预算，年内再按季或者月细分，而且预算期间往往与会计期间保持一致。

（二）预算体系

企业预算一般是由业务预算、专门决策预算和财务预算组成的预算体系，称为全面预算体系。各种预算是一个有机联系的整体，如图 3-1 所示。

三、预算工作的组织

预算工作的组织一般包括决策层、管理层、执行层和考核层。

1. 企业董事会或者类似机构

企业董事会或者类似机构应当对企业预算的管理工作负总责。企业董事会或者经理办

公会可以根据情况设立预算委员会或者指定财务管理部门负责预算管理事宜，并对企业法人代表负责。

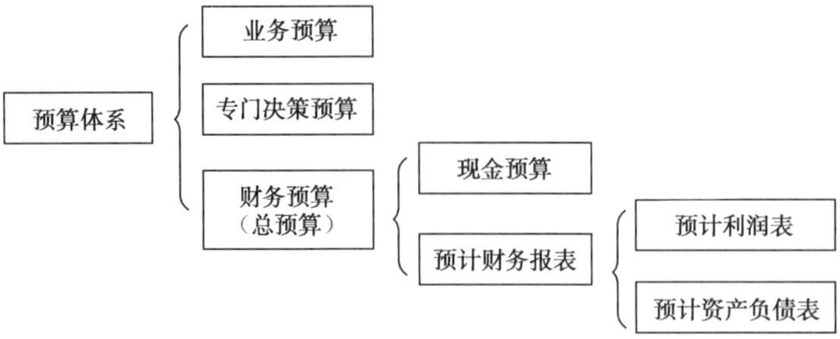

图 3-1　全面预算体系

2. 预算委员会或者财务管理部门

预算委员会或者财务管理部门主要拟定预算的目标、政策，制定预算管理的具体措施和办法，审议、平衡预算方案，组织下达预算，协调解决预算编制和执行中的问题，组织审计、考核预算的执行情况，督促企业完成预算目标。

3. 企业财务管理部门

企业财务管理部门具体负责企业预算的跟踪管理，监督预算的执行情况，分析预算与实际执行的差异及原因，提出改进管理的意见与建议。

4. 企业内部生产、预算、物资、人力资源、市场营销等职能部门

企业内部生产、预算、物资、人力资源、市场营销等职能部门具体负责本部门业务涉及的预算编制、执行、分析等工作，并配合预算委员会或者财务管理部门做好企业总预算的综合平衡、协调、分析、控制与考核等工作。其主要负责人参与企业预算委员会的工作，并对本部门预算执行结果承担责任。

5. 企业所属基层单位

企业所属基层单位是企业预算的基本单位，在企业财务管理部门的指导下，负责本单位现金流量、经营成果和各项成本费用预算的编制、控制、分析工作，接受企业的检查、考核。其主要负责人对本单位财务预算的执行结果承担责任。

四、预算的编制程序

企业编制预算一般按照“上下结合、分级编制、逐级汇总”的程序进行。

（一）下达目标

企业董事会或者经理办公会根据企业发展战略和预算期经济形势的初步预测，在决策的基础上，提出下一年度企业预算目标，包括销售或者营业目标、成本费用目标、利润目标和现金流量目标，并确定预算编制的政策，由预算委员会下达到各预算执行单位。

（二）编制上报

各预算执行单位按照企业预算委员会下达的预算目标和政策，结合自身特点以及预测的执行条件，提出详细的本单位预算方案，上报企业财务管理部门。

（三）审查平衡

企业财务管理部门对各预算执行单位上报的财务预算方案进行审查、汇总，提出综合平衡的建议。在审查、平衡过程中，预算委员会应当进行充分协调，对发现的问题提出初步调整意见，并反馈给有关预算执行单位予以修正。

（四）审议批准

企业财务管理部门在有关预算执行单位修正调整的基础上，编制出企业预算方案，报财务预算委员会讨论。对于不符合企业发展战略或者预算目标的事项，企业预算委员会应当责成有关预算执行单位做进一步修订、调整。在讨论、调整的基础上，企业财务管理部门正式编制企业年度预算方案，提交董事会或者经理办公会审议批准。

（五）下达执行

企业财务管理部门对董事会或者经理办公会审议批准的年度总预算，一般在次年 3 月底以前，分解成一系列的指标体系，由预算委员会逐级下达到各预算执行单位执行。

五、预算的编制方法

企业可以根据实际需要针对不同的预算项目，分别采用固定预算法或者弹性预算法、增量预算法或者零基预算法、定期预算法或者滚动预算法等方法编制各种预算。

（一）固定预算法与弹性预算法

编制预算的方法按其业务量基础的数量特征不同，可分为固定预算法和弹性预算法。

1. 固定预算法

固定预算法又称静态预算，是根据预算期内正常的、可实现的某一既定业务量水平为基础来编制的预算。一般适用于固定费用或者数额比较稳定的预算项目。

固定预算法的缺点表现在：一是过于呆板。因为编制预算的业务量基础是实现假定的某个业务量。在这种方法下，无论预算期内业务量水平实际可能发生了哪些变动，都只按事先确定的某一个业务量水平作为编制预算的基础。二是可比性差。当实际的业务量与编制预算所依据的业务量发生较大差异时，有关预算指标的实际数与预算数就会因业务量基础不同而失去可比性。

例如，某企业预计业务量为销售 100 000 件产品，按此业务量给销售部门的预算费用为 5000 元。如果该销售部门实际销售量达到 120 000 件，超出了预算业务量，而固定预算法下的费用预算仍为 5000 元。

2. 弹性预算法

弹性预算法是在按照成本（费用）习性分类的基础上，根据量、本、利之间的依存关系，考虑到计划期间业务量可能发生的变动，编制出一套适应多种业务量的费用预算，以便分别反映在不同业务量的情况下所应支出的成本费用水平。弹性预算法是为了弥补固定预算法的缺陷而产生的，它有两个优点：一是预算范围宽；二是可比性强。

编制弹性预算所依据的业务量可能是生产量、销售量、机器工时、材料消耗量和直接人工工时等。它一般适用于与预算执行单位业务量有关的成本（费用）、利润等预算项目。

弹性预算法编制的具体操作方法可分为公式法和列表法。

（1）公式法。它是假设成本和业务量之间存在线性关系，成本总额、固定成本总额、业务量和单位变动成本之间的变动关系可以表示为

$$Y = a+bx$$

式中 Y——成本总额，某项目成本总额 Y 是该项目固定成本总额和变动成本总额之和；

a——不随业务量变动而变动的那部分固定成本；

b——单位变动成本；

x——业务量。这种方法要求按上述成本与业务量之间的线性假定，将企业各项目成本总额分解为变动成本和固定成本两部分。

【例 3-1】 兴隆公司的制造费用项目单位变动费用和固定费用资料如表 3-2 所示。

表 3-2 兴隆公司制造费用项目单位变动费用和固定费用资料

费用明细项目	单位变动费用（元/机器工时）	费用明细项目	固定费用（元）
变动费用：		固定费用：	
间接人工	0.6	维护费用	11 000
间接材料	0.5	折旧费用	50 000
维修费	0.4	管理费用	23 000
水费	0.3	保险费用	8000
电费	0.2	财产税	4000
小计	2.0	小计	96 000

假设该公司预算期预算机器工时的变动范围为 10 000～12 000 工时。采用公式法编制该公司的制造费用弹性预算表，如表 3-3 所示。

表 3-3 兴隆公司制造费用弹性预算法表（公式法）

机器工时的变动范围：10 000～12 000 小时　　单位：元

项目	*a*	*b*
固定费用：		
维护费用	11 000	—
折旧费用	50 000	—
管理费用	23 000	—
保险费用	8000	—
财产税	4000	—
小计	96 000	—

续表

项目	a	b
变动费用：		
间接人工	—	0.6
间接材料	—	0.5
维修费用	—	0.4
水费	—	0.3
电费	—	0.2
小计	—	2.0
总计	96 000	2.0

公式法的优点是在一定范围内的预算可以随业务量的变动而变动，可比性和适应性强，编制预算的工作量相对较小；其缺点是按公式进行成本分解比较麻烦，要对每个费用子项目甚至细目逐一进行成本分解，工作量很大。

（2）列表法。它是指通过列表的方式，将与各种业务量对应的预算数列示出来的一种弹性预算法编制方法。

列表法的主要优点是可以直接从表中查得各种业务量下的成本费用预算，不用再另行计算，因此直接、简便；缺点是编制工作量较大，而且由于预算数不能随业务量的变动而任意变动，弹性仍然不足。

【例 3-2】 根据例 3-1 提供的资料，假设预算期兴隆公司可能的机器工时分别为 10 000 工时、10 500 工时、11 000 工时、11 500 工时和 12 000 工时，采用列表法编制制造费用弹性预算表，如表 3-4 所示。

表 3-4 兴隆公司制造费用弹性预算法表（列表法）

单位：元

费用明细项目	单位变动费用	业务量（工时）				
		10 000	10 500	11 000	11 500	12 000
变动费用：						
间接人工	0.6	6000	6300	6600	6900	7200
间接材料	0.5	5000	5250	5500	5750	6000
维修费用	0.4	4000	4200	4400	4600	4800
水费	0.3	3000	3150	3300	3450	3600
电费	0.2	2000	2100	2200	2300	2400
小计	2.0	20 000	21 000	22 000	23 000	24 000
固定费用：						
维护费用		11 000	11 000	11 000	11 000	11 000
折旧费用		50 000	50 000	50 000	50 000	50 000
管理费用		23 000	23 000	23 000	23 000	23 000
保险费用		8000	8000	8000	8000	8000
财产税		4000	4000	4000	4000	4000
小计		96 000	96 000	96 000	96 000	96 000
制造费用合计		116 000	117 000	118 000	119 000	120 000

（二）增量预算法与零基预算法

按其出发点的特征不同，编制预算的方法可分为增量预算法和零基预算法两大类。

1. 增量预算法

增量预算法是指以基期成本费用水平为基础，结合预算期业务量水平及有关降低成本的措施，通过调整有关费用项目而编制预算的方法。它是以过去的费用发生水平为基础，确定预算期各项活动的预算数，预算内容不做较大的调整。它的适用范围是：

（1）企业现有业务活动是合理的，不需要进行调整；

（2）企业现有各项业务的开支水平是合理的。

【例 3-3】 某企业上年的制造费用为 80 000 元，考虑到预算期生产任务增加 10%，因此按增量预算法编制计划年度的制造费用预算。

解： 计划年度制造费用预算=80 000×(1+10%)=88 000（元）

增量预算法的缺陷是可能导致无效费用开支项目无法得到有效控制，因为不加以分析地保留或者接受原有的成本费用项目，可能使原来不合理的费用继续开支，使不必要的费用开支合理化，造成资源浪费。

2. 零基预算法

零基预算法的全称为“以零为基础的预算编制方法”，它是在编制费用预算时，不考虑以往会计期间所发生的费用项目或者费用数额，而是一切以零为出发点，从实际需要逐项审议预算期内各项费用的内容及开支标准是否合理，在综合平衡的基础上编制费用预算的方法。

零基预算法的优点：

（1）不受现有费用项目的限制；

（2）不受现行预算的束缚；

（3）能够调动各方面节约费用的积极性；

（4）有利于促使各基层单位精打细算，合理使用资金。

零基预算法的编制程序如下：

（1）企业内部各级部门的员工，根据企业的生产经营目标，详细讨论计划期内应该发生的费用项目，并对每一费用项目编写一套方案，提出费用开支的目的以及需要开支的费用数额。

（2）划分不可避免费用项目和可避免费用项目。在编制预算时，对不可避免费用项目必须保证资金供应；对可避免费用项目，则需要逐项进行成本与效益分析，尽量控制可避免项目纳入预算当中。

（3）划分不可延缓费用项目和可延缓费用项目。在编制预算时，应根据预算期内可供支配的资金数额在各费用之间进行分配。应优先安排不可延缓费用项目的支出。然后，再根据需要，按照费用项目的轻重缓急确定可延缓项目的开支。

（三）定期预算法与滚动预算法

编制预算的方法按其预算期的时间特征不同，可分为定期预算法和滚动预算法两大类。

1. 定期预算法

定期预算法是指在编制预算时，以不变的会计期间（如日历年度）作为预算期的一种编制预算的方法。这种方法的优点是能够使预算期间与会计期间相对应，便于将实际数与预算数进行对比，也有利于对预算执行情况进行分析和评价。但这种方法固定以 1 年为预算期，在执行一段时期之后，往往使管理人员只考虑剩下来的几个月的业务量，缺乏长远打算，导致一些短期行为的出现。

2. 滚动预算法

滚动预算法又称连续预算，是指在编制预算时，将预算期与会计期间脱离开，随着预算的执行不断地补充预算，逐期向后滚动，使预算期始终保持为一个固定长度（一般为 12 个月）的一种预算方法。

滚动预算法的基本做法是使预算期始终保持 12 个月，每过 1 个月或者 1 个季度，立即在期末增列 1 个月或者 1 个季度的预算，逐期往后滚动，因而在任何一个时期都使预算保持为 12 个月的时间长度，故又叫连续预算或者永续预算。这种预算能使企业各级管理人员始终保持对未来整整 12 个月时间的考虑和规划，从而保证企业的经营管理工作能够稳定而有序地进行。

按月滚动的滚动预算法编制方式如图 3-2 所示。

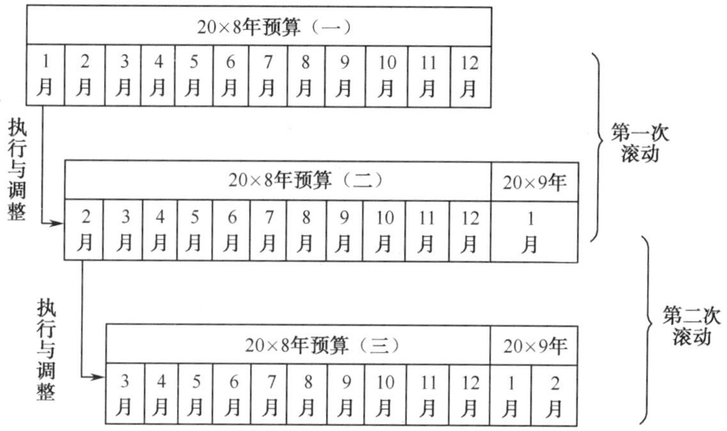

图 3-2　滚动预算法示意图

滚动预算法的编制还采用了长期计划、短期安排的方法进行，那就是在基期编制预算时，先按年度分季，并将其中第一季度按月划分，建立各月的明细预算数字，以便监督预算的执行；至于其他三个季度的预算可以粗略一些，只列各季总数。到第一季度结束后，再将第二季度的预算按月细分，第三、四季度，以及增列的下一年度的第一季度的预算只列出各季的总数……以此类推。采用这种方法编制的预算有利于管理人员对预算资料做经常性的分析研究，并根据当时预算的执行情况及时加以调整。

【课堂讨论】

固定预算法、弹性预算法、增量预算法、零基预算法、定期预算法、滚动预算法六种预算编制方法有何不同？

单元二 预算编制

一、企业年度预算目标

预算目标是运用财务指标对企业及下属单位预算年度经营活动目标的全面、综合表述。预算目标是预算管理工作的起点，是预算机制发挥作用的关键。它源于战略规划，受制于年度经营计划。通过预算目标，高层管理者可将战略和计划传达给整个组织；每个部门也可以明确在实现战略与计划中需要履行的预算方针与目标责任。

高质量的目标有利于预算管理工作的顺利推进，有利于日常管理的协调开展和有序进行。企业年度预算目标的确定必须解决以下两个方面的问题。

1. 建立预算目标的指标体系

建立预算目标的指标体系，主要应解决以何种指标作为预算导向、核心指标如何量化、指标间的权重如何确定等问题。预算目标的指标体系应能体现公司总体战略，突出企业战略管理重点，从而将年度经营计划深度细化，成为实现企业战略发展的直接“调控棒”，它是企业年度经营业绩的指南针和行动纲领，是编制预算的基础和依据。从内容上说，预算目标的指标体系应包括盈利指标、规模增长指标、预算与研发指标、风险控制（资本结构）指标、融资安排等。

2. 测量并确定预算目标的指标值

按照现代企业制度的要求，确定预算目标，从根本上说，就是协调公司股东、董事会、经营者等各方利益的过程。从理论上分析，预算目标各指标的指标值是企业的预算标杆，它应当具有挑战性，并且必须保证企业及其各部门经过努力可以实现。如果预算目标遥不可及，就会失去目标的激励作用。因此，预算目标的设定要以战略目标为依据，同时结合年度经营计划进程，合理确定年度经营任务，将企业发展战略和各经营单位的实际情况融入预算管理体系，并构成预算考评指标体系的标准之一。

二、目标利润的预算

预算目标的指标体系中，预计目标利润是核心指标。目标利润的预算，应考虑企业出资人盈利要求及战略安排、企业发展对利润的需求，在此基础上，充分评判主客观条件，进而根据预算年度生产经营、财务活动进行确定。

为了确定一个既积极又可靠的利润目标，企业除全面考虑其经济上的合理性、技术上的可行性和生产经营上的可能性外，还应综合考虑生产经营的分项指标，根据总体指标和分项指标的关系进行综合平衡，制定正确的利润规划。

为简便起见，本书只考虑产品销售利润预算问题，不涉及预算收益、营业外收支等项目，而且以利润总额为分析对象。在有关产品的销售价格、经营成本、产销结构等条件明确的情况下，企业目标利润的预算通常可用下列方法进行。

1. 本量利分析法

本量利分析法是根据有关产品的产销数量、销售价格、变动成本和固定成本等因素与利润之间的相互关系确定企业目标利润的方法。具体计算公式如下：

目标利润=预计产销量×(单位产品售价−单位产品变动成本)−固定成本

【例 3-4】 某企业预算期产品产销量约 1000 件，产品售价为 150 元/件，单位产品变动成本为 100 元/件，固定成本为 20 000 元，则该企业的目标利润为多少？

解： 1000×(150−100)−20 000= 30 000（元）

2. 比例预算法

比例预算法是利用利润指标与其他经济指标之间存在的内在比例关系，来确定目标利润的方法。企业的营业利润与产品销售收入的多少、产品成本的水平、企业资金总量有着密切的关系，因此可以采用比例预算法测定目标利润。具体方法有销售收入利润率法、成本利润率法、预算资本回报率法、利润增长百分比法。

（1）销售收入利润率法。

它是利用销售利润与销售收入的比例关系确定目标利润的方法。在其他条件不变的情况下，销售利润的多少完全取决于销售收入的高低，两者成正比例变动。企业可以在上期实际销售收入利润率（或者前几期平均销售收入利润率）的基础上，确定目标利润。具体计算公式如下：

目标利润=预计销售收入×测算的销售利润率

【例 3-5】 某企业近 3 年平均销售利润率为 10%，预算期预计销售收入为 1200 万元，则该企业的目标利润为多少？

解： 1200×10% = 120（万元）

（2）成本利润率法。

它是利用利润总额与成本费用的比例关系确定目标利润的方法。具体计算公式如下：

目标利润=预计营业成本×成本利润率

利润总额与成本费用的比例关系可利用企业历史资料确定或者依据行业先进水平确定。

【例 3-6】 某企业上年实际营业成本为 200 万元，利润为 32 万元。预算期计划扩大营业规模，营业成本将增加 10%，则该企业的目标利润为多少？

解： 200×(1+10%)×16% = 35.2（万元）

$$成本利润率=\frac{32}{200}\times 100\% =16\%$$

（3）预算资本回报率法。

它是利用利润总额与预算资本平均总额的比例关系确定目标利润的方法。具体计算公式如下：

目标利润=预算资本平均总额×预算资本回报率

按预算资本回报率确定目标利润的实质，就是按企业要求的预算利润率预算目标利润。

【例 3-7】 某企业上年实际平均资本总额为 4000 万元。预算期计划扩大产品销售规模，年初将追加资本 200 万元，企业预期资本回报率为 15%。则该企业的目标利润为多少？

解：(4000+200)×15%=630（万元）

（4）利润增长百分比法。

它是根据有关产品上一期间实际获得的利润额和过去连续若干期的平均利润率增长幅度（百分比），并全面考虑影响利润的有关因素的预期变动而确定企业目标利润的方法。具体计算公式如下：

$$目标利润=上期利润总额\times(1+利润增长百分比)$$

【例 3-8】 某企业 2016 年实际利润总额为 300 万元，2013—2015 年利润持续增长，平均增长幅度为 5%。则该企业的目标利润为多少？

解：300×(1+5%) = 315（万元）

3. 上加法

它是根据企业留存收益和股东分红水平匡算企业净利润，再考虑企业所得税因素倒推出利润总额（即目标利润）的方法。

$$企业留存收益=盈余公积+未分配利润$$

$$净利润=\frac{本年新增留存收益}{1-股利分配比率}$$

或者

$$净利润=本年新增留存收益+股利分配额$$

$$目标利润=\frac{净利润}{1-所得税税率}$$

上面净利润的公式中，当以年度净利润为基础按一定的百分比计算分配股利时，可采用第一个公式；当以股本为基础按一定的百分比计算分配股利时，只能采用第二个公式。

【例 3-9】 某企业股本 8000 万元，所得税税率 25%，预算年度计划按股本的 10%向投资者分配利润，并新增留存收益 700 万元。则企业可按下述步骤测算目标利润。

解：目标分红额=8000×10% = 800（万元）

$$净利润=800+700=1500（万元）$$

$$目标利润=\frac{1500}{1-25\%}=2000（万元）$$

三、目标利润预算实例

【例 3-10】 某公司生产经营单一产品，下属三个分部均为成本中心，专司产品生产与协作。总部为了节约成本和统一对外，除拥有管理职能外，还兼营公司的材料采购与产品最终销售两大职能。经公司营销部门的销售预测，确定该企业预算年度营销目标为本企业产品的全国市场占有率达到 30%。

解：第一，假定价格不变，要求其销售额达到 5 亿元。如果当前销售成本率为 60%，可实现的毛利额为 2 亿元，扣除各项费用（销售费用率为 24%）1.2 亿元，可初步确定目标利润为 8000 万元。

第二，假定公司现有预算资本平均总额为 15 亿元，按照同行业平均的预算资本回报率 8%这一基准，确认公司应该完成的目标利润为 1.2 亿元。

第三，在收入不可能增长的条件下，与可实现利润 8000 万元比较，要实现 1.2 亿元的目标利润，只能通过降低成本费用这一途径。根据成本费用管理目标，公司要求生产性分部的成本必须在原有基础上降低 10%，即销售成本率由 60%降低到 54%，以此使毛利额由原来的 2 亿元提高到 2.3 亿元，此时目标利润总额与同行业的差异将由 4000 万元(12 000−8000)变为 1000 万元[12 000−(23 000−12 000)]。

第四，为完全实现同行业的平均目标利润，费用总额须从原来的 12 000 万元降低到 11 000 万元，其费用降低率应达到(12 000−11 000)/12 000=8.33%。

第五，经过协调，公司总部与分部按上述测算将最终目标明确下来，即目标销售额 5 亿元，目标利润 1.2 亿元，目标销售成本率 54%，目标费用总额 1.1 亿元。

四、全面预算的编制方法

通过目标利润预算确定利润目标以后，即可以此为基础，编制全面预算。全面预算的编制应以销售预算为起点，根据各种预算之间的钩稽关系，按顺序从前往后逐步进行，直至编制出预计财务报表。

（一）销售预算

销售预算是在销售预测的基础上，根据企业年度目标利润确定的预计销售量、销售单价和销售收入等参数编制的，用于规划预算期销售活动的一种业务预算。在编制过程中，应根据年度内各季市场预测的销售量和单价，确定预计销售收入，并根据各季现销收入与收回前期的应收账款反映现金收入额，以便为编制现金收支预算提供资料。根据销售预测确定的销售量和销售单价确定各期销售收入，并根据各期销售收入和企业信用政策，确定每期的销售现金流量，是销售预算的两个核心问题。

由于企业其他预算的编制都必须以销售预算为基础，因此，销售预算是编制全面预算的起点。

【例 3-11】 ABC 公司 2017 年（预算期）预计只生产和销售一种产品，每季度的产品销售货款有 60%于当期收到现金，有 40%属赊销于下一个季度收到现金。2016 年（基期）年末的应收账款为 175 000 元。该公司计划年度的销售预算参见表 3-5。

表 3-5 ABC 公司销售预算表

2017 年度　　金额单位：元

项目	1 季度	2 季度	3 季度	4 季度	全年
预计销量（件）	2000	2500	3000	2500	10 000
单价（元）	250	250	250	250	250
预计销售收入	500 000	625 000	750 000	625 000	2 500 000
应收账款期初	175 000				175 000
1 季度销售实现	300 000	200 000			500 000
2 季度销售实现		375 000	250 000		625 000
3 季度销售实现			450 000	300 000	750 000

续表

项目	1 季度	2 季度	3 季度	4 季度	全年
4 季度销售实现				375 000	375 000
现金收入合计	475 000	575 000	700 000	675 000	2 425 000

（二）生产预算

生产预算是规划预算期生产数量而编制的一种业务预算，它是在销售预算的基础上编制的，并可以作为编制材料采购预算和生产成本预算的依据。编制生产预算的主要依据是预算期各种产品的预计销售量及存货期初期末资料。具体计算公式为

预计生产量=预计销售量+预计期末结存量-预计期初结存量

生产预算的要点是确定预算期的产品生产量和期末结存产品数量，前者为编制材料预算、人工预算、制造费用预算等提供基础，后者是编制期末存货预算和预计资产负债表的基础。

【例 3-12】 假设 ABC 公司 2017 年年初结存产成品 300 件，本年各季末结存产成品分别为：1 季度末 500 件，2 季度末 550 件，3 季度末 500 件，4 季度末 400 件，预计销售量参见表 3-5。ABC 公司生产预算参见表 3-6。

表 3-6　ABC 公司生产预算表

2017 年度　　单位：件

项目	1 季度	2 季度	3 季度	4 季度	全年
预计销量	2000	2500	3000	2500	10 000
加：预计期末结存	500	550	500	400	400
预计需要量	2500	3050	3500	2900	10 400
减：期初结存量	300	500	550	500	300
预计生产量	2200	2550	2950	2400	10 100

（三）材料采购预算

材料采购预算是为了规划预算期材料消耗情况及采购活动而编制的，用于反映预算期各种材料消耗量、采购量、材料消耗成本和材料采购成本等计划信息的一种业务预算。依据预计产品生产量和材料单位耗用量，确定生产需要耗用量，再根据材料的期初期末结存情况，确定材料采购量，最后根据采购材料的付款，确定现金支出的情况。

某种材料耗用量=产品预计生产量×单位产品定额耗用量

某种材料采购量=某种材料耗用量+该种材料期末结存量-该种材料期初结存量

材料采购预算的要点是反映预算期材料消耗量、采购量和期末结存数量，并确定各预算期材料采购现金支出。材料期末结存量的确定可以为编制期末存货预算提供依据，现金支出的确定可以为编制现金预算提供依据。

【例 3-13】 假设 ABC 公司计划年度期初材料结存量为 720kg，本年各季末结存材料分别为：1 季度末 820kg，2 季度末 980kg，3 季度末 784kg，4 季度末 860kg。每季度的购料款于当季度支付 40%，剩余 60%于下一季度支付，应付账款年初余额为 120 000 元。其他资料参见表 3-5 和表 3-6。ABC 公司计划年度材料采购预算参见表 3-7。

表 3-7 ABC 公司材料采购预算表

2017 年度 金额单位：元

项目	1 季度	2 季度	3 季度	4 季度	全年
预计生产量（件）	2200	2550	2950	2400	10 100
材料定额单耗（kg）	5	5	5	5	5
预计生产需要量（kg）	11 000	12 750	14 750	12 000	50 500
加：期末结存量	820	980	784	860	860
预计需要量合计	11 820	13 730	15 534	12 860	51 360
减：期初结存量	720	820	980	784	720
预计材料采购量	11 100	12 910	14 554	12 076	50 640
材料计划单价	20	20	20	20	20
预计购料金额	222 000	258 200	291 080	241 520	1 012 800
应付账款年初余额	120 000				120 000
1 季度购料付现	88 800	133 200			222 000
2 季度购料付现		103 280	154 920		258 200
3 季度购料付现			116 432	174 648	291 080
4 季度购料付现				96 608	96 608
现金支出合计	208 800	236 480	271 352	271 256	987 888

（四）直接人工预算

直接人工预算是一种既反映预算期内人工工时消耗水平，又规划人工成本开支的业务预算。这项预算是根据生产预算中的预计生产量以及单位产品所需的直接人工小时和单位小时工资率进行编制的。在通常情况下，企业往往要雇用不同工种的人工，必须按工种类别分别计算不同工种的直接人工小时总数；然后将算得的直接人工小时总数分别乘以各该工种的工资率，再予以合计，即可求得预计直接人工成本的总数。

有关数据具体计算公式介绍如下。

1. 预计产品生产直接人工工时总数

某种产品直接人工总工时=单位产品定额工时×该产品预计生产量

产品定额工时是由产品生产工艺和技术水平决定的，由产品技术和生产部门提供定额标准；产品预计生产量来自生产预算。

2. 预计直接人工总成本

某种产品直接人工总成本=单位工时工资率×该种产品直接人工工时总量

单位工时工资率来自企业人事部门工资标准和工资总额。

编制直接人工预算时，一般认为各预算期直接人工都是直接以现金发放的，因此不再特别列示直接人工的现金支出。另外，按照我国现行制度规定，在直接工资以外，还需要计提应付福利费，此时应在直接人工预算中根据直接工资总额进一步确定预算期的预计应付福利费，并估计应付福利费的现金支出。为简便起见，本处假定应付福利费包括在直接人工总额中并全部以现金支付。

直接人工预算的要点是确定直接人工总成本。

【例 3-14】 假设 ABC 公司单位产品耗用工时为 6h，单位工时的工资率为 5 元，ABC 公司计划年度人工成本预算参见表 3-8。

表 3-8 ABC 公司直接人工成本预算表

2017 年度　　金额单位：元

项目	1 季度	2 季度	3 季度	4 季度	全年
预计生产量（件）	2200	2550	2950	2400	10 100
单耗工时（h）	6	6	6	6	6
直接人工小时数	13 200	15 300	17 700	14 400	60 600
单位工时工资率	5	5	5	5	5
预计直接人工成本	66 000	76 500	88 500	72 000	303 000

由于工资一般都要全部支付现金，因此，直接人工预算表中预计直接人工成本总额就是现金预算中的直接人工工资支付额。

（五）制造费用预算

制造费用预算是反映生产成本中除直接材料、直接人工以外的一切不能直接计入产品制造成本的间接制造费用的预算。这些费用必须按成本习性划分为固定费用和变动费用，分别编制变动制造费用预算和固定制造费用预算。编制制造费用预算时，应以计划期的一定业务量为基础来规划各个费用项目的具体预算数字。另外，在制造费用预算表下还要附有预计现金支出表，以方便编制现金预算。

变动制造费用预算部分，应区分不同费用项目，逐一根据单位变动制造费用分配率和业务量（一般是直接人工总工时或者机器工时等）确定各项目的变动制造费用预算数。其中

$$某项目变动制造费用分配率=\frac{该项目变动制造费用预算总额}{业务预算总数}$$

固定制造费用预算部分，也应区分不同费用项目，逐一确定预算期的固定费用预算。

在编制制造费用预算时，为方便现金预算编制，还需要确定预算期的制造费用预算的现金支出部分。为方便起见，一般将制造费用中扣除折旧费后的余额，作为预算期内的制造费用现金支出。

制造费用预算的要点是确定各个变动和固定制造费用项目的预算金额，并确定预计制造费用的现金支出。

【例 3-15】 根据前面所编各预算表的资料，编制 ABC 公司制造费用预算表，参见表 3-9。

表 3-9 ABC 公司制造费用预算表

2017 年度　　金额单位：元

变动费用项目	金额	固定费用项目	金额
间接人工	0.2×60 600 = 12 120	维护费用	4000
间接材料	0.1×60 600 = 6060	折旧费用	73 200
维护费用	0.15×60 600 = 9090	管理费用	35 000
水电费用	0.25×60 600 = 15150	保险费用	6000
机物料	0.05×60 600 = 3030	财产税	3000
小计	0.75×60 600 = 45 450	小计	121 200
变动费用现金支出		45 450	
固定费用合计		121 200	
减：折旧费用		73 200	
固定费用现金支出		48 000	
制造费用全年现金支出		93 450	
制造费用第 1 季度现金支出		25 000	
制造费用第 2 季度现金支出		25 000	
制造费用第 3 季度现金支出		24 000	
制造费用第 4 季度现金支出		19 450	

（六）单位生产成本预算

单位生产成本预算是反映预算期内各种产品生产成本水平的一种业务预算。此种预算是在生产预算、直接材料消耗及采购预算、直接人工预算和制造费用预算的基础上编制的，通常应反映单位产品生产成本。

单位产品预计生产成本=单位产品直接材料成本+单位产品直接人工成本+单位产品制造费用

以上资料分别来自直接材料采购预算、直接人工预算和制造费用预算。

以单位产品成本预算为基础，还可以确定期末结存产品成本，公式如下：

期末结存产品成本=期初结存产品成本+本期产品生产成本−本期销售产品成本

公式中的期初结存产品成本和本期销售成本，应该根据具体的存货计价方法确定。确定期末结存产品成本后，可以与预计直接材料期末结存成本一起，一并在期末存货预算中予以反映。本单元中期末存货预算略去不做介绍，期末结存产品的预计成本合并在单位产品生产成本中列示。

单位产品生产成本预算的要点，是确定单位产品预计生产成本和期末结存产品预计成本。

【例 3-16】 假设 ABC 公司采用制造成本法计算成本，生产成本包括变动生产成本和固定生产成本。根据前面已编制的各种业务预算表的资料，编制 ABC 公司单位产品生产成本预算表，参见表 3-10。

表 3-10　ABC 公司单位生产成本预算表

2017 年度　　金额单位：元

成本项目	单位用量	单位价格	单位成本
直接材料	5kg	20 元/kg	100
直接人工	6h	5 元/h	30
变动制造费用	6h	0.75 元/h	4.5
单位变动生产成本			134.5
单位固定成本	(121 200÷60 600)×6 = 12		12
单位生产成本			146.5
期末存货预算	期末存货数量（件）		400
	单位生产成本		146.5
	期末存货成本		58 600

（七）销售及管理费用预算

销售及管理费用预算是以价值形式反映整个预算期内为销售产品和维持一般行政管理工作而发生的各项目费用支出预算。该预算与制造费用预算一样，需要划分固定费用和变动费用列示，其编制方法也与制造费用预算相同。在该预算表下也应附列计划期间预计销售和管理费用的现金支出计算表，以便编制现金预算。

销售及管理费用预算的要点是确定各个变动及固定费用项目的预算数，并确定预计的现金支出。

【例 3-17】　假设 ABC 公司销售和行政管理部门根据计划期间的具体情况，合并编制销售与管理费用预算表，参见表 3-11。

表 3-11　ABC 公司销售及管理费用预算表

2017 年度　　金额单位：元

费用明细项目		预算金额
变动费用	销售佣金　0.1×60 600	6060
	办公费用　0.2×60 600	12 120
	运输费用　0.2×60 600	12 120
	⋮	⋮
	变动费用小计	42 420
固定费用	广告费用	80 000
	管理人员工资	125 000
	保险费用	8000
	折旧费用	50 000
	财产税	4000
	⋮	⋮
	固定费用小计	287 000

续表

费用明细项目		预算金额
预计现金支出计算表	销售及管理费用总额	329 420
	减：折旧费用	50 000
	销售及管理费用现金支出总额	279 420
	每季度销售及管理费用现金支出	69 855

（八）专门决策预算

专门决策预算主要是长期预算，又称资本支出预算，通常是指与项目预算决策相关的专门预算，它往往涉及长期建设项目的资金投放与筹集，并经常跨越多个年度。编制专门决策预算的依据，是项目财务可行性分析资料，以及企业筹资决策资料。

专门决策预算的要点是准确反映项目资金预算支出与筹资计划，它同时也是编制现金预算和预计资产负债表的依据。

【例 3-18】 假设 ABC 公司决定于 2017 年投资一条新的生产线，年内安装完毕，并于年底投入使用，有关专门决策预算与筹资预算参见表 3-12。

表 3-12 ABC 公司专门决策预算表

2017 年度　　金额单位：元

项目	1 季度	2 季度	3 季度	4 季度	全年
预算支出预算	50 000	40 000	70 000	80 000	240 000
借入长期借款	40 000			80 000	120 000

（九）现金预算

财务预算包括现金预算和预计财务报表，其编制是依据销售预算、生产预算、材料采购预算、直接人工预算、制造费用预算、单位生产成本预算、销售及管理费用预算和专门决策预算而编制的。

现金预算是以业务预算和专门决策预算为依据编制的、专门反映预算期内预计现金收入与现金支出，以及为满足理想现金余额而进行现金投融资的预算。

现金预算由期初现金余额、现金收入、现金支出、现金余缺、现金投放与筹措五部分组成。

期初现金余额+现金收入−现金支出=现金余缺

财务管理部门应根据现金余缺与期末现金余额的比较，来确定预算期的现金投放或者筹措。当现金余缺大于期末现金余额时，应将超过期末余额以上的多余现金进行预算；当现金余缺小于现金余额时，应筹措现金，直到现金总额达到要求的期末现金余额。

现金余缺+现金筹措（现金不足时）=期末现金余额

现金余缺−现金投放（现金多余时）=期末现金余额

【例 3-19】 假设 ABC 公司年初现金余额为 80 000 元，每季支付各种流转税 35 000 元，前 3 季度预交所得税 50 000 元，年末汇缴 89 440 元，年末支付股利 250 000 元。最低现金持有量为 50 000 元。依据以上各项业务预算的数据，编制 ABC 公司现金预算表，如表 3-13 所示。

表 3-13　ABC 公司现金预算表

2017 年度　　金额单位：元

项目	1 季度	2 季度	3 季度	4 季度	全年
期初现金余额	80 000	80 000	80 000	80 000	80 000
经营现金收入	475 000	575 000	700 000	675 000	2 425 000
可供支配的现金合计	555 000	655 000	780 000	755 000	2 505 000
经营性现金支出					
直接材料采购	208 800	236 480	271 352	271 256	987 888
直接人工支出	66 000	76 500	88 500	72 000	303 000
制造费用	25 000	25 000	24 000	19 450	93 450
销售及管理费用	69 855	69 855	69 855	69 855	279 420
支付流转税	35 000	35 000	35 000	35 000	140 000
预交所得税	50 000	50 000	50 000	89 440	239 440
分配股利				250 000	250 000
资本性现金支出	50 000	40 000	70 000	80 000	240 000
现金支出合计	504 655	532 835	608 707	887 001	2 533 198
现金余缺	50 345	122 165	171 293	(132 001)	(28 198)
资金筹措与运用					
长期借款	40 000			80 000	120 000
支付利息	(15 345)	(15 165)	(13 293)	(11 999)	(55 802)
取得短期借款	5000			20 000	25 000
偿还短期借款		(5000)			(5000)
进行短期预算		(22 000)	(78 000)		(100 000)
出售短期预算				100 000	100 000
期末现金余额	80 000	80 000	80 000	56 000	56 000

（十）预计利润表

预计利润表用来综合反映企业在计划期的预计经营成果，是企业最主要的财务预算表之一。编制预计利润表的依据是各业务预算、专门决策预算和现金预算。

【例 3-20】 假设 ABC 公司年初现金余额为 80 000 元，每季支付各种流转税 35 000 元，前 3 季度预交所得税 50 000 元，年末汇缴 89 440 元，年末支付股利 250 000 元。最低现金持有量为 50 000 元。依据以上各项预算的数据，编制 ABC 公司预计利润表，如表 3-14 所示。

表 3-14　ABC 公司预计利润表

2017 年度　　金额单位：元

项目	1 季度	2 季度	3 季度	4 季度	全年
销售收入	500 000	625 000	750 000	625 000	2 500 000
减：销售成本	293 000	366 250	439 500	366 250	1 465 000
销售毛利	207 000	258 750	310 500	258 750	1 035 000

续表

项目	1 季度	2 季度	3 季度	4 季度	全年
减：销售及管理费用	82 355	82 355	82 355	82 355	329 420
财务费用	20 000	20 000	20 000	20 000	80 000
营业利润	104 645	156 395	208 145	156 395	625 580
减：所得税	50 000	50 000	50 000	89 440	239 440
净利润	54 645	106 395	158 145	66 955	386 140

（十一）预计资产负债表

预计资产负债表用来反映企业在计划期末预计的财务状况。它的编制需以计划期开始日的资产负债表为基础，结合计划期间各项业务预算、专门决策预算、现金预算和预计利润表进行编制。它是编制全面预算的终点。

【例 3-21】 依据以上各项预算的数据，编制 ABC 公司预计资产负债表，如表 3-15 所示。

表 3-15 ABC 公司预计资产负债表

2017 年 12 月 31 日　　　　金额单位：元

资产	金额	负债及权益	金额
流动资产：		流动负债：	
库存现金	56 000	短期借款	20 000
应收账款	250 000	应付账款	144 912
存货	75 800	应付税金	10 000
流动资产合计	381 800	预提费用	24 198
长期资产：		流动负债合计：	199 110
固定资产	800 000	长期负债	120 000
减：累计折旧	200 000	股东权益：	
固定资产净额	600 000	股本	500 000
在建工程	240 000	资本公积	100 000
无形资产	184 200	留存收益	486 890
长期资产合计	1 024 000	权益合计	1 086 890
资产总计	1 406 000	负债及权益总计	1 406 000

单元三 预算的执行与考核

一、预算的执行

企业预算一经批复下达，各预算执行单位就必须认真组织实施，将预算指标层层分解，从横向到纵向落实到内部各部门、各单位、各环节和各岗位，形成全方位的预算执行责任体系。

企业应当将预算作为预期内组织、协调各项经营活动的基本依据，将年度预算细分为月份和季度预算，通过分期预算控制，确保年度预算目标的实现。

企业应当强化现金流量的预算管理，按时组织预算资金的收入，严格控制预算资金的支付，调节资金收付平衡，控制支付风险。

对于预算内的资金拨付，按照授权审批程序执行。对于预算外的项目支出，应当按预算管理制度规范支付程序。对于无合同、无凭证、无手续的项目支出，不予支付。

企业应当严格执行销售、生产和成本费用预算，努力完成利润指标。在日常控制中，企业应当健全凭证记录，完善各项管理规章制度，严格执行生产经营月度计划和成本费用的定额、定率标准，加强适时监控。对预算执行中出现的异常情况，企业有关部门应及时查明原因，提出解决办法。

企业应当建立预算报告制度，要求各预算执行单位定期报告预算的执行情况。对于预算执行中发现的新情况、新问题及出现偏差较大的重大项目，企业财务管理部门以及预算委员会应当责成有关预算执行单位查找原因，提出改进经营管理的措施和建议。

企业财务管理部门应当利用财务报表监控预算的执行情况，及时向预算执行单位、企业预算委员会以及董事会或者经理办公会提供财务预算的执行进度、执行差异及其对企业预算目标的影响等财务信息，促进企业完成预算目标。

二、预算的调整

企业正式下达执行的预算，一般不予调整。预算执行单位在执行中由于市场环境、经营条件、政策法规等发生重大变化，致使预算的编制基础不成立，或者将导致预算执行结果产生重大偏差的，可以调整预算。

企业应当建立内部弹性预算法机制，对于不影响预算目标的业务预算、资本预算、筹资预算之间的调整，企业可以按照内部授权批准制度执行，鼓励预算执行单位及时采取有效的经营管理对策，保证预算目标的实现。

企业调整预算，应当由预算执行单位逐级向企业预算委员会提出书面报告，阐述预算执行的具体情况、客观因素变化情况及其对预算执行造成的影响程度，提出预算指标的调整幅度。

企业财务管理部门应当对预算执行单位的预算调整报告进行审核分析，集中编制企业年度预算调整方案，提交预算委员会以及企业董事会或者经理办公会审议批准，然后下达执行。

对于预算执行单位提出的预算调整事项，企业进行决策时，一般应当遵循以下要求：

（1）预算调整事项不能偏离企业发展战略；

（2）预算调整方案应当在经济上能够实现最优化；

（3）预算调整重点应当放在预算执行中出现的重要的、非正常的、不符合常规的关键性差异方面。

三、预算的分析与考核

企业应当建立预算分析制度，由预算委员会定期召开预算执行分析会议，全面掌握预算的执行情况，研究、解决预算执行中存在的问题，纠正预算的执行偏差。

开展预算执行分析，企业管理部门及各预算执行单位应当充分收集有关财务、业务、市场、技术、政策、法律等方面的信息资料，根据不同情况分别采用比率分析、比较分析、因素分析、平衡分析等方法，从定量与定性两个层面充分反映预算执行单位的现状、发展趋势及其存在的潜力。

针对预算的执行偏差，企业财务管理部门及各预算执行单位应当充分、客观地分析产生偏差的原因，提出相应的解决措施或者建议，提交董事会或者经理办公会研究决定。

企业预算委员会应当定期组织预算审计，纠正预算执行中存在的问题，充分发挥内部审计的监督作用，维护预算管理的严肃性。

预算审计可以采用全面审计或者抽样审计。在特殊情况下，企业也可组织不定期的专项审计。审计工作结束后，企业内部审计机构应当形成审计报告，直接提交预算委员会以及董事会或者经理办公会，作为预算调整、改进内部经营管理和财务考核的一项重要参考。

预算年度终了，预算委员会应当向董事会或者经理办公会报告预算执行情况，并依据预算完成情况和预算审计情况对预算执行单位进行考核。

企业内部预算执行单位上报的预算执行报告，应经本部门、本单位负责人按照内部议事规范审议通过，作为企业进行财务考核的基本依据。企业预算按调整后的预算执行，预算完成情况以企业年度财务会计报告为准。

企业预算执行考核是企业绩效评价的主要内容，应当结合年度内部经济责任制进行考核，与预算执行单位负责人的奖惩挂钩，并作为企业内部人力资源管理的参考。

知 识 总 结

预算是为实现企业目标而对各种资源和企业活动所作的详细安排。预算的编制方法，主要包括固定预算法和弹性预算法，增量预算法与零基预算法，定期预算法和滚动预算法。预算目标是预算管理工作的起点，预计目标利润是预算目标的核心指标。通过目标利润预算确定利润目标以后，即可以此为基础编制全面预算。全面预算由业务预算、专门决策预算和财务预算组成，其编制应以销售预算为起点，根据各种预算之间的钩稽关系，按顺序从前往后逐步进行，直至编制出预计财务报表。预算编制以后必须进行预算的执行和调整，最好开展预算的分析和考核。

教 学 检 测

一、单项选择题

1．全面预算编制的起点是（　　）。

A．生产预算　　B．销售预算

C．材料采购预算　　D．现金预算

2．下列预算中，属于财务预算的是（　　）。

A．销售预算　　B．生产预算

C．产品成本预算　　D．资本支出预算

3．下列说法中正确的是（　　）。

A．开展预算执行分析，有关部门要收集有关信息资料，根据不同情况采用一些方法，从定量的层面反映预算执行单位的现状、发展趋势及其存在的潜力

B．预算审计可以采用全面审计或者抽样审计

C．企业预算按调整前的预算执行，预算完成情况以企业年度财务会计报告为准

D．企业正式下达执行的预算，不可以调整

4．某企业预计前两个季度的销量分别为 1000 件和 1200 件，期末产成品存货数量一般按

下季销量的 10%安排，则第 1 季度的预算产量为（　　）件。

A．1020　　B．980　　C．1100　　D．1000

5．可能导致无效费用开支项目不能得到有效控制的预算方法是（　　）。

A．增量预算法　　B．静态预算　　C．固定预算法　　D．定期预算法

6．资本支出预算属于（　　）。

A．专门决策预算　　B．财务预算　　C．业务预算　　D．总预算

二、多项选择题

1．下列关于财务预算的表述中，正确的有（　　）。

A．财务预算多为长期预算

B．财务预算又被称作总预算

C．财务预算是全面预算体系的最后环节

D．财务预算主要包括现金预算和预计财务报表

2．下列有关预算的概念和特征说法正确的有（　　）。

A．预算是企业在预测、决策的基础上，以数量和金额的形式反映企业未来一定时期内经营、预算、财务等活动的具体计划

B．编制预算的目的是促成企业以有效的方式实现预定目标

C．数量化和可执行性是预算最主要的特征

D．预算必须与企业的战略或目标保持一致

3．在编制现金预算的过程中，可作为其编制依据的有（　　）。

A．业务预算　　B．预计利润表

C．预计资产负债表　　D．专门决策预算

4．下列各项中，可能会列示在现金预算表中的有（　　）。

A．直接材料采购　　B．制造费用

C．资本性现金支出　　D．经营性现金支出

5．某期现金预算中假定出现了正值的现金余缺数，且超过额定的期末现金余额，单纯从财务预算调剂现金余缺的角度看，该期可以采用的措施有（　　）。

A．偿还部分借款利息　　B．偿还部分借款本金

C．出售短期预算　　D．进行短期预算

6．某企业预算年度按股本的 20%向投资者分配利润，并新增留存收益 1100 万元。企业股本 500 万元，所得税税率 25%，则下列各项中正确的有（　　）。

A．目标股利分红额为 100 万元　　B．净利润为 1200 万元

C．目标利润为 1600 万元　　D．目标利润为 1200 万元

三、判断题

1．财务预算具体包括现金预算、预计利润表、预计资产负债表等内容。（　　）

2．在财务预算的编制过程中，编制预计财务报表的正确程序是：先编制预计资产负债表，然后再编制预计利润表。（　　）

3．预计资产负债表中现金余额项目的期末数不一定等于现金预算中的期末现金余额。（　　）

4．直接人工预算中的预计直接人工成本总额就是现金预算中的直接人工工资支付额。（　　）

5．在利用上加法进行目标利润预算时，如果以股本为基础按一定的百分比计算分配股利时，只能这么计算净利润：净利润＝本年新增留存收益＋股利分配额。（　　）

四、计算题

1．Y 企业生产和销售 A 种产品，计划期 2017 年四个季度预计销售数量分别为 10 000 件、15 000 件、20 000 件和 18 000 件；A 种产品预计单位售价为 100 元。假设每季度销售收入中，本季度收到现金 70%，另外的 30%要到下季度才能收回，2016 年末应收账款余额为 163 000 元，现金余额为 52 000 元，每季度材料费、人工费、管理费用和销售费用等经营性现金支出占销售收入的 65%，另外需支付各种流转税 18 000 元，前 3 季度预交所得税 20 000 元，年末汇缴 31 500 元，年末预计支付股利 200 000 元。企业最低现金持有量为 50 000 元，若现金不足可向银行借入 3 个月短期借款，年利率为 6%，借款金额为 10 000 元的倍数，或是出售持有的有价证券；若现金多余则归还银行借款后购买有价证券。

要求：

（1）编制 Y 企业 2017 年度销售预算表，填写表 3-16。

表 3-16　Y 企业销售预算表

单位：元

	1 季度	2 季度	3 季度	4 季度	全年
销售数量（件）					
销售单价（元/件）					
销售收入					

（2）编制 Y 企业 2017 年现金预算表，填写表 3-17。

表 3-17　Y 企业现金预算表

单位：元

项目	1 季度	2 季度	3 季度	4 季度	全年
期初现金余额					
经营现金收入					
可供支配的现金合计					
经营性现金支出					
支付流转税					
预交所得税					
分配股利					
资本性现金支出					
现金支出合计					
现金余缺					

续表

项目	1季度	2季度	3季度	4季度	全年
资金筹措与运用					
出售有价证券					
取得短期借款					
偿还短期借款					
购买有价证券					
期末现金余额					

2．大洋公司生产和销售甲产品，9月份现金收支的预计资料如下：

（1）9月1日的现金余额为520 000元。

（2）产品售价117元/件，7月份销售10 000件，8月份销售12 000件，9月预计销售15 000件，10月预计销售20 000件。根据经验，商品售出后当月可收回货款的40%，次月收回30%，再次月收回25%，另外的5%为坏账。

（3）材料采购单价为2.34元/千克，产品消耗定额为5千克；材料采购货款当月支付70%，下月支付30%。编制预算时月底产成品存货为次月销售量的10%。8月底的实际产成品存货为1200件，应付账款余额为30 000元。5月底的材料库存量为2000千克，预计9月末的材料库存量为1500千克。

（4）9月份需要支付的直接人工工资为650 000元，管理人员工资280 000元，其中有60 000元是生产管理人员工资；需要支付其他的管理费用45 000元、制造费用12 000元，需要支付销售费用64 000元。

（5）支付流转税120 000元。

（6）预计9月份将购置设备一台，支出650 000元，需要当月付款。

（7）预交所得税20 000元。

（8）现金不足时可以从银行借入，借款额为10 000元的倍数，利息在还款时支付。期末现金余额不少于500 000元。

要求：

（1）预计大洋公司9月份的生产量。

（2）预计大洋公司9月份材料需用量和材料采购量。

（3）预计大洋公司9月份的采购金额。

（4）预计大洋公司9月份的采购现金支出。

（5）预计大洋公司9月份的经营现金收入。

（6）编制大洋公司9月份的现金预算表，填写表3-18。

表3-18　大洋公司9月份现金预算表

单位：元

项目	金额
期初现金余额	
经营现金收入	
可运用现金合计	

续表

项目	金额
经营现金支出	
采购现金支出	
支付直接人工	
支付制造费用	
支付销售费用	
支付管理费用	
支付流转税	
预交所得税	
资本性现金支出	
购置固定资产	
现金支出合计	
现金余缺	
借入银行借款	
期末现金余额	

学习情境四　筹 资 管 理

知识要点

（1）掌握企业筹资的动机、筹资渠道与筹资方式。
（2）掌握资金需要量的预测。
（3）掌握资本成本的计算。
（4）掌握经营杠杆、财务杠杆和总杠杆。
（5）掌握每股收益分析法、平均资本比较法和公司价值分析法。

核心概念

筹资　股权筹资　债务筹资　资金成本

情境导入

2005 年 8 月 26 日，地处陕西杨凌的博迪森生物股份有限公司在其上市服务商纽约国际集团的帮助下，成功实现从美国创业板市场向主板市场升级。开盘当天的股价记录是 6.5 美元，以其 1700 万流通股计算，当天市值已达 1.1 亿美元。

在博迪森升板敲锣仪式结束后，博迪森董事长王琼讲述了博迪森在海外上市融资的艰难过程：诞生于 1999 年的杨凌博迪森生物科技发展股份有限公司，以生产农药和液态化肥享誉三秦及 20 多个省市，增产增收效果明显，农民称博迪森是："咱农民的放心肥料"。"博迪森"牌系列肥料荣获中国名牌、陕西省名牌、消费者信得过的免检产品，液肥获得农业部无公害产品，缔造了"博迪森"商标的知名度和美誉度。博迪森公司在探索可持续发展的过程中，却遭遇资金瓶颈，因为国内对中小企业的政策不是很明了，使得博迪森公司不得不向海外寻求解决资金短缺的途径。2004 年 3 月 1 日，公司正式在美国纳斯达克 OTCBB 挂牌成功。这是博迪森公司发展史上第三次质的飞跃。2004 年 7 月 5 日，公司股票成功在德国法兰克福股票交易所挂牌，公司成功获得了美国和德国双重上市的资格。2005 年 8 月 26 日，公司成功升板全美证券交易所（AMEX），这创造了美国境外企业在美国证券市场上升板成功的一个新的记录，这也是全美证券交易所上市的亚洲第一家农化型企业。2006 年 2 月 6 日，公司在英国伦敦交易所 AIM 市场挂牌上市成功。从而使公司成为中国第一家成功在海外三地上市的中小民营企业。

【思考】

（1）现实中，企业的融资过程是不是真的这样简单？
（2）在发展的过程中，上市融资是不是企业解决资金短缺的唯一道路？

单元一 筹资管理的认知

一、筹资动机

筹资就是企业从自身生产经营现状及资金运用情况出发，根据企业未来经营策略与发展需要，经过科学的预测和决策，通过一定的渠道，采用一定的方式，向企业的投资者及债权人筹集资金、组织资金供应，以保证企业客观需要的一项理财活动。

能否准确估算投资规模、正确选择筹资渠道、测算筹资成本，对于一个企业的成长起着极为关键的作用。一般来说，企业在下列几种情况下需要筹集资金。

（一）新设立一个企业

新设立一个企业必须要筹集足够的注册资金，据以申请工商登记注册后，企业才能被批准成立。因为资金是企业所拥有的财产物资的货币表现，是企业设立并开展经营活动的先决条件。因此要新设立一个企业，必须要做好筹资工作。

（二）企业扩大生产规模

企业生产规模扩大，需要购置或者建造生产设备、厂房等，同时，增加原材料和其他存货的供应时，需要筹集资金，以弥补资金的短缺。

（三）季节性和临时性问题

企业有时暂时资金供应不足或者临时急用资金时需要筹资，有些产品生产有季节性，例如农副产品的收购，开始投入资金需要量较大，企业为解决资金问题需要筹资。

资金筹集既是企业生产活动的前提，又是企业再生产顺利进行的保证。筹资为投资提供了基础和前提，没有资金筹集就无法进行资金投放。从一定意义上来讲，筹资的数量与结构直接影响企业效益的好坏，进而影响企业收益分配。因此，我们说筹资在财务管理中处于极其重要的地位。

【小贴士】

企业筹资动机归纳起来有三种基本类型：扩张性筹资、调整性筹资和混合中性筹资。

二、筹资分类

（一）根据资金使用时间的长短划分

1．短期资金

一般是指供一年或者一个营业周期内使用的资金。短期资金主要投资于现金、应收账款、存货等，一般在短期内能收回。短期资金常采用商业信用、银行短期借款等方式筹集。

2. 长期资金

一般是指供一年或者一个营业周期以上使用的资金。长期资金主要投资于新产品的开发和推广、生产规模的扩大、厂房和设备的更新，一般需要几年甚至几十年才能收回。长期筹资通常采用吸收投资、发行股票、发行债券、长期借款、融资租赁、留存收益等方式来筹资。

（二）根据企业承担风险和付出成本的高低划分

1. 权益资金

权益资金即自有资金，是指投资者对企业净资产的权利，包括投资者投入企业的资本金及持续经营中形成的经营积累，如资本公积金、盈余公积金和未分配利润等。企业主要是通过发行股票、吸收直接投资、留用利润等方式筹集资金，权益资金不用还本，其财务风险小，但付出的资金成本相对较高。

2. 负债资金

负债资金即借入资金，是指企业所承担的能以货币计量、需以资产或者劳务偿付的债务。企业通过发行债券、银行借款、融资租赁等方式筹集资金，到期要还本付息。其承担较大风险，但相对而言，付出的资金成本较低。

【小贴士】

企业筹资活动是企业的一项基本财务活动，企业筹资是指企业根据其生产经营、对外投资及调整资本结构的需要，通过一定的渠道采取适合的筹资方式，经济有效地筹集资本的财务活动，它包括企业投资的动机、分类、渠道、方式、原则和企业资金需要量的预测。

三、筹资渠道与筹资方式

筹资渠道是指企业筹措资金的来源。企业资金的来源有投入资金和借入资金两个方面，其主要渠道有以下几个方面。

（一）国家资金

国家资金是指国家政府部门或者机构以国有资产投入企业的资金。这是我国国有企业资金的主要来源。

（二）金融机构资金

金融机构是指依法设立的从事金融业务活动的各类银行和信用机构的总称，主要包括：

1. 银行信贷资金

银行对企业的各种贷款，是我国目前各类企业最为重要的资金来源。

2. 非银行金融机构资金

非银行金融机构主要指信托投资公司、保险公司、租赁公司、证券公司、企业集团所属的财务公司等。它们所提供的各种金融服务，既包括信贷资金投放，也包括物资的融通，还包括为企业承销证券等金融服务。它起着辅助作用，比较灵活方便，有很大的发展前途。

（三）其他企业资金

企业在生产经营过程中，往往形成部分暂时闲置资金，并为一定的目的而进行相互投资；另外，企业间的购销业务可以通过商业信用方式来完成，从而形成企业间的债权债务关系，形成债务人对债权人的短期信用资金占用。企业间的相互投资和商业信用的存在，使其他企业资金也成为企业资金的重要来源。主要通过联营、入股、购买债券、商业信用等途径获得。

（四）居民个人资金

企业职工和居民个人的节余货币，作为“游离”于银行及非银行金融机构等之外的个人资金，可用于对企业进行投资，形成民间资金来源渠道，从而为企业所用。

（五）企业自留资金

企业自留资金，是指企业内部形成的资金，也称企业内部资金，主要包括计提折旧、提取公积金和未分配利润等。这些资金的重要特征之一是，它们无需企业通过一定的方式筹集，而直接由企业内部自动生成或者转移。

（六）外商资金

外商资金，是指外国投资者及我国港、澳、台地区投资者投入的资金，是我国外商投资企业重要的资金来源。

各种筹资渠道在体现资金供应量的多少时，存在着较大的差别。有些渠道的资金供应量多，如银行信贷资金和非银行金融机构资金等，而有些相对较少，如企业自留资金等。这些资金供应量的多少，在一定程度上取决于财务管理环境的变化，特别是宏观经济体制、银行体制和金融市场发展速度等因素。

四、筹资原则

企业筹集资金筹集多少、如何筹集，这是必须慎重考虑、认真研究的。在筹集资金时应当坚持一些原则。

（一）合理确定资金需要量，控制资金投放时间

企业资金需求量往往是不断波动的，企业财务人员要认真分析科研、生产、经营状况，采用一定的方法，预测资金的需要数量。这样，既能避免资金筹资不够，影响生产经营的正常进行，也可防止资金筹资过多，造成资金闲置。

（二）了解筹资渠道和资本市场，认真选择资金来源

资金的来源渠道和资金市场为企业提供了资金的来源和筹资场所，它反映资金的分布状况和供求关系，决定着筹资的难易程度。不同来源的资金，对企业的收益和成本有不同的影响。因此，企业应认真研究资金渠道和资金市场，合理选择资金来源。

（三）研究各种筹资方式，确定最佳资金结构

在确定筹资数量、时间和资金来源的基础上，企业在筹资时还必须认真研究各种筹资方式。企业筹集资金必然付出一定的代价，不同筹资方式条件下的资金成本有高有低。为此，就需要对各种筹资方式进行分析、对比，选择经济、可行的筹资方式。

（四）认真选择筹资的来源，力求降低资金成本

资金成本是企业为取得资金而支付的费用。不同筹资来源所支付的费用不同，我们应该通过分析研究比较，使企业筹资的资金成本降至最低点。企业应确定合理的资金结构，以便降低成本，减少风险。

五、企业资金需要量预测

资金需要量的预测是指估计企业未来的融资需求。企业在筹资之前，必须用特定的方法来预测其所需资金的数量，只有这样，才能使筹集来的资金既能保证生产经营的需要，又不会有太多的闲置。

（一）定性预测法

定性预测法主要是利用直观的材料，依靠个人经验的主观判定和分析能力，对未来资金的需要数量做出预测。这种方法一般是在企业缺乏完备、准确的历史资料的情况下采用的。其预测过程是：首先，由熟悉财务情况和生产经营的专家，根据过去所积累的经验，进行分析判断，提出预测的初步意见，然后，再通过召开座谈会或者发出各种表格等形式，对上述预测的初步意见进行修正补充。这样经过一次或者几次分析、判断以后，得出预测的最终结果。

（二）比率预测法

定性预测法是十分有用的，但它不能揭示资金需要量与有关因素之间的数量关系。例如，预测资金需要量应和企业生产经营规模相联系。生产规模扩大，销售数量增加，会引起资金需求增加；反之，则会使资金需求量减少。

1. 销售百分比法

销售百分比法是根据资产负债表中各个项目与销售收入总额之间的依存关系，确定资产、负债和所有者权益的有关项目占销售收入的百分比，并以此推算出资金需要量的一种方法。采用这一方法的前提是必须假设资产负债表中的各项目与销售收入指标的比率已知且固定不变。

（1）确定敏感项目。

在资产负债表中，和收入成比例变动的项目称之为敏感项目，否则就称之为非敏感项目。其中，流动资产全部为敏感项目。当企业生产能力未达到饱和，也就是说，有剩余生产能力时，企业固定资产为非敏感项目；如果企业生产能力达到饱和，没有剩余生产能力，这时候企业固定资产就成为了敏感项目。在负债中，只有应付账款、应付票据和预提费用为敏感项目。股东权益为非敏感项目。资产负债表中其他项目都属于非敏感项目。

（2）根据资产负债表资料，计算各个敏感销售项目百分比。

其计算公式为

$$某敏感项目销售百分比=\frac{该敏感项目金额}{销售额}\times100\%$$

（3）计算预测期各个敏感项目预计数并填入预计资产负债表中。

需要增加的流动资金额的计算公式为

某敏感项目的预计数=预计销售额×该项目销售百分比

（4）计算预测期外部筹资额。

其计算公式为

预测期外部筹资额=预计资产总额−预计负债总额−预计所有者权益总额

2. 因素分析法

因素分析法是根据企业基期实际资金占有数额和预测有关因素的增减变化情况，测算企业预测的资金需要量的方法。其分析步骤如下：

1）确定企业基期资金的合理占用数额

企业在基期实际占用的资金数中扣除不合理占用额，即为合理占用额，确定合理占用额的目的是为了保证预测数值的科学性和合理性。在这里，不合理占用额指呆滞积压物资、超储积压的原材料、辅助材料、在产品、产成品等。

2）确定预测期有关因素变动对资金需要量的影响

影响资金需要量的因素主要有业务量的变化、资产价格的升降、资产周转速度的快慢等。

（1）业务量的变化对资金需要量的影响。一般情况下，业务量增加，企业的资金需要量就会增加，反之，则会减少。因此，对原材料、辅助材料、包装物、在产品、产成品和其他库存商品这些与生产经营活动有直接关系的资金占用项目，可根据业务量的增长率进行同比例的调整；而对固定资产、低值易耗品、修理用备件等资金占用项目，则可按适当比例进行调整。

（2）资产价格的升降对资金需要量的影响。在业务量、资金周转速度、实物占用量一定的条件下，企业的资金需要量将随固定资产和存货价格的升降而变化，这种变化一般是同方向、同比例的。

（3）资金周转速度的快慢对资金需要量的影响。在其他条件一定的前提下，资金周转速度越快，企业的资金需要量就越少；反之，则越多。

综合以上因素，采用因素分析法预测资金需要量的公式为

预测期资金需要量=(基期资金实际占用额−其中不合理的占用额)×(1±预测期业务量变化%)×(1±预期资产价格变化）×(1±预测期的资金周转速度变化)

【例 4-1】 某企业基期实际占用的资金数额为 210 万元，其中的 10 万元属于呆账积压物资；该企业预测期预计业务量将增加 12%，资产价格将提高 10%，资金周转速度将减缓 5%，根据上述资料预测企业的资金需要量。

预测期资金需要量=(210−10)×(1+12%)×(1+10%)×(1+5%)

=258.72（万元）

【课堂讨论】

如何界定敏感项目和非敏感项目？

单元二　股权筹资

企业所能采用的筹资方式，一方面受法律环境和融资市场的制约，另一方面也受企业性质的制约。中小企业和非公司制企业的筹资方式比较受限；股份有限公司和有限责任公司的筹资方式相对多样。

前已述及，股权筹资形成企业的股权资金，也称之为权益资本，是企业最基本的筹资方式。股权筹资又包含吸收直接投资、发行股票和利用留存收益三种主要形式，此外，我国上市公司引入战略投资者的行为，也属于股权筹资的范畴。

【小贴士】

权益资本的出资人是企业的所有者，拥有对企业的所有权，企业可以独立支配其所占有的财产，拥有出资人投资形成的全部法人财产权。

一、吸收直接投资

吸收直接投资是指企业按照“共同投资、共同经营、共担风险、共享收益”的原则，直接吸收国家、法人、个人和外商投入资金的一种筹资方式。吸收直接投资是非股份制企业筹集权益资本的基本方式，采用吸收直接投资的企业，资本不分为等额股份、无需公开发行股票。吸收直接投资实际出资额，注册资本部分形成实收资本；超过注册资本的部分属于资本溢价，形成资本公积。

（一）吸收直接投资的种类

1. 吸收国家投资

国家投资是指有权代表国家投资的政府部门或者机构，以国有资产投入公司，这种情况下形成的资本叫国有资本。根据《公司国有资本与公司财务暂行办法》的规定，在公司持续经营期间，公司以盈余公积、资本公积转增实收资本的国有公司和国有独资公司由公司董事会或者经理办公会决定，并报主管财政机关备案；股份有限公司和有限责任公司由董事会决定，并经股东大会审议通过。吸收国家投资一般具有以下特点：

（1）产权归属国家；

（2）资金的运用和处置受国家约束较大；

（3）在国有公司中采用比较广泛。

2. 吸收法人投资

法人投资是指法人单位以其依法可支配的资产投入公司，这种情况下形成的资本称为法人资本。吸收法人投资一般具有以下特点：

（1）发生在法人单位之间；

（2）以参与公司利润分配或者控制为目的；
（3）出资方式灵活多样。

3. 吸收外商直接投资

企业可以通过合资经营或者合作经营的方式吸收外商直接投资，即与其他国家的投资者共同投资，创办中外合资经营企业或者中外合作经营企业，共同经营、共担风险、共负盈亏、共享利益。

4. 吸收社会公众投资

社会公众投资是指社会个人或者本公司职工以个人合法财产投入公司，这种情况下形成的资本称为个人资本。吸收社会公众投资一般具有以下特点：
（1）参加投资的人员较多；
（2）每人投资的数额相对较少；
（3）以参与公司利润分配为基本目的。

（二）吸收直接投资的出资方式

1. 以货币资产出资

以货币资产出资是吸收直接投资中最重要的出资方式。企业有了货币资产，便可以获取其他物质资源，支付各种费用，满足企业创建时的开支和随后的日常周转需要。我国《公司法》规定，公司全体股东或者发起人的货币出资金额不得低于公司注册资本的30%。

2. 以实物资产出资

实物出资是指投资者以房屋、建筑物、设备等固定资产和材料、燃料、商品产品等流动资产所进行的投资。实物出资应符合以下条件：
（1）适合企业生产、经营、研发等活动的需要；
（2）技术性能良好；
（3）作价公平合理。
实物出资中实物的作价，可以由出资各方协商确定，也可以聘请专业资产评估机构评估确定。国有及国有控股企业接受其他企业的非货币资产出资，需要委托有资格的资产评估机构进行资产评估。

3. 以土地使用权出资

土地使用权是指土地经营者对依法取得的土地在一定期限内有进行建筑、生产经营或者其他活动的权利。土地使用权具有相对的独立性，在土地使用权存续期间，包括土地所有者在内的其他任何人和单位，不能任意收回土地和非法干预使用权人的经营活动。企业吸收土地使用权出资应符合以下条件：
（1）适合企业科研、生产、经营、研发等活动的需要；
（2）地理、交通条件适宜；
（3）作价公平合理。

4. 以工业产权出资

工业产权通常是指专有技术、商标权、专利权、非专利技术等无形资产。投资者以工业产权出资应符合以下条件：

（1）有助企业研究、开发和生产出新的高科技产品；

（2）有助于企业提高生产效率，改进产品质量；

（3）有助于企业降低生产消耗、能源消耗等各种消耗；

（4）作价公平合理。

吸收工业产权等无形资产出资的风险较大。因为以工业产权投资，实际上是把技术转化为资本，使技术的价值固定化。而技术具有强烈的时效性，会因其不断老化落后而导致实际价值不断减少甚至完全丧失。

此外，对无形资产出资方式的限制，《公司法》规定，股东或者发起人不得以劳务、信用、自然人姓名、商誉、特许经营权或者设定担保的财产等作价出资。对于非货币资产出资，需要满足三个条件：可以用货币估价；可以依法转让；法律不禁止。

《公司法》对无形资产出资的比例要求没有明确限制，但《外企企业法实施细则》中另有规定，外资企业的工业产权、专有技术的作价应与国际上通常的作价原则相一致，且作价金额不得超过注册资本的 20%。

（三）吸收直接投资的程序

1. 确定筹资数量

企业在新建、在扩大经营时，首先确定资金的需要量。资金的需要量应根据企业的生产经营规模和供销条件等来核定，确保筹资数量与资金需要量相适应。

2. 寻找投资单位

企业既要广泛了解有关投资者的资信、财力和投资意向，又要通过信息交流和宣传，使出资方了解企业的经营能力、财务状况以及未来预期，以便于公司从中寻找最合适的合作伙伴。

3. 协商和签署投资协议

找到合适的投资伙伴后，双方进行具体协商，确定出资数额、出资方式和出资时间。企业应尽可能吸收货币投资，如果投资方确有先进而适合需要的固定资产和无形资产，亦可采取非货币投资方式。对实物投资、工业产权投资、土地使用权投资等非货币资产，双方应按公平合理的原则协商定价。当出资数额、资产作价确定后，双方须签署投资的协议或者合同，以明确双方的权利和责任。

4. 取得所筹集的资金

签署投资协议后，企业应按规定或者计划取得资金。如果采取现金投资方式，通常还要编制拨款计划，确定拨款期限、每期数额及划拨方式，有时投资者还要规定拨款的用途，如把拨款区分为固定资产投资拨款、流动资金拨款、专项拨款等。如为实物、工业产权、非专利技术、土地使用权投资，一个重要的问题就是核实财产。财产数量是否准确，特别是价格有无高估低估的情况，关系到投资各方的经济利益，必须认真处理，必要时可聘请专业资产评估机构来评定，然后办理产权的转移手续取得资产。

（四）吸收直接投资的筹资特点

（1）能够尽快形成生产能力。吸收直接投资不仅可以取得一部分货币资金，而且能够直接获得所需的先进设备和技术，尽快形成生产经营能力。

（2）容易进行信息沟通。吸收直接投资的投资者比较单一，股权没有社会化、分散化，甚至于有的投资者直接担任公司管理层职务，公司与投资者易于沟通。

（3）吸收投资的手续相对比较简便，筹资费用较低。

（4）资本成本较高。相对于股票筹资来说，吸收直接投资的资本成本较高。当企业经营较好，盈利较多时，投资者往往要求将大部分盈余作为红利分配，因为企业向投资者支付的报酬是按其出资数额和企业实现利润的比率来计算的。

（5）企业控制权集中，不利于企业治理。采用吸收直接投资方式筹资，投资者一般都要求获得与投资数额相适应的经营管理权。如果某个投资者的投资额比例较大，则该投资者对企业的经营管理就会有相当大的控制权，容易损害其他投资者的利益。

（6）不利于产权交易。吸收的投入资本由于没有证券为媒介，不利于产权交易，难以进行产权转让。

二、发行普通股股票

股票是股份有限公司为筹措股权资本而发行的有价证券，是公司签发的证明股东持有公司股份的凭证。股票作为一种所有权凭证，代表着股东对发行公司净资产的所有权。股票只能由股份有限公司发行。

（一）股票的特征与分类

1. 股票的特点

（1）永久性。公司发行股票所筹集的资金属于公司的长期自有资金，没有期限，无须归还。换言之，股东在购买股票之后，一般情况下不能要求发行企业退还股金。

（2）流通性。股票作为一种有价证券，在资本市场上可以自由转让、买卖和流通，也可以继承、赠送或者作为抵押品。股票特别是上市公司发行的股票具有很强的变现能力，流动性很强。

（3）风险性。由于股票的永久性，股东成了企业风险的主要承担者。风险的表现形式有：股票价格的波动性、红利的不确定性、破产清算时股东处于剩余财产分配的最后顺序等。

（4）参与性。股东作为股份公司的所有者，拥有参与企业管理的权利，包括重大决策权、经营者选择权、财务监控权、公司经营的建议和质询权等。此外，股东还有承担有限责任、遵守公司章程等义务。

2. 股东的权利

股东最基本的权利是按投入公司的股份额，依法享有公司收益获取权、公司重大决策参与权和选择公司管理者的权利，并以其所持股份为限对公司承担责任。

（1）公司管理权。股东对公司的管理权主要体现在重大决策参与权、经营者选择权、财务监控权、公司经营的建议和质询权、股东大会召集权等方面。

（2）收益分享权。股东有权通过股利方式获取公司的税后利润，利润分配方案由董事会提出并经过股东大会批准。

（3）股份转让权。股东有权将其所持有的股票出售或者转让。

（4）优先认股权。原有股东拥有优先认购本公司增发股票的权利。

（5）剩余财产要求权。当公司解散、清算时，股东有对清偿债务、清偿优先股股东以后的剩余财产索取的权利。

3. 股票的种类

（1）按股东权利和义务，分为普通股股票和优先股股票。

普通股股票简称普通股，是公司发行的代表着股东享有平等的权利、义务，不加特别限制的，股利不固定的股票。普通股是最基本的股票，股份有限公司通常情况只发行普通股。

优先股股票简称优先股，是公司发行的相对于普通股具有一定优先权的股票。其优先权利主要表现在股利分配优先权和分取剩余财产优先权上。优先股股东在股东大会上无表决权，在参与公司经营管理上受到一定限制，仅对涉及优先股权利的问题有表决权。

（2）按票面的有无记名，分为记名股票和无记名股票。

记名股票是在股票票面上记载有股东姓名或者将名称记入公司股东名册的股票，无记名股票不登记股东名称，公司只记载股票数量、编号及发行日期。

我国《公司法》规定，公司向发起人、国家授权投资机构、法人发行的股票，为记名股票；向社会公众发行的股票，可以为记名股票，也可以为无记名股票。

（3）按发行对象和上市地点，分为 A 股、B 股、H 股、N 股和 S 股等。

A 股即人民币普通股票，由我国境内公司发行，境内上市交易，它以人民币标明面值，以人民币认购和交易。B 股即人民币特种股票，由我国境内公司发行，境内上市交易，它以人民币标明面值，以外币认购和交易。H 股是注册地在内地、上市在香港的股票，依此类推，在纽约和新加坡上市的股票，就分别称为 N 股和 S 股。

（二）股份有限公司的设立、股票的发行与上市

1. 股份有限公司的设立

设立股份有限公司，应当有 2 人以上 200 人以下为发起人，其中须有半数以上的发起人在中国境内有住所。股份有限公司的设立，可以采取发起设立或者募集设立的方式。发起设立，是指由发起人认购公司应发行的全部股份而设立公司。募集设立，是指由发起人认购公司应发行股份的一部分，其余股份向社会公开募集或者向特定对象募集而设立公司。

以发起设立方式设立股份有限公司的，公司全体发起人的首次出资额不得低于注册资本的 20%，其余部分由发起人自公司成立之日起 2 年内缴足（投资公司可以在 5 年内缴足）。

以募集设立方式设立股份有限公司的，发起人认购的股份不得少于公司股份总数的 35%；法律、行政法规另有规定的，从其规定。

股份有限公司的发起人应当承担下列责任：

（1）公司不能成立时，发起人对设立行为所产生的债务和费用负连带责任；

（2）公司不能成立时，发起人对认股人已缴纳的股款，负返还股款并加算银行同期存款利

息的连带责任；

（3）在公司设立过程中，由于发起人的过失致使公司利益受到损害的，应当对公司承担赔偿责任。

2. 股份有限公司首次发行股票的一般程序

（1）发起人认足股份、缴付股资。发起方式设立的公司，发起人认购公司的全部股份；募集方式设立的公司，发起人认购的股份不得少于公司股份总数的35%。发起人可以用货币出资，也可以用非货币资产作价出资。在发起设立方式下，发起人缴付全部股资后，应选举董事会、监事会，由董事会办理公司设立的登记事项；在募集设立方式下，发起人认足其应认购的股份并缴付股资后，其余部分向社会公开募集。

（2）提出公开募集股份的申请。以募集方式设立的公司，发起人向社会公开募集股份时，必须向国务院证券监督管理部门递交募股申请，并报送批准设立公司的相关文件，包括公司章程、招股说明书等。

（3）公告招股说明书，签订承销协议。公开募集股份申请经国家批准后，应公告招股说明书。招股说明书应包括公司的章程、发起人认购的股份数、本次每股票面价值和发行价格、募集资金的用途等。同时，与证券公司等证券承销机构签订承销协议。

（4）招认股份，缴纳股款。发行股票的公司或者其承销机构一般用广告或者书面通知的办法招募股份。认股者一旦填写了认股书，就要承担认股书中约定的缴纳股款义务。如果认股者的总股数超过发起人拟招募的总股数，可以采取抽签的方式确定哪些认股者有权认股。认股者应在规定的期限内向代收股款的银行缴纳股款，同时交付认股书。股款认足后，发起人应委托法定的机构验资，出具验资证明。

（5）召开创立大会，选举董事会、监事会。发行股份的股款募足后，发起人应在规定期限内（法定30天）主持召开创立大会。创立大会由发起人、认股人组成，应有代表股份总数半数以上的认股人出席方可举行。创立大会通过公司章程，选举董事会和监事会成员，并有权对公司的设立费用进行审核，对发起人用于抵作股款的财产作价进行审核。

（6）办理公司设立登记，交割股票。经创立大会选举的董事会，应在创立大会结束后30天内，办理申请公司设立的登记事项。登记成立后，即向股东正式交付股票。

3. 股票上市交易

（1）股票上市的目的。股票上市的目的是多方面的，主要包括：① 便于筹措新资金。证券市场是资本商品的买卖市场，证券市场上有众多的资金供应者。同时，股票上市经过了政府机构的审查批准并接受严格的管理，执行股票上市和信息披露的规定，容易吸引社会资本投资者。公司上市后，还可以通过增发、配股、发行可转换债券等方式进行再融资。② 促进股权流通和转让。股票上市后便于投资者购买，提高了股权的流动性和股票的变现力，便于投资者认购和交易。③ 促进股权分散化。上市公司拥有众多的股东，加之上市股票的流通性强，能够避免公司的股权集中，分散公司的控制权，有利于公司治理结构的完善。④ 便于确定公司价值。股票上市后，公司股价有市价可循，便于确定公司的价值。对于上市公司来说，即时的股票交易行情，就是对公司价值的市场评价。同时，市场行情也能够为公司收购兼并等资本运作提供询价基础。

但股票上市也有对公司不利的一面，这主要有：上市成本较高，手续复杂严格；公司将负担较高的信息披露成本；信息公开的要求可能会暴露公司的商业机密；股价有时会歪曲公司的实际情况，影响公司声誉；可能会分散公司的控制权，造成管理上的困难。

（2）股票上市的条件。公司公开发行的股票进入证券交易所交易，必须受严格的条件限制。我国《证券法》规定，股份有限公司申请股票上市，应当符合下列条件：①股票经国务院证券监督管理机构核准已公开发行；②公司股本总额不少于人民币 3000 万元；③公开发行的股份达到公司股份总数的 25%以上；公司股本总额超过人民币 4 亿元的，公开发行股份的比例为 10%以上；④公司最近 3 年无重大违法行为，财务会计报告无虚假记载。

（3）股票上市的暂停、终止与特别处理。当上市公司出现经营情况恶化、存在重大违法违规行为或者其他原因导致不符合上市条件时，就可能被暂停或者终止上市。

上市公司出现财务状况或者其他状况异常的，其股票交易将被交易所“特别处理（Special Treatment，ST）”。“财务状况异常”是指以下几种情况：①最近两个会计年度的审计结果显示的净利润为负值；②最近一个会计年度的审计结果显示其股东权益低于注册资本；③最近一个会计年度经审计的股东权益扣除注册会计师和有关部门不予确认的部分后，低于注册资本；④注册会计师对最近一个会计年度的财产报告出具无法表示意见或者否定意见的审计报告；⑤最近一份经审计的财务报告对上年度利润进行调整，导致连续两个会计年度亏损；⑥经交易所或者中国证监会认定为财务状况异常的。“其他状况异常”是指自然灾害、重大事故等导致生产经营活动基本终止，公司涉及的可能赔偿金额超过公司净资产的诉讼等情况。

在上市公司的股票交易被实行特别处理期间，其股票交易遵循下列规则：①股票报价日涨跌幅限制为 5%；②股票名称改为原股票名前加“ST”；③上市公司的中期报告必须经过审计。

（三）上市公司的股票发行

上市的股份有限公司在证券市场上发行股票，包括公开发行和非公开发行两种类型。公开发行股票又分为首次上市公开发行股票和上市公开发行股票，非公开发行即向特定投资者发行，也叫定向发行。

1. 首次上市公开发行股票（IPO）

首次上市公开发行股票（Initial Public Offering，IPO），是指股份有限公司对社会公开发行股票并上市流通和交易。实施 IPO 的公司，应当符合中国证监会颁布的《首次公开发行股票并上市管理办法》规定的相关条件，并经中国证监会核准。

实施 IPO 的基本程序是：

（1）公司董事会应当依法就本次股票发行的具体方案、本次募集资金使用的可行性及其他事项做出决议，并提请股东大会批准；

（2）公司股东大会就本次发行股票做出的决议；

（3）由保荐人保荐并向证监会申报；

（4）证监会受理，并审核批准；

（5）自证监会核准发行之日起，公司应在 6 个月内公开发行股票；超过 6 个月未发行的，核准失效，须经证监会重新核准后方可发行。

2. 上市公开发行股票

上市公开发行股票，是指股份有限公司已经上市后，通过证券交易所在证券市场上对社会公开发行股票。上市公司公开发行股票包括增发和配股两种方式。其中，增发是指增资发行，即上市公司向社会公众发售股票的再融资方式，而配股是指上市公司向原有股东配售发行股票的再融资方式。增发和配股也应符合证监会规定的条件，并经过证监会的核准。

3. 非公开发行股票

上市公司非公开发行股票，是指上市公司采用非公开方式，向特定对象发行股票的行为，也叫定向募集增发。其目的往往是为了引入该机构的特定能力，如管理、渠道等。定向增发的对象可以是老股东，也可以是新投资者。总之，定向增发完成之后，公司的股权结构往往会发生较大变化，甚至发生控股权变更的情况。

在公司设立时，上市公开发行股票与非上市不公开发行股票相比较，上市公开发行股票方式的发行范围广，发行对象多，易于足额筹集资本，同时还有利于提高公司的知名度。但公开发行方式审批手续复杂严格，发行成本高。在公司设立后再融资时，上市公司定向增发和非上市公司定向增发相比较，上市公司定向增发优势在于：

（1）有利于引入战略投资者和机构投资者；

（2）有利于利用上市公司的市场化估值溢价，将母公司资产通过资本市场放大，从而提升母公司的资产价值；

（3）定向增发是一种主要的并购手段，特别是资产并购型定向增发，有利于集团企业整体上市，并同时减轻并购的现金流压力。

（四）引入战略投资者

1. 战略投资者的概念与要求

我国在新股发行中引入战略投资者，允许战略投资者在公司发行新股中参与配售。按照证监会的规则解释，战略投资者是指与发行人具有合作关系或者有合作意向和潜力，与发行公司业务联系紧密且欲长期持有发行公司股票的法人。从国外风险投资机构对战略投资者的定义来看，一般认为战略投资者是能够通过帮助公司融资、提供营销与销售支持的业务，或者通过个人关系增加投资价值的公司或者个人投资者。

一般来说，作为战略投资者的基本要求是：

（1）要与公司的经营业务联系紧密；

（2）要出于长期投资目的而较长时期地持有股票；

（3）要具有相当的资金实力，且持股数量较多。

2. 引入战略投资者的作用

战略投资者具有资金、技术、管理、市场、人才等方面的优势，能够增强企业的核心竞争力和创新能力。上市公司引入战略投资者，使其能够和上市公司之间形成紧密的、伙伴式的合作关系，并由此增强公司经营实力、提高公司管理水平、改善公司治理结构。因此，对战略投资者的基本资质条件要求是：拥有比较雄厚的资金、核心的技术、先进的管理等，同时要有较好的实业基础和较强的投融资能力。

（1）提升公司形象，提高资本市场认同度。战略投资者往往都是实力雄厚的境内外大公司、大集团，甚至是国际、国内 500 强，它们对公司股票的认购，是对公司潜在未来价值的认可和期望。

（2）优化股权结构，健全公司法人治理。战略投资者在公司占一定股权份额并长期持股，能够分散公司控制权，战略投资者参与公司管理，能够改善公司治理结构。战略投资者带来的不仅是资金和技术，更重要的是能带来先进的管理水平和优秀的管理团队。

（3）提高公司资源整合能力，增强公司的核心竞争力。战略投资者往往都有较好的实业基础，能够带来先进的工艺技术和广阔的产品营销市场，并致力于长期投资合作，能够促进公司产品结构和产业结构的调整升级，有助于形成产业集群，整合公司的经营资源。

（4）达到阶段性的融资目标，加快实现公司上市融资的进程。战略投资者具有较强的资金实力，并与发行人签订有关配售协议，长期持有发行人股票，能够为新上市的公司提供长期稳定的资本，帮助上市公司用较低的成本融得较多的资金，提高了公司的融资效率。

从现有情况来看，目前我国上市公司确定战略投资者还处于募集资金最大化的实用原则阶段。谁的申购价格高，谁就能成为战略投资者，管理型、技术型的战略投资者还很少见。资本市场中的战略投资者，目前多是追逐持股价差、有较大承受能力的股票持有者，一般都是大型证券投资机构。

（五）发行普通股的筹资特点

（1）所有权与经营权相分离，分散公司控制权，有利于公司自主管理、自主经营。普通股筹资的股东众多，公司的日常经营管理事务主要由公司的董事会和经理层负责。

（2）没有固定的股息负担，资本成本较低。公司有盈利，并认为适于分配时才分派股利；公司盈利较少，或者虽有盈利但现金短缺或者有更好的投资机会，也可以少支付或者不支付股利。相对于吸收直接投资来说，普通股筹资的资本成本较低。

（3）能增强公司的社会声誉。普通股筹资使得股东大众化，由此给公司带来了广泛的社会影响。特别是上市公司，其股票的流通性强，有利于市场确认公司的价值。

（4）促进股权流通和转让。普通股筹资以股票作为媒介的方式便于股权的流通和转让，便于吸收新的投资者。

（5）筹资费用较高，手续复杂。

（6）不易于尽快形成生产能力。普通股筹资吸收的一般都是货币资金，还需要通过购置和建造形成生产经营能力。

（7）公司控制权分散，容易被经理人控制。同时，流通性强的股票交易，也容易被恶意收购。

三、留存收益

（一）留存收益的性质

从性质上看，企业通过合法有效地经营所实现的税后净利润，都属于企业的所有者。企业将本年度的利润部分甚至全部留存下来的原因很多，主要包括：第一，收益的确认和计量是建立在权责发生制基础上的，企业有利润，但企业不一定有相应的现金净流量增加，因而企业不一定有足够的现金将利润全部或者部分派给所有者。第二，法律法规从保护债权人利益和要求企业可持续发展等角度出发，限制企业将利润全部分配出去。《公司法》规定，企业每年的税后利润，必须提取 10%的法定盈余公积金。第三，企业基于自身扩大再生产和筹资的需求，也会将一部分利润留存下来。

（二）留存收益的筹资途径

（1）提取盈余公积金。盈余公积金，是指有指定用途的留存净利润。盈余公积金是从当期企业净利润中提取的积累资金，其提取基数是本年度的净利润。盈余公积金主要用于企业未来的经营发展，经投资者审议后也可以用于转增股本（实收资本）和弥补以前年度的经营亏损，但不得用于以后年度的对外利润分配。

（2）未分配利润。未分配利润，是指未限定用途的留存净利润。未分配利润有两层含义：第一，这部分净利润本年没有分配给公司的股东投资者；第二，这部分净利润未指定用途，可以用于企业未来的经营发展、转增资本（实收资本）、弥补以前年度的经营亏损及以后年度的利润分配。

（三）利用留存收益的筹资特点

（1）不用发生筹资费用。企业从外界筹集长期资本，与普通股筹资相比较，留存收益筹资不需要发生筹资费用，资本成本较低。

（2）维持公司的控制权分布。利用留存收益筹资，不用对外发行新股或者吸收新投资者，由此增加的权益资本不会改变公司的股权结构，不会稀释原有股东的控制权。

（3）筹资数额有限。留存收益的最大数额是企业到期的净利润和以前年度未分配利润之和，不像外部筹资一次性可以筹集大量资金。如果企业发生亏损，那么当年就没有利润留存。另外，股东和投资者从自身期望出发，往往希望企业每年发放一定的利润，保持一定的利润分配比例。

四、股权筹资的优缺点

（一）股权筹资的优点

1. 股权筹资是企业稳定的资本基础

股权资本没有固定的到期日，无需偿还，是企业的永久性资本，除非企业清算时才有可能予以偿还。这对于保障企业对资本的最低需求、促进企业长期持续稳定经营具有重要意义。

2. 股权筹资是企业良好的信誉基础

股权资本作为企业最基本的资本，代表了公司的资本实力，是企业与其他单位组织开展经营业务、进行业务活动的信誉基础。同时，股权资本也是其他方式筹资的基础，尤其可为债务筹资，包括银行借款、发行公司债券等提供信用保障。

3. 企业财务风险较小

股权资本不用在企业正常运营期内偿还，不存在还本付息的财务风险。相对于债务资本而言，股权资本筹资限制少，资本使用上也无特别限制。另外，企业可以根据其经营状况和业绩的好坏，决定向投资者支付报酬的多少，资本成本负担比较灵活。

（二）股权筹资的缺点

1. 资本成本负担较重

尽管股权资本的资本成本负担比较灵活，但一般而言，股权筹资的资本成本要高于债务筹资。这主要是由于投资者投资于股权特别是投资于股票的风险较高，投资者或者股东相应要求得到较高的报酬率。企业长期不派发利润和股利，将会影响企业的市场价值。从企业成本开支的角度来看，股利、红利从税后利润中支付，而使用债务资本的资本成本允许税前扣除。此外，普通股的发行、上市等方面的费用也十分庞大。

2. 容易分散企业的控制权

利用股权筹资，由于引进了新的投资者或者出售了新的股票，必然会导致企业控制权结构的改变，分散了企业的控制权。控制权的频繁迭变，势必要影响企业管理层的人事变动和决策效率，影响企业的正常经营。

3. 信息沟通与披露成本较大

投资者或者股东作为企业的所有者，有了解企业经营业务、财务状况、经营成果等方面的权利。企业需要通过各种渠道和方式加强与投资者的关系管理，保障投资者的权益。特别是上市公司，其股东众多而分散，只能通过公司的公开信息披露了解公司状况，这就需要公司花费更多的精力，有些还需要设置专门的部门，用于公司的信息披露和投资者关系管理。

【课堂讨论】

股权筹资的最大优点是什么？

单元三　负债投资

一、银行借款

银行借款是指企业向银行或者其他非银行金融机构借入的、需要还本付息的款项，包括偿还期限超过 1 年的长期借款和不足 1 年的短期借款，主要用于企业购建固定资产和满足流动资金周转的需要。

（一）银行借款的种类

1. 按提供贷款的机构，分为政策性银行贷款、商业银行贷款和其他金融机构贷款

政策性银行贷款是指执行国家政策性贷款业务的银行向企业发放的贷款，通常为长期贷款。如国家开发银行贷款，主要满足企业承建国家重点建设项目的资金需要；中国进出口信贷银行贷款，主要为大型设备的进出口提供的买方信贷或者卖方信贷；中国农业发展银行贷款，主要用于确保国家对粮、棉、油等政策性收购资金的供应。

商业性银行贷款是指由各商业银行，如中国工商银行、中国建设银行、中国农业银行、中国

银行等，向工商企业提供的贷款，用以满足企业生产经营的资金需要，包括短期贷款和长期贷款。

其他金融机构贷款，如从信托投资公司取得实物或者货币形式的信托投资贷款，从财务公司取得的各种中长期贷款，从保险公司取得的贷款等。其他金融机构的贷款一般较商业银行贷款的期限要长，要求的利率较高，对借款企业的信用要求和担保的选择比较严格。

2. 按机构对贷款有无担保要求，分为信用贷款和担保贷款

信用贷款是指以借款人的信誉或者保证人的信用为依据而获得的贷款。企业取得这种贷款，无需以财产作抵押。对于这种贷款，由于风险较高，银行通常要收取较高的利息，往往还附加一定的限制条件。

担保贷款是指由借款人或者第三方依法提供担保而获得的贷款。担保包括保证责任、财务抵押、财产质押，由此，担保贷款包括保证贷款、抵押贷款和质押贷款。

保证贷款是指按《担保法》规定的保证方式，以第三人作为保证人承诺在借款人不能偿还借款时，按约定承担一定保证责任或者连带责任而取得的贷款。

抵押贷款是指按《担保法》规定的抵押方式，以借款人或者第三人的财产作为抵押物而取得的贷款。抵押是指债务人或者第三人不转移财产的占有，将该财产作为债权的担保，债务人不履行债务时，债权人有权将该财产折价或者以拍卖、变卖的价款优先受偿。作为贷款担保的抵押品，可以是不动产、机器设备、交通运输工具等实物资产，可以是依法有权处分的土地使用权，也可以是股票、债券等有价证券等，它们必须是能够变现的资产。如果贷款到期借款企业不能或者不愿偿还贷款，银行可取消企业对抵押品的赎回权。抵押贷款有利于降低银行贷款的风险，提高贷款的安全性。

质押贷款是指按《担保法》规定的质押方式，以借款人或者第三人的动产或者财产权利作为质押物而取得的贷款。质押是指债务人或者第三人将其动产或者财产权利移交给债权人占有，将该动产或者财产权利作为债权的担保，债务人不履行债务时，债权人有权以该动产或者财产权利折价或者以拍卖、变卖的价款优先受偿。作为贷款担保的质押品，可以是汇票、支票、债券、存款单、提单等信用凭证，可以是依法可以转让的股份、股票等有价证券，也可以是依法可以转让的商标专用权、专利权、著作权中的财产权等。

3. 按企业取得贷款的用途，分为基本建设贷款、专项贷款和流动资金贷款

基本建设贷款是指企业因从事新建、改建、扩建等基本建设项目需要资金而向银行申请借入的款项。

专项贷款是指企业因为专门用途而向银行申请借入的款项，包括更新改造技改贷款、大修理贷款、研发和新产品研制贷款、小型技术措施贷款、出口专项贷款、引进技术转让费周转金贷款、进口设备外汇贷款、进口设备人民币贷款及国内配套设备贷款等。

流动资金贷款是指企业为满足流动资金的需求而向银行申请借入的款项，包括流动基金借款、生产周转借款、临时借款、结算借款和卖方信贷。

（二）银行借款的程序与保护性条款

1. 银行借款的程序

（1）提出申请。企业根据筹资需求向银行书面申请，按银行要求的条件和内容填报借款申

请书。

（2）银行审批。银行按照有关政策和贷款条件，对借款企业进行信用审查，依据审批权限，核准公司申请的借款金额和用款计划。银行审查的主要内容包括公司的财务状况；信用情况；盈利的稳定性；发展前景；借款投资项目的可行性；抵押品和担保情况。

（3）签订合同。借款申请获批准后，银行与企业进一步协商贷款的具体条件，签订正式的借款合同，规定贷款的数额、利率、期限和一些约束性条款。

（4）取得借款。借款合同签订后，企业在核定的贷款指标范围内，根据用款计划和实际需要，一次或者分次将贷款转入公司的存款结算户，以便使用。

2. 长期借款的保护性条款

由于银行等金融机构提供的长期贷款金额高、期限长、风险大，因此，除借款合同的基本条款之外，债权人通常还在借款合同中附加各种保护性条款，以确保企业按要求使用借款和按时足额偿还借款。保护性条款一般有以下三类。

（1）例行性保护条款。这类条款作为例行常规，在大多数借款合同中都会出现。主要包括：①要求定期向提供贷款的金融机构提交财务报表，以使债权人随时掌握公司的财务状况和经营成果。②不准在正常情况下出售较多的非产成品存货，以保持企业正常生产经营能力。③如期清偿应缴纳税金和其他到期债务，以防被罚款而造成不必要的现金流失。④不准以资产作其他承诺的担保或者抵押。⑤不准贴现应收票据或者出售应收账款，以避免或者有负债等。

（2）一般性保护条款。一般性保护条款是对企业资产的流动性及偿债能力等方面的要求条款，这类条款应用于大多数借款合同，主要包括：① 保持企业的资产流动性。要求企业需持有一定最低限度的货币资金及其他流动资产，以保持企业资产的流动性和偿债能力，一般规定了企业必须保持的最低营运资金数额和最低流动比率数值。② 限制企业非经营性支出。如限制支付现金股利、购入股票和职工加薪的数额规模，以减少企业资金的过度外流。③ 限制企业资本支出的规模。控制企业资产结构中的长期性资产的比例，以减少公司日后不得不变卖固定资产以偿还贷款的可能性。④ 限制公司再举债规模。目的是以防止其他债权人取得对公司资产的优先索偿权。⑤ 限制公司的长期投资。如规定公司不准投资于短期内不能收回资金的项目，不能未经银行等债权人同意而与其他公司合并等。

（3）特殊性保护条款。这类条款是针对某些特殊情况而出现在部分借款合同中的条款，只有在特殊情况下才能生效。主要包括：要求公司的主要领导人购买人身保险；借款的用途不得改变；违约惩罚条款，等等。

上述各项条款结合使用，将有利于全面保护银行等债权人的权益。但借款合同是经双方充分协商后决定的，其最终结果取决于双方谈判能力的大小，而不是完全取决于银行等债权人的主观愿望。

（三）银行借款的筹资特点

（1）筹资速度快。与发行债券、融资租赁等债权筹资方式相比，银行借款的程序相对简单，所花时间较短，公司可以迅速获得所需资金。

（2）资本成本较低。利用银行借款筹资，比发行债券和融资租赁的利息负担要低。而且，无须支付证券发行费用、租赁手续费用等筹资费用。

（3）筹资弹性较大。在借款之前，公司根据当时的资本需求与银行等贷款机构直接商定贷款的时间、数量和条件。在借款期间，若公司的财务状况发生某些变化，也可与债权人再协商，变更借款数量、时间和条件，或者提前偿还本息。因此，借款筹资对公司具有较大的灵活性，特别是短期借款更是如此。

（4）限制条款多。与债券筹资相比较，银行借款合同对借款用途有明确规定，通过借款的保护性条款，对公司资本支出额度、再筹资、股利支付等行为有严格的约束，以后公司的生产经营活动和财务政策必将受到一定程度的影响。

（5）筹资数额有限。银行借款的数额往往受到贷款机构资本实力的制约，不可能像发行债券、股票那样一次筹集到大笔资金，无法满足公司大规模筹资的需要。

【小贴士】

债务筹资主要是企业通过向银行借款、向社会发行公司债券、融资租赁以及赊购商品或者劳务等方式筹集和取得的资金。向银行借款、发行债券、融资租赁和商业信用，是债务筹资的基本形式。其中不足 1 年的短期借款在企业经常发生，与企业资金营运有密切关系；另外，商业信用与企业间的商品或者劳务交易密切相关。

二、发行公司债券

企业债券又称公司债券，是企业依照法定程序发行的、约定在一定期限内还本付息的有价证券。债券是持有人拥有公司债权的书面证书，它代表持券人同发债公司之间的债权债务关系。

（一）发行债券的条件与种类

1. 发行债券的条件

在我国，根据《公司法》的规定，股份有限公司、国有独资公司和两个以上的国有公司或者两个以上的国有投资主体投资设立的有限责任公司，具有发行债券的资格。

根据《证券法》规定，公开发行公司债券，应当符合下列条件：

（1）股份有限公司的净资产不低于人民币 3000 万元，有限责任公司的净资产不低于人民币 6000 万元；

（2）累计债券余额不超过公司净资产的 40%；

（3）最近 3 年平均可分配利润足以支付公司债券 1 年的利息；

（4）筹集的资金投向符合国家产业政策；

（5）债券的利率不超过国务院限定的利率水平；

（6）国务院规定的其他条件。

公开发行公司债券筹集的资金，必须用于核准的用途，不得用于弥补亏损和非生产性支出。

根据《证券法》规定，公司申请公司债券上市交易，应当符合下列条件：

（1）公司债券的期限为 1 年以上；

（2）公司债券实际发行额不少于人民币 5000 万元；

（3）公司申请债券上市时仍符合法定的公司债券发行条件。

2. 公司债券的种类

（1）按是否记名，分为记名债券和无记名债券。

记名公司债券，应当在公司债券存根簿上载明债券持有人的姓名及住所、债券持有人取得债券的日期及债券的编号等债券持有人信息。记名公司债券的转让，由债券持有人以背书方式或者法律、行政法规规定的其他方式转让；转让后由公司将受让人的姓名或者名称及住所记载于公司债券存根簿。

无记名公司债券，应当在公司债券存根簿上载明债券总额、利率、偿还期限和方式、发行日期及债券的编号。无记名公司债券的转让，由债券持有人将该债券交付给受让人后即发生转让的效力。

（2）按是否能够转换成公司股权，分为可转换债券与不可转换债券。

可转换债券，债券持有者可以在规定的时间内按规定的价格转换为发债公司的股票。这种债券在发行时，对债券转换为股票的价格和比率等都做了详细规定。《公司法》规定，可转换债券的发行主体是股份有限公司中的上市公司。

不可转换债券，是指不能转换为发债公司股票的债券，大多数公司的债券属于这种类型。

（3）按有无特定财产担保，分为担保债券和信用债券。

担保债权是指以抵押方式担保发行人按期还本付息的债券，主要是指抵押债券。抵押债券按其抵押品的不同，又分为不动产抵押债券、动产抵押债券和证券信托抵押债券。

信用债券是无担保债券，是仅凭公司自身的信用发行的、没有抵押品作抵押担保的债券。在公司清算时，信用债券的持有人因无特定的资产作担保品，只能作为一般债权人参与剩余财产的分配。

（二）发行债券的程序

（1）做出决议。公司发行债券要由董事会制定方案，股东大会做出决议。

（2）提出申请。我国规定，公司申请发行债券由国务院证券管理部门批准。证券管理部门按照国务院确定的公司债券发行规模，审批公司债券的发行。公司申请应提交公司登记证明、公司章程、公司债券募集办法、资产评估报告和验资报告。

（3）公告募集办法。企业发行债券的申请经批准后，向社会公告债券募集办法。公司债券分私募发行和公募发行，私募发行是以特定的少数投资者为对象发行债券，而公募发行则是在证券市场上以非特定的广大投资者为对象公开发行债券。

（4）委托证券经营机构发售。公募间接发行是各国通行的公司债券发行方式，在这种发行方式下，发行公司与承销团签订承销协议。承销团由数家证券公司或者投资银行组成，承销方式有代销和包销两种。代销是指承销团代为推销债券，在约定期限内未售出的余额可退还发行公司，承销团不承担发行风险。包销是由承销团先购入发行公司拟发行的全部债券，然后再出售给社会上的投资者，如果约定期限内未能全部售出，余额要由承销团负责认购。

（5）交付债券，收缴债券款，登记债券存根簿。发行债券通常不需要经过填写认购证过程，由债券购买人直接向承销机构付款购买，承销单位付给企业债券。然后，发行公司向承销机构收缴债券款并结算代理费及预付款项。

（三）债券的偿还

债券偿还时间按其实际发生与规定的到期日之间的关系，分为提前偿还与到期偿还两类，其中，后者又包括分批偿还和一次偿还两种。

（1）提前偿还。提前偿还又称提前赎回或者收回，是指在债券尚未到期之前就予以偿还。只有在公司发行债券的契约中明确规定了有关允许提前偿还的条款，公司才可以进行此项操作。提前偿还所支付的价格通常要高于债券的面值，并随到期日的临近而逐渐下降。具有提前偿还条款的债券可使公司筹资有较大的弹性。当公司资金有结余时，可提前赎回债券；当预测利率下降时，也可提前赎回债券，而后以较低的利率来发行新债券。

（2）分批偿还。如果一个公司在发行同一种债券的当时就为不同编号或者不同发行对象的债券规定了不同的到期日，这种债券就是分批偿还债券。因为各批债券的到期日不同，它们各自的发行价格和票面利率也可能不相同，从而导致发行费较高；但由于这种债券便于投资人挑选最合适的到期日，因而便于发行。

（3）一次偿还。到期一次偿还的债券是最为常见的。

（四）发行公司债券的筹资特点

（1）一次筹资数额大。利用发行公司债券筹资，能够筹集大额的资金，满足公司大规模筹资的需要。这是在银行借款、融资租赁等债权筹资方式中，企业选择发行公司债券筹资的主要原因，也能够适应大型公司经营规模的需要。

（2）提高公司的社会声誉。公司债券的发行主体有严格的资格限制。发行公司债券，往往是股份有限公司和有实力的有限责任公司所为。通过发行公司债券，一方面筹集了大量资金，另一方面也扩大了公司的社会影响。

（3）筹集资金的使用限制条件少。与银行借款相比，债券筹资筹集资金的使用具有相对的灵活性和自主性。特别是发行债券所筹集的大额资金，也能够用于流动性较差的公司长期资产上。从资金使用的性质来看，银行借款一般期限短、额度小，主要用途为增加适量存货、增加小型设备等；反之，期限较长、额度较大，用于公司扩展、增加大型固定资产和基本建设投资的需求多采用发行债券方式。

（4）能够锁定资本成本的负担。尽管公司债券的利息比银行借款高，但公司债券的期限长、利率相对固定。在预计市场利率持续上升的金融市场环境下，发行公司债券筹资，能够锁定资本成本。

（5）发行资格要求高，手续复杂。发行公司债券，实际上是公司面向社会负债，债权人是社会公众，因此国家为了保护投资者利益，维护社会经济秩序，对发债公司的资格有严格的限制。从申报、审批、承销到取得资金，需要经过众多环节和较长时间。

（6）资本成本较高。相对于银行借款筹资，发行债券的利息负担和筹资费用都比较高。而且债券不能像银行借款一样进行债务展期，加上大额的本金和较高的利息，在固定的到期日，将会对公司现金流量产生巨大的财务压力。

【小贴士】

负债是企业资金来源的途径，由于负债筹资能够产生杠杆效应，可以给公司带来额外的经济利益，但同时负债筹资的利息也形成公司的固定负担。债务资本的出资人是企业的债权人，对企业拥有债权，有权要求企业按期还本付息，企业债务筹资的方式主要有银行借款、发行公司债券、融资租赁和其他短期债务筹资。

三、融资租赁

租赁是指通过签订资产出让合同的方式，使用资产的一方（承租方）通过支付租金，向出让资产的一方（出租方）取得资产使用权的一种交易行为。在这项交易中，承租方通过得到所需资产的使用权，完成了筹集资金的行为。

（一）租赁的特征与分类

1. 租赁的基本特征

（1）所有权与使用权相分离。租赁资产的所有权与使用权分离是租赁的主要特点之一。银行信用虽然也是所有权与使用权相分离，但载体是货币资金，租赁则是资金与实物相结合基础上的分离。

（2）融资与融物相结合。租赁是以商品形态与货币形态相结合提供的信用活动，出租人在向企业出租资产的同时，解决了企业的资金需求，具有信用和贸易双重性质。它不同于一般的借钱还钱、借物还物的信用形式，而是借物还钱，并以分期支付租金的方式来体现。租赁的这一特点使银行信贷和财产信贷融合在一起，成为企业融资的一种新形式。

（3）租金的分期回流。在租金的偿还方式上，租金与银行信用到期还本付息不一样，采取了分期回流的方式。出租方的资金一次投入，分期收回。对于承租方而言，通过租赁可以提前获得资产的使用价值，分期支付租金便于分期规划未来的现金流出量。

2. 租赁的分类

租赁分为融资租赁和经营租赁。

（1）经营租赁是由租赁公司向承租单位在短期内提供设备，并提供维修、保养、人员培训等的一种服务性业务，又称服务性租赁。经营租赁的特点主要是：①出租的设备一般由租赁公司根据市场需要选定，然后再寻找承租企业。②租赁期较短，短于资产的有效使用期，在合理的限制条件内承租企业可以中途解约。③租赁设备的维修、保养由租赁公司负责。④租赁期满或者合同终止以后，出租的资产由租赁公司收回。经营租赁比较适用于租用技术过时较快的生产设备。

（2）融资租赁是由租赁公司按承租单位的要求出资购买设备，在较长的合同期内提供给承租单位使用的融资信用业务，它是以融通资金为主要目的的租赁。融资租赁的主要特点是：①出租的设备由承租企业提出要求购买，或者由承租企业直接从制造商或者销售商那里选定。②租赁期较长，接近于资产的有效使用期，在租赁期间双方无权取消合同。③由承租企业负责设备的维修、保养。④租赁期满，按事先约定的方法处理设备，包括退还租赁公司，或者继续租赁，或者企业留购。通常采用企业留购的办法，即以很少的“名义价格”（相当于设备残值）买下设备。

两者的区别如表4-1所示。

表 4-1　融资租赁与经营租赁的区别

对比项目	融资租赁（Financial lease）	经营租赁（Operational lease）
业务原理	融资融物于一体	无融资租赁特征，只是一种融物方式
租赁目的	融通资金，添置设备	暂时性使用，预防无形损耗风险
租期	较长，相当于设备经济寿命的大部分	较短
租金	包括设备价款	只是设备使用费
契约法律效力	不可撤销合同	经双方同意可中途撤销合同
租赁标的	一般为专用设备，也可为通用设备	通用设备居多
维修与保养	专用设备多为承租人负责，通用设备多为出租人负责	全部为出租人负责
承租人	一般为一个	设备经济寿命期内轮流租给多个承租人
灵活方便	不明显	明显

（二）融资租赁的基本程序与形式

1. 融资租赁的基本程序

（1）选择租赁公司，提出委托申请。当企业决定采用融资租赁方式以获取某项设备时，需要了解各个租赁公司的资信情况、融资条件和租赁费率等，分析比较选定一家作为出租单位。然后，向租赁公司申请办理融资租赁。

（2）签订购货协议。由承租企业和租赁公司中的一方或者双方，与选定的设备供应厂商进行购买设备的技术谈判和商务谈判，在此基础上与设备供应厂商签订购货协议。

（3）签订租赁合同。承租企业与租赁公司签订租赁设备的合同，如需要进口设备，还应办理设备进口手续。租赁合同是租赁业务的重要文件，具有法律效力。融资租赁合同的内容可分为一般条款和特殊条款两部分。

（4）交货验收。设备供应厂商将设备发运到指定地点，承租企业要办理验收手续。验收合格后签发交货及验收证书交给租赁公司，作为其支付货款的依据。

（5）定期交付租金。承租企业按租赁合同规定，分期交纳租金，这也就是承租企业对所筹资金的分期还款。

（6）合同期满处理设备。承租企业根据合同约定，对设备续租、退租或者留购。

2. 融资租赁的基本形式

（1）直接租赁。直接租赁是融资租赁的主要形式，承租方提出租赁申请时，出租方按照承租方的要求选购，然后再出租给承租方。

（2）售后回租。售后回租是指承租方由于急需资金等各种原因，将自己的资产售给出租方，然后以租赁的形式从出租方原封不动地租回资产的使用权。在这种租赁合同中，除资产所有者的名义改变之外，其余情况均无变化。

（3）杠杆租赁。杠杆租赁是指涉及承租人、出租人和资金出借人三方的融资租赁业务。一般来说，当所涉及的资产价值昂贵时，出租方自己只投入部分资金，通常为资产价值的20%～40%，其余资金则通过将该资产抵押担保的方式，向第三方（通常为银行）申请贷款解决。租赁公司然后将购进的设备出租给承租方，用收取的租金偿还贷款，该资产的所有权属于出租方。出租人既是债权人也是债务人，如果出租人到期不能按期偿还借款，资产所有权则转移给资金的出借者。

（三）融资租赁租金的计算

1. 租金的构成

融资租赁每期租金的多少，取决于以下几项因素：

（1）设备原价及预计残值，包括设备买价、运输费、安装调试费、保险费等，以及该设备租赁期满后，出售可得的市价。

（2）利息，指租赁公司为承租企业购置设备垫付资金所应支付的利息。

（3）租赁手续费，指租赁公司承办租赁设备所发生的业务费用和必要的利润。

2. 租金的支付方式

租金的支付方式有以下几种分类方式：

（1）按支付间隔期长短，分为年付、半年付、季付和月付等方式。

（2）按在期初和期末支付，分为先付和后付。

（3）按每次支付额，分为等额支付和不等额支付。实务中，承租企业与租赁公司商定的租金支付方式，大多为后付等额年金。

3. 租金的计算

我国融资租赁实务中，租金的计算大多采用等额年金法。等额年金法下，通常要根据利率和租赁手续费率确定一个租费率，作为折现率。

（四）融资租赁的筹资特点

（1）在资金缺乏情况下，能迅速获得所需资产。融资租赁集“融资”与“融物”于一身，融资租赁使企业在资金短缺的情况下引进设备成为可能。特别是针对中小企业、新创企业而言，融资租赁是一条重要的融资途径。有时，大型企业对于大型设备、工具等固定资产，也需要融资租赁解决巨额资金的需要，如商业航空公司的飞机，大多是通过融资租赁取得的。

（2）财务风险小，财务优势明显。融资租赁与购买的一次性支出相比，能够避免一次性支付的负担，而且租金支出是未来的、分期的，企业无需一次筹集大量资金偿还。还款时，租金可以通过项目本身产生的收益来支付，是一种基于未来的“借鸡生蛋、卖蛋还钱”的筹资方式。

（3）融资租赁筹资的限制条件较少。企业运用股票、债券、长期借款等筹资方式，都受到相当多的资格条件的限制，如足够的抵押品、银行贷款的信用标准、发行债券的政府管制等。相比之下，租赁筹资的限制条件很少。

（4）租赁能延长资金融通的期限。通常为设备而贷款的借款期限比该资产的物理寿命要短得多，而租赁的融资期限却可接近其全部使用寿命期限；并且其金额随设备价款金额而定，无融资额度的限制。

（5）免遭设备陈旧过时的风险。随着科学技术的不断进步，设备陈旧过时的风险很高，而多数租赁协议规定此种风险由出租人承担，承租企业可免受这种风险。

（6）资本成本高。其租金通常比举借银行借款或者发行债券所负担的利息高得多，租金总额通常要高于设备价值的30%。尽管与借款方式相比，融资租赁能够避免到期一次性集中偿还的财务压力，而高额的固定租金也给各期的经营带来了分期的负担。

四、债务筹资的优缺点

（一）债务筹资的优点

（1）筹资速度较快。与股权筹资相比，债务筹资不需要经过复杂的审批手续和证券发行程序，如银行借款、融资租赁等，可以迅速地获得资金。

（2）筹资弹性大。发行股票等股权筹资，一方面需要经过严格的政府审批；另一方面从企业的角度出发，由于股权不能退还，股权资本在未来永久性地给企业带来了资本成本的负担。利用债务筹资，可以根据企业的经营情况和财务状况，灵活商定债务条件，控制筹资数量，安排取得资金的时间。

（3）资本成本负担较轻。一般来说，债务筹资的资本成本要低于股权筹资。其一是取得资金的手续费用等筹资费用较低；其二是利息、租金等用资费用比股权资本要低；其三是利息等资本成本可以在税前支付。

（4）可以利用财务杠杆。债务筹资不改变公司的控制权，因而股东不会出于控制权稀释的原因反对负债。债权人从企业那里只能获得固定的利息或者租金，不能参加公司剩余收益的分配。当企业的资本报酬率高于债务利率时，会增加普通股股东的每股收益，提高净资产报酬率，提升企业价值。

（5）稳定公司的控制权。债权人无权参加企业的经营管理，利用债务筹资不会改变和分散股东对公司的控制权。

（二）债务筹资的缺点

（1）不能形成企业稳定的资本基础。债务资本有固定的到期日，到期需要偿还，只能作为企业的补充性资本来源。再加上债务往往需要进行信用评级，没有信用基础的企业和新创企业，往往难以取得足够的债务资本。现有债务资本在企业的资本结构中达到一定比例后，往往由于财务风险升高而不容易再取得新的债务资金。

（2）财务风险较大。债务资本有固定的到期日，有固定的利息负担，抵押、质押等担保方式取得的债务，资本使用上可能会有特别的限制。这些都要求企业必须有一定的偿债能力，要保持资产流动性及其资产报酬水平，作为债务清偿的保障，对企业的财务状况提出了更高的要求，否则会给企业带来财务危机，甚至导致企业破产。

（3）筹资数额有限。债务筹资的数额往往受到贷款机构资本实力的制约，不可能像发行债券股票那样一次筹集到大笔资本，无法满足公司大规模筹资的需要。

【课堂讨论】

负债筹资的最大缺点是什么？

单元四　衍生工具投资

一、可转换债券

可转换债券是一种混合型证券，是公司普通债券与证券期权的组合体。可转换债券的持有人在一定期限内，可以按照事先规定的价格或者转换比例，自由地选择是否转换为公司普通股。按照转股权是否与可转换债券分离，可转换债券可以分为两类：一类是一般可转换债券，其转股权与债券不可分离，持有者直接按照债券面额和约定的转股价格，在约定的期限内将债券转换为股票；另一类是分离交易可转债券，这类债券在发行时附有认股权证，是认股权证和公司债券的组合，又被称为“可分离的附认股权证的公司债券”，发行上市后公司债券和认股权证各自独立流通、交易。认股权证的持有者认购股票时，需要按照认购价（行权价）出资购买股票。

（一）可转换债券的基本性质

（1）证券期权性。可转换债券给予了债券持有者未来的选择权，在事先约定的期限内，投资者可以选择将债券转换为普通股票，也可以放弃转换权利，持有至债券到期还本付息。由于可转换债券持有人具有在未来按一定的价格购买股票的权利，因此可转换债券实质上是一种未来的买入期权。

（2）资本转换性。可转换债券在正常持有期属于债权性质；转换成股票后属于股权性质。在债券的转换期间中，持有人没有将其转换为股票，发行企业到期必须无条件地支付本金和利息。转换成股票后，债券持有人成为企业的股权投资者。资本双重性的转换，取决于投资者是否行权。

（3）赎回与回售。可转换债券一般都会有赎回条款，发债公司在可转换债券转换前，可以按一定条件赎回债券。通常，公司股票价格在一段时期内连续高于转股价格达到某一幅度时，公司会按事先约定的价格买回未转股的可转换公司债券。同样，可转换债券一般也会有回售条款，公司股票价格在一段时期内连续低于转股价格达到某一幅度时，债券持有人可按事先约定的价格将所持债券回卖给发行公司。

（二）可转换债券的基本要素

可转换债券的基本要素是指构成可转换债券基本特征的必要因素，它们代表了可转换债券与一般债券的区别。

1. 标的股票

可转换债券转换期权的标的物，就是可转换成的公司股票。标的股票一般是发行公司自己的普通股票，不过也可以是其他公司的股票，如该公司的上市子公司的股票。

2. 票面利率

可转换债券的票面利率一般会低于普通债券的票面利率，有时甚至还低于同期银行存款利率。因为在可转换债券的投资收益中，除了债券的利息收益外，还附加了股票买入期权的收益部分。一个设计合理的可转换债券在大多数情况下，其股票买入期权的收益是以弥补债券利息收益的差额。

3. 转换价格

转换价格是指可转换债券在转换期间内据以转换为普通股的折算价格，即将可转换债券转换为普通股的每股价格。如每股 30 元，即是指可转换债券到期时，将债券金额按每股 30 元转换为相应股数的股票。由于可转换债券在未来可以行权转换成股票，在债券发售时，所确定的转换价格一般比发售日股票市场价格高出一定比例，如高出 10%～30%。我国《可转换公司债券管理暂行办法》规定，上市公司发行可转换公司债券，以发行前 1 个月股票的平均价格为基准，上浮一定幅度作为转股价格。

4. 转换比率

转换比率是指每一份可转换债券在既定的转换价格下能转换为普通股股票的数量。在债券面值和转换价格确定的前提下，转换比率为债券面值与转换价格之商：

$$换转比率=\frac{债券面值}{转换价格}$$

5. 转换期

转换期指的是可转换债券持有人能够行使转换权的有效期限。可转换债券的转换期可以与债券的期限相同，也可以短于债券的期限。转换期间的设定通常有四种情形：债券发行日至到期日；发行日至到期前；发行后某日至到期日；发行后某日至到期前。至于选择哪种，要看公司的资本使用状况、项目情况、投资者要求等。由于转换价格高于公司发债时的股价，投资者一般不会在发行后立即行使转换权。

6. 赎回条款

赎回条款是指发债公司按事先约定的价格买回未转股债券的规定，赎回一般发生在公司股票价格在一段时期内连续高于转股价格达到某一幅度时。赎回条款通常包括：不可赎回期间与赎回期；赎回价格（一般高于可转换债券的面值）；赎回条件（分为无条件赎回和有条件赎回）等。

发债公司在赎回债券之前，要向债券持有人发出赎回通知，要求他们在将债券转股与卖回给发债公司之间做出选择。一般情况下，投资者大多会将债券转换为普通股。可见，设置赎回条款最主要的功能是强制债券持有者积极行使转股权，因此又被称为加速条款。同时也能使发债公司避免在市场利率下降后，继续向债券持有人支付较高的债券利率所蒙受的损失。

7. 回售条款

回售条款是指债券持有人有权按照事前约定的价格将债券卖回给发债公司的规定。回售一般发生在公司股票价格在一段时期内连续低于转股价格达到某一幅度时。回售对于投资者而言实际上是一种卖权，有利于降低投资者的持券风险。与赎回一样，回售条款也有回售时间、回售价格和回售条件等规定。

8. 强制性转换调整条款

强制性转换调整条款是指在某些条件具备之后，债券持有人必须将可转换债券转换为股票，无权要求偿还债权本金的规定。可转换债券发行之后，其股票价格可能出现巨大波动。如果股价长期表现不佳，又未设计回售条款，投资者就不会转股。公司可设置强制性转换调整条款，保证可转换债券顺利地转换成股票，预防投资者到期集中挤兑引发公司破产的悲剧。

（三）可转换债券的发行条件

（1）最近3年连续盈利，且最近3年净资产收益率平均在10%以上；属于能源、原材料、基础设施类的公司可以略低，但是不得低于7%；

（2）可转换债券发行后，公司资产负债率不高于70%；

（3）累计债券余额不超过公司净资产额的40%；

（4）上市公司发行可转换债券，还应当符合关于公开发行股票的条件。

发行分离交易的可转换公司债券，除符合公开发行证券的一般条件外，还应当符合的规定包括：公司最近一期末经审计的净资产不低于人民币15亿元；最近三个会计年度实现的年均可分配利润不少于公司债券1年的利息；最近三个会计年度经营活动产生的现金流量净额平均不少于公司债券 1 年的利息；本次发行后累计公司债券余额不超过最近一期末净资产额的40%，预计所附认股权证全部行权后募集的资金总量不超过拟发行公司债券金额等。分离交易的可转换公司债券募集说明书应当约定，上市公司改变公告的募集资金用途的，赋予债券持有人一次回售的权利。

所附认股权证的行权价格应不低于公告募集说明书日前 20 个交易日公司股票均价和前 1 个交易日的均价；认股权证的存续期间不超过公司债券的期限，自发行结束之日起不少于6个月；募集说明书公告的权证存续期限不得调整；认股权证自发行结束至少已满6个月起方可行权，行权期间为存续期限届满前的一段期间，或者是存续期限内的特定交易日。

（四）可转换债券的筹资特点

1. 筹资灵活性

可转换债券将传统的债务筹资功能和股票筹资功能结合起来，筹资性质和时间上具有灵活性。债券发行企业先以债务方式取得资金，到了债券转换期，如果股票市价较高，债券持有人将会按约定的价格转换为股票，避免了企业还本付息之负担。如果公司股票长期低迷，投资者不愿意将债券转换为股票，企业即时还本付息清偿债务，也能避免未来长期的股权资本成本负担。

2. 资本成本较低

可转换债券的利率低于同一条件下普通债券的利率，降低了公司的筹资成本；此外，在可转换债券转换为普通股时，公司无须另外支付筹资费用，又节约了股票的筹资成本。

3. 筹资效率高

可转换债券在发行时，规定的转换价格往往高于当时本公司的股票价格。如果这些债券将来都转换成了股权，这相当于在债券发行之际，就以高于当时股票市价的价格新发行了股票，以较少的股份代价筹集了更多的股权资金。因此，在公司发行新股时机不佳时，可以先发行可转换债券，以其将来变相发行普通股。

4. 存在不转换的财务压力

如果在转换期内公司股价处于恶化性的低位，持券者到期不会转股，会造成公司的集中兑付债券本金的财务压力。

5. 存在回售的财务压力

若可转换债券发行后，公司股价长期低迷，在设计有回售条款的情况下，投资者集中在一段时间内将债券回售给发行公司，加大了公司的财务支付压力。

6. 股价大幅度上扬风险

如果债券转换时公司股票价格大幅度上扬，公司只能以较低的固定转换价格换出股票，便会降低公司的股权筹资额。

【小贴士】

衍生工具筹资主要包括兼具股权与债务特性的混合融资和其他衍生工具融资。我国上市公司目前最常见的主要有可转换债券、认股权证。

二、认股权证

认股权证全称为股票认购授权证，是一种由上市公司发行的证明文件，持有人有权在一定时间内以约定价格认购该公司发行的一定数量的股票。广义的权证（Warrant），是一种持有人有权于某一特定期间或者到期日，按约定的价格，认购或者沽出一定数量的标的资产的期权。按买或者卖的不同权利，权证可分为认购权证和认沽权证，又称为看涨权证和看跌权证。本书仅介绍认购权证（即认股权证）。

（一）认股权证的基本性质

（1）证券期权性。认股权证本质上是一种股票期权，属于衍生金融工具，具有实现融资和股票期权激励的双重功能。但认股权证本身是一种认购普通股的期权，它没有普通股的红利收入，也没有普通股相应的投票权。

（2）认股权证是一种投资工具。投资者可以通过购买认股权证获得市场价与认购价之间的股票差价收益，因此它是一种具有内在价值的投资工具。

（二）认股权证的种类

（1）美式认股证与欧式认股证。美式认股证，指权证持有人在到期日前，可以随时提出履约要求，买进约定数量的标的股票。而欧式认股证，则是指权证持有人只能于到期日当天，才可买进标的股票。无论认股证属欧式或者美式，投资者均可在到期日前在市场出售或者转让其持有的认股权证。事实上，只有小部分权证持有人会选择行权，大部分投资者均会在到期日前沽出权证。

（2）长期认股权证与短期认股权证。短期认股权证的认股期限一般在 90 天以内。认股权证期限超过90天的，为长期认股权证。

（三）认股权证的筹资特点

（1）认股权证是一种融资促进工具，它能促使公司在规定的期限内完成股票发行计划，顺利实现融资。

（2）有助于改善上市公司的治理结构。采用认股权证进行融资，融资的实现是缓期分批实现的，上市公司及其大股东的利益与投资者是否在到期之前执行认股权证密切相关，所以在认股权证有效期间，上市公司管理层及其大股东任何有损公司价值的行为，都可能降低上市公司的股价，从而降低投资者执行认股权证的可能性，这将损害上市公司管理层及其大股东的利益。因此，认股权证将有效约束上市公司的败德行为，并激励他们更加努力地提升上市公司的市场价值。

（3）作为激励机制的认股权证有利于推进上市公司的股权激励机制。认股权证是常用的员工激励工具，通过给予管理者和重要员工一定的认股权证，可以把管理者和员工的利益与企业价值成长紧密联系在一起，建立一个管理者与员工通过提升企业价值再实现自身财富增值的利益驱动机制。

【小贴士】

衍生工具投资也是企业筹资的主要方式之一，它主要包括兼具股权与债务特性的混合融资和其他衍生工具融资，我国上市公司目前最为常见的是可转换债券和认股权证。

单元五　资本成本与资本结构

一、资本成本

资本成本是衡量资本结构优化程度的标准，也是对投资获得经济效益的最低要求。企业筹得的资本付诸使用以后，只有投资报酬率高于资本成本，才能表明所筹集的资本取得了较好的经济效益。

（一）资本成本的含义

资本成本是指企业为筹集和使用资本而付出的代价，包括筹资费用和占用费用。资本成本是资本所有权与资本使用权分离的结果。对出资者而言，由于让渡了资本使用权，必须要求取得一定的补偿，资本成本表现为让渡资本使用权所带来的投资报酬。对筹资者而言，由于取得了资本使用权，必须付出一定代价，资本成本表现为取得资本使用权所付出的代价。

1. *筹资费*

筹资费，是指企业在资本筹措过程中为获得资本而付出的代价，如向银行支付的借款手续费，因发行股票、公司债券而支付的发行费等。筹资费用通常在资本筹集时一次性发生，在资本使用过程中不再发生，因此，视为筹资数额的一项扣除。

2. 占用费

占用费，是指企业在资本使用过程中因占用资本而付出的代价，如向银行等债权人支付的利息，向股东支付的股利等。占用费用是因为占用了他人资金而必须支付的，是资本成本的主要内容。

（二）资本成本的作用

1. 资本成本是比较筹资方式、选择筹资方案的依据

各种资本的资本成本率，是比较、评价各种筹资方式的依据。在评价各种筹资方式时，一般会考虑的因素包括对企业控制权的影响、对投资者吸引力的大小、融资的难易和风险、资本成本的高低等，而资本成本是其中的重要因素。在其他条件相同时，企业筹资应选择资本成本最低的方式。

2. 平均资本成本是衡量资本结构是否合理的依据

企业财务管理目标是企业价值最大化，企业价值是企业资产带来的未来经济利益的现值。计算现值时采用的贴现率通常会选择企业的平均资本成本，当平均资本成本率最小时，企业价值最大，此时的资本结构是企业理想的最佳资本结构。

3. 资本成本是评价投资项目可行性的主要标准

资本成本通常用相对数表示，它是企业对投入资本所要求的报酬率（或者收益率），即最低必要报酬率。任何投资项目，如果它预期的投资报酬率超过该项目使用资金的资本成本率，则该项目在经济上就是可行的。因此，资本成本率是企业用以确定项目要求达到的投资报酬率的最低标准。

4. 资本成本是评价企业整体业绩的重要依据

一定时期企业资本成本的高低，不仅反映企业筹资管理的水平，还可作为评价企业整体经营业绩的标准。企业的生产经营活动，实际上就是所筹集资本经过投放后形成的资产营运，企业的总资产报酬率应高于其平均资本成本率，才能带来剩余收益。

（三）影响资本成本的因素

1. 总体经济环境

总体经济环境和状态决定企业所处的国民经济发展状况和水平，以及预期的通货膨胀。总体经济环境变化的影响，反映在无风险报酬率上，如果国民经济保持健康、稳定、持续增长，整个社会经济的资金供给和需求相对均衡且通货膨胀水平低，资金所有者投资的风险小，预期报酬率低，筹资的资本成本相应就比较低。相反，如果国民经济不景气或者经济过热，通货膨胀持续居高不下，投资者投资风险大，预期报酬率高，筹资的资本成本就高。

2. 资本市场条件

资本市场效率表现为资本市场上的资本商品的市场流动性。资本商品的流动性高，表现为容易变现且变现时价格波动较小。如果资本市场缺乏效率，证券的市场流动性低，投资者投资风险大，要求的预期报酬率高，那么通过资本市场筹集的资本其资本成本就比较高。

3. 企业经营状况和融资状况

企业内部经营风险是企业投资决策的结果，表现为资产报酬率的不确定性；企业融资状况导致的财务风险是企业筹资决策的结果，表现为股东权益资本报酬率的不确定性。两者共同构成企业总体风险，如果企业经营风险高，财务风险大，则企业总体风险水平高，投资者要求的预期报酬率高，企业筹资的资本成本相应就大。

4. 企业对筹资规模和时限的需求

在一定时期内，国民经济体系中资金供给总量是一定的，资本是一种稀缺资源。因此企业一次性需要筹集的资金规模越大、占用资金时限越长，资本成本就越高。当然，融资规模、时限与资本成本的正向相关性并非线性关系，一般来说，融资规模在一定限度内，并不引起资本成本的明显变化，当融资规模突破一定限度时，才引起资本成本的明显变化。

【小贴士】

企业的筹资管理，不仅要合理选择筹资方式，而且还要科学安排资本结构。资本结构优化是企业筹资管理的基本目标，也会对企业的生产经营安排产生制约性的影响。资本成本是资本结构优化的标准，不同性质的资本所具有的资本成本特性，带来了杠杆效应。

（四）个别资本成本的计算

个别资本成本是指单一融资方式的资本成本，包括银行借款资本成本、公司债券资本成本、融资租赁资本成本、普通股资本成本和留存收益成本等，其中前三类是债务资本成本，后两类是权益资本成本。个别资本成本率可用于比较和评价各种筹资方式。

1. 资本成本计算的基本模式

（1）一般模式。为了便于分析比较，资本成本通常不考虑时间价值的一般通用模型计算，用相对数即资本成本率表达。计算时，将初期的筹资费用作为筹资额的一项扣除，扣除筹资费用后的筹资额称为筹资净额，通用的计算公式为

$$\text{资本成本率}=\frac{\text{年资金占用费用}}{\text{筹资总额}-\text{筹资费用}}=\frac{\text{年资金占用费用}}{\text{筹资总额}\times(1-\text{筹资费用率})}$$

注：若资金来源为负债，还存在税前资本成本和税后资本成本的区别。计算税后资本成本需要从年资金占用费中减去资金占用费税前扣除导致的所得税节约额。

（2）折现模式。对于金额大、时间超过一年的长期资本，更准确一些的资本成本计算方式是采用折现模式，即将债务未来还本付息或者股权未来股利分红的折现值与目前筹资净额相等时的折现率作为资本成本率。即

由：

$$筹资净额现值-未来资本清偿额现金流量现值=0$$

得：

$$资本成本率=所采用的折现率$$

2. 银行借款资本成本的计算

银行借款资本成本包括借款利息和借款手续费用。利息费用税前支付，可以起抵税作用，一般计算税后资本成本率，税后资本成本率与权益资本成本率具有可比性。银行借款的资本成本率按一般模式计算为

$$K_b=\frac{年利率\times(1-所得税税率)}{1-手续费率}\times100\%=\frac{i(1-T)}{1-f}\times100\%$$

式中 K_b——银行借款资本成本率；

i——银行借款年利率；

f——筹资费用率；

T——所得税税率。

对于长期借款，考虑时间价值问题，还可以用折现模式计算资本成本率。

【例 4-2】 某企业取得 5 年期长期借款 200 万元，年利率 10%，每年付息一次，到期一次还本，借款费用率 0.2%，企业所得税税率 20%，该项借款的资本成本率为多少？

解： $K_b=\frac{10\%\times(1-20\%)}{1-0.2\%}=8.016\%$

考虑时间价值，该项长期借款的资本成本计算如下（M 为债务面值）：

$$M(1-f)=\sum_{t=1}^{n}\frac{I_t(1-I)}{(1+K_b)^t}+\frac{M}{(1+K_b)^n}$$

即

$$200\times(1-0.2\%)=200\times10\%\times(1-20\%)\times(P/A, K_b, 5)+(P/F, K_b, 5)$$

按插值法计算，得：

$K_b= 8.05\%$

3. 公司债券资本成本的计算

公司债券资本成本包括债券利息和借款发行费用。债券可以溢价发行也可以折价发行，其资本成本率按一般模式计算为

$$K_b=\frac{年利息\times(1-所得税税率)}{债券筹资总额\times(1-手续费率)}\times100\%=\frac{I(1-T)}{L(1-f)}\times100\%$$

式中 L——公司债券筹资总额；

I——公司债券年利息。

【例 4-3】 某企业以 1100 元的价格，溢价发行面值为 1000 元、期限 5 年、票面利率为 7%

的公司债券一批。每年付息一次，到期一次还本，发行费用率3%，所得税税率20%。该批债券的资本成本率为多少？

解：$K_b = \dfrac{1000\times7\%(1-20\%)}{1100\times(1-0.2\%)} = 5.25\%$

考虑时间价值，该项公司债券的资本成本计算如下：

$$1100\times(1-3\%)= 1000\times7\%\times(1-20\%)\times(P/A, K_b, 5)+1000\times(P/F, K_b, 5)$$

按插值法计算，得：

$$K_b = 4.09\%$$

4. 融资租赁资本成本的计算

融资租赁各期的租金中，包含有本金每期的偿还和各期手续费用（即租赁公司的各期利润），其资本成本率只能按贴现模式计算。

【例4-4】 根据例4-3的基本资料，该设备价值60万元，租期6年，租赁期满时预计残值5万元，归租赁公司。每年租金131 283元，则融资租赁资本成本率是多少？

解：$600\,000-50\,000\times(P/F, K_b, 6)= 131\,283\times(P/A, K_b, 6)$

得：

$$K_b = 10\%$$

5. 普通股资本成本的计算

普通股资本成本主要是向股东支付的各期股利。由于各期股利并不一定固定，随企业各期收益波动，因此普通股的资本成本只能按贴现模式计算，并假定各期股利的变化具有一定的规律性。如果是上市公司普通股，其资本成本还可以根据该公司的股票收益率与市场收益率的相关性，按资本资产定价模型法估计。

（1）股利增长模型法。假定资本市场有效，股票市场价格与价值相等。假定某股票本期支付的股利为D_0，未来各期股利按g速度增长。目前股票市场价格为P_0，则普通股资本成本为

$$K_s = \frac{D_0(1+g)}{P_0(1-f)} + g = \frac{D_1}{P_0(1-f)} + g$$

【例4-5】 某公司普通股市价30元，筹资费用率2%，本年发放现金股利每股0.6元，预期股利年增长率为10%。则普通股资本成本率为多少？

解：$K_s = \dfrac{0.6\times(1+10\%)}{30\times(1-2\%)} + 10\% = 12.24\%$

（2）资本资产定价模型法。假定资本市场有效，股票市场价格与价值相等。假定无风险报酬率为R_f，市场平均报酬率为R_m，某股票贝塔系数为β，则普通股资本成本率计算式为

$$K_s=R_s=R_f+\beta(R_m-R_f)$$

【例4-6】 某公司普通股β系数为1.5，此时一年期国债利率5%，市场平均报酬率15%，则该普通股资本成本率为多少？

解：$K_s=5\%+1.5\times(15\%-5\%)= 20\%$

6. 留存收益资本成本的计算

留存收益是企业税后净利形成的，是一种所有者权益，其实质是所有者向企业的追加投资。企业利用留存收益筹资无须发生筹资费用。如果企业将留存收益用于再投资，所获得的收益率低于股东自己进行一项风险相似的投资项目的收益率，企业就应该将其分配给股东。留存收益的资本成本率，表现为股东追加投资要求的报酬率，其计算与普通股成本相同，也分为股利增长模型法和资本资产定价模型法，不同点在于留存收益资本成本不考虑筹资费用。

（五）平均资本成本的计算

平均资本成本是指多元化融资方式下的综合资本成本，反映了企业资本成本整体水平的高低。在衡量和评价单一融资方案时，需要计算个别资本成本；在衡量和评价企业筹资总体的经济性时，需要计算企业的平均资本成本。平均资本成本用于衡量企业资本成本水平，确立企业理想的资本结构。

企业平均资本成本，是以各项个别资本在企业总资本中的比重为权数，对各项个别资本成本率进行加权平均而得到的总资本成本率。计算公式为

$$K_{\mathrm{w}}=\sum_{j=1}^{n}K_{j}W_{j}$$

式中　K_{w}——平均资本成本；

K_j——第 j 种个别资本成本；

W_j——第 j 种个别资本在全部资本中的比重。

平均资本成本的计算，存在着权数价值的选择问题，即各项个别资本按什么权数来确定资本比重。通常，可供选择的价值形式有账面价值、市场价值、目标价值等。

1. 账面价值权数

账面价值权数，即以各项个别资本的会计报表账面价值为基础来计算资本权数，确定各类资本占总资本的比重。其优点是资料容易获得，可以直接从资产负债表中得到，而且计算结果比较稳定。其缺点是当债券和股票的市价与账面价值差距较大时，导致按账面价值计算出来的资本成本，不能反映目前从资本市场上筹集资本的现时机会成本，不适合评价现时的资本结构。

2. 市场价值权数

市场价值权数，即以各项个别资本的现行市价为基础来计算资本权数，确定各类资本占总资本的比重。其优点是能够反映现时的资本成本水平，有利于进行资本结构决策。但现行市价处于经常变动之中，不容易获得，而且现行市价反映的只是现时的资本结构，不适用于未来的筹资决策。

3. 目标价值权数

目标价值权数，即以各项个别资本预计的未来价值为基础来确定资本权数，确定各类资本占总资本的比重。目标价值是目标资本结构要求下的产物，是公司筹措和使用资金对资本结构的一种要求。对于公司筹措新资金，需要反映期望的资本结构来说，目标价值是有益的，适用

于未来的筹资决策，但目标价值的确定难免具有主观性。

以目标价值为基础计算资本权重，能体现决策的相关性。目标价值权数的确定，可以选择未来的市场价值，也可以选择未来的账面价值。选择未来的市场价值，与资本市场现状的联系比较紧密，能够与现时的资本市场环境状况结合起来，目标价值权数的确定一般以现时市场价值为依据。但市场价值波动频繁，可行方案是选用市场价值的历史平均值，如30日、60日、120日均价等。总之，目标价值权数是主观愿望和预期的表现，依赖于财务经理的价值判断和职业经验。

【例4-7】 万达公司20×5年期末的长期资本账面总额为1000万元，其中，银行长期贷款400万元，占40%；长期债券150万元，占15%；普通股450万元，占45%。长期贷款、长期债券和普通股的个别资本成本分别为5%、6%和9%。普通股市场价值为1600万元，债务市场价值等于账面价值。该公司的平均资本成本是多少？

解： 按账面价值计算

$$K_w = 5\%\times40\%+6\%\times15\%+9\%\times45\% = 6.95\%$$

按市场价值计算

$$K_w = \frac{5\%\times400+6\%\times150+9\%\times1600}{400+150+1600} = \frac{173}{2150} = 10\% = 8.05\%$$

（六）边际资本成本的计算

边际资本成本是企业追加筹资的成本。企业的个别资本成本和平均资本成本，是企业过去筹集的单项资本的成本和目前使用全部资本的成本。然而，企业在追加筹资时，不能仅仅考虑目前所使用资本的成本，还要考虑新筹集资金的成本，即边际资本成本。边际资本成本是企业进行追加筹资的决策依据。筹资方案组合时，边际资本成本的权数采用目标价值权数。

【例4-8】 某公司设定的目标资本结构为：银行借款20%、公司债券15%、普通股65%。现拟追加筹资300万元，按此资本结构来筹资。个别资本成本率预计分别为银行借款7%、公司债券12%、普通股权益15%。追加筹资300万元的边际资本成本参见表4-4。

表4-4 边际资本成本计算表

资本种类	目标资本结构	追加筹资额	个别资本成本	边际资本成本
银行借款	20%	60万元	7%	1.4%
公司债券	15%	45万元	12%	1.8%
普通股	65%	195万元	15%	9.75%
合计	100%	300万元	—	12.95%

二、杠杆效应

财务管理中存在着类似于物理学中的杠杆效应，表现为由于特定固定支出或者费用的存在，导致当某一财务变量以较小幅度变动时，另一相关变量会以较大幅度变动。财务管理中的杠杆效应，包括经营杠杆、财务杠杆和总杠杆效应三种形式。杠杆效应既可以产生杠杆利益，也可能带来杠杆风险。

（一）经营杠杆效应

1. 经营杠杆

经营杠杆，是指由于固定性经营成本的存在，而使得企业的资产报酬（息税前利润）变动率大于业务量变动率的现象。经营杠杆反映了资产报酬的波动性，用以评价企业的经营风险。用息税前利润（EBIT）表示资产总报酬，则

$$\text{EBIT}=S-V-F=(P-V_c)Q-F=M-F$$

式中 EBIT——息税前利润；
S——销售额；
V——变动性经营成本；
F——固定性经营成本；
Q——产销业务量；
P——销售单价；
V_c——单位变动成本；
M——边际贡献。

影响 EBIT 的因素包括产品售价、产品需求、产品成本等因素。当产品成本中存在固定成本时，如果其他条件不变，产销业务量的增加虽然不会改变固定成本总额，但会降低单位产品分摊的固定成本，从而提高单位产品利润，使息税前利润的增长率大于产销业务量的增长率，进而产生经营杠杆效应。当不存在固定性经营成本时，所有成本都是变动性经营成本，边际贡献等于息税前利润，此时息税前利润变动率与产销业务量的变动率完全一致。

2. 经营杠杆系数

只要企业存在固定性经营成本，就存在经营杠杆效应。但不同的产销业务量，其经营杠杆效应的大小程度是不一致的。测算经营杠杆效应程度，常用指标为经营杠杆系数。经营杠杆系数（DOL），是息税前利润变动率与产销业务量变动率的比，计算公式为

$$\text{DOL}=\frac{\text{息税前利润变动率}}{\text{产销量变动率}}=\frac{\Delta\text{EBIT}}{\text{EBIT}}/\frac{\Delta Q}{Q}$$

式中 DOL——经营杠杆系数；
ΔEBIT——息税前利润变动额；
ΔQ——产销业务量变动值。

经整理，经营杠杆系数的计算也可以简化为

$$\text{DOL}=\frac{\text{基期边际贡献}}{\text{基期息税前利润}}=\frac{M}{M-F}/\frac{\text{EBIT}+F}{\text{EBIT}}$$

【例 4-9】 泰华公司产销某种服装，固定成本 500 万元，变动成本率 70%。年产销额 5000 万元时，变动成本 3500 万元，固定成本 500 万元，息税前利润 1000 万元；年产销额 7000 万元时，变动成本为 4900 万元，固定成本仍为 500 万元，息税前利润为 1600 万元。可以看出，该公司产销量增长了 40%，息税前利润增长了 60%，产生了 1.5 倍的经营杠杆效应。

解： $$\text{DOL}=\frac{\Delta \text{EBIT}}{\text{EBIT}}/\frac{\Delta Q}{Q}=\frac{600}{1000}/\frac{2000}{5000}=1.5$$

$$\text{DOL}=\frac{M}{\text{EBIT}}=\frac{5000\times 30\%}{1000}=1.5$$

3. 经营杠杆与经营风险

经营风险是指企业由于生产经营上的原因而导致的资产报酬波动的风险。引起企业经营风险的主要原因是市场需求和生产成本等因素的不确定性，经营杠杆本身并不是资产报酬不确定的根源，只是资产报酬波动的表现。但是，经营杠杆放大了市场和生产等因素变化对利润波动的影响。经营杠杆系数越高，表明资产报酬等利润波动程度越大，经营风险也就越大。根据经营杠杆系数的计算公式，变形为

$$\text{DOL}=\frac{\text{EBIT}+F}{\text{EBIT}}=1+\frac{F}{\text{EBIT}}$$

该式表明，在企业不发生经营性亏损、息税前利润为正的前提下，经营杠杆系数最低为 1，不会为负数；只要有固定性经营成本存在，经营杠杆系数总是大于 1。

通过前面的学习可知，影响经营杠杆的因素包括企业成本结构中的固定成本比重和息税前利润水平。其中，息税前利润水平又受产品销售数量、销售价格、成本水平（单位变动成本和固定成本总额）高低的影响。固定成本比重越高、成本水平越高、产品销售数量和销售价格水平越低，经营杠杆效应越大，反之亦然。

【例 4-10】 某企业生产 A 产品，固定成本 100 万元，变动成本率 60%，当销售额分别为 1000 万元、500 万元、250 万元时，经营杠杆系数分别多少？

解： $$\text{DOL}_{1000}=\frac{1000-1000\times 60\%}{1000-1000\times 60\%-100}=1.33$$

$$\text{DOL}_{500}=\frac{500-500\times 60\%}{500-500\times 60\%-100}=2$$

$$\text{DOL}_{250}=\frac{250-250\times 60\%}{250-250\times 60\%-100}\rightarrow\infty$$

本例结果表明：在其他因素不变的情况下，销售额越小，经营杠杆系数越大，经营风险也就越大，反之亦然。如销售额为 1000 万元时，DOL 为 1.33，销售额为 500 万元时，DOL 为 2，显然后者的不稳定性大于前者，经营风险也大于前者。在销售额处于盈亏临界点 250 万元时，经营杠杆系数趋于无穷大，此时企业销售额稍有减少便会导致更大的亏损。

（二）财务杠杆效应

1. 财务杠杆

财务杠杆，是指由于固定性资本成本的存在，而使得企业的普通股收益（或者每股收益）变动率大于息税前利润变动率的现象。财务杠杆反映了股权资本报酬的波动性，用以评价企业的财务风险。用普通股收益或者每股收益表示普通股权益资本报酬，计算公式为

$$\text{TE}=(\text{EBIT}-I)(1-T)$$

$$\mathrm{EPS}=(\mathrm{EBIT}-I)(1-T)/N$$

式中 TE——全部普通股净收益；

EPS——每股收益；

I——债务资本利息；

T——所得税税率；

N——普通股股数。

影响普通股收益的因素包括资产报酬、资本成本、所得税税率等因素。当有固定利息费用等资本成本存在时，如果其他条件不变，息税前利润的增加虽然不改变固定利息费用总额，但会降低每一元息税前利润分摊的利息费用，从而提高每股收益，使得普通股收益的增长率大于息税前利润的增长率，进而产生财务杠杆效应。当不存在固定利息、股息等资本成本时，息税前利润就是利润总额，此时利润总额变动率与息税前利润变动率完全一致。如果两期所得税税率和普通股股数保持不变，每股收益的变动率与利润总额变动率也完全一致，进而与息税前利润变动率一致。

2. 财务杠杆系数

只要企业融资方式中存在固定性资本成本，就存在财务杠杆效应。如固定利息、固定融资租赁费等，都会产生财务杠杆效应。在同一固定的资本成本支付水平上，不同的息税前利润水平，对固定的资本成本的承受负担是不一样的，其财务杠杆效应的大小程度是不一致的。测算财务杠杆效应程度，常用指标为财务杠杆系数。财务杠杆系数（DFL），是每股收益变动率与息税前利润变动率的倍数，计算公式为

$$\mathrm{DFL}=\frac{\text{每股收益变动率}}{\text{息税前利润变动率}}=\frac{\Delta\mathrm{EPS}/\mathrm{EPS}}{\Delta\mathrm{EBIT}/\mathrm{EBIT}}$$

经整理，财务杠杆系数的计算也可以简化为

$$\mathrm{DFL}=\frac{\text{息税前利润总额}}{\text{息税前利润总额-利息}}=\frac{\mathrm{EBIT}}{\mathrm{EBIT}-1}$$

【例 4-11】 有 A、B、C 三个公司，资本总额均为 1000 万元，所得税税率均为 30%，每股面值均为 1 元。A 公司资本全部由普通股组成；B 公司债务资本 300 万元（利率 10%），普通股 700 万元；C 公司债务资本 500 万元（利率 10.8%），普通股 500 万元。三个公司 20×8 年 EBIT 均为 200 万元，20×9 年 EBIT 均为 300 万元，EBIT 增长了 50%。有关财务指标参见表 4-5。

表 4-5 普通股收益及财务杠杆的计算

单位：万元

利润项目		A 公司	B 公司	C 公司
普通股股数		1000 万股	700 万股	500 万股
利润总额	20×8 年	200	170	146
	20×9 年	300	270	246
	增长率	50%	58.82%	68.49%

续表

利润项目		A 公司	B 公司	C 公司
净利润	20×8 年	140	119	102.2
	20×9 年	210	189	172.2
	增长率	50%	58.82%	68.49%
普通股收益	20×8 年	140	119	102.2
	20×9 年	210	189	172.2
	增长率	50%	58.82%	68.49%
每股收益	20×8 年	0.14 元	0.17 元	0.20 元
	20×9 年	0.21 元	0.27 元	0.34 元
	增长率	50%	58.82%	68.49%
财务杠杆系数		1.000	1.176	1.370

可见，资本成本固定性的资本所占比重越高，财务杠杆系数就越大。A 公司由于不存在固定资本成本的资本，没有财务杠杆效应；B 公司存在债务资本，其普通股收益增长幅度是息税前利润增长幅度的 1.176 倍；C 公司存在债务资本，并且债务资本的比重比 B 公司高，其普通股收益增长幅度是息税前利润增长幅度的 1.370 倍。

3. 财务杠杆与财务风险

财务风险是指企业由于筹资原因产生的资本成本负担而导致的普通股收益波动的风险。引起企业财务风险的主要原因是资产报酬的不利变化和资本成本的固定负担。由于财务杠杆的作用，当企业的息税前利润下降时，企业仍然需要支付固定的资本成本，导致普通股剩余收益以更快的速度下降。财务杠杆放大了资产报酬变化对普通股收益的影响，财务杠杆系数越高，表明普通股收益的波动程度越大，财务风险也就越大。只要有固定性资本成本存在，财务杠杆系数总是大于 1。

从公式可知，影响财务杠杆的因素包括企业资本结构中债务资本比重、普通股收益水平和所得税税率水平。其中，普通股收益水平又受息税前利润、固定资本成本（利息）高低的影响。债务成本比重越高、固定的资本成本支付额越高、息税前利润水平越低，财务杠杆效应越大，反之亦然。

【例 4-12】 三个公司 20×8 年的财务杠杆系数分别为 A 公司 1.000；B 公司 1.176；C 公司 1.370。这意味着，如果 EBIT 下降时，A 公司的 EPS 与之同步下降，而 B 公司和 C 公司的 EPS 会以更大的幅度下降。导致各公司 EPS 不为负数的 EBIT 最大降幅参见表 4-6。

表 4-6 财务杠杆系数与财务风险系数

公司	DFL	EPS 降低	EBIT 降低
A	1.000	100%	100%
B	1.176	100%	85.03%
C	1.370	100%	72.99%

上述结果意味着，20×9 年在 20×8 年的基础上，EBIT 降低 72.99%，C 公司普通股收益会出现亏损；EBIT 降低 85.03%，B 公司普通股收益会出现亏损；EBIT 降低 100%，A 公司普通股收益会出现亏损。显然，C 公司不能支付利息、不能满足普通股股利要求的财务风险远高于

其他公司。

（三）总杠杆效应

1. 总杠杆

经营杠杆和财务杠杆可以独自发挥作用，也可以综合发挥作用，总杠杆是用来反映两者之间共同作用结果的，即权益资本报酬与产销业务量之间的变动关系。由于固定性经营成本的存在，产生经营杠杆效应，导致产销业务量变动对息税前利润变动有放大作用；同样，由于固定性资本成本的存在，产生财务杠杆效应，导致息税前利润变动对普通股收益有放大作用。两种杠杆共同作用，将导致产销业务量的变动引起普通股每股收益更大的变动。

总杠杆是指由于固定经营成本和固定资本成本的存在，导致普通股每股收益变动率大于产销业务量的变动率的现象。

2. 总杠杆系数

只要企业同时存在固定性经营成本和固定性资本成本，就存在总杠杆效应。产销量变动通过息税前利润的变动，传导至普通股收益，使得每股收益发生更大的变动。用总杠杆系数（DTL）表示总杠杆效应程度，可见，总杠杆系数是经营杠杆系数和财务杠杆系数的乘积，是普通股每股收益变动率相当于产销量变动率的倍数，计算公式为

$$\mathrm{DTL}=\frac{\text{普通每股收益变动率}}{\text{产销量变动率}}$$

经整理，总杠杆系数的计算也可以简化为

$$\mathrm{DTL}=\mathrm{DOL}\times\mathrm{DFL}=\frac{\text{基期边际贡献}}{\text{基期利润总额}}=\frac{M}{M-F-1}$$

【例 4-13】 某企业有关资料参见表 4-7 所示，可以分别计算其 20×8 年经营杠杆系数、财务杠杆系数和总杠杆系数。

表 4-7 杠杆效应计算表

单位：万元

项目	20×8 年	20×9 年	变动率
销售收入（售价 10 元）	1000	1200	+20%
边际贡献（单位 4 元）	400	480	+20%
固定成本	200	200	—
息税前利润（EBIT）	200	280	+40%
利息	50	50	—
利润总额	150	230	+53.33%
净利润（税率 20%）	120	184	+53.33%
每股收益（200 万股，元）	0.60	0.92	+53.33%
经营杠杆（DOL）			2.000

续表

项目	20×8 年	20×9 年	变动率
财务杠杆（DFL）			1.333
总杠杆（DTL）			2.667

3. 总杠杆与公司风险

公司风险包括企业的经营风险和财务风险。总杠杆系数反映了经营杠杆和财务杠杆之间的关系，用以评价企业的整体风险水平。在总杠杆系数一定的情况下，经营杠杆系数与财务杠杆系数此消彼长。总杠杆效应的意义在于：第一，能够说明产销业务量变动对普通股收益的影响，据以预测未来的每股收益水平；第二，揭示了财务管理的风险管理策略，即要保持一定的风险状况水平，需要维持一定的总杠杆系数，经营杠杆和财务杠杆可以有不同的组合。

一般来说，固定资产比重较大的资本密集型企业，经营杠杆系数高，经营风险大，企业筹资主要依靠权益资本，以保持较小的财务杠杆系数和财务风险；变动成本比重较大的劳动密集型企业，经营杠杆系数低，经营风险小，企业筹资主要依靠债务资本，保持较大的财务杠杆系数和财务风险。

在企业初创阶段，产品市场占有率低，产销业务量小，经营杠杆系数大，此时企业筹资主要依靠权益资本，在较低程度上使用财务杠杆；在企业扩张成熟期，产品市场占有率高，产销业务量大，经营杠杆系数小，此时，企业资本结构中可扩大债务资本，在较高程度上使用财务杠杆。

三、资本结构

资本结构及其管理是企业筹资管理的核心问题。企业应综合考虑有关影响因素，运用适当的方法确定最佳资本结构，提升企业价值。如果企业现有资本结构不合理，应通过筹资活动优化调整资本结构，使其趋于科学合理。

（一）资本结构的含义

资本结构是指企业资本总额中各种资本的构成及其比例关系。筹资管理中，资本结构有广义和狭义之分。广义的资本结构包括全部债务与股东权益的构成比率；狭义的资本结构则指长期负债与股东权益资本构成比率。狭义资本结构下，短期债务作为营运资金来管理。本书所指的资本结构通常是指狭义的资本结构，也就是债务资本在企业全部资本中所占的比重。

不同的资本结构会给企业带来不同的后果。企业利用债务资本进行举债经营具有双重作用，既可以发挥财务杠杆效应，也可能带来财务风险。因此，企业必须权衡财务风险和资本成本的关系，确定最佳的资本结构。评价企业资本结构最佳状态的标准应该是能够提高股权收益或者降低资本成本，最终目的是提升企业价值。股权收益，表现为净资产报酬率或者普通股每股收益；资本成本，表现为企业的平均资本成本率。根据资本结构理论，当公司平均资本成本最低时，公司价值最大。所谓最佳资本结构，是指在一定条件下使企业平均资本成本率最低、企业价值最大的资本结构。资本结构优化的目标，是降低平均资本成本率或者提高普通股每股收益。

从理论上讲，最佳资本结构是存在的，但由于企业内部条件和外部环境的经常性变化，动态地保持最佳资本结构十分困难。因此，在实践中，目标资本结构通常是企业结合自身实际进行适度负债经营所确立的资本结构。

（二）影响资本结构的因素

资本结构是一个产权结构问题，是社会资本在企业经济组织形式中的资源配置结果。资本结构的变化，将直接影响社会资本所有者的利益。

1. 企业经营状况的稳定性和成长率

企业产销业务量的稳定程度对资本结构有重要影响，如果产销业务量稳定，企业可较多地负担固定的财务费用；如果产销业务量和盈余有周期性，则要负担固定的财务费用将承担较大的财务风险。经营发展能力表现为未来产销业务量的增长率，如果产销业务量能够以较高的水平增长，企业可以采用高负债的资本结构，以提升权益资本的报酬。

2. 企业的财务状况和信用等级

企业财务状况良好，信用等级高，债权人愿意向企业提供信用，企业容易获得债务资本。相反，如果企业财务情况欠佳，信用等级不高，债权人投资风险大，这样会降低企业获得信用的能力，加大债务资本筹资的资本成本。

3. 企业资产结构

资产结构是企业筹集资本后进行资源配置和使用后的资金占用结构，包括长、短期资产的构成和比例，以及长、短期资产内部的构成和比例。资产结构对企业资本结构的影响主要包括拥有大量固定资产的企业主要通过长期负债和发行股票筹集资金；拥有较多流动资产的企业更多地依赖流动负债筹集资金；资产适用于抵押贷款的企业负债较多；以技术研发为主的企业则负债较少。

4. 企业投资人和管理当局的态度

从企业所有者的角度看，如果企业股权分散，企业可能更多地采用权益资本筹资以分散企业风险。如果企业为少数股东控制，股东通常重视企业控股权问题，为防止控股权稀释，企业一般尽量避免普通股筹资，而是采用优先股或者债务资本筹资。从企业管理者的角度看，高负债资本结构的财务风险高，一旦经营失败或者出现财务危机，管理者将面临市场接管的威胁或者被董事会解聘。因此，稳健的管理者偏好于选择低负债比例的资本结构。

5. 行业特征和企业发展周期

不同行业资本结构差异很大。产品市场稳定的成熟产业经营风险低，因此，可提高债务资本比重，发挥财务杠杆作用。高新技术企业的产品、技术、市场尚不成熟，经营风险高，因此，可降低债务资本比重，控制财务杠杆风险。在同一企业不同发展阶段，资本结构安排不同。企业初创阶段，经营风险高，在资本结构安排上应控制负债比例；企业发展成熟阶段，产品产销业务量稳定和持续增长，经营风险低，可适度增加债务资本比重，发挥财务杠杆效应；企业收缩阶段，产品市场占有率下降，经营风险逐步加大，应逐步降低债务资本比重，保证经营现金流量能够偿付到期债务，保持企业持续经营能力，减少破产风险。

6. 经济环境的税务政策和货币政策

资本结构决策必然要研究理财环境因素，特别是宏观经济状况。政府调控经济的手段包括财政税收政策和货币金融政策，当所得税税率较高时，债务资本的抵税作用大，企业可以充分利用这种作用来提高企业价值。货币金融政策影响资本供给，从而影响利率水平的变动，当国家执行紧缩的货币政策时，市场利率较高，企业债务资本成本增大。

【小贴士】

资本成本是企业为筹集并使用资金而支付的费用，它包括个别资本成本、加权平均资本成本和边际资本成本，而杠杆包括经营杠杆、财务杠杆和复合杠杆，最佳资本成本的确定方法有每股收益无差别点分析法、比较资本成本法和公司价值分析法。

（三）资本结构优化

资本结构优化，要求企业权衡负债的低资本成本和高财务风险的关系，确定合理的资本结构。资本结构优化的目标，是降低平均资本成本率或者提高普通股每股收益。

1. 每股收益分析法

可以用每股收益的变化来判断资本结构是否合理，即能够提高普通股每股收益的资本结构，就是合理的资本结构。在资本结构管理中，利用债务资本的目的之一，就在于债务资本能够提供财务杠杆效应，利用负债筹资的财务杠杆作用来增加股东财富。

每股收益受到经营利润水平、债务资本成本水平等因素的影响，分析每股收益与资本结构的关系，可以找到每股收益无差别点。所谓每股收益无差别点，是指不同筹资方式下每股收益都相等时的息税前利润和业务量水平。根据每股收益无差别点，可以分析判断在什么样的息税前利润水平或者产销业务量水平前提下，适于采用何种筹资组合方式，进而确定企业的资本结构安排。

在每股收益无差别点上，无论是采用债务还是股权筹资方案，每股收益都是相等的。当预期息税前利润或者业务量水平大于每股收益无差别点时，应当选择财务杠杆效应较大的筹资方案，反之亦然。在每股收益无差别点时，不同筹资方案的EPS是相等的，用公式表示为

$$\frac{(\overline{\text{EBIT}}-I_1)(1-T)}{N_1}=\frac{(\overline{\text{EBIT}}-I_2)(1-T)}{N_2}$$

$$\overline{\text{EBIT}}=\frac{I_1 \bullet N_2-I_2 \bullet N_1}{N_2-N_1}$$

式中 $\overline{\text{EBIT}}$——息税前利润平衡点，即每股收益无差别点；

I_1、I_2——分别为两种筹资方式下的债务利息；

N_1、N_2——分别为两种筹资方式下的普通股股数；

T——所得税税率。

【例4-14】 光华公司目前资本结构：总资本1000万元，其中，债务资本400万元（年利息40万元）；普通股资本600万元（600万股，面值1元，市价5元）。企业由于有一个较好的新投资项目，需要追加筹资300万元，有两种筹资方案：

甲方案：向银行取得长期借款 300 万元，利息率 16%。

乙方案：增发普通股 100 万股，每股发行价 3 元。

解： 根据财务人员测算，追加筹资后销售额可望达到 1200 万元，变动成本率 60%，固定成本为 200 万元，所得税率 20%，不考虑筹资费用因素。根据上述数据，代入无差别点公式后得

$$\frac{(\overline{EBIT}-40)\times(1-20\%)}{600+100}=\frac{(\overline{EBIT}-40-48)\times(1-20\%)}{600}$$

得

$$\overline{EBIT}=376（万元）$$

或者

$$\overline{EBIT}=\frac{40\times600-(40+48)\times(600+100)}{600-(600+100)}=376（万元）$$

这里，$\overline{EBIT}$ 为 376 万元是两个筹资方案的每股收益无差别点。在此点上，两个方案的每股收益相等，均为 0.384 元。企业预期追加筹资后销售额 1200 万元，预期获利 280 万元，低于无差别点 376 万元，应当采用财务风险较小的乙方案，即增发普通股方案。在 1200 万元销售额水平上，甲方案的 EPS 为 0.256 元，乙方案的 EPS 为 0.274 元。

当企业需要的资本额较大时，可能会采用多种筹资方式组合融资。这时，需要详细比较分析各种组合筹资方式下的资本成本及其对每股收益的影响，选择每股收益最高的筹资方式。

【例 4-15】 光华公司目前资本结构：总资本 1000 万元，其中，债务资本 400 万元（年利息 40 万元）；普通股资本 600 万元（600 万股，面值 1 元，市价 5 元）。企业由于扩大经营规模，需要追加筹资 800 万元，所得税率 20%，不考虑筹资费用因素。有三种筹资方案：

甲方案：增发普通股 200 万股，每股发行价 3 元；同时向银行借款 200 万元，利率保持原来的 10%。

乙方案：增发普通股 100 万股，每股发行价 3 元；同时溢价发行 500 万元面值为 300 万元的公司债券，票面利率 15%。

丙方案：不增发普通股，溢价发行 600 万元面值为 400 万元的公司债券，票面利率 15%；由于受债券发行数额的限制，需要补充向银行借款 200 万元，利率 10%。

解： 三种方案各有优劣：增发普通股能够减轻资本成本的固定性支出，但股数增加会摊薄每股收益；采用债务筹资方式能够提高每股收益，但增加了固定性资本成本负担，受到的限制较多。基于上述原因，筹资方案需要两两比较。

（1）甲、乙方案的比较。

$$\frac{(\overline{EBIT}-40-20)\times(1-20\%)}{600+200}=\frac{(\overline{EBIT}-40-45)\times(1-20\%)}{600+100}$$

得

$$\overline{EBIT}_{甲乙}=260（万元）$$

（2）乙、丙方案的比较。

$$\frac{(\overline{EBIT}-40-45)\times(1-20\%)}{600+100}=\frac{(\overline{EBIT}-40-90)\times(1-20\%)}{600}$$

得

$$\overline{EBIT}_{乙丙}=330（万元）$$

（3）甲、丙方案的比较。

$$\frac{(\overline{\text{EBIT}}-40-20)\times(1-20\%)}{600+200}=\frac{(\overline{\text{EBIT}}-40-90)\times(1-20\%)}{600}$$

得

$$\overline{\text{EBIT}}_{\text{甲丙}}=300\text{（万元）}$$

（上述结果也可直接代公式求得）

筹资方案两两比较时，产生了三个筹资分界点，上述分析结果如图4-1所示。从图4-1中可以看出，企业EBIT预期为260万元以下时，应当采用甲筹资方案；EBIT预期为260～330万元之间时，应当采用乙筹资方案；EBIT预期为330万元以上时，应当采用丙筹资方案。

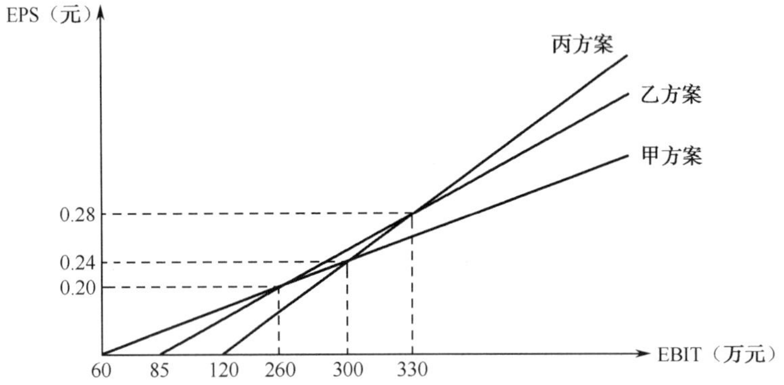

图4-1　每股收益无差别点分析图

2. 平均资本成本比较法

平均资本成本比较法是通过计算和比较各种可能的筹资组合方案的平均资本成本，选择平均资本成本率最低的方案，即能够降低平均资本成本的资本结构，就是合理的资本结构。这种方法侧重于从资本投入的角度对筹资方案和资本结构进行优化分析。

3. 公司价值分析法

每股收益分析法和平均资本成本比较法都是从账面价值的角度进行资本结构优化分析，没有考虑市场反应，也没有考虑风险因素。公司价值分析法是在考虑市场风险的基础上，以公司市场价值为标准，进行资本结构优化，即能够提升公司价值的资本结构，就是合理的资本结构。这种方法主要用于对现有资本结构进行调整，适用于资本规模较大的上市公司资本结构优化分析。同时，在公司价值最大的资本结构下，公司的平均资本成本率也是最低的。

设V表示公司价值，B表示债务资本价值，S表示权益资本价值。公司价值应该等于资本的市场价值，即

$$V=S+B$$

为简化分析，假设公司各期的EBIT保持不变，债务资本的市场价值等于其面值，权益资本的市场价值可通过下式计算

$$S=\frac{(\overline{\text{EBIT}}-I)(1-T)}{K_s}$$

且 $$K_s=R_s=R_f+\beta(R_m-R_f)$$

此时

$$K_w=K_b\frac{S}{V}(1-T)K_s\frac{S}{V}$$

【例 4-16】 某公司息税前利润为 400 万元，资本总额账面价值 1000 万元。假设无风险报酬率为 6%，证券市场平均报酬率为 10%，所得税率为 40%。经测算，不同债务水平下的权益资本成本率和债务资本成本率参见表 4-8。

表 4-8 不同债务水平下的债务资本成本率和权益资本成本率

债务市场价值 B（万元）	税前债务利息率 K_b	股票 β 系数	权益资本成本率 R_s
0		1.50	12.0%
200	8.0%	1.55	12.2%
400	8.5%	1.65	12.6%
600	9.0%	1.80	13.2%
800	10.0%	2.00	14.0%
1000	12.0%	2.30	15.2%
1200	15.0%	2.70	16.8%

根据表 4-9 的资料，可计算出不同资本结构下的企业总价值和平均资本成本。

表 4-9 企业总价值和平均资本成本率

单位：万元

债务市场价值	股票市场价值	公司总价值	债务税后资本成本	普通股资本成本	平均资本成本
0	2000	2000	—	12.0%	12.0%
200	1889	2089	4.80%	12.2%	11.5%
400	1743	2143	5.10%	12.6%	11.2%
600	1573	2173	5.40%	13.2%	11.0%
800	1371	2171	6.00%	14.0%	11.1%
1000	1105	2105	7.20%	15.2%	11.4%
1200	786	1986	9.00%	16.8%	12.1%

可以看出，在没有债务资本的情况下，公司的总价值等于股票的账面价值。当公司增加一部分债务时，财务杠杆开始发挥作用，股票市场价值大于其账面价值，公司总价值上升，平均资本成本率下降。在债务达到 600 万元时，公司总价值最高，平均资本成本率最低。债务超过 600 万元后，随着利息率的不断上升，财务杠杆作用逐步减弱甚至呈现副作用，公司总价值下降，平均资本成本率上升。因此，债务为 600 万元时的资本结构是该公司的最优资本结构。

【课堂讨论】

如何确定最佳资本结构?

【知识拓展】

某特种钢股份有限公司为A股上市公司，20×7年为调整产品结构，公司拟分两阶段投资建设某特种钢生产线，以填补国内空白。该项目第一期计划投资额为20亿元，第二期计划投资额为18亿元，公司制定了发行分离交易可转换公司债券的融资计划。

经有关部门批准，公司于20×7年2月1日按面值发行了2000万张、每张面值100元的分离交易可转换公司债券，合计20亿元，债券期限为5年，票面年利率为1%（如果单独按面值发行一般公司债券，票面年利率需要设定为6%），按年计息。同时，每张债券的认购人获得公司派发的15份认股权证，权证总量为30 000万份，该认股权证为欧式认股权证；行权比例为2∶1（即2份认股权证可认购1股A股股票），行权价格为12元/股。认股权证存续期为24个月（即20×7年2月1日至20×9年2月1日），行权期为认股权证存续期最后五个交易日（行权期间权证停止交易）。假定债券和认股权证发行当日即上市。

公司20×7年年末A股总数为20亿股（当年未增资扩股），当年实现净利润9亿元。假定公司20×8年上半年实现基本每股收益0.30元，上半年公司股价一致维持在每股10元左右。预计认股权证行权期截止前夕，每股认股权证价格将为1.5元（公司市盈率维持在20倍的水平）。

要求：公司为了实现第二次融资目标应当采取哪些财务策略？

解：第一，发行分离交易可转换公司债券后，20×7年可节约的利息支出为

$20\times(6\%-1\%)\times11/12=0.92$（亿元）

第二，20×7年公司基本每股收益为9/20 = 0.45（元/股）

第三，为实现第二次融资，必须促使权证持有人行权，为此股价应当达到的水平为

$12+1.5\times2=15$（元）

20×8年基本每股收益应达到的水平：15/20 = 0.75（元）

第四，公司发行分离交易可转换公司债券的主要目标是分两阶段融通项目第一期、第二期所需资金，特别是努力促使认股权证持有人行权，以实现发行分离交易可转换公司债券的第二次融资；主要风险是第二次融资时，股价低于行权价格，投资者放弃行权，导致第二次融资失败。

第五，公司为了实现第二次融资目标，应当采取的具体财务策略主要有：

（1）最大限度地发挥生产项目的效益，改善经营业绩。

（2）改善与投资者的关系及社会公众形象，提升公司股价的市场表现。

【综合案例解析】

华光公司原来的资金结构如表4-10所示。普通股每股面值1元，发行价格10元，目前价格也为10元，今年期望股利为1元/股，预计以后每年增加股利5%。该企业所得税税率假设为30%，假设发行的各种证券均无筹资费。

表4-10　华光公司原资金结构

单位：万元

筹资方式	金额
债券（年利率10%）	800
普通股（每股面值1元，发行价10元，共80万股）	800
合计	1600

该企业现拟增资400万元，以扩大生产经营规模，现有如下三个方案可供选择。

甲方案：增加发行400万元的债券，因负债增加，投资人风险加大，债券利率增至12%才能发行，预计普通股股利不变，但由于风险加大，普通股市价降至8元/股。

乙方案：发行债券200万元，年利率为10%，发行股票20万股，每股发行价10元，预计普通股股利不变。

丙方案：发行股票36.36万股，普通股市价增至11元/股。

【问题】

对以上三个方案进行决策。

解：（1）计算计划年初加权平均资金成本。各种资金的比重和资金成本分别为

$$W_b=\frac{800}{1600}\times100\%=50\%$$

$$W_s=\frac{800}{1600}\times100\%=50\%$$

$$K_b=10\%\times(1-30\%)=7\%$$

$$K_s=\frac{1}{10}+5\%=15\%$$

计划年初加权平均资金成本为

$$K_{W0}=50\%\times7\%+50\%\times15\%=11\%$$

（2）计算甲方案的加权平均资金成本。各种资金的比重和资金成本分别为

$$W_{b1}=\frac{800}{2000}\times100\%=40\%$$

$$W_{b2}=\frac{400}{2000}\times100\%=20\%$$

$$W_s=\frac{800}{2000}\times100\%=40\%$$

$$K_{b1}=10\%\times(1-30\%)=7\%$$

$$K_{b2}=12\%\times(1-30\%)=8.4\%$$

$$K_s=\frac{1}{8}+5\%=17.5\%$$

甲方案的加权平均资金成本为

$$K_{W1}=40\%\times7\%+20\%\times8.4\%+40\%\times17.5\%=11.48\%$$

（3）计算乙方案的加权平均资金成本。各种资金的比重和资金成本分别为

$$W_b=\frac{200+800}{2000}\times100\%=50\%$$

$$W_s=\frac{200+800}{2000}\times100\%=50\%$$

$$K_b=10\%\times(1-30\%)=7\%$$

$$K_s=\frac{1}{10}+5\%=15\%$$

乙方案的加权平均资金成本为

$$K_{W2}=50\%\times7\%+50\%\times15\%=11\%$$

（4）计算丙方案的加权平均资金成本。各种资金的比重及成本分别为

$$W_b=\frac{800}{2000}\times100\%=40\%$$

$$W_s=\frac{400+800}{2000}\times100\%=60\%$$

$$K_b=10\%\times(1-30\%)=7\%$$

$$K_s=\frac{1}{11}+5\%\approx14.1\%$$

丙方案的加权平均资金成本为

$$K_{W3}=40\%\times7\%+60\%\times14.1\%=11.26\%$$

从以上计算可以看出，乙方案的加权平均资金成本最低，所以应选用乙方案，即该企业应保持原来的资金结构，50%为负债资金，50%为自有资金。

知 识 总 结

筹资管理是财务管理的重要内容，主要介绍了筹资管理的认知、股权筹资、债务筹资、衍生工具筹资、资金需要量预测、资本成本与资本结构。企业在筹资之前，应采用一定的方法预测资金需要量，并且不同的资金可采用不同的筹资方式来筹措。

教 学 检 测

一、单项选择题

1．企业筹资管理的基本目标是（　　）。

A．合理选择筹资方式　　B．资本结构优化

C．取得较好的经济效益　　D．带来杠杆效应

2．某企业 2006 年息税前利润为 800 万元，固定成本（不含利息）为 200 万元，预计企业 2007 年销售量增长 10%，固定成本（不含利息）不变，则 2007 年企业的息税前利润会增长（　　）。

A．8%　　B．10%　　C．12.5%　　D．15%

3．下列关于混合筹资的说法不正确的是（　　）。

A．可转换债券的持有人可以随时按事先规定的价格或者转换比率，自由地选择转换为公司普通股

B．可转换债券筹资在股价大幅度上扬时，存在减少筹资数量的风险

C．认股权证具有实现融资和股票期权激励的双重功能

D．认股权证本身是一种认购普通股的期权，它没有普通股的红利收入，也没有普通股相应的投票权

4．关于留存收益，下列说法不正确的是（　　）。

A．留存收益是企业资金的一种重要来源
B．利用留存收益是企业将利润转化为股东对企业追加投资的过程
C．由于留存收益筹资不用发生筹资费用，所以留存收益筹资是没有成本的
D．在没有筹资费用的情况下，留存收益的成本计算与普通股是一样的

5．若企业 2009 年的经营性资产为 500 万元，经营性负债为 200 万元，销售收入为 1000 万元。经营性资产、经营性负债占销售收入的百分比不变，销售净利率为 10%，股利支付率为 40%，预计 2010 年销售收入增加 50%，则需要从外部筹集的资金是（　　）万元。

A．90　　B．60　　C．110　　D．80

二、多项选择题

1．下列各项中能够为企业筹集权益资金的包括（　　）。
A．吸收直接投资　　B．利用留存收益
C．融资租赁　　D．利用商业信用

2．以下各项关于可转换债券的说法中，正确的有（　　）。
A．筹得的资金具有债权性资金和权益性资金的双重性质
B．可节约利息支出
C．股价大幅度上扬时，存在减少筹资数量的风险
D．存在回售风险

3．可转换债券筹资的优点包括（　　）。
A．筹资效率高
B．可以节约利息支出
C．转换普通股时，无须另外支付筹资费用
D．筹资灵活

4．下列关于财务风险的说法正确的有（　　）。
A．财务风险是由于经理经营不善引起的
B．财务杠杆放大了资产报酬变化对普通股收益的影响，财务杠杆系数越高，财务风险越大
C．只要存在固定性资本成本，就存在财务杠杆效应
D．在其他因素一定的情况下，固定财务费用越高，财务杠杆系数越大

5．下列说法正确的有（　　）。
A．评价企业资本结构最佳状态的标准是能够提高股权收益或者降低资本成本
B．评价企业资本结构的最终目的是提高企业价值
C．最佳资本结构是使企业平均资本成本最低、企业价值最大的资本结构
D．资本结构优化的目标是降低财务风险

三、判断题

1．吸收直接投资是企业按照“共同投资、共同经营、共担风险、共享收益”的原则，直接吸收国家、法人、个人和外商投入资金的一种筹资方式。其中，以实物资产出资是吸收直接投资中最重要的出资方式。（　　）

2．优先股股东在股东大会上无表决权，所以优先股股东无权参与企业经营管理。（　　）
3．资本成本是评价投资项目可行性的唯一标准。（　　）
4．经营杠杆能够扩大市场和生产等不确定性因素对利润波动的影响。（　　）
5．资本成本即筹资费用，是指企业为筹集和使用资本而付出的代价。（　　）

四、计算题

1．资料：某公司 2003 年，销售收入为 520 000 元，实现净利 26 000 元，发放现金股利 10 400 元，公司尚有剩余生产能力，该公司 2003 年末资产负债表如下：

资产负债表

2003 年 12 月 31 日　　单位：元

资产	金额	负债及所有者权益	金额
现金	11 800	应付账款	59 000
应收账款	88 500	应交税金	29 500
存货	118 000	应付票据	17 700
固定资产净值	177 000	长期借款	118 000
长期投资	23 600	股本	206 500
无形资产	35 400	留存收益	23 600
资产合计	454 300	负债及所有者权益合计	454 300

资产负债中流动资产、应付账款、应交税金与销售变动有关部门；

若该公司 2004 年预计销售收入 590 000 元，并保持 2003 年的股利支付率；

2004 年折旧提取数为 3540 元，其他资金需要量为 11 800 元。

要求：按照销售百分比法预测计划年度筹资数量。

2．资料：某企业以融资租赁方式租用生产设备一台，该设备购进成本为 500 万元，且企业付出的设备租赁成本和手续费的现金和为 100 万元，租赁期 3 年。经双方协商，每半年末等额支付一次租金，市场利率为年利率 12%。

要求：根据上述资料，按复利方式计算每次应付的租金。

3．某企业计划筹集资金 100 万元，所得税税率为 33%。有关资料如下：

（1）向银行借款 10 万元，借款年利率 7%，手续费 2%。

（2）按溢价发行债券，债券面值 14 万元，溢价发行价格为 15 万元，票面利率 9%，期限为 5 年，每年支付一次利息，其筹资费率为 3%。

（3）发行优先股 25 万元，预计年股利率为 12%，筹资费率为 4%。

（4）发行普通股 40 万元，每股发行价格 10 元，筹资费率为 6%。预计第一年每股股利 1.2 元，以后每年按 8%递增。

（5）其余所需资金通过留存收益取得。

要求：

（1）计算个别资金成本。

（2）计算该企业加权平均资金成本。

4．某公司 2003 年销售产品 10 万件，单价 50 元，单位变动成本 30 元，固定成本总额 100

万元。公司负债 60 万元，年利息率为 12%，并须每年支付优先股股利 10 万元，所得税率 33%。要求：

（1）计算 2003 年边际贡献；

（2）计算 2003 年息税前利润总额；

（3）计算该公司 2004 年的复合杠杆系数。

5. 某企业拥有资金 500 万元，其中，银行借款 200 万元，普通股 300 万元。该公司计划筹集新的资金，并维持目前的资金结构不变。随筹资额增加，各筹资方式的资金成本变化如下：

筹资方式	新筹资额	资金成本
银行借款	30 万元以下	8%
	30～80 万元	9%
	80 万元以上	10%
普通股	60 万元以下	14%
	60 万元以上	16%

要求：

（1）计算各筹资总额的分界点。

（2）计算各筹资总额范围内资金的边际成本。

6. 某公司目前拥有资金 500 万元，其中，普通股 25 万股，每股价格 10 元，每股股利 2 元；债券 150 万元，年利率 8%；优先股 100 万元，年股利率 15%，目前的税后净利润为 87 万元，所得税税率为 33%。该公司准备新开发一投资项目，项目所需投资为 500 万元，预计项目投产后可使企业的年息税前利润增加 50 万元。投资所需资金有下列两种方案可供选择：

（1）发行债券 500 万元，年利率 10%；

（2）发行普通股股票 500 万元，每股发行价格 20 元。

要求：

（1）计算两种筹资方案的每股利润无差别点；

（2）计算两种筹资方案的财务杠杆系数与每股利润；

（3）若不考虑风险因素，确定该公司最佳的筹资方案。

7. 某公司目前的资本来源包括每股面值 1 元的普通股 800 万股和平均利率为 10%的 3000 万元债务。该公司现在拟投产一个新产品，该项目需要投资 4000 万元，预期投产后每年可增加营业利润（息税前盈余）400 万元。该项目备选的筹资方案有三个：

（1）按 11%的利率发行债券；

（2）按面值发行股利率为 12%的优先股；

（3）按 20 元/股的价格增发普通股。

该公司目前的息税前盈余为 1600 万元；公司适用的所得税率为 40%；证券发行费可忽略不计。

要求：

（1）计算按不同方案筹资后的普通股每股收益（填入下列的“每股收益计算表”）。

项目	发行债券	发行优先股	增发普通股
营业利润（万元）			
现有债务利息			
新增债务利息			
税前利润			
所得税			
税后利润			
优先股红利			
普通股收益			
股数（万股）			
每股收益			

（2）计算增发普通股和债券筹资的每股（指普通股，下同）利润无差别点，以及增发普通股和优先股筹资的每股利润无差别点。

（3）计算筹资前的财务杠杆和按三个方案筹资后的财务杠杆。

（4）根据以上计算结果分析，该公司应当选择哪一种筹资方式？理由是什么？

学习情境五　投 资 管 理

知识要点

（1）掌握项目投资的内容，掌握项目投资净现金流量确定的简化方法，掌握动态评价指标，净现值、净现值率、内部收益率的含义、优缺点、计算方法，掌握项目投资评价指标的运用。

（2）熟悉项目投资评价指标的含义、特点与计算方法。

（3）了解投资的含义、特点与投资的程序。

核心概念

项目投资　净现金流量　净现值　现值指数　内含报酬率

情境导入

鞍钢技术改造投资的财务谋划

鞍钢是个老企业，到 1996 年年底，平炉钢仍占钢产量的 57.7%，连铸比仅为 31.6%。产品生产成本高，市场竞争力弱，一度处于亏损边缘。为此，我们充分发挥财务管理的中心作用，通过对产品的品种、价格、成本等因素的效益分析，确立了淘汰落后的平炉模铸工艺等一系列技改方案。同时，积极筹措资金，反复论证各项投资方案，严格控制工程投资，走出一条“高起点，少投入，快产出，高收益”冶金老企业改造的新路子。

技术改造的财务目标：淘汰高耗工艺，降低成本。由于主要生产环节工艺落后，致使公司生产存在消耗大、成本高、效益差的问题。以 1995 年为例，一、二炼钢厂平炉与三炼钢厂转炉相比，钢材料、耐火材料、氧气、重油以及工序能耗等消耗均高出不少。炼 1 吨平炉钢平均比转炉钢成本高出 95 元，模铸钢还比连铸钢每吨成本高 204 元。通过各项技术经济指标对比分析，管理人员认识到要想使鞍钢走出困境，实现 3 年振兴的宏伟目标，就必须下决心迅速淘汰落后的生产工艺，这是鞍钢几代人的梦想。以前在旧的思想束缚下，由于资金短缺，技术复杂等诸多因素而畏难却步，从而失去了一次又一次良好的改造机遇。现在决心面对困难，充分发挥大型联合企业的优势，依靠自身力量，多渠道筹集改造资金，加速老企业技改进程。

1. 多方筹资，确保技术改造工程顺利进行

近 3 年来，鞍钢的技改投资规模初步确立为 80 亿元，而自有资金远远小于投资需要，为此，我们采取多种方式筹集资金。

（1）集中管理折旧资金。折旧资金是鞍钢技改工程的主要的资金来源，要求所属各单位按月足额提取并上缴，由公司集中统一管理和使用。

（2）通过各种融资渠道筹集建设资金。一是积极争取各金融机构的技改贷款，除了在主办行工商银行取得贷款，还争取到了开发银行、建设银行、中国银行、世界银行以及信托投资公司的贷款。二是积极争取国外银行的买方的信贷。三是选择一些好的项目，吸引国外的投资。四是通过金融机构向社会发行技改债券。3 年来，通过各种渠道共筹资 35.6 亿元，有力地支持了改造项目的建设。

（3）打破资金界限，合理调配资金。在资金使用上，打破专款专用的传统做法，将生产资金和改造资金统筹运用，综合平衡。在各时点上，允许资金合理调配使用，避免一方资金短缺，另一方有闲置的现象出现，充分地发挥了资金的使用效益。

2. 探索老企业技改新路子，高起点，少投入，快产出，高收益

鞍钢由于过去借贷搞改造，已经背上了十分沉重的包袱，1995 年公司的财务费用支出就达 17 亿元，如果再走过去主要靠贷款搞技改的老路，产出的效益还不够支付贷款的利息，只能是恶性循环，死路一条。为解放改造资金的问题，最重要的是眼睛向内，深挖现有的物资潜力，发挥自力更生、艰苦奋斗的精神，把有限的资金用在刀刃上，最大幅度地压缩工程成本，降低技改投资额，少花钱多办事。

（1）充分利用原地搞改造。鞍钢的平炉改造改转炉曾设计了几套方案，原先制定的“九五”技改规划准备投资 51.08 亿元，首先对二炼钢进行易地改造，而一炼钢的改造要拖到“十五”期间才能进行。这个方案的资金问题迫使鞍钢放弃了先易地改造二炼钢的计划，果断做出了逐步淘汰一炼钢 5 座 300 吨平炉，原地建成 3 座 95 吨气顶吹转炉的决策，这样，既充分利用了原有厂房和设备，又较好地解决了保产问题。一炼钢厂平改转工程如果异地另建，厂房的建设面积和设备重量分别为 40 000 平方米和 1.2 万吨，而这一次一炼钢厂平改转实际只增加厂房建筑面积 10 000 平方米。增加设备重量 6000 多吨，节约资金 2.46 亿元，并较好地解决了设备的布置、工艺布局和后期改造预留的问题，一炼钢厂的经验运用在二炼钢厂平改转工程上，同样取得了较好的效果。

（2）充分利用闲置的设备。在一炼钢厂平改转工程中，利用三炼钢厂闲置的两台风机，二初扎厂闲置的 6 台直流电机，一炼钢厂闲置的 5 台交流电动机，线材公司闲置的两台变压器等，总共节约资金 400 万元左右。在二炼钢厂平改转工程中，利用闲置的 5 个铁水罐，5 个钢水罐和 3 座二次除尘设备，1 座变电所等，总共节约资金 5000 万元。

（3）大力压缩工程造价。如一炼钢厂平改转工程中降低了定额取费标准和内部制造设备造价。在二炼钢厂平改转工程中，降低了定额取费标准和吊具费用，总共降低造价 2000 万元。

（4）实行三电控制系统总承包。在一、二炼钢平改转工程中、先后对三电控制系统由自动化公司进行总额为 1800 万元和 3300 万元的总承包，有效地控制和降低了费用。在采购设备和材料时，广泛采用招标竞标方法，使工程造价大幅度下降，如在一炼钢厂平改转工程中，仅招标订货就节省投资 780 万元。

（5）科学组织施工。为做到生产与改造并行，在改造工程中始终坚持科学合理地组织施工。如一炼钢厂平改转工程仅用了 1 年 13 天，二炼钢厂仅用了 10 个月 18 天的时间，一、二炼钢厂平改转期间，公司的钢产量仍保持原有的规模，避免了出现大的起伏。

3. 把技改成果与目标成本管理相结合

在技改项目转入生产后，企业首先从管理入手，积极组织达产达标攻关活动，按预计的技术经济指标确定产品的目标成本，并组织实施考核，从而改善了品种质量，治理了环境污染，特别是在降低消耗和成本方面取得了好的效果。以平改转工程为例，1997 年一炼钢厂 3 座转炉投产后，当年降低成本 0.4 亿元，1998 年二炼钢厂与 1996 年 57.8%的平炉钢相比，年成本可达 3.338 亿元。从提高连铸比增效看，通过对三炼钢厂 2 号的改造和二炼钢厂 3 号的改造，鞍钢的铸钢比将从 31.6%提高到 50.2%，以年产 845 万吨钢计算，增产就可多降低成本 4.48 亿元。预计一，二炼钢厂改造完工后，鞍钢可提高到 90%，效益更为可观。

【思考】

鞍钢技改项目的操作是否合理？

单元一　投资管理的认知

【情境资料 5-1】　B 企业拟新建一条生产线项目，2 年后投产，运营期为 20 年。全部建设投资分三次投入，分别安排在建设起点、建设期第 2 年年初和建设期末，投资额分别为 100 万元、300 万元和 68 万元；全部流动资金投资分两次投入，安排在建设期末和投产后第 1 年年末，投资额分别为 15 万元和 5 万元。根据项目筹资方案的安排，建设期资本化借款利息为 22 万元。

要求：

（1）确定建设期、经营期和项目计算期。

（2）计算建设投资、流动资金投资、原始投资和项目总投资。

一、投资的含义与种类

（一）投资的含义

投资是指特定经济主体为了在未来可预见的时期内获得收益或者使资金增值，在一定时机向一定领域的标的物投放足够数额的资金或者实物等货币等价物的经济行为。从特定企业角度看，投资就是企业为了获取收益而向一定对象投放资金的经济行为。

（二）投资的种类

（1）按投资行为的介入程度，分为直接投资和间接投资。

直接投资是不借助金融工具，由投资人直接将资金交付给被投资对象使用的投资，包括企业内部直接投资和对外直接投资，前者形成企业内部直接用于生产经营的各项资产、如各种货币资金、实物资产、无形资产等，后者形成企业的各种股权资产，如持有子公司或者联营公司股份等。间接投资是指通过购买被投资对象发行的金融工具而将资金间接转移交付给被投资对象使用的投资，如企业购买特定投资对象发行的股票、债券、基金等。

（2）按照投入的领域不同，分为生产性投资和非生产性投资。

生产性投资是指将资金投入生产、建设等物质生产领域中，并能够形成生产能力或者可以产出生产资料的投资，又称为生产资料投资。这种投资的最终成果将形成各种生产性资产，包括形成固定资产的投资、形成无形资产的投资、形成其他资产的投资和流动资金投资。其中，前三项属于垫支资本投资，后者属于周转资本投资。非生产性投资是指资金投入非物质生产领域中，不能形成生产能力，但能形成社会消费或者服务能力，满足人民的物质文化生活需要的一种投资。这种投资的最终成果是形成各种非生产性资产。

（3）按投资回收时间的长短，投资可分为短期投资和长期投资。

短期投资是指能够并且也准备在一年以内收回的投资。短期投资决策一般不考虑资金时间价值。长期投资一般指一年以上才能收回的投资。由于长期投资具有投资金额大时间长风险大的特点，所以在决策时应考虑资金时间价值，风险价值等。

（4）按照投资的方向不同，分为对内投资和对外投资。

从企业的角度看，对内投资就是项目投资，是指企业将资金投放于为取得供本企业生产经营使用的固定资产、无形资产、其他资产和垫支流动资金而形成的一种投资。对外投资是指企业为购买国家或者其他企业发行的有价证券或者其他金融产品（包括期货与期权、信托、保险等），或者以货币资金、实物资产、无形资产向其他企业（如联营公司、子公司等）注入资金而发生的投资。

（5）按投资的内容不同，投资可分为固定资产投资、无形资产投资、其他资产投资、流动资金投资、房地产投资、有价证券投资、期货与期权等金融衍生工具投资、信托投资、保险投资等多种形式。

二、项目投资的特点与意义

项目投资是一种以特定建设项目为投资对象的一种长期投资行为。

与其他形式的投资相比，项目投资具有投资内容独特（每个项目至少涉及一项形成固定资产的投资）、投资数额大、影响时间长（至少一年或者一个营业周期以上）、发生频率低、变现能力差和投资风险高的特点。

宏观角度看，项目投资具有以下两个方面的意义：

第一，项目投资是实现社会资本积累功能的主要途径，也是扩大社会再生产的重要手段，有助于促进社会经济的长期可持续发展；

第二，增加项目投资，能够为社会提供更多的就业机会，提高社会总供给量，不仅可以满足社会需求的不断增长，而且会最终拉动社会消费的增长。

从微观的角度看，项目投资具有以下三方面的积极意义：

第一，增强投资者经济实力。投资者通过项目投资，扩大其资本积累规模，提高其收益能力，增强其抵御风险的能力。

第二，提高投资者创新能力。投资者通过自主研发和购买知识产权，结合投资项目的实施，实现科技成果的商品化和产业化，不仅可以不断地获得技术创新，而且能够为科技转化成生产力提供更好的业务操作平台。

第三，提升投资者市场竞争能力。市场竞争不仅是人才的竞争、产品的竞争，而且从根本上来说是投资项目的竞争。一个不具备核心竞争能力的项目，是注定要失败的。无论是投资实践的成功经验还是失败的教训，都有助于促进投资者自觉地按市场规律办事，不断提升其市场竞争力。

三、投资决策及其影响因素

投资决策是指特定投资主体根据其经营战略和方针，由相关管理人员做出的有关投资目标、拟投资方向或者投资领域的确定和投资实施方案的选择过程。

一般而言，项目投资决策主要考虑以下几个因素。

1. 需求因素

需求情况可以通过考察投资项目建成投产后预计产品的各年营业收入（即预计销售单价与预计销量的乘积）的水平来反映。如果项目的产品不适销对路，或者质量不符合要求，或者产能不足，都会直接影响其未来的市场销路和价格水平。其中，产品是否符合市场需求、质量达到什么标准，取决于对未来的市场分析和工艺技术所达到水平的分析；而产能情况则直接取决于企业布局是否合理、原材料供应是否有保证，以及对生产能力和运输能力的分析。

2. 时期和时间价值因素

（1）时期因素是由项目计算期的构成情况决定的。项目计算期是指投资项目从投资建设开始到最终清理结束整个过程的全部时间，包括建设期和运营期。其中，建设期是指建设项目资金正式投入开始到项目建成投产为止所需要的时间，建设期第一年年初称为建设起点，建设期最后一年的年末称为投产日。在实践中，通常应参照项目建设的合理工期或者项目建设的合理进度计划确定合理建设期。项目计算期最后一年的年末称为终结点，假定最终报废或者清理均发生在终结点（但更新改造除外）。从投产日到终结点之间的时间称为运营期，又包括试产期和达产期（完全达到设计生产能力）两个阶段。试产期是指项目投入生产，但生产能力尚未完全达到设计能力时的过渡阶段。达产期是指生产运营达到设计预期水平后的时间。运营期一般应根据项目主要设备的经济使用寿命确定。

项目计算期、建设期和运营期之间具有以下成立关系，即

$$项目计算期(n)=建设期(s)+运营期(p)$$

（2）考虑资金时间价值因素，是指根据项目计算期不同时点上价值数据的特征，按照一定的折现率对其进行折现，从而计算出相关的动态评价指标。因此，科学地选择适当的折现率，对于正确开展投资决策至关重要。

3. 成本因素

成本因素包括投入和产出两个阶段的广义成本费用。

（1）投入阶段的成本。它是由建设期和运营期初期所发生的原始投资所决定的。从项目投资的角度看，原始投资（又称初始投资）等于企业为使该项目完全达到设计生产能力、开展正常经营而投入的全部现实资金，包括建设投资和流动资金投资两项内容。建设投资是在建设期内按一定生产经营规模和建设内容进行的投资。流动资金投资是指项目投产后分次或者一次投放于营运资金项目的投资增加额，又称垫支流动资金或者营运资金投资。

在财务可行性评价中，原始投资与建设期资本化利息之和称为项目总投资，这是一个反映项目投资总体规模的指标。

（2）产出阶段的成本。它是由运营期发生的经营成本、营业税金及附加和企业所得税三个因素所决定的。经营成本又称为付现的营运成本（或者简称付现成本），是指在运营期内为满足正常生产经营而动用货币资金支付的成本费用。从企业投资者的角度看，营业税金及附加和企业所得税都属于成本费用范畴，因此，在投资决策中需要考虑这些因素。

严格地讲，各项广义成本因素中除了所得税因素外，均需综合考虑项目的工艺、技术、生

产和财务等条件，通过开展相关的专业分析才能予以确定。

四、投资的程序

企业投资的程序主要包括以下几个步骤。

（1）提出投资领域和投资对象。这需要在把握良好投资机会的情况下，根据企业长远发展战略、中长期投资计划和投资环境的变化来确定。

（2）评价投资方案的可行性。在评价投资项目的环境、市场、技术和生产可行性的基础上，对财务可行性做出总体评价。

（3）投资方案的比较与选择。在财务可行性评价的基础上，对可供选择的多个投资方案进行比较与选择。

（4）投资方案的执行，即投资方案的具体实施。

（5）投资方案的再评价。在投资方案的执行过程中，应留意原来做出的投资决策是否合理、是否正确。一旦出现新的情况，就要随时根据变化的情况做出新的评价和调整。

五、投资项目的可行性研究

（一）可行性研究的概念

可行性是指一项事物可以做到的、现实行得通的、有成功把握的可能性。就企业投资项目而言，其可行性就是指对环境的不利影响最小、技术上具有先进性和适应性，产品在市场上能够被容纳或者被接受，财务上具有合理性和较强的盈利能力，对国民经济有贡献能够创造社会效益。

【小贴士】

可行性研究有广义和狭义之分。广义的可行性研究是指在现代环境中，组织一个长期投资项目之前，必须进行的有关该项目投资必要性的全面考察与系统分析，以及有关该项目未来在技术、财务乃至国民经济等诸方面能否实现其投资目标的综合论证与科学评价。它是有关决策人（包括宏观投资管理当局与投资当事人）做出正确可靠投资决策的前提与保证。广义的可行性研究包括机会研究、初步可行性研究和最终可行性研究三个阶段，具体包括环境与市场分析、技术与生产分析和财务可行性评价等主要分析内容。狭义的可行性研究专指在实施广义可行性研究中，与编制相关的研究报告相联系的有关工作。

（二）环境与市场分析

1. 建设项目的环境影响评价

在可行性研究中，必须开展建设项目的环境影响评价。所谓建设项目的环境，是指建设项目所在地的自然环境、社会环境和生态环境的统称。

建设项目的环境影响报告书应当包括以下内容：

（1）建设项目概况；

（2）建设项目周围环境现状；

（3）建设项目对环境可能造成影响的分析、预测和评估；

（4）建设项目环境保护措施及技术、经济论证；

（5）建设项目对环境的经济损益分析；

（6）对建设项目实施环境监测的建议；

（7）环境影响评价的结论。

建设项目的环境影响评价属于否决性指标，凡未开展或者没通过环境影响评价的建设项目，无论其经济可行性和财务可行性如何，一律不得上马。

2. 市场分析

市场分析又称市场研究，是指在市场调查的基础上，通过预测未来的市场变化趋势，了解拟建项目产品的未来销路而开展的工作。

进行投资项目可行性研究，必须从市场分析入手。因为一个投资项目的设想，大多数来自市场分析的结果或者源于某一自然资源的发现和开发，以及某一新技术、新设计的应用。即使是后两种情况。这项工作通常由市场营销人员或者委托的市场分析专家完成。

（三）技术与生产分析

1. 技术分析

技术分析是指在生产过程中由系统的科学知识、成熟的实践经验和操作技艺综合而成的专门学问和手段。它经常与工艺统称为工艺技术，但工艺是指为生产某种产品所采用的工作流程和制造方法，不能将两者混为一谈。广义的技术分析是指构成项目组成部分及发展阶段上凡与技术问题有关的分析论证与评价。它贯穿于可行性研究的项目确立、企业址选择、工程设计、设备造型和生产工艺确定等各项工作，成为与财务可行性评价相区别的技术可行性评价的主要内容。狭义的技术分析是指对项目本身所采用的工艺技术、技术装备的构成，以及产品的内在技术含量等方面内容进行的分析研究与评价。

2. 生产分析

生产分析是指在确保能够通过项目对环境影响评价的前提下，所进行的企业址选择分析、资源条件分析、建设实施条件分析、投产后生产条件分析等系列分析论证工作的统称。企业址选择分析包括选点和定址两个方面的内容。前者主要是指建设地区的选择，主要考虑生产力布局对项目的约束；后者则指项目具体地理位置的确定。在企业址选择时应通盘考虑自然因素（包括自然资源与自然条件）、经济技术因素、社会政治因素和运输及地理位置因素。

生产因素涉及的因素多，问题复杂，需要组织各方面的专家分工协作才能完成。

（四）财务可行性分析

财务可行性分析，是指在已完成相关环境与市场分析、技术与生产分析的前提下，围绕已具备技术可行性的建设项目而开展的，是有关该项目在财务方面是否具有投资可行性的一种专门的分析评价。

【情境资料解答】

根据情境资料 5-1 的要求，对其提出问题，解答如下：

（1）建设期=2年，经营期=20年，项目计算期=2+20=22（年）。

（2）建设投资合计=100+300+68=468（万元）；

流动资金投资合计=15+5=20（万元）；

原始投资=468+20=488（万元）；

项目总投资=488+22=510（万元）。

单元二　财务可行性要素的估算

【情境资料5-2】 B企业拟建的生产线项目，预计投产后第1年外购原材料、燃料和动力费为48万元，职工薪酬为23.14万元，其他费用为4万元，年折旧费为20万元，无形资产摊销为5万元，开办费摊销费为3万元；第2～5年每年外购原材料、燃料和动力费为60万元，职工薪酬为30万元，其他费用为10万元，每年折旧费为20万元，无形资产摊销费为5万元；第6～20年每年不包括财务费用的总成本费用为160万元，其中，每年外购原材料、燃料和动力费为90万元，每年折旧费为20万元，无形资产摊销费为0万元。

要求：

估算该项目投资后各年经营成本和不包括财务费用的总成本费用指标。

一、财务可行性要素的特征

财务可行性要素是指在项目的财务可行性评价过程中，计算一系列财务可行性评价指标所必须予以充分考虑的、与项目直接相关的、能够反映项目投入产出关系的各种主要经济因素的统称。

财务可行性要素通常应具备重要性、可计量性、时间特征、效益性、收益性、可预测性和直接相关性等特征。

财务可行性评价的重要前提，是按照一定定量分析技术估算所有的财务可行性要素，进而才能计算出有关的财务评价指标。

在估算时必须注意的是，尽管相当多的要素与财务会计的指标在名称上完全相同，但由于可行性研究存在明显的特殊性，导致这些要素与财务会计指标在计量口径和估算方法方面往往大相径庭。因此，千万不能生搬硬套财务会计的现成结论。

从项目投入产出的角度看，可将新建工业投资项目的财务可行性要素划分为投入类和产出类两种类型。

二、投入类财务可行性要素的估算

投入类财务可行性要素主要包括以下四项基本内容：

（1）在建设期发生的建设投资；

（2）在建设期末运营期初期发生的流动资金投资；

（3）在运营期发生的经营成本（付现成本）；

（4）在运营期发生的各种税金（包括营业税金及附加和企业所得税）。

（一）建设投资的估算

建设投资是建设期发生的主要投资，包括形成固定资产的费用、形成无形资产的费用、形成其他资产投资的费用和预备费四项内容进行估算。

1. 形成固定资产的费用的估算

形成固定资产的费用是项目直接用于购置或者安装固定资产应当发生的投资，应按照项目规模和投资计划所确定的建筑工程费、设备购置费、安装工程费和固定资产其他费用进行估算。任何建设项目都至少要包括一项形成固定资产费用的投资。形成固定资产费用的资金投入方式，可根据各项工程的工期安排和建造方式确定。为简化计算，当建设期为零（即取得的固定资产不需要建设和安装）或者建设期不到 1 年，且为自营建造时，可假定预先在建设起点一次投入全部相关资金；当建设期达到或者超过 1 年，且为出包建造时，可假定在建设起点和以后各年年初分次投入相关资金；当建设期达到或者超过 1 年，且为出包建造时，可假定在建设起点和建设期末分次投入相关资金。

在项目可行性研究中，形成固定资产的费用与固定资产原值的关系如下式

国有资产原值=形成固定资产的费用+建设期资本化利息+预备费

2. 形成无形资产的费用的估算

形成无形资产的费用是指项目直接用于取得专利权、商标权、非专利技术、土地使用权和特许权等无形资产而应当发生的投资。虽然商誉和著作权也属于无形资产的范畴，但新建项目通常不涉及这些内容，故在进行可行性研究时对其不予考虑。形成无形资产费用的资金投入方式，通常假定在建设期取得时一次投入。

（1）专利权和商标权的估算。在可行性研究中，应先确认项目是否通过外购或者接受投资方式取得该产权的合法所有权。如果只是短期取得某项专利权或者商标的使用权，就不能将其作为无形资产进行评估；若可通过外购方式取得该产权，则可按预计的取得成本估算；若属于投资转入，则可按约定作价或者评估价进行估算。新建项目通常很少发生自创专利权和商标权的情况，若确有发生，可按成本法或者市价法进行估算。

（2）非专利技术的估算。可根据非专利技术的取得方式分别对待：若从外部一次性购入可按取得成本估算；若作为投资转入，可按市价法或者收益法进行估算。

（3）土地使用权的估算。可按土地使用权的不同取得方式估算。如通过有偿转让方式取得土地使用权，则应按照预计发生的取得成本——土地使用权出让金估算；若属于投资方投资转入的土地使用权，可按投资合同或者协议约定的价值，也可按公允价值估算。

按我国《企业会计准则》规定，用于企业自行开发建造企业房建筑物的土地使用权，不得列作固定资产价值。

（4）特许权的估算。在项目可行性研究中，对项目有偿取得的永久或者长期使用的特许权，按取得成本进行估算。

3. 形成其他资产的费用的估算

形成其他资产的费用是指建设投资中形成固定资产和无形资产的费用以外的部分，包括生产准备费和开办费两项内容。生产准备费的资金投入方式，可假定在建设期末一次投入。开办费的资金投入方式，可假定在建设期内分次投入。

生产准备费的估算。生产准备费是指新建项目或者新增生产能力的企业为确保投产期期初

进行必要生产准备而应发生的费用，包括职工培训费、提前进企业熟悉工艺及设备性能等发生的相关费用。生产准备费可按需要培训和预计培训费标准，以及需要提前进企业的职工数和相关费用标准进行估算；也可按工程费用和生产准备费率估算。

开办费的估算。开办费是指在企业筹建期发生的，不能计入固定资产和无形资产，也不属于生产准备费的各项费用。可按工程费用和开办费率估算。

4. 预备费的估算

预备费又称为不可预见费，是指在可行性研究中难以预料的投资支出，包括基本预备费和涨价预备费。预备费的资金投入方式，可假定在建设期末一次投入。

基本预备费的估算。基本预备费是指由于建设期发生一般自然灾害而带来的工程损失或者为防范自然灾害而采取措施而追加的投资，又称为工程建设不可预见费。估算公式为

基本预备费=(形成固定资产的费用+形成无形资产的费用+形成其他资产的费用)×基本预备费率

涨价预备费的估算。涨价预备费是指为应付建设期内可能发生的通货膨胀而预留的投资，又称为价格上涨不可预见费。涨价预备费通常要根据工程费用和建设期预计通货膨胀率来估算。

【例 5-1】 B 企业拟建的生产线项目，需要在建设期内投入形成固定的费用为 400 万元；支付 20 万元购买一项专利权，支付 5 万元购买一项非专利技术；投入开办费为 3 万元，预备费为 40 万元，假定不考虑筹资方案的建设期资本化利息。根据上述资料，估算出该项目的无形资产的费用、其他资产的费用、建设投资费用及该项目的固定资产原值等指标。

解： 该项目形成无形资产的费用=20+5=25（万元）

该项目形成其他资产的费用为 3（万元）

该项目的建设投资=400+25+3+40=468（万元）

该项目的固定资产原值=400+0+40=440（万元）

（二）流动资金投资的估算

在项目投资决策中，流动资金是指在运营期内长期占用并周转使用的营运资金。估算公式为

某年流动资金投资额(垫支数)=本年流动资金需用数−截至上年流动资金投资额

=本年流动资金需用数−上年流动资金需用数

本年流动资金需用数=该年流动资金需用数−该年流动负债可用数

以上公式中流动资产只考虑存货、现实货币资金、应收账款和预付账款等项内容；流动负债只考虑应付账款和预收账款。

【小贴士】

流动资金投资属于垫付周转金，其资金投入方式也包括一次投入和分次投入两种形式。如果是一次投入，则假定发生在建设期期末；如果是分次投入，则假定发生在建设期末和运营期前期。

【例 5-2】 B 企业拟建的生产线项目，预计投产第一年的流动资产需用额为 30 万元，流动负债需用额为 15 万元；预计投产第二年流动资产需用额为 40 万元，流动负债需用额为 20

万元。根据上述资料，可估算该项目的哪些项目指标？

解： 投产第一年的流动资金需用额=30−15=15（万元）

第一次流动资金投资额=15−0=15（万元）

投产第二年的流动资金需用额=40−20=20（万元）

第二次流动资金投资额=20−15=5（万元）

流动资金投资合计=15+5=20（万元）

（三）经营成本的估算

经营成本又称为付现的营运成本（或者简称付现成本），是指在运营期内为满足正常生产经营而动用现实货币资金支付的成本费用。无论什么类型的投资项目，在运营期内都要发生经营成本，它的估算与具体的筹资方案无关。经营成本本来属于时期指标，为简化计算，可假定其发生在运营期各年的年末。

经营成本有加法和减法两种估算公式，分别为

某年经营成本=该年外购原材料燃料和动力费+该年职工薪酬+该年修理费+该年其他费用

某年经营成本=该年不包括财务费用的总成本费用−该年折旧费−该年无形资产和其他资产的摊销额

其中，折旧额和摊销额可根据本项目的固定资产原值、无形资产和其他资产数据，以及这些项目的折旧年限和摊销年限进行测算；不包括财务费用的总成本费用可按照运营期内一个标准年份的正常产销量和预计成本消耗水平进行测算，其计算公式为

某年不包括财务费用的总成本费用=该年固定成本(含费用)+单位变动成本(含费用)×该年预计产销量

上述成本中既不包括固定性的财务费用，也不包括变动性的财务费用。

（四）运营期相关税金的估算

在进行财务可行性评价中，需要估算的运营期相关税金包括营业税金及附加和调整所得税两项因素。为简化计算，假定它们都发生在运营期各年的年末。

1. 营业税金及附加的估算

营业税金及附加的估算，需要通盘考虑项目投产后在运营期内应交纳的营业税、消费税、土地增值税、资源税、城市维护建设税和教育费附加等因素；尽管应交增值税不属于营业税金的范畴，但在估算城市维护建设税和教育费附加时，还要考虑应交增值税的因素。

在不考虑土地增值税和资源税的情况下，营业税金及附加的估算公式为

营业税金及附加=应交营业税+应交消费税+城市维护建设税+教育费附加

其中：

城市维护建设税=(应交营业税+应交消费税+应交增值税)×城市维护建设税税率

教育费附加=(应交营业税+应交消费税+应交增值税)×教育费附加率

为简化计算，也可以合并计算城市维护建设税和教育费附加。

【例 5-3】 根据情境资料 5-2，企业拟建的生产线项目，预计投产后第 1 年营业收入为 180 万元，第 2～5 年每年营业收入为 200 万元，第 6～20 年每年营业收入为 300 万元；适用的增值税税率为 17%，城建税税率为 7%，教育费附加率为 3%。该企业不缴纳营业税和消费税。根据上述资料，可估算出该项目的哪些指标？

解： 投产后第 1 年的应交增值税=(营业收入−外购原材料燃料和动力费)×增值税税率

=(180−48)×17%=22.44（万元）

投产后第 2～5 年每年的应交增值税=(200−60)×17%=23.8（万元）

投产后第 6～20 年每年的应交增值税=(300−90)×17%=35.7（万元）

投产后第 1 年的营业税金及附加=22.44×(7%+3%)=2.244≈2.24（万元）

投产后第 2～5 年每年的营业税金及附加=23.80×(7%+3%)=2.38（万元）

投产后第 6～20 年每年的营业税金及附加=35.70×(7%+3%)=3.57（万元）

2. 调整所得税的估算

调整所得税是项目可行性研究中的一个专有术语，它是为简化计算而设计的虚拟企业所得税额，其计算公式为

调整所得税=息税前利润×适用的企业所得税税率

息税前利润=营业收入+补贴收入−不包括财务费用的总成本费用−营业税金及附加

【例 5-4】 根据情境资料 5-2 和例 5-3 的资料，B 企业使用的所得税税率为 25%，不享受任何减免税待遇。根据上述资料，可估算出该项目的哪些项目指标？

解： 投产后第 1 年的息税前利润=180−(48+23.14+4+20+5+3)−2.24=74.62（万元）

投产后第 2～5 年每年的息税前利润=200−(60+30+10+20+5)−2.38=72.62（万元）

投产后第 6～20 年每年的息税前利润=300−160−3.57=136.43（万元）

投产后第 1 年的调整所得税=74.62×25%=18.655≈18.66（万元）

投产后第 2～5 年每年的调整所得税=72.62×25%=18.155≈18.16（万元）

投产后第 6～20 年每年的调整所得税=136.43×25%=34.108≈34.11（万元）

关于增值税的说明。

增值税属于价外税，不属于投入类财务可行性要素，也不需要单独估算。但在估算城市维护建设税和教育费附加时，要考虑应交增值税指标。

【课堂讨论】

投资项目的经营成本不包括哪些内容？

三、产出类财务可行性要素的估算

产出类财务可行性要素包括以下四项内容：

（1）在运营期发生的营业收入；

（2）在运营期发生的补贴收入；

（3）通常在项目计算期末回收的固定资产余值；

（4）通常在项目计算期末回收的流动资金。

1. 营业收入的估算

营业收入应按项目在运营期内有关产品的各年预计单价（不含增值税）和预测销售量（假定运营期每期均可以自动实现产销平衡）进行估算。营业收入也属于时期指标，为简化计算，假定营业收入发生于运营期各年的年末。在项目只生产经营一种产品的条件下，营业收入的估算公式为

年营业收入=该年产品不含税单价×该年产品的产销量

【例 5-5】 B 企业拟建的生产线项目只生产一种产品，假定该产品的销售单价始终保持为 1000 元/件的水平，预计投产后各年的产销量数据如下：第 1 年为 1800 件；第 2～5 年每年为 2000 件；第 6～20 年每年为 3000 件。根据上述资料，可估算该项目的哪些项目指标？

解： 投产后第 1 年营业收入=1000×1800=180（万元）

第 2～5 年每年营业收入=1000×2000=200（万元）

第 6～20 年每年营业收入=1000×3000=300（万元）

2. 补贴收入的估算

补贴收入是与运营期收益有关的政府补贴，可根据按政策退还的增值税、按销量或者工作量分期计算的定额补贴和财政补贴等予以估算。

3. 固定资产余值的估算

在进行财务可行性评价时，假定主要固定资产的折旧年限等于运营期，则终结点回收的固定资产余值等于该主要固定资产的原值与其法定净残值率的乘积，或者按事先确定的净残值估算；在运营期内，因更新改造而提前回收的固定资产净损失等于其折余价值与预计可变现净收入之差。

4. 回收流动资金的估算

当项目处于终结点时，所有垫付的流动资金都将退出周转，因此，在假定运营期内不存在因加速周转而提前回收流动资金的前提下，终结点一次回收的流动资金必然等于各年垫支的流动资金投资额的合计数。

【小贴士】

在进行财务可行性评价时，将在终结点回收的固定资产余值和流动资金统称为回收额。

【例 5-6】 根据情境资料 5-2 和例 5-5 的资料，假定 B 企业拟建生产线项目的固定资产原值在终结点的预计净残值为 40 万元，全部流动资金在终结点一次回收。根据上述资料，可估算该项目的哪些项目指标？

解： 回收的固定资产余值为 40 万元

回收的流动资金为 20 万元

回收额=40+20=60（万元）

【情境资料解答】

根据情境资料 5-2 的要求，对 B 企业拟建生产线项目的分析如下：

投产后第 1 年的经营成本=48+23.14+4=75.14（万元）

投产后第 2～5 年每年的经营成本=60+30+10=100（万元）

投产后第 6～20 年每年的经营成本=160−20−0=140（万元）

投产后第 1 年不包括财务费用的总成本费用=75.14+(20+5+3)=103.14（万元）

单元三　投资项目财务可行性评价指标的测算

【情境资料 5-3】　众信公司准备购入一设备以扩充生产能力。现有甲、乙两个方案可供选择，甲方案需投资 20 000 元，使用寿命 5 年，采用直线折旧，5 年后设备无残值。5 年中每年销售收入为 12 000 元，每年的付现成本为 4000 元。乙方案需要投资 24 000 元，采用直线法计提折旧，使用寿命也为 5 年，5 年后有残值收入 4000 元。5 年中每年的销售收入为 16 000 元，付现成本第 1 年为 6000 元，以后随着设备陈旧，逐年将增加修理费 800 元，另需垫支营运资金 6000 元，所得税率为 40%。资金成本为 10%。

要求：

分别计算两个方案的投资回收期、平均投资报酬率、净现值、现值指数和内含报酬率。

一、财务可行性评价指标的类型

财务可行性评价指标，是指用于衡量投资项目财务效益大小和评价投入产出关系是否合理，以及评价投资项目是否具有财务可行性所依据的一系列量化指标的统称。由于这些指标不仅可用于评价投资方案的财务可行性，而且还可以与不同的决策方法相结合，作为多方案比较与选择决策方案的量化标准与尺度，因此，在实践中又称为财务投资决策评价指标，简称评价指标。

财务可行性评价指标很多，本单元主要介绍静态投资回收期、总投资收益率、净现值、净现值率和内部收益率五个指标。

财务可行性评价指标可以按以下标准进行分类。

（1）按照是否考虑资金时间价值分类，可分为静态评价指标和动态评价指标。前者是指在计算过程中不考虑资金时间价值因素的指标，简称为静态指标，包括总投资收益率和静态投资回收期；后者是指在计算过程中充分考虑和利用资金时间价值因素的指标。

（2）按指标性质不同，可分为在一定范围内越大越好的正指标和越小越好的反指标两大类。五个指标中只有静态投资回收期属于反指标。

（3）按指标在决策中的重要性分类，可分为主要指标、次要指标和辅助指标。净现值、净现值率、内部收益率等为主要指标；静态投资回收期为次要指标；总投资收益率为辅助指标。

从总体看，计算财务可行性评价指标需要考虑的因素包括财务可行性要素、项目计算期的构成、时间价值和投资的风险。其中，前两项因素是计算任何财务可行性评价指标都需要考虑的因素，可以通过测算投资项目各年的净现金流量来集中反映；时间价值则是计算动态指标应当考虑的因素，投资风险既可以通过调整项目净现金流量来反映，也可以通过修改折现率指标来反映。因此，本节先介绍测算投资项目各年净现金流量的技巧，然后结合动态评价指标的计算讨论如何确定折现率。

二、投资项目净现金流量的预算

投资项目的净现金流量（又称为现金净流量，记作 NCF_t）是指在项目计算期内由建设项目每年现金流入量（记作 CI_t）与每年现金流出量（记作 CO_t）之间的差额所形成的序列指标。其理论计算公式为

$$某年净现金流量=该年现金流入量-该年现金流出量=CI_t-CO_t\ (t=0,1,2,\cdots,n)$$

式中　现金流入量（又称为现金流入）——在其他条件不变时能使现金存量增加的变动量；

现金流出量（又称为现金流出）——在其他条件不变时能使现金存量减少的变动量。

建设项目现金流入量主要包括的内容有营业收入、补贴收入、回收固定资产余值和回收流动资金等产出类财务可行性要素。

建设项目现金流出量主要包括的内容有建设投资、流动资金投资、经营成本、维持运营投资、营业税金及附加和企业所得税等投入类财务可行性要素。

显然，净现金流量具有以下两个特征：第一，无论是在运营期内还是在建设期内都存在净现金流量的范畴；第二，由于项目计算期不同阶段上的现金流入量和现金流出量发生的可能性不同，使得各阶段上的净现金流量在数值上表现出不同的特点，如建设期内的净现金流量一般小于或者等于零；在运营期内的净现金流量则多为正值。

【小贴士】

净现金流量又包括所得税前净现金流量和所得税后净现金流量两种形式，前者不受筹资方案和所得税政策变化的影响，是全面反映投资项目方案本身财务获利能力的基础数据。计算时，现金流出量的内容中不考虑调整所得税因素；后者则将所得税视为现金流出，可用于评价在考虑所得税因素时项目投资对企业价值所做的贡献。可以在税前净现金流量的基础上，直接扣除调整所得税求得。

（一）确定新建项目净现金流量的方法

确定一般建设项目的净现金流量时，可分别采用列表法和简化法两种方法。列表法是指通过编制现金流量表来确定项目净现金流量的方法，又称为一般方法，这是无论在什么情况下都可以采用的方法；简化法是指在特定条件下直接利用公式来确定项目净现金流量的方法，又称为特殊方法或者公式法。

1. 列表法

在项目投资决策中使用的现金流量表，是用于全面反映某投资项目在其未来项目计算期内每年的现金流入量和现金流出量的具体构成内容，以及净现金流量水平的分析报表。它与财务会计使用的现金流量表在具体用途、反映对象、时间特征、表格结构和信息属性等方面都存在较大差异。

项目可行性研究中使用的现金流量表包括“项目投资现金流量表”、“项目资本现金流量表”和“投资各方现金流量表”等不同形式。本单元主要介绍项目投资现金流量表的编制方法。

项目投资现金流量表要根据项目计算期内每年预计发生的具体现金流入量要素与同年现

金流出量要素逐年编制。同时还要具体详细列示所得税前净现金流量、累计所得税前净现金流量、所得税后净现金流量和累计所得税后净现金流量，并要求根据所得税前后的净现金流量分别计算两套内部收益率、净现值和投资回收期等可行性评价指标。

与全部投资的现金流量表相比，项目资本现金流量表的现金流入项目没有变化，但现金流出项目不同，其具体内容包括项目资本投资、借款本金偿还、借款利息支付、经营成本、营业税金及附加、所得税和维持运营投资等。此外，该表只计算所得税后净现金流量，并据此计算资本现金内部收益率指标。

【例 5-7】 B 企业拟建生产线项目的建设投资估算额及投入时间、流动资金投资的估算额及投入时间、各年经营成本的估算额、各年调整所得税的估算、各年营业收入和营业税金及附加的估算额、回收额的估算额如例 5-1 至例 5-6 的计算结果所示。根据上述资料，编制该项目投资现金流量表参见表 5-1。

2. 简化法

除更新改造项目外，新建设投资项目的建设期净现金流量可直接按以下简化公式计算

$$\text{建设期某年净现金流量}(\mathrm{NCF}_t)=-\text{该年原始投资额}$$
$$=-I_t(t=0,\ 1,\ \cdots,\ s,\ s\geqslant 0)$$

式中 I_t——第 t 年原始投资额；

s——建设期年数。

由上式可见，当建设期 s 不为零时，建设期净现金流量的数量特征取决于其投资方式是分次投入还是一次投入。

投资项目的运营期所得税前净现金流量（NCF_t）可按以下简化公式计算求得

$$\text{运营期某年所得税前净现金流量}=\text{该年息税前利润}+\text{该年折旧}+\text{该年回收额}-\text{该年维持运营投资}-\text{该年流动资金投资}$$
$$=\mathrm{EBIT}_t+D_t+M_t+R_t-O_t-C_t(t=s+1,\ s+2,\cdots,\ n)$$

式中 EBIT_t——第 t 年的息税前利润；

D_t——第 t 年的折旧费；

M_t——第 t 年的摊销费；

R_t——第 t 年的回收额；

O_t——第 t 年维持运营投资；

C_t——第 t 年流动资金投资。

【例 5-8】 B 企业拟建生产线项目的建设投资估算额及投入时间、流动资金投资的估算额及投入时间、各年折旧额和摊销额、各年息税前利润、回收额的估算额如例 5-1 至例 5-6 的计算结果所示。

解：根据上述资料，按简化法估算的该项目投资各年所得税前净现金流量如下。建设期的所得税前净现金流量：

$\mathrm{NCF}_0=-100$ 万元

$\mathrm{NCF}_1=-300$ 万元

$\mathrm{NCF}_2=-(68+15)=-83$（万元）

表 5-1 B 企业生产线投资项目现金流量表（项目投资）

价值单位：万元

项目计算期（第 t 年）	建设期			运营期										合计
	0	1	2	3	4	5	6	7	8	9	…	21	22	
1. 现金流入量				180	200	200	200	200	300	300	…	300	360	5540
1.1 营业收入				180	200	200	200	200	300	300	…	300	300	5480
1.2 补贴收入											⋮			
1.3 回收固定资产余值											⋮		40	40
1.4 回收流动资金											⋮		20	20
2. 现金流出量	100	300	83	82.38	102.38	102.38	102.38	102.38	143.57	143.57	…	143.57	143.57	3128.45
2.1 建设投资	100	300	68								⋮			468.00
2.2 流动资金投资			15	5.00							⋮			20.00
2.3 经营成本				75.14	100	100	100	100	140	140	…	140	140	2575.14
2.4 营业税金及附加				2.24	2.38	2.38	2.38	2.38	3.57	3.57	…	3.57	3.57	65.31
2.5 维持运营投资											⋮			
3. 所得税前净现金流量	-100	-300	-83	97.62	97.62	97.62	97.62	97.62	156.43	156.43	…	156.43	216.43	2411.55
4. 累计所得税前净现金流量	-100	-400	-483	-385.38	-287.76	-190.14	-92.52	5.10	161.53	317.96	…	2195.12	2411.55	
5. 调整所得税（25%）				18.66	18.16	18.16	18.16	18.16	34.11	34.11	…	34.11	34.11	602.95
6. 所得税后净现金流量	-100	-300	-83	78.96	79.46	79.46	79.46	79.46	122.32	122.32	…	122.32	182.32	1808.60
7. 累计所得税后净现金流量	-100	-400	-483	-404.04	-324.58	-245.12	-165.66	-86.20	-36.12	158.44	…	1626.28	1808.60	

计算指标：净现值（所得税前）=482.45 万元（基准折现率为 10%）；
净现值（所得税后）=292.04 万元（基准折现率为 10%）；
内部收益率（所得税前）=20.01%；
内部收益率（所得税后）=16.55%；
包括建设期的投资回收期（所得税前）=6.95 年；
不包括建设期的投资回收期（所得税前）=4.95 年；
包括建设期的投资回收期（所得税后）=7.70 年；
不包括建设期的投资回收期（所得税后）=5.70 年。

运营期的所得税前净现金流量：

NCF_3=74.62+20+(5+3)+0−0−5=97.62（万元）

$NCF_{4\sim7}$=72.62+20+(5+0)+0−0−0=97.62（万元）

$NCF_{8\sim21}$=136.42+20+(0+0)+0−0−0=156.43（万元）

NCF_{22}=136.43+20+(0+0)+60−0−0=216.43（万元）

通过比较本例与例 5-7 的计算结果可以发现，简化法与列表法的计算结果完全相同。

对新建项目而言，所得税因素不会影响建设期的净现金流量，只会影响运营期的净现金流量。

运营期某年所得税后净现金流量=该年所得税前净现金流量−(该年息税前利润−利息)×所得税税率

$$=NCF_t-(EBIT_t-I)\cdot T$$

式中 NCF_t——第 t 年的所得税前净现金流量；

T——适用的企业所得税税率。

【例 5-9】 B 企业各年所得税前净现金流量各年息税前利润、适用的企业所得税税率如例 5-1 至例 5-6 的计算结果所示。根据上述资料，并假定本例中财务费用（利息）为 0，按简化法估算该项目运营期各年所得税后净现金流量。

解： NCF'_3=97.62−74.62×25%≈78.97（万元）

$NCF'_{4\sim7}$=97.62−72.62×25%≈79.47（万元）

$NCF'_{8\sim21}$=156.43−136.43×25%≈122.32（万元）

NCF'_{22}=216.43−136.43×25%≈182.32（万元）

（二）单纯固定资产投资项目净现金流量的确定方法

如果某投资项目的原始投资中，只涉及形成固定资产的费用，而不涉及形成无形资产的费用、形成其他资产的费用或者流动资产投资，甚至连预备费也可以不予考虑，则该项目就属于单纯固定资产投资项目。

从这类项目所得税前现金流量的内容看，仅涉及建设期增加的固定资产投资和终结点发生的固定资产余值，在运营期发生的因使用该固定资产而增加的营业收入、增加（或者节约）的经营成本、增加的营业税及附加。这些因素集中会表现为运营期息税前利润的变动和折旧的变动。因此，估算该类项目的净现金流量可直接应用以下公式。

（1）建设期净现金流量。

建设期某年的净现金流量=−该年发生的固定资产投资额

（2）运营期净现金流量。

运营期某年所得税前净现金流量=该年因使用该固定资产新增的息税前利润+该年因使用该固定资产新增的折旧+该年回收的固定资产净残值

运营期某年所得税后净现金流量=运营期某年所得税前净现金流量−（该年因使用该固定资产新增的税前利润−利息）×所得税税率

【例 5-10】 企业拟购建一项固定资产，需在建设起点一次投入全部资金 1100 万元均为自有资金，建设期为 1 年。固定资产的预计使用寿命为 10 年，期末有 100 万元净残值，按直线法折旧。预计投产后每年可使企业新增 100 万元息税前利润。适用的企业所得税税率为 25% 。根据上述资料，可以估算该项目的哪些指标？

解： 项目计算期=1 + 10= 11（年）

固定资产原值为 1100 万元

投产后第 1～10 年每年的折旧额= $\frac{1100-100}{10}$ =100（万元）

建设期净现金流量 NCF_0= −1100（万元）

NCF_1=0（万元）

运营期所得税前净现金流量 $NCF_{2\sim10}$= 100 + 100 + 0=200（万元）

NCF_{11}= 100+ 100 + 100=300（万元）

运营期所得税后净现金流量 $NCF_{2\sim10}'$= 200−100 × 25%=175（万元）

NCF_{11}'= 300−100 × 25% =275（万元）

三、静态评价指标的计算方法及特征

（一）静态投资回收期

静态投资回收期（简称回收期），是指以投资项目经营净现金流量抵偿原始总投资所需要的全部时间。它有“包括建设期的投资回收期（记作 PP）”和“不包括建设期的投资回收期（记作 PP′）”两种形式。

确定静态投资回收期指标可分别采取公式法和列表法。

1. 公式法

公式法又称为简化方法。如果某一项目运营期内前若干年（假定为 s+1～s+m 年，共 m 年）每年净现金流量相等，且其合计大于或者等于建设期发生的原始投资合计，可按以下简化公式直接求出投资回收期：

$$\text{不包括建设期的投资回收期(PP}')=\frac{\text{建设期发生的原始投资合计}}{\text{运营期内前若干年每年相等的净现金流量}}=\frac{\sum_{t=0}^{s}I_t}{NCF_{(s+1)\sim(s+m)}}$$

包括建设期的投资回收期（PP）=因旧固定资产提前报废发生净损失而抵减的所得税额+建设期=PP'+s

式中 I_t——建设期第 t 年发生的原始投资。

如果全部流动资金投资均不发生在建设期内，则上式分子应调整为建设期投资合计。

【例 5-11】 某投资项目的所得税前净现金流量分别为：NCF_0 为−1000 万元，NCF_1 为 0 万元，$NCF_{2\sim10}$ 为 200 万元，NCF_{11} 为 300 万元。

根据上述资料，计算静态投资回收期。

解： 建设期 s=1 年，投产后第 2～10 年净现金流量相等，m=9 年

运营期前 9 年每年净现金流量 $NCF_{2\sim10}$=200（万元）

建设期发生的原始投资合计 $\sum_{t=0}^{1}I_t$ =1000（万元）

因为 m×运营期前 m 年第 0 年相等的净现金流量= 9×200 = 1800 >原始投资额=1000(万元)，所以可以使用简化公式计算静态投资回收期。

$$不包括建设期的投资回收期（所得税前）PP'=\frac{1000}{200}=5（年）;$$

$$包括建设期的投资回收期（所得税前）PP = PP'+ s = 5 + 1 = 6（年）$$

公式法所要求的应用条件比较特殊，包括项目运营期内前若干年内每年的净现金流量必须相等，这些年内的净现金流量之和应大于或者等于建设期发生的原始投资合计，如果不能满足上述条件，就无法采用这种方法，必须采用列表法。

2. 列表法

所谓列表法是指通过列表计算“累计净现金流量”的方式，来确定包括建设期的投资回收期，进而再推算出不包括建设期的投资回收期的方法。因为无论在什么情况下，都可以通过这种方法来确定静态投资回收期，所以此法又称为一般方法。

该列表法的原理：按照回收期的定义，包括建设期的投资回收期 PP 满足以下关系式，即

$$\sum_{t=0}^{PP} NCF_t = 0$$

这表明在财务现金流量表的“累计净现金流量”一栏中，包括建设期的投资回收期 PP 恰好是累计净现金流量为零的年限。

【例 5-12】 使用例 5-11 的数据。据此按列表法编制某企业固定资产投资项目现金流量表见表 5-2。

表 5-2 某固定资产投资项目现金流量表（项目投资）

价值单位：万元

项目计算期	建设期		运营期								合计
（第 t 年）	0	1	2	3	4	5	6	…	10	11	
…	…	…	…	…	…	…	…	…	…	…	…
所得税前净现金流量	−1000	0	200	200	200	200	200	…	200	300	1100
累计所得税前净现金流量	−1000	−1000	−800	−600	−400	−200	0	…	+800	+1100	…

解： 因为第 6 年的累计净现金流量为 0，所以 PP=6（年）

PP'=6−1=5（年）

本例表明，按列表法计算的结果与按公式法计算的结果相同。

如果无法在“累计净现金流量”栏上找到零，必须按以下公式计算包括建设期的投资回收期 PP，即

$$包括建设期的投资回收期(PP)=最后一项为负值的累计净现金流量对应的年数+\frac{最后一项为负值的累计净现金流量绝对值}{下一年度净现金流量}$$

或者：

$$包括建设期的投资回收期(PP)=累计净现金流量第一次出现的年份-1+\frac{该年初尚未回收的投资}{该净现金流量}$$

【例 5-13】 据此可按列表法确定该投资项目的静态投资回收期参见表 5-3。

表 5-3 某生产线投资项目现金流量表（项目投资）

价值单位：万元

项目计期	建设期			运营期								合计
（第 t 年）	0	1	2	3	4	5	6	7	8	…	22	
所得税前净现金流量	0	-300	-83	97.62	97.62	97.62	97.62	97.62	156.43	…	216.43	2411.55
累计所得税前净现金流量	-100	-400	-483	-385.38	-287.76	-190.14	-92.52	5.10	161.53	…	2411.55	…
…	…	…	…	…	…	…	…	…	…	…	…	…
所得税后净现金流量	-100	-300	-83	78.96	79.46	79.46	79.46	79.46	122.32	…	182.32	1808.60
累计所得税后净现金流量	-100	-400	-483	-404.04	-324.58	-245.12	-165.66	-86.20	36.12	…	1808.60	…

解： 因为第 6 年的累计所得税前净现金流量<0，第 7 年的累计所得税前净现金流量>0，所以：

$$包括建设期的投资回收期（所得税前）PP = 6 + \frac{|-92.52|}{97.62} \approx 6.95（年）$$

不包括建设期的投资回收期（所得税前）PP'=6.95-2=4.95（年）

同理，可计算出的所得税后的投资回收期指标分别为 7.70 年和 5.70 年。

静态投资回收期的优点是能够直观地反映原始投资的返本期限，便于理解，计算也不难，可以直接利用回收期之前的净现金流量信息。缺点是没有考虑资金时间价值因素和回收期满后继续发生的净现金流量，不能正确反映投资方式的不同对项目的影响。

只有静态投资回收期指标小于或者等于基准投资回收期的投资项目才具有财务可行性。

【课堂讨论】

投资回收期越短越好，一般而言，投资回收期在整个项目计算期内占多少合适？

（二）总投资收益率

总投资收益率，又称为投资报酬率（记作 ROI），是指达产期正常年份的年息税前利润或者运营期年均息税前利润占项目总投资的百分比。

总投资收益率的计算公式为

$$总投资收益率(ROI)=\frac{年息税前利润或年均息税前利润}{项目总投资}\times 100\%$$

总投资收益率的优点是计算公式简单；缺点是没有考虑资金时间价值因素，不能正确反映建设期长短及投资方式的不同和回收额的有无等条件对项目的影响，分子、分母的计算口径的可比性较差，无法直接利用净现金流量信息。

只有总投资收益率指标大于或者等于基准总投资收益率的投资项目才具有财务可行性。

四、动态评价指标的计算方法及特征

（一）折现率的确定

在财务可行性评价中，折现率（记作 i_c）是指计算动态评价指标所依据的一个重要参数，财务可行性评价中的折现率可以按以下方法确定。

第一，以拟投资项目所在行业（而不是单个投资项目）的权益资本必要收益率作为折现率，适用于资金来源单一的项目。

第二，以拟投资项目所在行业（而不是单个投资项目）的加权平均资金成本作为折现率，适用于相关数据齐备的行业。

第三，以社会的投资机会成本作为折现率，适用于已经持有投资所需资金的项目。

第四，以国家或者行业主管部门定期发布的行业基准资金收益率作为折现率，适用于投资项目的财务可行性研究和建设项目评估中的净现值和净现值率指标的计算。

第五，完全人为主观确定折现率，适用于按逐次测试法计算内部收益率指标。本单元中所使用的折现率，按第四种方法或者第五种方法确定。

关于财务可行性评价中使用的折现率，必须在理论上明确以下问题。

第一，折现率与金融业务中处理未到期票据贴现中所使用的票据贴现率根本不是一个概念，不得将两者相混淆，最好也不要使用“贴现率”这个术语。

第二，在确定折现率时，往往需要考虑投资风险因素，可人为提高折现率水平，而反映时间价值的利息率或者贴现率则通常不考虑风险因素。

第三，折现率不应当也不可能根据单个投资项目的资金成本计算出来。

因为在财务可行性评价时，不是以筹资决策和筹资行为的实施为前提。筹资的目的是为了投资项目筹措资金，只有具备财务可行性的项目才有进行筹资决策的必要，所以投资决策与筹资决策在时间顺序上不能颠倒位置，更不能互为前提。除非假定投资决策时项目所需资金已经全部筹措到位，否则，对于连是否具有财务可行性都不清楚的投资项目，根本没有进行筹资决策的必要，也无法算出其资本成本。即使已经持有投资所需资金的项目，也不能用筹资形成的资本成本作为折现率，因为由筹资所形成的资本成本中只包括了资金供给者（原始投资者）所考虑的向筹资者进行投资的风险，并没有考虑资金使用者（企业）利用这些资金进行直接项目投资所面临的风险因素[1]。

（二）净现值

净现值（记作 NPV），是指在项目计算期内，按设定折现率或者基准收益率计算的各年净现金流量现值的代数和，其理论计算公式为

[1] 当然，在进行证券投资决策时，由于投资者已经拥有投资所需的资金，其资金成本已经客观存在，可以在此基础上确定计算动态决策指标所需要的折现率。为什么国外编写的《财务管理》教材无一例外地主张以资本成本作为投资折现率，因为这些教材所研究的投资决策，大多以金融市场的存在为前提条件，以有价证券为主要投资内容。

$$净现值（NPV）=\sum_{t=0}^{n}（第\ t\ 年的净现金流量\times第\ t\ 年的复利现值系数）$$

计算净现值指标可以通过一般方法、特殊方法和插入函数法三种方法来完成。

1. 净现值指标计算的一般方法

一般方法具体包括公式法和列表法两种形式。

（1）公式法。本方法是指根据净现值的定义，直接利用理论计算公式来完成该指标计算的方法。

（2）列表法。本方法是指通过在现金流量表计算净现值指标的方法，即在现金流量表上，根据已知的各年净现金流量，分别乘以各年的复利现值系数，从而计算出各年折现的净现金流量，最后求出项目计算期内折现的净现金流量的代数和，就是所求的净现值指标。

【例 5-14】 某投资项目的所得税前净现金流量如下：NCF_0 为−1100 万元，NCF_1 为零，$NCF_{2\sim10}$ 为 200 万元，NCF_{11} 为 300 万元。假定该投资项目的基准折现率为 10%。

根据上述资料，按公式法计算的该项目净现值。

解： NPV=−1100×1−0×0.9091+200×0.8264+200×0.7513+200×0.6830+200×0.6209+200×0.5645+200×0.5132+200×0.4665+200×0.4241+200×0.3855+300×0.3505
=52.23（万元）

根据上述资料，用列表法计算该项目净现值参见表 5-4。

表 5-4 某工业投资项目现金流量（项目投资）

价值单位：万元

项目计算期（第 t 年）	建设期		运营期							合计
	0	1	2	3	4	5	…	10	11	
…	…	…	…	…	…	…	…	…	…	…
所得税前净现金流量	−1100	0	200	200	200	200	…	200	300	1000
10%的复利现值系数	1	0.9091	0.8264	0.7513	0.6830	0.6209	…	0.3855	0.3505	—
折现的净现金流量	−1100.00	0.00	165.28	150.26	136.60	124.18	…	77	105	52.23

由表 5-4 的数据可见，该方案折现的净现金流量合计数即净现值为 52.23 万元，与公式法的计算结果相同。

2. 净现值指标计算的特殊方法

本方法是指在特殊条件下，当项目投产后净现金流量表现为普通年金或者递延年金时，可以利用计算年金现值或者递延年金现值的技巧直接计算出项目净现值的方法，又称为简化方法。

由于项目各年的净现金流量 $NCF_t(t=0,1,\cdots,n)$属于系列款项，所以当项目的全部原始投资均于建设期投入，运营期不再追加投资，投产后的净现金流量表现为普通年金或者递延年金的形式时，就可视情况的不同分别按不同的简化公式计算净现值指标。

（1）特殊方法一：当建设期为零，投产后的净现金流量表现为普通年金形式时，公式为

$$NPV = NCF_0 + NCF_{1\sim n} \cdot (P/A, i_c, n)$$

【例 5-15】 某投资项目的所得税前净现金流量如下：NCF_0为−100 万元，$NCF_{1\sim10}$为 20 万元；假定该项目的基准折现率为 10%。则按照简化方法计算的该项目的净现值（所得税前）。

解： $NPV=-100+20\times(P/A, 10\%, 10)=22.8914\approx22.89$（万元）

（2）特殊方法二：当建设期为零，运营期第 1～n 每年不含回收额的净现金流量相等，但终结点第 n 年有回收额 R_n（如残值）时，可按以下两种方法求净现值。

① 将运营期 1～（n−1）年每年相等的不含回收额净现金流量视为普通年金，第 n 年净现金流量视为第 n 年终值，公式为

$$NPV=NCF_0+NCF_{1\text{-}(n-1)}\cdot(P/A,i_c,n-1)+NCF_n\cdot(P/F,i_c,n)$$

② 将运营期 1～n 年每年相等的不含回收额净现金流量按普通年金处理，第 n 年发生的回收额单独作为该年终值，公式为

$$NPV=NCF_0+\text{不含回收额}\ NCF_{1\sim n}\cdot(P/A,i_c, n)+R_n\cdot(P/F,i_c,n)$$

【例 5-16】 某投资项目的所得税前净现金流量如下：NCF_0为−100 万元，$NCF_{1\sim9}$为 19 万元，NCF_{10}为 29 万元；假定该项目的基准折现率为 10%。则按照简化方法计算该项目的净现值（所得税前）。

解： $NPV=-100+19\times(P/A,10\%,9)+29\times(P/F,10\%,10)$

$NPV=-100+19\times(P/A,10\%,10)+10\times(P/F,10\%,10)$

$=20.6062\approx20.61$（万元）

（3）特殊方法三：当建设期不为零，全部投资在建设起点一次投入，运营期每年净现金流量为递延年金形式时，公式为

$$NPV=NCF_0+NCF_{(s+1)\sim n}\cdot[(P/A, i_c, n)-(P/A, i_c, s)]$$

或者：

$$NPV=NCF_0+NCF_{(s+1)\sim n}\cdot(P/A, i_c, n-s)\cdot(P/F, i_c, s)$$

【例 5-17】 某项目的所得税前净现金流量数据如下：NCF_0为−100 万元，NCF_1为 0，$NCF_{2\sim11}$为 20 万元；假定该项目的基准折现率为 10%。则按简化方法计算的该项目净现值（所得税前）。

解： $NPV=-100+20\times(P/A,10\%,11)-20\times(P/A,10\%,1)$

或者：

$NPV=-100+20\times(P/A,10\%,10)\times(P/F,10\%,1)$

$=11.7194\approx11.72$（万元）

（4）特殊方法四：当建设期不为零，全部投资在建设起点分次投入，投产后每年净现金流量为递延年金形式时，公式为

$$NPV=NCF_0+NCF_1\cdot(P/F, i_c, 1)+\cdots+NCF_s(P/F, i_c, s)+$$
$$NCF_{(s+1)\sim n}\cdot[(P/A, i_c, n)-(P/A, i_c,s)]$$

【例 5-18】 某项目的所得税前净现金流量如下：$NCF_{0\sim1}$为−50 万元，$NCF_{2\sim11}$为 20 万元；假定该项目的基准折现率为 10%。则按简化方法计算的该项目净现值（所得税前）。

解： $NPV=-50-50\times(P/F, 10\%, 1)+20\times[(P/A, 10\%, 1)-(P/A, 10\%, 1)]$

=16.2648≈16.26（万元）

计算净现值的四种特殊方法归纳起来就是对复利现值公式（$P=F\times P/F, i, n$）和年金现值公式（$P=A\times P/A, i, n$）的灵活运用。

3. 净现值指标计算的插入函数法

本方法指在 Excel 环境下，通过插入财务函数“NPV”，并根据计算机系统的提示正确地输入已知的基准折现率和电子表格中的净现金流量，来直接求得净现值指标的方法。

净现值指标的优点是综合考虑了资金时间价值、项目计算期内的全部净现金流量信息和投资风险；缺点是无法从动态的角度直接把反映投资项目的实际收益率水平，与静态投资回收期指标相比，计算过程比较烦琐。

只有净现值指标大于或者等于零的投资项目才具有财务可行性。

（三）净现值率

净现值率（记作 NPVR），是指投资项目的净现值占原始投资现值总和的比率，也可将其理解为单位原始投资的现值所创造的净现值。

净现值率的计算公式为

$$\text{净现值率（NPVR）}=\frac{\text{项目的净现值}}{\text{原始投资的现值合计}}$$

【例 5-19】 某项目的净现值（所得税前）为 16.2648 万元，原始投资现值合计为 95.4545 万元，则按简化方法计算的该项目净现值（所得税前）。

解： $\text{NPVR}=\frac{16.2648}{95.4545}\approx 0.17$

净现值率的优点是可以从动态的角度反映项目投资的资金投入与净产出之间的关系，计算过程比较简单；缺点是无法直接反映投资项目的实际收益率。

只有该指标大于或者等于零的投资项目才具有财务可行性。

（四）内部收益率

内部收益率（记作 IRR），是指项目投资实际可望达到的收益率。实质上，它是能使项目的净现值等于零时的折现率，IRR 满足下列等式：

$$\sum_{t=0}^{n}[\text{NCF}_t\cdot(P/F,\text{IRR},t)]=0$$

计算内部收益率指标可以通过特殊方法、一般方法和插入函数法三种方法来完成。

1. 内部收益率指标计算的特殊方法

该方法是指当项目投产后的净现金流量表现为普通年金的形式时，可以直接利用年金现值系数计算内部收益率的方法，又称为简便算法。

该方法所要求的充分而必要的条件：项目的全部投资均于建设起点一次投入，建设期为零，建设起点第 0 期净现金流量等于全部原始投资的负值，即 $\text{NCF}_0=-I$；投产后每年净现金流量相等，第 1～n 期每期净现金流量取得了普通年金的形式。

应用该方法的条件十分苛刻，只有当项目投产后的净现金流量表现为普通年金的形式时才可以直接利用年金现值系数计算内部收益率。在此方法下，内部收益率 IRR 可确定为

$$(P/A,\mathrm{IRR},n)=\frac{I}{\mathrm{NCF}}$$

式中 I——在建设起点一次投入的原始投资；

$(P/A,\mathrm{IRR},n)$——n 期、设定折现率为 IRR 的年金现值系数；

NCF——投产后第 1～n 年每年相等的净现金流量（$NCF_1=NCF_2=\cdots=NCF_n=NCF$，NCF 为一常数，NCF≥0）。

特殊方法的具体程序如下：

（1）按上式计算$(P/A,\mathrm{IRR},n)$的值，假定该值为 C，则 C 值必然等于该方案不包括建设期的回收期；

（2）根据计算出来的年金现值系数 C，查 n 年的年金现值系数表；

（3）若在 n 年系数表上恰好能找到等于系数 C 的年金现值系数$(P/A,r_m,n)$则该系数所对应的折现率 r_m 即为所求的内部收益率 IRR；

（4）若在系数表上找不到事先计算出来的系数值 C，则需要找到系数表上同期略大及略小于该数值的两个临界值 C_m 和 C_{m+1} 及相对应的两个折现率 r_m 和 r_{m+1}，然后应用内插法计算近似的内部收益率。即

$$(P/A,r_m,n)=C_m>C$$

$$(P/A,r_{m+1},n)=C_{m+1}<C$$

如果以上关系成立，内部收益率 IRR 具体计算公式就可以推断为

$$\mathrm{IRR}=r_m+\frac{C_m-C}{C_m-C_{m+1}}\cdot(r_{m+1}-r_m)$$

为缩小误差，按照有关规定，r_{m+1} 与 r_m 之间的差不得大于 5%。

【例 5-20】 某投资项目在建设起点一次性投资 254 580 元，当年完工并完成，投产后每年可获得净现金流量 50 000 元，运营期为 15 年。

解： 根据上述资料，判断并用特殊方法计算该项目的内部收益率。

（1）因为 $NCF_0=-254\ 580$，$NCF_{1\sim15}=50\ 000$，

所以此题可采用特殊方法。

（2）$(P/A,\mathrm{IRR},15)=\dfrac{254\ 580}{50\ 000}=5.0916$。

查 15 年的年金现值系数表：

因为$(P/A,18\%,15)=5.0916$，

所以 IRR=18%。

【例 5-21】 某投资项目的所得税前净现金流量如下：NCF_0 为−100 万元，$NCF_{1\sim10}$ 为 20 元。根据特殊方法计算内部收益率。

解：$(P/A,\text{IRR},10)=\frac{100}{20}=5.0000$

查 10 年的年金现值系数表：

因为$(P/A,14\%,10)=5.2161>5.0000$

$(P/A,16\%,10)=4.8332<5.0000$

所以 14%<IRR<16%。

应用插入法：

$$\text{IRR}=14\%+\frac{5.2161-5.0000}{5.2161-4.8332}\times(16\%-14\%)\approx15.13\%$$

2. 内部收益率指标计算的一般方法

该方法是指通过计算项目不同设定折现率的净现值，然后根据内部收益率的定义所揭示的净现值与设定折现率的关系，采用一定技巧，最终设法找到能使净现值等于零的折现率即内部收益率 IRR 的方法，又称为逐次测试逼近法（简称逐次测试法）。若项目不符合直接应用简便算法的条件，必须按此方法计算内部收益率。

一般方法的具体应用步骤如下所述。

(1)先自行设定一个折现率 r_1，代入计算净现值的公式，求出按 r_1 为折现率的净现值 NPV_1，并进行下面的判断。

(2) 若净现值 $\text{NPV}_1=0$，则内部收益率 $\text{IRR}=r_1$，计算结束；若净现值 $\text{NPV}_1>0$，则内部收益率 $\text{IRR}>r_1$，应重新设定 $r_2>r_1$，再将 r_2 代入有关计算净现值的公式，求出 r_2 为折现率的净现值 NPV_2，继续进行下一轮的判断；若净现值 $\text{NPV}_1<0$，则内部收益率 $\text{IRR}<r_1$，应重新设定 $r_2<r_1$，再将 r_2 代入有关计算净现值的公式，求出 r_2 为折现率的净现值 NVP_2，继续进行下一轮的判断。

(3) 经过逐次测试判断，有可能找到内部收益率 IRR。每一轮判断的原则相同。若设 r_j 为 j 次测试的折现率，NPV_j 为 r_j 计算的净现值，则有

当 $\text{NPV}_j>0$ 时，$\text{IRR}>r_j$，继续测试；

当 $\text{NPV}_j=0$ 时，$\text{IRR}=r_j$，继续测试；

当 $\text{NPV}_j<0$ 时，$\text{IRR}<r_j$，继续测试。

(4) 若经过有限次测试，已无法继续利用有关货币时间价值系数表，仍未求得内部收益率 IRR，则可利用最为接近零的两个净现值的正负临界值 NPV_m 和 NPV_{m+1} 及其相应的折现率 r_m 和 r_{m+1} 四个数据，应用内插法计算近似内部收益率。

如果：

$$\text{NPV}_m>0$$

$$\text{NPV}_{m+1}<0$$

$$r_m<r_{m+1}$$

$$r_{m+1}-r_m\leqslant d\ (2\%\leqslant d<5\%)$$

内部收益率 IRR 具体计算公式可以推断为

$$\text{IRR}=r_m+\frac{\text{NPV}_m-0}{\text{NPV}_m-\text{NPV}_{m+1}}\cdot(r_{m+1}-r_m)$$

【例 5-22】 某投资项目只能用一般方法计算内部收益率。按照逐次测试逼近法的要求，自行设定折现率并计算净现值，据此判断调整折现率。经过 5 次测试，得到数据（计算过程略）参见表 5-5。

计算该项目的内部收益率 IRR。

表 5-5 逐次测试逼近法的数据资料

价值单位：万元

测试次数 j	设定折现率 r	净现值 NPV（按 r 计算）
1	10%	+918.3839
2	30%	−192.7991
3	20%	+217.3128
4	24%	+39.3177
5	26%	−30.1907

解： 因为 $NPV_m= +39.3177>NPV_{m+1}=-30.1907$

$r_m = 24\%<r_{m+1}=26\%$

$26\%-24\% = 2\%<5\%$

所以 $24\%<IRR<26\%$

应用内插法：

$$IRR=24\%+\frac{39.3177-0}{39.3177-(-30.1907)}\times(26\%-24\%)\approx25.13\%$$

上面介绍的计算内部收益率的两种方法中，都涉及内插法的应用技巧，尽管具体应用条件不同，公式也存在差别，但该方法的基本原理是一致的，即假定自变量在较小变动区间内，它与因变量之间的关系可以用线性模型来表示，因而可以采取近似计算的方法进行处理。

3. 内部收益率指标计算的插入函数法

本方法是指在 Excel 环境下，通过插入财务函数"IRR"，并根据计算机系统的提示正确地输入已知的电子表格中的净现金流量，来直接求得内部收益率指标的方法。

内部收益率的优点是既可以从动态的角度直接反映投资项目的实际收益率水平，又不受基准收益率高低的影响，比较客观。缺点是计算过程复杂，尤其是当运营期内大量追加投资时，有可能导致多个内部收益率的出现，或者偏高或者偏低，缺乏实际意义。

只有当该指标大于或者等于基准折现率的投资项目才具有财务可行性。

【课堂讨论】

内部收益率指标有哪些局限性？

（五）动态指标之间的关系

净现值 NPV、净现值率 NPVR 和内部收益率 IRR 指标之间存在以下数量关系，即

当 NPV>0 时，NPVR>0，$IRR>i_c$；

当 NPV=0 时，NPVR=0，$IRR=i_c$；

当 NPV<0 时，NPVR<0，IRR<i_c。

此外，净现值率 NPVR 的计算需要在已知净现值 NPV 的基础上进行，内部收益率 IRR 在计算时也需要利用净现值 NPV 的计算技巧。这些指标都会受到建设期的长短、投资方式，以及各年净现金流量的数量特征的影响。所不同的是，NPV 为绝对量指标，其余为相对量指标，计算净现值 NPV 和净现值率 NPVR 所依据的折现率都是事先已知的 i_c，而内部收益率 IRR 的计算本身与 i_c 的高低无关。

五、运用相关指标评价投资项目的财务可行性

财务可行性评价指标的首要功能，就是用于评价某个具体的投资项目是否具有财务可行性。在投资决策的实践中，必须对所有已经具备技术可行性的投资备选方案进行财务可行性评价。不能全面掌握某一具体方案的各项评价指标，或者所掌握的评价指标的质量失真，都无法完成投资决策的任务。

1. 判断方案完全具备财务可行性的条件

如果某一投资方案的所有评价指标均处于可行区间，即同时满足以下条件时，则可以判定该投资方案无论从哪个方面看都具备财务可行性，或者完全具备可行性。

（1）净现值 NPV≥0；

（2）NPVR≥0；

（3）内部收益率 IRR≥基准折现率 i_c；

（4）包括建设期的静态投资回收期 PP≤$\frac{n}{2}$（即项目计算期的 1/2）；

（5）不包括建设期的静态投资回收期 PP′≤$\frac{n}{2}$（即运营期的 1/2）；

（6）总投资收益率 ROI≥基准总投资收益率 i（事先给定）。

2. 判断方案是否完全不具备财务可行性的条件

如果某一投资项目的评价指标均处于不可行区间，即同时满足以下条件时，则可以断定该投资项目无论从哪个方面看都不具备财务可行性，或者完全不具备可行性，应当彻底放弃该投资方案。

（1）NPV < 0；

（2）NPVR < 0；

（3）IRR < i_c；

（4）PP > $\frac{n}{2}$；

（5）PP′ > $\frac{p}{2}$；

（6）ROI < i。

3. 判断方案是否基本具备财务可行性的条件

如果在评价过程中发现某项目的主要指标处于可行性区间（如 NPV≥0，NPVR≥0，IRR≥i_c），

但次要或者辅助指标处于不可行性区间（如 PP>$\frac{n}{2}$，PP′>$\frac{p}{2}$或者 ROI<i），则可以断定该项目基本上具备财务可行性。

4. 判断方案是否基本不具备财务可行性的条件

如果在评价过程中发现某项目出现 NPV<0，NPVR<0，IRR<i_c的情况，即使有 PP≤$\frac{n}{2}$，PP′≤$\frac{p}{2}$或者 ROI≥i 发生，也可断定该项目基本上不具备财务可行性。

【小贴士】

在对投资方案进行财务可行性评价过程中，除了要熟练掌握和运用上述判定条件外，还必须明确以下两点：

第一，主要评价指标在评价财务可行性的过程中起主导作用。

在对独立项目进行财务可行性评价和投资决策的过程中，当静态投资回收期（次要指标）或者总投资利润率（辅助指标）的评价结论与净现值等主要指标的评价结论发生矛盾时，应当以主要指标的结论为准。

第二，利用动态指标对同一个投资项目进行评价和决策，会得出完全相同的结论。

在对同一个投资项目进行财务可行性评价时，净现值、净现值率和内部收益率指标的评价结论是一致的。

【例 5-23】 某投资项目只有一个备选方案，计算出来的财务可行性评价指标如下：ROI 为 10%，PP 为 5 年，NPV 为 162.65 万元，NPVR 为 0.1704，IRR 为 12.73%。项目计算期为 11 年（其中生产运营期为 10 年），基准总投资利润率为 9.5%，基准折现率为 10%。根据上述资料，评价该项目的财务可行性。

解：因为 ROI=10%>9.5%，PP′=5 年=$\frac{p}{2}$，PP=6 年>$\frac{n}{2}$=5.5 年，NPV=162.95 万元>0，NPVR=17.04%>0，IRR=12.73%> i_c=10%，

所以该方案基本具备财务可行性。

评价结论：因为该方案各项主要评价指标均达到或者超过相应的标准，次要指标包括建设期的静态投资回收期大于项目计算期的 1/2，所以该投资项目基本具备财务可行性。

【情境资料解答】

根据情境资料 5-3 的要求，对甲、乙两个方案分析如下：

$$甲方案每年折旧=\frac{20\,000}{5}=4000\ （元）$$

投资项目按甲方案开始投资的营业现金流量预测表参见表 5-6。

甲方案初始投资：−20 000 元，即第 0 年 NCF 应为−20 000 元。

$$乙方案每年折旧=\frac{24\,000-4000}{5}=4000\ （元）$$

投资项目按乙方案开始投资的营业现金流量预测表参见表 5-7。

表 5-6 投资项目的营业现金流量预测表

单位：元

项目 \ 时间（t）	第 1 年	第 2 年	第 3 年	第 4 年	第 5 年
甲方案：					
销售收入（1）	12 000	12 000	12 000	12 000	12 000
付现成本（2）	4000	4000	4000	4000	4000
折旧（3）	4000	4000	4000	4000	4000
税前利润（4）=（1）-（2）-（3）	4000	4000	4000	4000	4000
所得税（5）=（4）×40%	1600	1600	1600	1600	1600
税后净利（6）=（4）-（5）	2400	2400	2400	2400	2400
营业现金流量（7）=（1）-（2）-（5） 或者=（3）+（6）	6400	6400	6400	6400	6400

表 5-7 投资项目的营业现金流量预测表

单位：元

项目 \ 时间（t）	第 1 年	第 2 年	第 3 年	第 4 年	第 5 年
乙方案：					
销售收入（1）	16 000	16 000	16 000	16 000	16 000
付现成本（2）	6000	6800	7600	8400	9200
折旧（3）	4000	4000	4000	4000	4000
税前利润（4）=（1）-（2）-（3）	6000	5200	4400	3600	2800
所得税（5）=（4）×40%	2400	2080	1760	1440	1120
税后净利（6）=（4）-（5）	3600	3120	2640	2160	1680
营业现金流量（7）=（1）-（2）-（5） 或者=（3）+（6）	7600	7120	6640	6160	5680

乙方案初始投资：-24 000 元，垫支：-6000 元，即第 0 年 NCF 为-30 000 元；第 5 年 NCF 为 5680+4000(残值)+6000(垫支回收)=15 680 元。

（1）投资回收期计算。

$$\text{投资回收期}=\frac{\text{原始投资额}}{\text{每年营业现金流量}}$$

$$\text{甲方案的回收期}=\frac{\text{原始投资额}}{\text{每年营业现金流量}}=\frac{20\,000}{6400}=3.125\text{（年）}$$

$$\text{乙方案的回收期}=\frac{\text{原始投资额}}{\text{每年营业现金流量}}=3+\frac{24\,000-7600-7120-6640}{6160}=3.43\text{（年）}$$

（2）平均投资报酬率计算。

$$\text{平均报酬率（ARR）}=\frac{\text{平均现金余额}}{\text{原始投资额}}\times 100\%$$

$$甲方案平均报酬率（ARR）=\frac{平均现金余额}{原始投资额}\times100\%=\frac{6400}{20\,000}\times100\%=32\%$$

$$乙方案平均报酬率（ARR）=\frac{平均现金余额}{原始投资额}\times100\%$$

$$=\frac{(7600+7120+6640+6160+15\,680)\div5}{30\,000}\times100\%=28.8\%$$

（3）净现值计算。

甲方案净现值=未来报酬的总现值-初始投资额现值

$$=\mathrm{NCF}\times\mathrm{PVIFA}_{k,n}-20\,000=6400\times\mathrm{PVIFA}_{10\%,5}-20\,000$$

$$甲方案净现值=6400\times3.791-20\,000=4262.40\ （元）$$

$$乙方案净现值=\sum 未来报酬的总现值-初始投资额现值=\sum_{n=1}^{5}\mathrm{NCF}\times\mathrm{PVIFA}_{k,n}-30\,000$$

$$=(7600\times0.909+7120\times0.826+6640\times0.751+6160\times0.683+15\,680\times0.621)-30\,000$$

$$=1720.72\ （元）$$

（4）现值指数计算。

$$甲方案的现值指数=\frac{未来报酬的总现值}{初始投资}=\frac{20\,000+4262.4}{20\,000}=1.21312$$

$$乙方案的现值指数=\frac{未来报酬的总现值}{初始投资}=\frac{30\,000+1720.72}{30\,000}=1.06$$

（5）内部报酬率计算。

甲方案内部报酬率：

$$年金现值系数=\frac{初始投资额}{每年净现金流量}=\frac{20\,000}{6400}=3.125$$

查表年金现值系数 3.125 在 5 年挡 18%和 19%之间，用插值法计算如下：

$$\begin{array}{ll}
\text{贴现率} & \text{年金现值系数} \\
\left.\begin{array}{l}\left.\begin{array}{l}18\%\\ ?\ \%\end{array}\right\} x\%\\ 19\%\end{array}\right\} 1\% &
\left.\begin{array}{l}\left.\begin{array}{l}3.127\\ 3.125\end{array}\right\} 0.002\\ 3.058\end{array}\right\} 0.069
\end{array}$$

$$\frac{x}{1}=\frac{0.002}{0.069}$$

$$x=\frac{0.002}{0.069}=0.029$$

$$甲方案内部报酬率=18\%+0.029\%=18.029\%$$

乙方案内部报酬率：因每年净现金流量不相等，所以必须逐次进行测算，参见表 5-8。用插值法计算如下：

$$\begin{array}{ll}
\text{贴现率} & \text{净现值} \\
\left.\begin{array}{l}\left.\begin{array}{l}11\%\\ x\%\end{array}\right\} (11-x)\%\\ 12\%\end{array}\right\} -1\% &
\left.\begin{array}{l}\left.\begin{array}{l}840.56\\ 0\end{array}\right\} 840.56\\ -2.56\end{array}\right\} 843.12
\end{array}$$

$(11-x)/-1=840.56/843.12$

$x=11.997\%$

表 5-8　乙方案净现金流量表

金额单位：元

时间（t）	NCF_1	测试 11%		测试 12%	
		复利现值系数 $PVIF_{11\%,n}$	现值	复利现值系数 $PVIF_{12\%,n}$	现值
第 0 年	−24 000	1.000	−30 000.00	1.000	−30 000.00
第 1 年	7600	0.901	6847.60	0.893	6786.80
第 2 年	7120	0.812	5781.44	0.797	5674.64
第 3 年	6640	0.731	4853.84	0.712	4727.68
第 4 年	6160	0.659	4059.44	0.636	3917.76
第 5 年	15 680	0.593	9298.24	0.567	8890.56
NPV		840.56		−2.56	

单元四　项目投资决策方法及应用

【情境资料 5-4】　某企业急需一台不需要安装的设备，设备投入适用后，每年可增加的营业收入与营业税金及附加的差额为 50 000 元，增加经营成本 34 000 元。市场上该设备的购买价（不含税）为 77 000 元，折旧年限为 10 年，预计净残值为 7000 元。若从租赁公司按经营租赁的方式租入同样的设备，只需每年末支付 9764 元租金，可连续租用 10 年。假定基准折现率为 10%，适用的企业所得税率为 25%。

要求：

根据上述资料，做出购买或者经营租赁固定资产的决策。

一、投资方案及其类型

投资项目是指投资的客体，即资金投入的具体对象。如建设一条汽车生产线或者购置一辆生产用汽车，就属于不同的投资项目，前者属于新建项目，后者属于单纯固定资产投资项目。

同一个投资项目完全可以采取不同的技术路线和运作手段来实现。如新建一个投资项目，其投资规模可大可小，建设期有长有短，建设方式可分别采取自营方式和出包方式。这些具体的选择最终要通过规划不同的投资方案来体现。投资方案就是基于投资项目要达到的目标而形成的有关具体投资的设想与时间安排，或者说是未来投资行动的预案。一个投资项目可以只安排一个投资方案，也可以设计多个可供选择的方案。

根据投资项目中投资方案的数量，可将投资方案分为单一方案和多个方案；根据方案之间的关系，可以分为独立方案、互斥方案和组合或者排队方案等。

所谓独立方案是指在决策过程，一组互相分离、互不排斥的方案或者单一的方案。

在独立方案中，选择某一方案并不排斥选择另一方案。就一组完全独立的方案而言，其存在的前提条件必须具备：

（1）投资资金的来源无限制；

（2）投资资金无优先使用的排列；

（3）各投资方案所需的人力、物力均能得到满足；

（4）不考虑地区、行业之间的相互关系及其影响；

（5）每一投资方案是否可行，仅取决于本方案的经济效益，与其他方案无关。

符合上述前提条件的方案即为独立方案。如某企业拟进行几项投资活动，这一组投资方案有扩建某生产车间、购置一辆运输汽车、新建办公楼等。这一组投资方案中各个方案之间没有什么关联，互相独立，并不存在相互比较和选择的问题。企业既可以全部不接受，也可以接受其中一个、多个或者全部接受。

互斥方案是指互相关联、互相排斥的方案，即一组方案中的各个方案彼此可以相互代替，采纳方案组中的某一方案，就会自动排斥这组方案中的其他方案。因此，互斥方案具有排他性。如某企业拟投资一条生产线（购置设备），既可以自行生产制造，也可以向国内其他企业家购置，还可以向某外商订货，这一组设备购置方案即为互斥方案，因为在这三个方案中，只能选择其中一个方案。

二、财务可行性评价与项目投资决策的关系

开展财务可行性评价，就是围绕某一个投资方案而开展的评价工作，其结果是做出该方案是否具备（完全具备、基本具备、完全不具备或者基本不具备）财务可行性的结论。而投资决策就是通过比较，从可供选择的备选方案中选择一个或者一组最优方案的过程，其结果是从多个方案中做出了最终的选择。因此，在时间顺序上，可行性评价在先，比较选择决策在后。这种关系在不同类型的方案之间的表现不完全一致。

1. 评价每个方案的财务可行性是开展互斥方案投资决策的前提

对互斥方案而言，评价每一方案的财务可行性，不等于最终的投资决策，但它是进一步开展各方案之间比较决策的重要前提，因为只有完全具备或者基本具备财务可行性的方案，才有资格进入最终的决策；完全不具备或者基本不具备财务可行性的方案，不能进入下一轮比较选择。已经具备财务可行性，并进入最终决策程序的互斥方案也不能保证在多方案比较决策中被最终选定，因为还要进行下一轮淘汰筛选。

2. 独立方案的可行性评价与其投资决策是完全一致的行为

相对于独立方案而言，评价其财务可行性也就是对其做出最终决策的过程。从而造成人们将财务可行性评价完全等同于投资决策的误解。

其实独立方案也存在“先评价可行性，后比较选择决策”的问题。因为每一个单一的独立方案，也存在着“接受”或者“拒绝”的选择。只有完全具备或者基本具备财务可行性的方案，才可以被接受；完全不具备或者基本不具备财务可行性的方案，只能选择“拒绝”，从而“拒绝”本身也是一种方案，一般称为零方案。因此，任何一个独立方案都要与零方案进行比较决策。

【课堂讨论】

当静态投资回收期（次要指标）或者投资利润（辅助指标）的评价结论与净现值等主要指

标的评价结论发生矛盾时，应以哪个结论为准？

三、项目投资决策的主要方法

投资决策方法，是指利用特定财务可行性评价指标作为决策标准或者依据，对多个互斥方案做出最终决策的方法。

许多人将财务可行性评价指标的计算方法等同于投资决策的方法，这是完全错误的。事实上，在投资决策方法中，从来就不存在所谓的投资回收期法和内部收益率法。

投资决策的主要方法包括净现值法、净现值率法、差额投资内部收益率法、年等额净回收额法和计算期统一法等具体方法。

（一）净现值法

所谓净现值法，是指通过比较所有已具备财务可行性投资方案的净现值指标的大小来选择最优方案的方法。该方法适用于原始投资相同、企业项目计算期相等的多方案比较决策。

在此方法下，净现值最大的方案为优。

【例 5-24】 某投资项目需要原始投资 1000 万元，有 A 和 B 两个方案互相排斥，但项目计算期相同的备选方案可供选择，各方案的净现值指标分别为 228.91 万元和 206.02 万元。根据上述资料，按净现值法做出决策。

解：（1）评价各备选方案的财务可行性：

因为 A、B 两个备选方案的 NPV 均>0，

所以这两个方案均具有财务可行性。

（2）按净现值法进行比较决策：

因为 228.91> 206.02，

所以 A 方案优于 B 方案。

（二）净现值率法

所谓净现值率法，是指通过比较所有已具备财务可行性投资方案的净现值率的指标的大小来选择最优方案的方法。该方法适用于项目计算期相等且原始投资相同的多个互斥方案的比较决策。

在此方法下，净现值率最大的方案为优。

【小贴士】

在投资额相同的互斥方案比较决策中，采用净现值率法会与净现值法得到完全相同的结论；但投资额不相同时，情况就可能不同。

【例 5-25】 A 项目与 B 项目为互斥方案，它们的项目计算期相同。A 项目原始投资的现值为 150 万元，净现值为 29.97 万元；B 项目原始投资的现值为 100 万元，净现值为 24 万元。

根据上述资料，计算两个项目净现值率并按净现值和净现值率比较决策。

解：（1）计算净现值率：

A 项目的净现值率$=\dfrac{29.97}{150}\approx 0.20$；

B 项目的净现值率=$\frac{24}{100}$=0.24。

（2）在净现值法下：

因为 29.97 > 24，

所以 A 项目优于 B 项目。

在净现值法下，

因为 0.24 > 0.20，

所以 B 项目优于 A 项目。

由于两个项目的原始投资额不相同，导致两种方法的决策结论相互矛盾。

（三）差额投资内部收益率法

所谓差额投资内部收益率法，是指在两个原始投资额不同方案的差量净现金流量（记作ΔNCF）的基础上，计算出差额内部收益率（记作ΔIRR），并与基准折现率进行比较，进而判断不同方案优劣的方法。该方法适用于两个原始投资不相同，但项目计算期相同的多方案比较决策。

当差额内部收益率指标大于或者等于基准收益率或者设定折现率时，原始投资额大的方案为优；反之，则投资少的方案为优。

差额投资内部收益率法的原理如下：

假定有 A 和 B 两个项目计算期相同的投资方案，A 方案投资额大，B 方案的投资额小。我们可以把方案看成两个方案之和。第一个方案是 B 方案，即把 A 方案的投资用于 B 方案；第二个方案是 C 方案，用于 C 方案投资的是 A 方案投资额大于 B 方案投资额之差。因为把 A 方案的投资用于 B 方案会因此节约一定的投资，可以作为 C 方案的投资资金来源。

C 方案的净现金流量等于 A 方案净现金流量减去 B 方案的净现金流量而形成的差量净现金流量ΔNCF。根据ΔNCF 计算出来的差额内部收益率ΔIRR，其实质就是 C 方案的内部收益率。

在这种情况下，A 方案等于 B 方案与 C 方案之和；A 方案与 B 方案的比较，相当于 B 和 C 两方案之和与 B 方案的比较。如果差额内部收益率ΔIRR 大于或者等于基准折现率，则 C 方案具有财务可行性，这就意味着 A 方案优于 B 方案；如果差额内部收益率ΔIRR 小于基准折现率，则 C 方案不具备财务可行性，这就意味着 B 方案优于 A 方案。

【小贴士】

差额投资内部收益率ΔIRR 的计算过程和计算技巧同内部收益率 IRR 完全一样，只是所依据的是ΔNCF。

【例 5-26】 根据例 5-25 资料，A 项目原始投资的现值为 150 万元，项目计算期第 1～10 年的净现金流量为 29.29 万元；B 项目的原始投资为 100 万元，项目计算期第 1～10 年的净现金流量为 20.18 万元。假定基准折现率为 10% 。根据上述资料，按差额投资内部投资收益率法进行投资决策。

解：（1）计算差额净现金流量：

ΔNCF_0=−150−(−100)=−50（万元）

$\Delta NCF_{1\sim10}$=29.29−20.18 = 9.11（万元）

（2）计算差额内部收益率ΔIRR：

$(\Delta P_A/A,\ \Delta IRR,\ 10)$ =5.4885

因为（P_A/A, 12%, 10）=5.6502<5.4885

（P_A/A, 14%, 10）=5.2161>5.4885

所以 12% <ΔIRR < 14%，应用内插法：

$$\Delta IRR=12\%+\frac{5.6502-5.4885}{5.6502-5.2161}\times(14\%-12\%)\approx 12.74\%$$

（3）做出决策：

因为ΔIRR = 12.74% > i_c=10%，

所以应当投资 A 项目。

（四）年等额净回收额法

所谓年等额净回收额法，是指通过所有投资方案的年等额净回收额（记作 NA）指标的大小来选择最优的决策方法。该法适用于原始投资不相同、特别是项目计算期不同的多方案比较决策。在此方法下，年等额净回收额最大的方案为优。

某方案的年等额净回收额等于该方案净现值与相关回收系数（或者年金现值系数倒数）的乘积。计算公式为

$$\text{某方案的年等额净回收额}=\text{该方案净现值}\times\text{回收系数}$$

或者：

$$\text{某方案的年等额净回收额}=\text{该方案净现值}\times\frac{1}{\text{年金现值系数}}$$

【例 5-27】 某企业拟投资建设一条新生产线。现有三个方案可供选择：A 方案的原始投资为 1250 万元，项目计算期为 11 年，净现值为 958.7 万元；B 方案的原始投资 1100 万元，项目计算期为 10 年，净现值为 920 万元；C 方案的净现值为−12.5 万元。行业基准率为 10%。根据上述资料，按年等额净回收额法做出最终投资决策。

解：（1）判断各方案的财务可行性；

因为 A 方案和 B 方案的净现值均>0，

所以这两个方案具有财务可行性。

因为 C 方案的净现值<0，

所以 C 方案不具有财务可行性。

（2）计算各个具有财务可行性方案的年等额净回收额：

$$\text{A 方案的年等净回收额}=\text{A 方案的净现值}\times\frac{1}{(P/F,10\%,11)}$$

$$=958.7\times\frac{1}{6.4951}\approx 147.60\text{（万元）}$$

$$\text{B 方案的年等额净回收额}=\text{B 方案的净现值}\times\frac{1}{(P/A,10\%,10)}$$

$$=920\times\frac{1}{6.1446}\approx 149.72\text{（万元）}$$

（3）比较各方案的年等额净回收额，做出决策：

因为 149.7 > 147.6，

所以 B 方案优于 A 方案。

（五）计算期统一法

计算期统一法是指通过对计算期不相等的多个互斥方案选定一个共同的计算分析，以满足时间可比性的要求，进而根据调整后的评价指标来选择最优方案的方法。

该方法包括方案重复法和最短计算期法两种具体处理方法。

1. 方案重复法

方案重复法也称为最小公倍数法，是将各方案计算期的最小公倍数作为比较方案的计算期，进而调整有关指标，并据此进行多方案比较决策的一种方法。应用此方法，可采取以下两种方式。

（1）将各方案计算期的各年净现金流量或者费用流量进行重复计算，直到与最小公倍数计算期相等；然后，再计算净现值、净现值率、差额内部收益率或者费用现值等评价标准；最后，根据调整后的评价指标进行方案的比较决策。

（2）直接计算每个方案项目原计算期内的评价指标（主要指净现值），再按照最小公倍数原理分别对其折现并求代数和，最后，根据调整后的净现值指标进行方案的比较决策。

本书主要介绍第二种方式。

【例 5-28】 A 和 B 两个方案均在建设期年末投资，它们的计算期分别为 10 年和 15 年，有关资料参见表 5-9。假定基准折现率为 12%。

表 5-9　净现金流量资料

价值单位：万元

项目＼年份	1	2	3	4～9	10	11～14	15	净现值
A	−700	−700	480	480	600	—	—	756.48
B	−1500	−1700	−800	900	900	900	1400	795.54

根据上述资料，按计算期统一法中的方案重复法（第二种方式）做出最终投资决策。

解：（1）确定 A 和 B 两个方案项目计算期的最小公倍数：计算结果为 30 年。

（2）计算在 30 年内各个方案重复的次数：A 方案重复两次（30÷10−1），而 B 方案只重复一次（30÷15−1）。

（3）分别计算各个方案调整后的净现值指标：

$$NPV'_A = 756.48 + 756.48\times(P/F,12\%,10) + 756.48\times(P/F,12\%,20)$$

$$\approx 1078.47\text{（万元）}$$

$$NPV'_B = 795.54 + 795.4\times(P/F,12\%,15) \approx 940.88\text{（万元）}$$

因为 NPV'_A=1078.47（万元）> NPV'_B=940.88（万元），

所以 A 方案优于 B 方案。

由于有些方案的计算期相差很大，按最小公倍数所确定的计算期往往很长。假定有四个互斥方案的计算期分别为 15 年、25 年、30 年和 50 年，那么它们的最小公倍数就是 150 年，显然考虑这么长时间内的重复计算既复杂又无必要。为了克服方案重复法的缺点，人们设计了最短计算期法。

2. 最短计算期法

最短计算期法又称为最短寿命期法，是指在将所有方案的净现值均还原为等额年回收额的基础上，再按照最短的计算期来计算出相应净现值，进而根据调整后的净现值指标进行多方案比较决策的一种方法。

【例 5-29】 根据例 5-28 的资料，则按最短计算期法做出最终投资决策。

解：（1）确定 A 和 B 方案中最短的计算期为 A 方案的 10 年。

（2）计算调整后的净现值指标：

$$NPV''_A = NPV_A = 756.48\text{（万元）}$$

$$NPV''_B = NPV_B \times \frac{1}{(P/A,12\%,15)} \times (P/A,12\%,10)$$

$$= 795.94 \times \frac{(P/A,12\%,10)}{(P/A,12\%,15)}$$

$$\approx 660.30\text{（万元）}$$

（3）因为 NPV''_A=756.48 万元>NPV''_B=660.30（万元）

所以 A 方案优于 B 方案。

四、两种特殊的固定资产投资决策

1. 固定资产更新决策

与建设项目相比，固定资产更新决策最大的难点在于不容易估算项目的净现金流量。

在估算固定资产更新项目的净现金流量时，要注意以下几点：

第一，项目计算期不取决于新设备的适用年限，而是由旧设备可继续适用年限决定；

第二，需要考虑在建设起点旧设备可能发生的变价净收入，并以此作为估计继续使用旧设备至期满时净残值的依据；

第三，由于以旧换新决策相当于在使用新设备投资和继续使用旧设备两个原始投资不同的备选方案中做出比较与选择，因此，所估算出来的是增量净现金流量（ΔNCF）；

第四，在此项目中，所得税后净现金流量比所得税前净现金流量更有意义。

固定资产更新决策利用差额投资内部收益率法，当更新改造项目的差额内部收益率指标大于或者等于基准折现率（或者设定折现率）时，应当进行更新；反之，就不应当进行更新。

【例 5-30】 某企业打算变卖一套尚可适用 5 年的旧设备，另购置一套新设备来替换它。取得新设备的投资额为 180 000 元；旧设备的折余价值为 95 000 元，其变价净收入为 80 000 元；到第 5 年末新设备与继续使用的旧设备的预计净残值相等。新旧设备的营业收入 50 000 元，增加经营成本 25 000 元；第 2～5 年内每年增加营业收入 60 000 元，增加经营成本 30 000 元。设备采用直线法计提折旧。适用企业所得税税率为 25%。行业基准折现率为 i_c 分别为 8% 和 12%。

根据上述资料，计算该项目差量净现金流量和差额内部收益率，并分别据以做出更新决策。

解：（1）依题意计算以下指标：

更新设备比继续使用旧设备增加的投资额=新设备的投资-旧设备的变价净收入

$=180\ 000-80\ 000=100\ 000$（元）

运营期第 1～5 年每年因更新改造而增加的折旧$=\dfrac{100\ 000}{5}=20\ 000$（元）

运营期第 1 年不包括财务费用的总成本费用的变动额=该年增加的经营成本+该年增加的折旧

$=25\ 000+20\ 000=45\ 000$（元）

运营期第 2～5 年每年不包括财务费用的总成本费用的变动额$=30\ 000+20\ 000=50\ 000$（元）

因旧设备提前报废发生的处理固定资产净损失=旧固定资产折余价值-变价净收入

$=95\ 000-80\ 000=15\ 000$（元）

因旧固定资产提前报废发生净损失而抵减的所得税额=旧固定资产清理净损失×适用的企业所得税税率$=15\ 000\times25\%\approx3750$（元）

运营期第 1 年息税前利润的变动额$=50\ 000-45\ 000=5000$（元）

运营期第 2～5 年每年息税前利润的变动额 $=60\ 000-50\ 000=10\ 000$（元）

建设期差量净现金流量为

ΔNCF_0=-(该年发生的新固定资产投资-旧固定资产变价净收入)

$=-(180\ 000-80\ 000)=-100\ 000$（元）

运营期差量所得税后净现金流量为

ΔNCF_1 =该年因更新改造而增加的息税前利润×(1-所得税税率)+该年因更新改造而增加的折旧+因旧固定资产提前报废发生净损失而抵减的所得税额

$=5000\times(1-25\%)+20\ 000+3750=27\ 500$（元）

$\Delta NCF_{2\sim5}$ =该年因更新改造而增加的息税前利润×(1-所得税税率)+该年因更新改造而增加的折旧+该年回收新固定资产净残值超过假定继续使用的旧固定资产净残值之差额

$=10\ 000\times(1-25\%)+20\ 000=27\ 500$（元）

（2）根据ΔNCF 计算ΔIRR：

$$(P/A,\Delta IRR,5)=\frac{100\ 000}{27\ 500}=3.6364$$

因为$(P/A,10\%,5)=3.7908>3.6364$，

$(P/A,12\%,5)=3.6048<3.6364$，

所以 $10\%<\Delta IRR<12\%$，应用内插法：

$$\Delta IRR=10\%+\frac{3.7908-3.6364}{3.7908-3.6048}\times（12\%-10\%）\approx11.66\%$$

（3）比较决策：

当行业基准折现率 i_c 为 8%时：

因为$\Delta IRR=11.66\%>i_c=8\%$，

所以应当更新设备。

当行业基准折现率 i_c 为 12%时：

因为$\Delta IRR=11.66\%<i_c=12\%$，

所以不应当更新设备。

注意：计算运营期第一年所得税后净现金流量的公式中，该年“因更新改造而增加的息税前利润”不应当包括“因旧固定资产提前报废发生的净损失”。之所以要单独计算“因旧固定资产提前报废发生净损失而抵减的所得税”，是因为更新改造不仅会影响到本项目自身，还会

影响到企业的总体所得税水平，从而形成了“抵税效应（Tax Shield）”。如果将“因旧固定资产提前报废发生的净损失”计入“因更新改造而增加的息税前利润”，就会歪曲这种效应的计算结果。

2. 购买或者经营租赁固定资产的决策

如果企业所需用的固定资产既可以购买，也可以通过经营租赁方式取得，就需要按照一定的方法对这两种取得方式进行决策。有两种决策方法可以考虑，第一种方法是分别计算两个方案的差量净现金流量，然后按差额投资内部收益率法进行决策；第二种方法是直接比较两个方案的折现费用的大小，然后选择折现费用低的方案。

【情境资料解答】

根据情境资料 5-4 的要求，对购买还是租赁固定资产的决策程序如下。

（1）差额投资内部收益率法。

购买设备的相关指标计算：

购买设备的投=77 000 元

购买设备每年增加的折旧额= $\frac{77\,000-7000}{10}$ =7000（元）

购买设备每年增加的营业利润=(每年增加营业收入−每年增加的营业税金及附加)−(每年增加经营成本+购买设备每年增加的折旧额)

=50 000−(34 000 + 7000)

=9000（元）

购买设备每年增加的净利润=购买设备每年增加的营业利润×(1−所得税税率)

= 9000×(1−25%)

=6750（元）

购买设备方案的所得税后的净现金流量为

NCF_0 =−购买固定资产的投资=−77 000（元）

$NCF_{1\sim9}$ =购买设备每年增加的净利润+购买设备每年增加的折旧额

= 6750 +7000 =13 750（元）

NCF_{10} =购买设备该年增加的净利润+购买设备该年增加的折旧额+购买设备该年回收的固定资产余值

=6750 + 7000 + 7000 = 20 750（元）

租入设备的相关指标计算：

租入固定资产的投资= 0

租入设备每年增加的折旧 = 0

租入设备每年增加的净利润=每年增加的营业收入−(每年增加的经营成本+租入设备每年增加的租金)

=50 000−(34 000 +9764)

=6236（元）

租入设备每年增加的营业利润=租入设备每年增加的营业利润×(1−所得税税率)

=6236×(1−25%)

=4677（元）

租入设备方案的所得税后的净现金流量为：

NCF_0 =−租入固定资产的投资= 0

$NCF_{1\sim10}$ =租入设备每年增加的净利润+租入设备每年增加的折旧额

=4677 + 0 =4677（元）

购买和租入设备差额净现金流量为：

ΔNCF_0 = −(77 000−0)= −77 000（元）

$\Delta NCF_{1\sim9}$ =13 750−4 677 =9 073（元）

ΔNCF_{10} =20 750−4 677 =16 073（元）

按插入函数法计算得ΔIRR =4.32%

做出决策：

因为ΔIRR =4.32% < i_c =10%，

所以不应当购买设备，而应租入设备。

（2）折现总费用比较法。无论是购买设备还是租赁设备，每年增加的营业收入、增加的营业税金及附加和增加的经营成本都不变，可以不予考虑。

计算购买设备的折现总费用：

购买设备的投资现值=77 000 元

购买设备每年增加折旧额而抵减所得税额的现值合计=7000×25%×(*P*/*A*,10%,10)

=1750×6.1446 =10 753.05（元）

购买设备回收固定资产余值的现值=7000×(*P*/*F*,10%,10)

=7000×0.3855= 2698.5（元）

购买设备的折现总费用合计=77 000−10 753.05−2 698.5=63 548.45（元）

计算租入设备的折现总费用：

租入设备每年增加租金的现值合计=9764×(*P*/*A*,10%,10)

=9764×6.1446≈59 995.87（元）

租入设备每年增加租金而抵减所得税额的现值合计=9764×25%×(*P*/*A*,10%,10)

=2441×6.1446≈14 998.97（元）

租入设备的折现总费用合计=59 995.87−14 998.97 =44 996.90（元）

做出决策：

因为购买设备的折现总费用合计=63 548.45 元>租入设备折现总费用合计=44 996.90 元

所以不应当购买设备，而应租入设备。

【综合案例解析】

已知：珠河葡萄酒公司现有资金 10 000 万元，其中，普通股股本 3500 万元，长期借款 6000 万元，留存收益 500 万元。普通股成本为 10.5%，长期借款年利率为 8%。有关投资服务机构的统计资料表明，该上市公司股票的系统性风险是整个股票市场风险的 1.5 倍。目前整个股票市场平均收益率为 8%，无风险报酬率为 5%。公司适用的所得税税率为 33%。

公司拟通过再筹资发展甲、乙两个投资项目。有关资料如下：

资料一：甲项目投资额为 1200 万元，经测算，甲项目的资本收益率存在−5%、12%和 17%三种可能，三种情况出现的概率分别为 0.4、0.2 和 0.4。

资料二：乙项目投资额为2000万元，经过逐次测试，得到以下数据：当设定折现率为14%和15%时，乙项目的净现值分别为4.9468万元和-7.4202万元。

资料三：乙项目所需资金有A、B两个筹资方案可供选择。

A方案：发行票面年利率为12%、期限为3年的公司债券；

B方案：增发普通股，股东要求每年股利增长2.1%。

资料四：假定该公司筹资过程中发生的筹资费可忽略不计，长期借款和公司债券均为年末付息，到期还本。

要求：

（1）指出该公司股票的β系数。

（2）计算该公司股票的必要收益率。

（3）计算甲项目的预期收益率。

（4）计算乙项目的内部收益率。

（5）以该公司股票的必要收益率为标准，判断是否应当投资于甲、乙项目。

（6）分别计算乙项目A、B两个筹资方案的资金成本。

（7）根据乙项目的内部收益率和筹资方案的资金成本，对A、B两方案的经济合理性进行分析。

（8）计算乙项目分别采用A、B两个筹资方案再筹资后，该公司的综合资金成本。

（9）根据再筹资后公司的综合资金成本，对乙项目的筹资方案做出决策。

【解答】

（1）该公司股票的β系数=1.5

（2）该公司股票的必要收益率=5%+1.5×(8%−5%)=9.5%

（3）甲项目的预期收益率=0.4×(−5%)+0.2×12%+0.4×17%=7.2%

（4）乙项目的内部收益率$\dfrac{\text{IRR}-14\%}{4.9468}=\dfrac{15\%-14\%}{4.9468+7.4202}\Rightarrow \text{IRR}=14.4\%$

（5）甲项目预期收益率为7.2%低于股票必要投资收益率为9.5%，应该放弃投资甲项目。乙项目内部收益率14.4%高于股票必要投资收益率9.5%，选择投资乙项目。

（6）A方案资金成本=12%×(1−33%)=8.04%

B方案资金成本=10.5%+2.1%=12.6%

（7）A、B两个筹资方案的经济合理性分析：

A方案的资金成本8.04%<乙项目内部收益率14.4%

B方案的资金成本12.6%<乙项目内部收益率14.4%

所以两个方案在经济上都是合理的。

（8）再筹资后该公司的综合资金成本：

A方案筹资后的资金综合成本=10.5%×4000/12 000+(8%×6000/12 000+12%×2000/12 000)×(1−33%)≈7.52%

B方案筹资后的资金综合成本=(10.5%+2.1%)×(4000+2000)/12 000+8%×6000/12 000×(1−33%)≈8.98%

（9）因为按A方案筹资后的资金综合成本7.52%<按B方案筹资后的资金综合成本8.98%，所以A方案优于B方案。

知 识 总 结

本情境与其他情境相比最大的特点在于前后环节相互衔接、环环相扣，形成一个完整的体系。其内容可概括为“一个基础、三种评价指标、五大决策方法”。一个基础，是指以净现金流量的确定为基础；三种评价指标，是指主要评价指标、次要评价指标和辅助评价指标；五大决策方法是指净现值法、净现值率法、差额投资内部收益率、年等额净回收额法和计算期统一法。其逻辑关系是先确定净现金流量，再计算静态投资回收期、投资收益率、净现值、净现值率、内部收益率等财务评价指标，然后进行财务可行性评价，最后运用项目投资决策方法对投资方案进行决策，选出最优方案。

教 学 检 测

一、单项选择题

1. 某项目预计投产第一年初流动资产需用额为 160 万元，流动负债需用额为 55 万元；预计投产第二年初流动资产需用额为 300 万元，流动负债需用额为 140 万元，则该项目流动资金投资总额为（　　）万元。

   A．105　　B．160　　C．300　　D．460

2. 某项目投产后第一年的营业收入为 1500 万元，经营成本为 760 万元，同年的折旧额为 200 万元，无形资产摊销额为 40 万元。第一年应交增值税为 300 万元，城建税和教育费附加率为 10%，所得税率为 25%，则投产后第一年调整所得税为（　　）万元。

   A．225　　B．200　　C．172.5　　D．117.5

3. 已知某投资项目的原始投资额为 500 万元，建设期为 2 年，投产后第 1～5 年每年的 NCF 为 90 万元，第 6～10 年每年的 NCF 为 80 万元，则该项目包括建设期的静态投资回收期为（　　）年。

   A．6.375　　B．8.375　　C．5.625　　D．7.625

4. 包括建设期的静态投资回收期是指（　　）。

   A．净现值为零的年限　　B．净现金流量为零的年限
   C．累计净现值为零的年限　　D．累计净现金流量为零的年限

5. 某投资项目原始投资为 12 000 元，当年完工投产，有效期 3 年，每年可获得净现金流量 4600 元，则该项目内部收益率为（　　）。

   A．7.33%　　B．7.68%　　C．8.32%　　D．6.68%

6. 不管其他投资方案是否被采纳和实施，其收入和成本都不受影响的投资项目与其他投资项目彼此之间是（　　）。

   A．互斥方案　　B．独立方案
   C．互补方案　　D．互不相容方案

二、多项选择题

1. 对于项目计算期而言，下列说法正确的有（　　）。

A．项目计算期=建设期+运营期

B．运营期=试产期+达产期

C．达产期是指从投产至到达设计预期水平的时期

D．从投产日到终结点之间的时间间隔称为运营期

2．以下各项中，可以构成建设投资内容的有（　　）。

A．固定资产投资　　B．无形资产投资

C．流动资金投资　　D．开办费投资

3．下列指标属于反指标的是（　　）。

A．包括建设期的静态投资回收期　　B．不包括建设期的静态投资回收期

C．投资收益率　　D．内部收益率

4．长期决策投资中，不宜作为折现率进行投资项目评价的是（　　）。

A．拟投资项目的权益资本必要收益率

B．拟投资项目的资本成本

C．社会的投资机会成本

D．行业基准资金收益率

5．NPV 正确的表达式有（　　）。

A．$\sum_{t=1}^{n}\frac{\mathrm{NCF}_t}{(1+i_c)^t}$　　B．$\sum_{t=0}^{n}\frac{\mathrm{NCF}_t}{(1+i_c)^t}$

C．$\sum_{t=0}^{n}\mathrm{NCF}_t\,(P/A,i_c,t)$　　D．$\sum_{t=0}^{n}\mathrm{NCF}_t\,(P/F,i_c,t)$

6．影响项目内部收益率的因素包括（　　）。

A．投资项目的有效年限　　B．投资项目的现金流量

C．企业要求的最低投资报酬率　　D．建设期

7．若两个投资方案是互斥方案，原始投资不相同，项目计算期不相同，可以采用下列哪几种方法进行选优（　　）。

A．差额投资内部收益率法　　B．净现值法

C．年等额净回收额法　　D．计算期统一法

8．在下列方法中，不能用于项目计算期不相同的多个互斥方案比较决策的方法是（　　）。

A．净现值法　　B．方案重复法

C．年等额净回收额法　　D．差额投资内部收益率法

三、判断题

1．包括建设期的静态投资回收期应等于累计净现金流量为零时的年限再加上建设期。（　　）

2．若假定在运营期不发生提前回收流动资金，则在终结点回收的流动资金等于各年垫支的流动资金投资额的合计数。（　　）

3．所得税后净现金流量可用于评价在考虑融资条件下项目投资对企业价值所做的贡献。（　　）

4．在投资项目决策中，只要投资方案的总投资收益率大于零，该方案就是可行方案。（　　）

5．不考虑资金时间价值的前提下，静态投资回收期越短，投资获利能力越强。（ ）

6．只有当投资均在建设期发生，项目投产后开头的若干年每年的净现金流量必须相等，而且这些年内的运营净现金流量之和应大于或者等于原始总投资，才可利用简化法计算静态投资回收期。（ ）

7．对于独立方案，只有完全具备财务可行性的方案才可以接受。（ ）

8．一般情况下，使某投资方案净现值小于零的折现率，一定高于该投资项目的内部收益率。（ ）

四、计算题

1．某企业新建一个项目，建设期为 2 年，运营期为 8 年，需要在建设期初投入固定资产为 500 万元（该资金来源于银行借款，年利率为 8%，借款期限为 2 年），无形资产投资为 50 万元，开办费投资为 20 万元。投产前 3 年，流动资产与流动负债预计资料参见表 5-10。

表 5-10　流动资产与流动负债预计资料表

年份	流动资产需用数	流动负债需用数
1	100	80
2	120	90
3	140	105

要求：

（1）求建设投资、原始投资和投资总额。

（2）求固定资产原值（固定资产原值=固定资产投资+建设期资本化利息+预备费）。

（3）按直线法计提折旧，求每年折旧额（固定资产年折旧=$\frac{\text{原值}-\text{净残值}}{\text{折旧年限}}$）。

2．某企业不缴纳营业税，适用的所得税税率为 25%，城建税率为 7%，教育费附加率为 3%，所在行业的基准收益率为 10%。该企业拟投资建设一条生产线，现有甲、乙两个方案可供选择。

资料一：甲方案投产后某年的预计营业收入为 100 万元，该年的营运成本费用为 80 万元，其中，外购原材料、燃料和动力费为 40 万元，工资福利费 23 万元，折旧费 12 万元，其他费用 5 万元。该年年初增值税抵扣余额为 0，销售的产品和外购的原材料、燃料和动力费的增值税率为 17%，预计应交消费税 10 万元。

资料二：乙方案建设期为 1 年，建设期购置设备支出的不含税价款为 105 万元，增值税为 17.85 万元，无形资产投资为 25 万元，不发生开办费投资，流动资金投资为 40 万元。设备的折旧年限为 10 年，期末预计净残值为 10 万元，按直线法计提折旧；无形资产的摊销为 5 年。建设期资本化利息为 5 万元。

部分资金时间价值系数：$(P/A, 10\%, 11)=6.4951$；$(P/A, 10\%, 1)=0.9091$。

（1）根据资料一计算甲方案的如下指标：

① 该年付现的经营成本；

② 该年营业税金及附加；

③ 该年息税前利润；

④ 该年调整所得税；

⑤ 该年所得税前净现金流量；

⑥ 该年所得税后净现金流量。

（2）根据资料二计算乙方案的下列指标：

① 建设投资；

② 原始投资；

③ 项目总投资；

④ 固定资产原值；

⑤ 运营期 1～10 年的每年折旧额；

⑥ 运营期 1～5 年的每年无形资产摊销；

⑦ 运营期末的回收额；

⑧ 乙方案截至第 5 年末累计所得税后净现金流量为-6.39 万元，截至第 6 年末累计所得税后净现金流量为 39.65 万元。计算乙方案包括建设期的静态投资回收期（所得税后）和不包括建设期的静态投资回收期（所得税后）。

（3）已知乙方案运营期的第 2 年和最后 1 年的息税前利润的数据分别是 36.64 万元和 41.64 万元，请按简化公式计算这两年该方案的所得税前净现金流量 NCF_3 和 NCF_{11}。

（4）假定甲方案所得税后净现金流量：NCF_0=-120 万元；NCF_1=-10 万元；$NCF_{2\sim11}$=24.72 万元。据此计算该方案的下列指标：

① 净现值和净现值率（所得税后）；

② 不包括建设期的静态投资回收期（所得税后）；

③ 包括建设期的静态投资回收期（所得税后）；

④ 年等额净回收额。

（5）已知乙方案按所得税后净现金流量计算的净现值为 2.21 万元，请按净现值和包括建设期的静态投资回收期指标，对甲方案和乙方案做出是否具备财务可行性的评价。

3．某企业计划用新设备替换旧设备。旧设备预计还可使用 5 年，旧设备账面折余价值为 70 000 元，目前变价净收入为 60 000 元。新设备投资额为 150 000 元，预计使用 5 年。至第 5 年年末，新设备的预计残值为 10 000 元。旧设备的残值为 5000 元。预计使用新设备可使企业在第 1 年增加营业收入为 11 074.63 元，第 2 到 4 年内每年增加营业收入 16 000 元，第 5 年增加营业收入 15 253.73 元，使用新设备可使企业每年降低经营成本 8000 元。该企业按直线法计提折旧，所得税率为 25%。假定财务费用（利息）为零。

要求：

（1）计算使用新设备比使用旧设备增加的投资额；

（2）计算旧设备因提前报废发生净损失而抵减的所得税；

（3）计算使用新设备比使用旧设备每年增加的息税前利润；

（4）计算使用新设备比使用旧设备每年增加的净现金流量；

（5）计算该方案的差额投资内部收益率；

（6）若行业基准折现率为 10%，判断是否应该用新设备替换旧设备。

学习情境六　营运资金管理

知识要点

（1）掌握营运资金的概念。

（2）熟悉现金管理的基本方法和掌握最佳现金持有量的确定。

（3）熟悉应收账款管理的基本方法，掌握企业信用政策的内容、信用条件及决策原理。

（4）掌握存货管理指标的计算，了解 ABC 分类管理方法。

核心概念

营运资金　最佳现金持有量　信用政策　信用评分法　经济订货批量

情境导入

华盟公司营运资金管理现状

华盟公司各部门目前都存在一些怨言，主要是：

采购部门的人抱怨：财务部门特别抠门，每次的采购资金都不能足额及时提供，导致不能进行大批量采购，供应商给的数量折扣很难享受到，而且每次还得和供应商谈谈能不能给点赊购。再看看别的企业采购人员，每次采购的数量不仅多，还是付现款，供应商可把他们当上帝看了。

仓储部门抱怨：生产这么多产品，已经库存近半年了，每个月的管理费用都多得不得了。

销售部门抱怨：生产部门总是让人担心，每次交货都是快到合同期了。一旦哪次没有及时完成生产，订单就得泡汤，还得造成客户不信任的后果。

生产部门抱怨：仓库每次都不能及时发料。

财务部门抱怨：销售总是回款太慢，有些应收账款都逾期快半年了，销售部门也不管，反正我们是没有时间和人去收账。

【思考】

（1）针对以上各部门存在的抱怨，华盟公司日常营运管理存在哪些问题？

（2）如果你作为公司财务经理，会向公司提供什么样的管理建议？

营运资金是指流动资产减去流动负债后的余额，是一个企业维持日常经营活动所需的资金，营运资金的管理既包括流动资产的管理，也包括流动负债的管理，具体包括现金管理、应收账款管理、存货管理和流动负债管理。它是财务管理中的一项重要的管理工作，加强营运资金的管理有利于提高企业的经济效益。

单元一 现金管理

一、现金的持有动机与持有成本

现金是指企业可以立即作为支付手段，并能被普遍接受的资产，即以货币形态占用的那部分资金，包括库存现金、银行存款等。对现金的管理主要围绕以下两个目标来进行：一是保证企业生产经营对现金的需要；二是尽量减少企业闲置现金的数量，提高资金报酬率。现金对企业的重要性，类似于润滑油对机器的重要性。如果没有润滑油，机器将无法顺利地运转；如果企业缺乏足够的现金，就可能发生资金周转困难，甚至宣告破产。然而，如果持有的现金过量，则企业也将受损失，因为现金是一种无法产生盈余或者产生盈余极少的资产，若企业持有的现金超过某一最低的标准，则企业的潜在盈余就会下降。

（一）现金的持有动机

通常情况下，企业都持有一定数量的现金。其持有动机或者原因主要有以下四个方面。

1. 交易性需求

交易性需求是指企业持有现金以满足日常业务的现金支付需要。为了满足交易性需要和日常经营活动对货币的需要，企业必须持有现金。如果每天的现金流出量与现金流入量能密切配合，企业就不需要持有大量的现金，现金余额甚至可以降低到零。但在实际的生产经营过程中，由于各种各样的原因，比如，企业提供的信用条件与企业接受的信用条件不同、季节性的大量现金支出或者购买大量廉价原材料等，会使现金流出与现金流入很难同量同步。因此，为使业务活动正常进行，企业必须持有一定量的现金。这些现金被称为交易性余额。

交易性需求的现金数量取决于企业规模、现金管理体制和管理人员的偏好。企业规模越大，交易性需求的现金数量就越多，反之则越低；采取现金集中管理，建立内部银行的企业，交易性需求的现金数量比采取分散管理的企业要少，反之则较多；愿意承担风险的管理者，其交易性需求的现金数量较少，反之则较多。

2. 补偿性需求

补偿性需求是指企业维持良好的银企关系，按银行规定在其存款账户中维持一个最低的存款余额的现金需要。银行常常通过将客户的存款放贷出去获得利润。因此，银行的存款越多，其可放贷的资金也就越多，可获得的利润也可能越多。因此，有时基于贷款存款的规定，有时也因给客户提供额外服务的需要，银行通常会要求客户在其存款账户中维持一个最低的存款余额，这种余额被称为补偿性余额。

3. 预防性需求

预防性需求是指企业持有现金以应付意外事件的现金支付需要。企业现金的收支量通常很难被准确地预测出来，而现金流量的可预测程度也会随着企业管理与行业的不同而有所变化。因此，企业需持有若干现金以防不测。这些当作安全存量用的现金被称为预防性余额。

预防性需求所持有的现金数额取决于三个因素：第一，现金收支预测的准确性程度。现金收支预测的准确性程度越小，所需持有的现金数额就越大，反之则越小。第二，临时借款能力。如果企业临时借款能力强，则预防性需求所需持有的现金数额较小，反之则较大。第三，企业愿冒缺少现金风险的程度。如果企业不愿冒缺少现金的风险，则预防性需求所需持有的现金数额较大，反之则较小。

4. 投机性需求

有时企业也会持有一些现金，以便能随时购买偶然出现的廉价材料或者资产，比如在适当的时机购入价格有利的有价证券等。一般而言，除金融企业和投资企业外，其他企业很少专为投机动机而持有现金。为达到这一目的而持有的现金被称之为投机性余额。

需要指出的是，尽管我们可以将大多数企业管理的现金余额视为由交易性、补偿性、预防性和投机性余额四个部分构成，但由于企业可以使用相同的现金余额来同时达到一种以上的目标，所以我们无法估计出企业的适当的现金余额。只不过企业在决定其目标现金余额时，需要将以上四个因素都纳入考虑范围。

（二）现金的持有成本

（1）现金管理成本，是指企业因持有现金而发生的人员工资等管理费用。现金管理成本与现金持有量无直接关系，一般属于固定成本。

（2）现金机会成本，是指企业因持有现金而丧失的再投资收益。由于现金资产盈利能力最低，保留现金必然丧失再投资的机会及相应的投资收益，从而形成持有现金的机会成本，这种成本在数额上等同于资金的投资收益。现金机会成本与现金持有量直接相关，现金持有量越大，机会成本越高，反之则越低。因而机会成本属于变动成本。

（3）现金转换成本，是指企业用现金购入有价证券以及转让有价证券换取现金时付出的交易费用，如委托买卖佣金、委托手续费、证券过户费、交割手续费等。转换成本与证券变现次数呈线性关系，即

转换成本总额=证券变现次数×每次转换成本

在现金需要量既定的前提下，现金持有量越少，证券变现的次数越多，相应的转换成本就越大；反之则越小。因此现金持有量的高低必然通过证券变现次数的多少而对转换成本产生影响。

（4）现金短缺成本，是指在现金持有量不足而又无法及时通过有价证券变现等方式加以补充而给企业造成的损失，包括直接损失和间接损失。现金的短缺成本随现金持有量的增加而下降，随现金持有量的减少而上升，即与现金持有量呈负相关性。

二、现金持有量的定量分析方法

现金是企业流动性最强而获利能力最弱的资产。如果企业持有过多现金，会降低企业的盈利水平，但如果企业持有现金太少，又可能出现现金短缺，加大财务风险。企业究竟应该持有多少现金才合适呢？这里介绍几种最佳现金持有量的确定方法。

（一）存货模式

存货模式来源于存货的经济批量模型。企业现金持有量在许多方面与存货相似，存货经济批量模型可用于确定目标现金持有量。存货模式的着眼点是现金的有关成本最低。在现金持有

成本中，管理成本因其相对稳定并同现金持有量的多少关系不大，因此存货模式将其视为无关成本而不予考虑。由于现金是否会发生短缺、短缺多少、各种短缺情形发生时可能的损失如何等都存在着很大的不确定性并且不易计量，因而，存货模式对短缺成本也不予考虑。在存货模式中，只考虑机会成本和转换成本。由于机会成本和转换成本随着现金持有量的变动而呈现出相反的变动趋向，这就要求企业必须对现金与有价证券的分割比例进行合理安排，从而使机会成本与转换成本保持最佳组合。也就是说，凡是能够使现金管理的机会成本与转换成本之和保持最低的现金持有量，即为最佳现金持有量。

假设企业一定时期现金的总需要量确定，支出均衡发生，那么企业现金持有总成本与持有机会成本、转换成本的关系如图 6-1 所示。

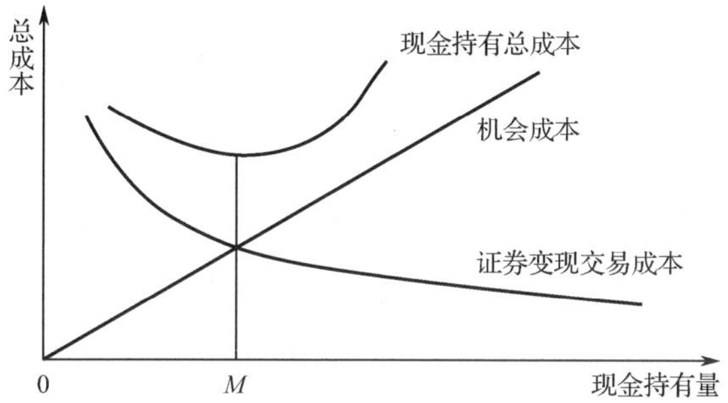

图 6-1　现金持有量的存货模式

从图 6-1 可以看出，企业现金持有总成本与现金持有量呈凹形曲线关系。持有现金的机会成本与证券变现的交易成本相等时，现金管理的总成本最低。此时的现金持有量为最佳现金持有量。

设：TC 为一定时期企业现金持有总成本；

T 为一定时期现金的总需要量；

M 为最佳现金余额；

b 为每次转换的固定成本；

i 为有价证券利率，即机会成本率。

则

$$\begin{aligned}\text{现金持有总成本（TC）}&=\text{机会成本}+\text{转换成本}\\&=\text{平均现金余额}\times\text{利率}+\text{转换次数}\times\text{每次转换成本}\\&=\frac{M}{2}\cdot i+\frac{T}{M}\cdot b\end{aligned}$$

则

$$TC'=\frac{1}{2}\cdot i-\frac{T}{M^2}\cdot b$$

令 TC′=0，则

$$M=\sqrt{\frac{2\cdot T\cdot b}{i}}$$

（二）随机模式

随机模式是在企业未来的现金流量呈不规则波动、无法准确预测的情况下采用的确定最佳现金持有量的一种方法。这种方法的基本原理是制定一个现金控制区域，确定出上限和下限。当现金持有量达到上限时，将现金转换成有价证券，当现金持有量下降到下限时，则将有价证券转换成现金，从而使现金持有量经常性地处在两个极限之间，如图 6-2 所示。

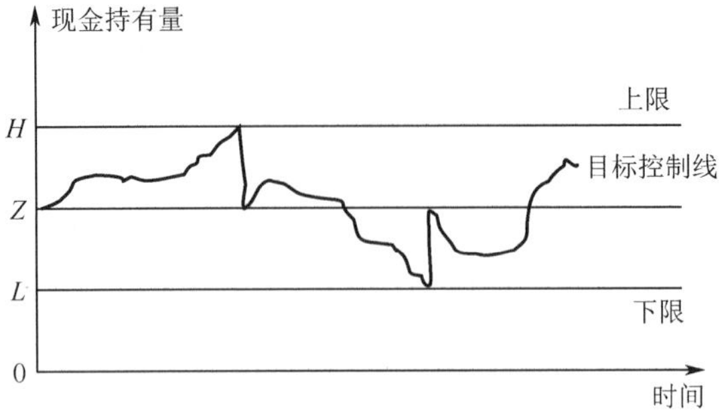

图 6-2　现金持有量的随机模式

在图 6-2 中，H 为上限，L 为下限，Z 为目标控制线。当现金持有量升至 H 时，则购进（$H-Z$）金额的有价证券，使现金持有量回落到 Z 线上；当现金持有量降至 L 时，就需出售（$Z-L$）金额的有价证券，使现金持有量恢复到 Z 的最佳水平上。目标现金持有量 Z 线的确定，仍可按现金持有总成本最低，即持有现金的机会成本和转换有价证券的固定成本之和最低的原理来确定，并把现金持有量可能波动的幅度同时考虑在内。

设：Z 为最佳现金余额；

δ 为现金余额变化的标准差；

i 为有价证券利率；

b 为每次转换成本。

则有

$$Z=\sqrt[3]{\frac{3\bullet b\bullet \delta^2}{4(i/360)}}$$

$$H=3Z$$

企业持有现金平均余额=$4Z\div3$

（三）现金周转模式

现金周转模式是从现金周转的角度出发，根据现金的周转速度来确定最佳现金持有量的一种方法。利用这一模式确定最佳现金持有量，包括以下三个步骤。

第一，计算现金周转期。现金周转期是指企业从购买材料支付现金到销售商品收回现金的时间。

现金周转期=应收账款周转期−应付账款周转期+存货周转期

式中　应收账款周转期——从应收账款形成到收回现金所需要的时间；

应付账款周转期——从购买材料形成应付账款开始直到以现金偿还应付账款为止所需要的时间；

存货周转期——从以现金支付购买材料款开始直到销售产品为止所需要的时间。

第二，计算现金周转率。现金周转率是指一年中现金的周转次数。

现金周转率=日历天数÷现金周转天数

第三，计算最佳现金持有量。

最佳现金持有量=年现金需求量÷现金周转率

三、现金管理模式

（一）收支两条线的管理模式

“收支两条线”原本是政府为了加强财政管理和整顿财政秩序对财政资金采取的一种管理模式。当前，企业特别是大型集团企业，也纷纷采用“收支两条线”资金管理模式。

1. 企业实行收支两条线管理模式的目的

企业作为追求价值最大化的盈利组织，实施“收支两条线”主要出于两个目的：

第一，对企业范围内的现金进行集中管理，减少现金持有成本，加速资金周转，提高资金使用效率；

第二，以实行收支两条线为切入点，通过高效的价值化管理来提高企业效益。

2. 收支两条线资金管理模式的构建

构建企业“收支两条线”资金管理模式，可从规范资金的流向、流量和流程三个方面入手。

（1）资金的流向方面：企业“收支两条线”要求各部分或者分支机构在内部银行或者当地银行设立两个账户（收入户和支出户），并规定所有收入的现金都必须进入收入户（外地分支机构的收入户资金还必须及时、足额地回笼到总部），收入户资金由企业资金管理部门（内部银行或者财务结算中心）统一管理，而所有的货币性支出都必须从支出户里支付，支出户里的资金只能根据一定的程序由收入户划拨而来，严禁现金坐支。

（2）资金的流量方面：在收入环节上要确保所有收入的资金都进入收入户，不允许有私设的账外小金库。另外，还要加快资金的结算速度，尽量压缩资金在结算环节的沉淀量；在调节环节上通过动态的现金流量预算和资金收支计划实现对资金的精确调度；在支出环节上，根据“以支定收”和“最低限额资金占用”的原则从收入户按照支出预算安排将资金定期划拨到支出户，支出户平均资金占用额应压缩到最低限度。有效的资金流量管理将有助于确保及时、足额地收入资金，合理控制各项费用支出和有效调剂内部资金。

（3）资金的流程方面：资金流程是指与资金流动有关的程序和规定。它是收支两条线内部控制体系的重要组成部分，主要包括以下几个部分：① 关于账户管理、货币资金安全性等规定；② 收入资金管理与控制；③ 支出资金管理与控制；④ 资金内部结算与信贷管理与控制；⑤ 收支两条线的组织保障等。

需要说明的是，收支两条线作为一种企业的内部资金管理模式，与企业的性质、战略、管理文化和组织结构都有很大的关系。因此，企业在构建收支两条线管理模式时，一定要注意与自己的实际相结合，以管理有效性为导向。

（二）集团企业资金集中管理模式

1. 资金集中管理模式的概念

资金集中管理也称司库制度，是指集团企业借助商业银行网上银行功能及其他信息技术手段，将分散在集团各所属企业的资金集中到总部，由总部统一调度、统一管理和统一运用。其在各个集团的具体运用可能会有所差异，但一般都包括以下主要内容：资金集中、内部结算、融资管理、外汇管理、支付管理等。其中，资金集中是基础，其他各方面均建立在此基础之上。目前，资金集中管理的管理模式逐渐被我国企业集团所采用。

2. 集团企业资金集中管理的模式

资金集中管理模式的选择实质上是集团管理是集权还是分权管理体制的体现，也就是说，在企业集团内部所属各子企业或者分部是否有货币资金使用的决策权、经营权，这是由行业特点和本集团资金运行规律决定的。现行的资金集中管理模式大致上可以分为以下几种：

（1）统收统支模式。在该模式下，企业的一切资金收入都集中在集团总部的财务部门，各分支机构或者子企业不单独设立账号，一切现金支出都通过集团总部财务部门付出，现金收支的批准权高度集中。统收统支模式有利于企业集团实现全面收支平衡，提高资金的周转效率，减少资金沉淀，监控现金收支，降低资金成本。但是该模式可能会不利于调动成员企业开源节流的积极性，影响成员企业经营的灵活性，以至降低整个集团经营活动和财务活动的效率。

（2）拨付备用金模式。拨付备用金模式是指集团按照一定的期限统拨给所有所属分支机构或者子企业供其使用的一定数额的现金。等各分支机构或者子企业发生现金支出后，持有关凭证到集团财务部门报销以补足备用金。

（3）结算中心模式。结算中心通常是由企业集团内部设立的，办理内部各成员现金收付和往来结算业务的专门机构。结算中心通常设立于财务部门内，是一个独立运行的职能机构。

（4）内部银行模式。内部银行是将社会银行的基本职能与管理方式引入企业内部管理机制而建立起来的一种内部资金管理机构，主要职责是进行企业或者集团内部日常的往来结算和资金调拨、运筹。

（5）财务公司模式。财务公司是一种经营部分银行业务的非银行金融机构。其主要职责是开展集团内部资金集中结算，同时为集团成员企业提供包括存贷款、融资租赁、担保、信用鉴证、债券承销、财务顾问等在内的全方位金融服务。

四、现金的日常管理

现金日常管理的目的在于提高现金的使用效率，为达到这一目的，应当注意做好以下几方面的工作。

（一）加速现金收款

为了提高现金的使用效率，加速现金的周转，企业应尽量加速账款的收回。一般来说，企业账款的收回包括客户开出支票、企业收到支票、银行清算三个阶段，企业账款收回的时间包括支票邮寄时间、支票在企业停留的时间以及支票结算的时间，前两个阶段所需时间的长短不但与客户、企业、银行之间的距离有关，而且与收款的效率有关。企业应在不影响未来销售的情况下，尽可能地加速现金的收回。企业加速收款的任务不仅要使客户尽量早付款，而且要尽快地使这些付款转化为可用现金。为此，必须满足如下要求：第一，减少客户付款的邮寄时间；第二，减少企业收到客户开来的支票与支票兑现之间的时间；第三，加速资金存入自己往来银行的过程。为达到以上要求，可采用以下措施。

1. 集中银行法

集中银行法改变了只在企业总部设立一个收款点的做法，而是在收款额较集中的若干地区均设立收款中心，并指定一个主要开户银行（通常是总部所在地银行）为集中银行；企业客户的货款交到距其最近的收款中心；收款中心银行再将扣除补偿性余额后的多余现金解缴到企业指定的集中银行，供企业使用。这种方法的优点在于：第一，由收款中心寄发付款通知，使客户收到付款通知的时间缩短；第二，客户将货款交至当地收款中心，缩短了交款时间；第三，由收款中心的银行每天向集中银行解缴现金，缩短了企业从收到现金起至可供企业使用的时间。其主要缺点在于每个收款中心的银行都要求补偿性余额，开设的收款中心越多，补偿性余额总量越多，释放的现金相对减少，呆滞资金的机会成本相应增高。因此，企业在进行可行性调研之后，合理地确定收款中心的数量和设置地点，是采用集中银行法管理现金收款业务决策的关键。

2. 锁箱系统法

锁箱系统法是通过在各主要城市租用专门的邮政信箱，以缩短从收到客户付款到存入当地银行的时间的一种现金管理办法。这是一种与集中银行法的功能非常类似的加速收款方法，又称邮政信箱法。

一般而言，企业利用锁箱系统法来加速收款的处理程序是：

（1）确定在某些地区租用加锁的专用邮政信箱；

（2）通知客户将货款汇至指定的邮政信箱；

（3）授权邮政信箱所在地的某家银行每天数次收取邮政信箱中的邮件，并将货款存入该企业管理账户；

（4）被授权开启邮政信箱的当地银行将扣除补偿性余额后的现金收入及附带单证定期送交企业管理总部。

上述过程免除了企业办理收账、将货款存入银行的一切手续，缩短了企业办理收款与存储的时间。其缺点是，被授权收取邮政信箱货款的银行除了要求相应的补偿性余额外，还要收取办理额外服务的劳务费，使释放可供使用资金的成本增加。因此，是否采用锁箱系统法需根据可释放出的资金所产生的效益与增加成本的大小而定。

3. 其他方法

除以上两种方法外，还有一些加速收现的方法。例如，对于金额较大的货款采用电汇收款方式；直接派人前往收取支票并送存银行；对各银行之间以及企业内部各单位之间的现金往来严加控制；减少不必要的银行账户等。

（二）控制现金支出

控制现金支出，包括时间上的控制和金额上的控制两个方面。控制现金支出最常用的方法有推迟应付款的支付、使用现金浮游量等。

1. 推迟应付款的支付

推迟应付款的支付是指在不影响企业信誉的前提下，尽可能地推迟应付款的支付时间，充分享受供货方所提供的信用优惠。如企业在采购材料时，供货方提供的信用条件是 2/10，N/60，则企业应该在开票后第 10 天付款，而不应该在开票当天付款。如果企业急需现金，甚至可以放弃供货方提供的现金折扣的优惠，在信用期的最后一天付款。当然，是否做出这样的决定，要先权衡推迟付款和放弃现金折扣优惠之间的利弊得失。因为放弃现金折扣优惠而产生的商业信用成本一般来说是相当高的。

2. 使用现金浮游量

所谓现金浮游量是指企业账上现金余额与银行账上的企业现金余额之间的差额。形成现金浮游量的原因是未达账项。由于从企业开出支票到收款人收到支票并将其送交银行，直到银行办理完款项的划转，通常需要一定的时间。所以，现金浮游量实际上是企业与银行双方出账入账的时间差造成的。在这段时间里，企业虽然已经开出了支票，但银行并未入账，所以企业仍然可以动用银行存款上的这笔现金，以达到充分利用现金的目的。不过，在使用现金浮游量时，要特别注意控制好使用的时间，以防止发生银行存款的透支。

3. 工资支出模式

工资支出模式是企业为支付工资而设立一个专业存款账户，这种存款账户余额的多少，当然也会影响企业管理现金总额。为了减少这一存款数额，企业管理在合理预测开出支付工资的支票到银行兑现的具体时间的基础上，安排好各日存入银行工资款项的大概金额，例如某企业不必一次性存入全部工资支出。

4. 采用延期付款方式

在采用支票付款时，只要受票人将支票存进银行，付款人就要无条件地付款。但汇票不是“见票即付”的付款方式，在受票人将汇票存进银行后，银行要将汇票送交付款人承兑，并由付款人将一笔相当于汇票金额的资金存入银行，银行才会付款给受票人。这样就有可能合法地延期付款。

（三）保持与银行的良好关系

企业通常在银行开户，并在资金不足时向银行申请贷款，还接受银行提供的包括票据交换、锁箱系统及资信调查等多项服务。为此，保持与银行的良好关系非常重要。在处理银企关系时，必须注意补偿性余额方式的选用和透支制度的利用。

1. 补偿性余额方式的选用

银行收入主要来自利息收入，而贷款利息收入的多少，又取决于它所吸引的客户的平均存款额。企业维持一定的存款补偿性余额，是银行收入的主要来源。对银行来说，它首先需要决定提供给客户的服务成本，然后再考虑所要求的补偿性余额的大小。当然，企业也可以直接付款给银行，以享受其服务。但企业尤其是大企业经常发现，采用补偿性余额的方式来享受银行的服务比直接付款给银行更为合算。银行可以采用绝对最低额和平均最低额两种方式来决定补偿性余额。绝对最低额限制性较高，对企业来说是一笔无法动用的死钱。平均最低额限制性较低，只要企业的平均现金余额不低于某个标准，可以允许企业在关键时刻使其存款余额下降至零甚至出现负数。

2. 透支制度的利用

大多数西方银行都允许透支。在这种制度下，每当存款人开出支票的总金额超过存款账户中的实际余额时，银行会自动贷款给存款人，以弥补不足的存款。当然，银行会事先和存款人定好这种贷款的最高金额。

以上两种方式虽然会受整个经济环境——如银根抽紧政策的影响，但是与银行维持良好的关系，以尽量利用平均性质的补偿性余额和利用透支制度，对降低企业管理平均现金余额，提高现金使用效率，都有重要的作用。

【课堂讨论】

某企业每月需要现金 60 万元，每天支出量不变，每次转换成本为 120 元，月息为 1%。

要求：

（1）计算最优现金持有量；

（2）计算最低现金总成本；

（3）计算每月有价证券最优交易次数；

（4）计算有价证券最优交易间隔期。

【讨论解析】

根据上述资料计算如下：

（1）计算最优现金持有量：

$$M=\sqrt{\frac{2 \cdot T \cdot b}{i}}=\sqrt{\frac{2\times 600\,000\times 120}{1\%}}=120\,000\text{（元）}$$

（2）计算最低现金总成本：

$$\text{TC}=\sqrt{2 \cdot T \cdot b \cdot i}=\sqrt{2\times 600\,000\times 120\times 1\%}=1200\text{（元）}$$

（3）计算每月有价证券最优交易次数：

N=600 000÷120 000=5（次）

（4）计算有价证券最优交易间隔期：

T=30÷5=6（天）

【小结】

现金管理的内容主要包括现金管理的目标、现金成本、最佳现金持有量和现金收支管理四项管理。本单元在理解现金成本的基础上掌握最优现金持有量的确定方法，通过成本分析模式和存货模式，合理确定最优现金持有量，采用适当方法加快现金回收，延迟现金支出，在保证企业经营活动现金需要的同时，适当降低企业闲置的现金数量，提高资金收益率。并能灵活运用此方法解决具体问题，锻炼学生分析问题与解决问题的能力。

单元二 应收账款管理

一、应收账款的功能与成本

（一）应收账款的功能

应收账款是一种债权性流动资产，就其占用本身来看，并不能直接带来任何收益。但应收账款具有增加销售和减少存货的功能。所谓应收账款的功能是指它在企业生产经营中所具有的作用。主要有以下功能。

1. 增加销售

企业销售产品可以采取现销方式或者赊销方式。现销方式最大的优点是应计现金流入量与实际现金流入量完全吻合，既能避免坏账损失，又能及时地将收回的款项投入再生产过程，是企业期望的一种销售结算方式。但在激烈竞争的市场条件下，单纯的现销方式将使企业处于不利境地。而赊销方式由于向购买方提供了一定的商业信用，可以使企业扩大产品销售、开拓市场，增强企业竞争力。

2. 减少存货

应收账款可以加速产品销售的实现，加快产成品向销售收入的转化速度，降低产成品数量，有利于缩短产成品的库存时间，降低产成品存货的管理费用、仓储费用和保险费用。因此，在企业产成品存货较多时，可以将产成品以较优惠的信用条件赊销出去，将存货转化为应收账款，减少产成品存货，节约开支。

（二）应收账款的成本

企业在应收账款上占用资金，要付出一定的代价。应收账款的成本主要有以下几项。

1. 应收账款的机会成本

应收账款的机会成本是指企业因持有应收账款而放弃进行其他投资获得投资收益的机会所减少的收益。应收账款的机会成本可以用企业现有的投资机会的收益率表示，也可以用企业投资的最低收益率表示。其计算公式如下：

应收账款的机会成本=应收账款占用的平均资金余额×资金成本率
=应收账款平均余额×变动成本率×资金成本率
=(赊销收入净收入额÷应收账款周转率)×变动成本率×资金成本率
=(赊销收入净收入额×应收账款周转期÷日历天数)×变动成本率×资金成本率

2. 应收账款的管理成本

应收账款的管理成本是指企业对应收账款进行管理而耗费的开支，是应收账款成本的重要组成部分，主要包括对客户的资信调查费用、应收账款账簿记录费用、收账费用以及其他费用。

3. 应收账款坏账损失成本

应收账款坏账损失成本是指因某些原因无法收回而给持有企业带来的损失。应收账款坏账损失成本与应收账款数额成正比，即应收账款越多，坏账损失成本也越多。因此，企业为规避坏账损失带来的不利影响，应按照应收账款余额的一定比例提取坏账准备。

（三）应收账款管理目的

由于应收账款获利能力较差，企业持有应收账款过多，会降低企业的投资收益；但应收账款太少，又会影响企业的产品销售，增加企业的存货。因此，应收账款管理的目的，就是要在保证企业产品正常销售的同时减少产成品存货，获得最大的收益。

二、信用政策

信用政策即应收账款政策，是指企业对应收账款投资进行规划与控制而确立的基本原则与行为规范，包括信用标准、信用条件和收账政策三部分内容。

（一）信用标准

信用标准是客户获得企业商业信用所应具备的最低条件，通常以预期的坏账损失率表示。如果企业的信用标准过高，将使客户因信用品质达不到所设的标准而被企业拒之门外，其结果尽管有利于降低应收账款的机会成本、管理成本及坏账成本，但却会影响企业市场竞争能力的提高和销售收入的扩大。相反，如果企业采取较低的信用标准，虽然有利于企业扩大销售，提高市场竞争力和占有率，但同时也会导致应收账款的机会成本、管理成本及坏账成本的增加。

（二）信用条件

所谓信用条件是指企业接受客户信用时所提出的付款要求，主要包括信用期限、折扣期限及现金折扣等。信用条件通常以“2/10,N/60”方式来表示，即客户在发票开出后的 10 天内付款，可以享受 2%的现金折扣；如果放弃折扣优惠，则全部款项必须在 60 天内付清。60 天为信用期限，10 天为折扣期限，2%为现金折扣率。

1. 信用期限

信用期限是指企业为客户规定的最长付款时间。产品销售量与信用期限之间存在着一定的依存关系。延长信用期限，可以在一定程度上扩大销售从而增加毛利。但不适当地延长信用期限，也会造成平均收账期延长、管理成本及坏账成本增加等不良后果。因此，企业应是否给客户延长信用期限，应视延长信用期限增加的边际收入是否大于增加的边际成本而定。

2. 现金折扣

所谓现金折扣是指在客户提前付款时所给予的价格优惠。现金折扣实际是产品价格的扣减，企业决定是否提供以及提供多大程度的现金折扣，应着重考虑提供折扣后所得的收益是否大于现金折扣的成本。

3. 折扣期限

所谓折扣期限是指为客户规定的可享受现金折扣的付款时间。

（三）收款政策

收款政策是指当客户违反信用条件，拖欠甚至拒付账款时企业所采取的收账策略与措施。在企业向客户提供商业信用时，必须考虑三个问题：第一，客户是否会拖欠或者拒付账款，程度如何；第二，怎样最大限度地防止客户拖欠账款；第三，一旦遭到拖欠甚至拒付，企业应采取怎样的对策。前两个问题的解决主要靠信用调查和严格信用审批制度，第三个问题则必须通过制定完善的收账政策，采取有效的收账措施予以解决。

信用政策定的变化对企业收入、应收账款投资、坏账损失成本、调查成本、收款成本和折扣成本都将产生重要影响，其影响结果如表 6-1 所示。

表 6-1　信用政策的变化的影响

影响项目	信用标准		信用条件		收款政策	
	严格	宽松	苛刻	宽松	积极	消极
销售量	-	+	-	+	-	+
应收账款投资	-	+	-	+	-	+
坏账损失	-	+	-	+	-	+
调查成本	+	-	+	-		
收款成本	-	+	-	+	+	-
折扣成本	-	+	-	+		
风险	-	+	-	+	-	+

注：+表示增加；-表示减少。

三、信用政策的制定

制定合理的信用政策就是将信用政策的变化引起销售收入变化带来的收益增加额（或者减少额）与应收账款成本增加额（或者减少额）进行比较，选择能够使企业净收益增加的信用政策方案。当销售收入变化带来的收益增加额大于应收账款成本增加额时，或者销售收入变化带来的收益减少额小于应收账款成本减少额时，信用政策的变化是合理的，否则，信用政策的变化是不合理的。这是企业信用政策制定的基本原则，也是企业信用决策的基本方法。

四、应收账款日常管理

信用政策建立以后，企业应该按照制定的信用标准、信用条件与收款政策，做好应收账款的日常控制工作。

（一）搜集客户信用资料

搜集客户信用资料是进行客户信用分析和进行应收账款管理的前提。其资料的真实可靠程度直接影响到决策结果。搜集资料必须支付费用，企业必须权衡全面搜集资料所花的费用是否超过其可能提供的收益。客户信用资料可以从以下几个方面获得。

1. 财务报表

客户近期的资产负债表、损益表、现金流量表等是信用资料的主要来源之一。通过财务报表，可以了解企业的偿债能力、营运能力及获利能力。财务状况好的企业一般都愿意提供财务报表，因此搜集财务报表不仅费用低而且也省时。如果客户拒绝提供财务报表，往往同他们的财务状况欠佳有关，这类客户可考虑暂时不给予信用。

2. 评估机构信用评级报告

我国已有不少信用评估的专门机构，它们受客户委托对企业信誉等级进行评定，发布企业的信用等级报告，但信用评级报告还欠规范。随着社会主义市场经济体制的建立，信用评估机构的信用评级报告也将逐步规范化。

3. 银行调查

银行对其开户的企业一般都比较了解，银行向企业提供信贷，必须了解企业的财务状况及还贷能力，因此，对提供信用的企业来说，通过银行来搜集客户的信用资料也是一种重要的渠道之一。但是，银行的资料一般不愿向陌生的直接询问者提供，企业可以委托自己的开户银行代办信用调查。

4. 其他企业

向同一客户提供信用的其他企业搜集资料，也是一种重要的渠道，这些资料包括：其他企业向该客户收账时间的长短、最高赊销总额的多少、每次赊销的限额、支付货款的快慢等，这些资料对提供信用的企业来说，将是一种很好的参考。

5. 企业自身经验

企业自身经验是一种重要的分析资料，在这方面，企业的销售部门、财务部门最有发言权。大企业一般设有客户关系管理机构，建立客户信用档案。

（二）分析客户信用状况

搜集客户信用资料后，要对这些资料进行分析，并对客户信用状况进行评估。信用评估的方法很多，常用的有5C评估法和信用评分法。

1. 5C评估法

所谓5C评估法，是指重点分析影响信用的品质、能力、资本、抵押和条件五个方面的一种方法。

（1）品质，是指客户愿意如期履行其付款义务的可能性。是评估客户信用品质的首要因素。因为客户是否愿意在货款到期时，尽自己最大的努力来偿还货款，直接决定着应付账款的收回速度和数量。企业可以通过了解客户过去付款的一贯做法以及客户与其他供货企业的关系是否良好来评价客户的品质。

（2）能力，是指客户偿付货款的能力，即客户流动资产的数量、质量以及流动比率、速动比率的高低。企业可以通过客户提供的财务报告，并通过对客户进行实地调查、观察来分析客户资产的流动性，对客户的偿债能力做出判断。

（3）资本，是指客户的财务实力和财务状况。企业可以通过分析客户提供的财务报告分析判断。

（4）抵押，是指客户拒付款项或者无力支付款项时，能被用作抵押的资产。如果对客户的信用状况有争议，或者是对企业的信用状况不了解，但客户能够提供足够的抵押品，企业也可以向其提供信用。当货款到期客户不能付款时，便可以变卖抵押品抵补货款。

（5）条件，是指经济环境对客户能力的影响。企业可通过了解客户在过去类似条件下的付款表现做出判断。

5C 评估法可以判断信用风险的大小，以决定是否提供信用和提供信用的条件。

2. 信用评分法

信用评分法是对一系列财务比率和信用情况指标进行评分，然后进行加权平均，得出客户综合的信用分数，并以此进行信用评估的一种方法。

其计算公式为

$$y=\sum_{i=1}^{n}(a_i x_i)$$

式中 y——信用评分数；

a_i——i 项目的权数；

x_i——i 项目的评分。

在采用信用评分法进行信用评估时，分数在一定标准（例如 80 分）以上时，说明企业的信用状况良好；分数在一定标准（例如 60 分）以下时，则说明信用状况较差；分数在中间时，说明信用状况一般。

（三）信用决策

搜集了客户的信用资料并进行分析评价后，就必须对有关客户的信用要求做出决策。对新客户来说，由于是初次交易，因此一般比较慎重，在决策前要对客户进行全面的信用分析与评价，严格按照制定的信用政策决策。对老客户来说，不必像新客户那样进行详细的信用分析，而只对每个客户分别规定一个信用限额。同时，定期对老客户进行信用评价与审计。

（四）信用保险

信用保险是对超过正常坏账损失部分的损失进行投保。信用保险可以由保险企业承保，也可以自我保险。正常部分坏账损失保险企业不能承保，超过部分也受到保险额的限制，企业还应承担一部分责任。企业自我保险主要采取提取坏账准备金、商品削价准备金等方式。

（五）收账程序与策略

企业催收账款的程序一般是：首先以信函方式催收。将客户拖欠账款的金额、时间及相应文件的复印件寄给客户，请其在规定时间内付款。其次是电话催收。对于信函催款不予理睬的客户，应采取电话方式催收，直至派员面谈催收。最后是采取法律行动。当上述措施无效时，可以交给企业的律师采取法律行动，通过法院裁决。为了提高诉讼效果，可以与其他经常被该客户拖欠或者拒付账款的企业联合向法院起诉，以增强该客户信用品质不佳的证据力。

客户拖欠货款的原因比较多，但可概括为两类：无力偿付和故意拖欠。

（1）无力偿付，是指客户因经营管理不善，财务出现困难，没有资金偿付到期债务。对这种情况要进行具体分析，如果客户确实遇到暂时的困难，经过努力能够东山再起，企业可以帮助客户渡过难关，以便收回较多的账款。如果客户遇到严重困难，无法恢复活力，则应及时向法院起诉，以期在企业破产清算时得到债权的部分清偿。

（2）故意拖欠，是指客户虽有能力付款但拒付欠款。遇到这种情况，则需要确定合理的讨债方法，以达到收回账款的目的。常见的讨债方法有讲理法、激将法、疲劳战术法、软硬兼施法、直接叫苦法等。

【课堂讨论】

某企业现在的经营情况及信用标准如表 6-2 所示。

表 6-2　某企业的经营情况及信用标准

销售收入	400 000 元	平均坏账损失率	6%
应收账款	48 000 元	信用条件	30 天付清
税前利润	40 000 元	平均收款期	45 天
变动成本率	80%	应收账款资金成本率	2.5%
信用标准	10%		

现在，该企业想改变信用标准，提出两个方案，参见表 6-3。

表 6-3　改变信用标准的两个方案

项目	A 方案	B 方案
信用标准（坏账损失率）	5%	15%
因标准变化而增加的销售额	减少 20 000 元	增加 60 000 元
增减销售额的平均付款期限	60 天	75 天
增减销售额的坏账损失率	8%	12%

假设该企业生产能力过剩，生产具有较大弹性，并且不存在固定成本。

要求：

分析 A 方案和 B 方案的可行性。

【讨论解析】

根据上述资料计算如下：

A 方案的影响：

税前利润增减额=增减的销售额×(1−变动成本率)

=−20 000×(1−80%)

=−4000 元

机会成本的增减额=增减的销售额×变动成本率×资金成本率
=-20 000×80%×2.5%
=-400 元

坏账成本增减额=增减的销售额×增减部分的坏账损失率
=-20 000×8%
=-16 00 元

A 方案税前净收益=-4000-[(-400)+(-1600)]
=-2000 元

B 方案的影响：

税前利润增减额=增减的销售额×(1-变动成本率)
=60 000×(1-80%)
=12 000 元

机会成本的增减额=增减的销售额×变动成本率×资金成本率
=60 000×80%×2.5%
=1200 元

坏账成本增减额=增减的销售额×增减部分的坏账损失率
=60 000×12%
=7200 元

B 方案税前净收益=12000-(1200+7200)
=3600 元

以上分析可以看出：A 方案销售收入变化带来的收益减少额 4000 元大于应收账款成本减少额 2000 元，所以 A 方案不可行；B 方案销售收入变化带来的收益增加额 12 000 元大于应收账款成本增加额 8400 元，所以 B 方案可行。

【小结】

应收账款管理的内容主要包括应收账款的功能与成本、信用政策及其制定、应收账款的日常管理等内容。应收账款的管理应明确应收账款管理的目标、发生应收账款的原因，确定适合企业应收账款管理的信用政策，在成本与收益比较原则的基础上做出信用标准、信用条件和收账政策的具体决策方案，并通过采取应收账款的管理措施降低坏账损失风险，使企业提高应收账款管理的水平。

单元三 存货管理

存货是指企业在生产经营过程中为销售或者耗用而储备的资产，包括原材料、在产品、产成品等。存货是流动资产中所占比例较大的项目，存货管理的好坏对企业财务状况影响很大。

一、存货的功能与成本

（一）存货的功能

如果原材料的供应速度与生产过程中原材料的耗用速度完全相同，则可以不储存原材料。

如果产成品的销售速度与产品的生产速度完全相同，则可以不储存产成品。但这种理想状态几乎是不可能的。因此，企业总有储存存货的需要。

存货的功能也是企业储存存货的原因，主要有以下几个方面。

1. 保证生产正常进行

市场上某些物资的供应有时可能断档，一旦生产或者销售所需物资短缺，就会出现停工待料、停业待货的事故，造成损失。企业储存必要的原材料、在制品，可以保证生产经营的连续进行。

2. 利于产品销售

因为客户需要成批采购，运输也要有一定批量，持有一定的产成品存货更加有利于产品销售。

3. 便于均衡生产

企业生产的季节性产品市场需求不稳定，有时生产能力不能充分运用，有时又需超负荷生产，增加生产成本。而均衡生产有助于降低成本。要保证均衡生产，则不可避免地存在存货。

4. 获取价差收益

零购物资的价格较高，成批购买不仅可以获得数量折扣这种价格上的优惠，还可以获得比正常价格购买的价差收益，减少采购费用和管理费用。

5. 防止意外事件

即使是市场供应充足的物资，也可能出现运输故障等意外事件使得供应中断。为防止意外事件发生，企业必须持有一定的保险储备。

（二）存货的成本

存货成本一般包括以下五类。

（1）采购成本，是指由买价和运杂费构成的成本。采购成本一般随采购数量的增加而成比例增加，但单位采购成本不受采购数量的影响，所以在确定采购批量时，一般可以不考虑。只有当供应方给予数量折扣时，才有必要考虑采购批量和采购成本。

采购成本=买价+运杂费

（2）订货成本，是指企业向供应方发出订单订货起，到材料、商品入库为止整个过程中所发生的各种费用，包括订购手续费、差旅费、邮电费、仓库验收费等。订货成本一般与订货的数量无关，而与订货的次数有关，因此，在需要量一定的情况下，每次订购批量越大，订购次数就越少，从而订货成本就可减少。

订货成本=订货次数×每次订货成本

（3）储存成本，是指在生产领用和出售之前因储存存货而发生的各种成本，包括仓储费、保险费、变质损耗费、占用资金支付的利息等。储存成本一般与平均存货量成正比，订购批量越大，平均存货量就越高，因此，从减少储存成本来看，应减少订货批量。

储存成本=平均存货量×单位储存成本

（4）变质过时成本，是指企业因储存时间过长引起变质与过时造成的成本，一般不予考虑，但经销鲜活易腐产品与时尚服饰的商业企业应予适当考虑。

（5）缺货成本，是指存货不能满足生产和销售需要时发生的损失。例如，停工损失，加班加点费或者高价购入材料所带来的差价损失，以及由于产成品库存不足而丧失销售机会的损失等。这部分成本虽然难以计量，但在确定企业的存货量时应予以适当考虑。

二、存货经济批量模型

（一）存货经济批量的基本模型

在存货全年需求量已定的情况下，降低订购批量必然增加订货批次。一方面，使存货的储存成本随平均储存量的下降而减少；另一方面，使订货成本随订购批次的上升而增多。反之，减少订货批次必然增加订货批量，在减少订货成本的同时增加储存成本。所谓经济订货批量，是指企业存货成本最低时的每次订货数量。

经济订货批量的基本模型是分析企业在不考虑数量折扣、不考虑缺货成本和变质过时成本、一次订货、均衡耗用情况下的订货批量模型。企业订货批量与存货成本的关系如图 6-3 所示。

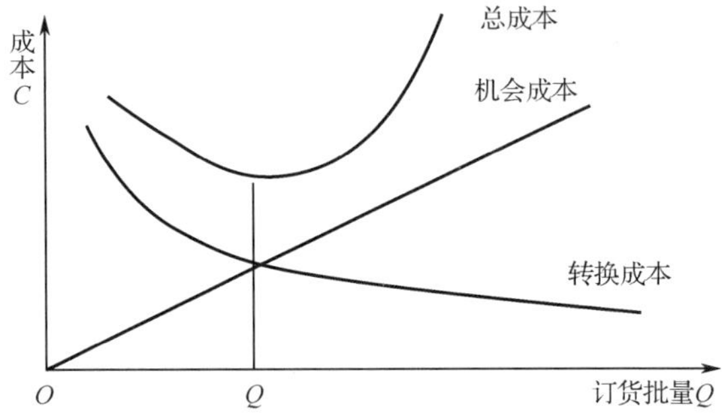

图 6-3　订货批量与存货成本的关系

设：某材料全年需要量为 D，每次订货成本为 K，每次订货批量 Q，单位储存成本为 C，则用公式表示如下：

存货总成本=储存成本+订货成本

即

$$\text{TC}=\frac{1}{2}\cdot Q\cdot C+\frac{D}{Q}\cdot K$$

$$\text{TC}'=\frac{1}{2}\cdot C-\frac{D}{Q^2}\cdot K$$

令 TC′=0，则经济订货批量为：

$$Q^*=\sqrt{\frac{2 \cdot D \cdot K}{C}}$$

（二）存货经济订货批量的数量折扣模型

企业规定每次订购量达到某一数量界限时，给予价格优惠。于是，购买者就可以利用数量折扣价，取得较低商品价格、较低运输费和较低年订购费用的机会，并使从大批量中得到的节约可能超过抵偿增支的储存成本。在有数量折扣的决策中，订货成本、储存成本以及采购成本都是订购批量决策中的相关成本，这时，上述三种成本的年成本合计最低的方案为最优方案。

决策分四步进行：第一，计算没有数量折扣时的经济订购批量；第二，计算不考虑数量折扣时的年总成本；第三，计算考虑数量折扣时的年总成本；第四，比较决策，选择相关总成本低的采购方案。

（三）保险储备

前面讨论的经济订货量是以供需稳定为前提的。但实际情况并非完全如此，企业对存货的需求量可能发生变化，交货时间也可能会延误。在交货期内，如果发生需求量增大或者交货时间延误，就会发生缺货。为防止由此造成的损失，企业应有一定的保险储备。如图 6-4 所示为具有保险储备时的存货水平。

在图 6-4 中，在再订货点，企业按 EOQ 订货。在交货期内，如果对存货的需求量很大，或者交货时间由于某种原因被延误，企业可能发生缺货。为防止存货中断，再订货点应等于交货期内的预计需求与保险储备之和，即

再订货点=交货期内的预计需求+保险储备

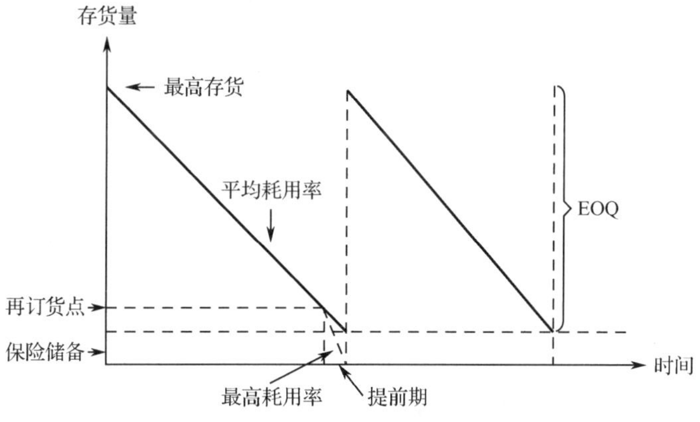

图 6-4　不确定需求和保险储备下的存货水平

企业应保持多少保险储备才合适？这取决于存货中断的概率和存货中断的损失。较高的保险储备可降低缺货损失，但也增加了存货的持有成本。因此，最佳的保险储备应该是使缺货损失和保险储备的持有成本之和达到最低。

【例 6-1】　信达公司计划年度耗用某材料 100 000 千克，材料单价为 50 元，经济订货量为 25 000 千克，全年订货 4 次（100 000/25 000），订货点为 1200 千克。单位材料年持有成本为材料单价的 25%，单位材料缺货损失 24 元。在交货期内，生产需要量及其概率如下：

生产需要量（千克）	概率
1000	0.1
1100	0.2
1200	0.4
1300	0.2
1400	0.1

该公司最佳保险储备的计算如表 6-4 所示。

表 6-4　保险储备分析

金额单位：元

保险储备量	缺货量	缺货概率	缺货损失	保险储备的持有成本	总成本
0	0	0.1	0		
	0	0.2	0		
	0	0.4	0		
	100	0.2	4×100×0.2×24 = 1920		
	200	0.1	4×200×0.1×24 = 1920 缺货损失期望值　3840	0	3840
100	0	0.1	0		
	0	0.2	0		
	0	0.4	0		
	0	0.2	0		
	100	0.1	4×100×0.1×24 = 960 缺货损失期望值　960	100×50×0.25 = 1250	2210
200	0	0.1	0		
	0	0.2	0		
	0	0.4	0		
	0	0.2	0		
	0	0.1	0 缺货损失期望值　0	200×50×0.25 = 2500	2500

注：缺货损失=每年订货次数×缺货数量×缺货概率×单位缺货损失。

从表 6-4 可以看出，当保险储备为 100 千克时，缺货损失与持有成本之和最低。因此，该企业保险储备量为 100 千克比较合适。

上例说明了考虑交货期间生产需求量时的最佳保险储备量的确定方法。至于因延误供货引起的缺货可以通过估计延误时间和平均每日耗用量来计算增加的保险储备量。

库存管理不仅需要各种模型帮助确定适当的库存水平，还需要建立相应的库存控制系统。库存控制系统可以简单，也可以很复杂。传统的库存控制系统有定量控制系统和定时控制系统两种，定量控制系统是指当存货下降到一定存货水平时即发出订货单，订货数量是固定的和事先决定的。定时控制系统是每隔一固定时期，无论现有存货水平多少，即发出订货申请，这两种系统都较简单和易于理解，但不够精确。现在许多大型公司都已采用了计算机库存控制系统。

当库存数据输入计算机后，计算机即对这批货物开始跟踪。此后，每当有该货物取出时，计算机就及时做出记录并修正库存余额。当库存下降到订货点时，计算机自动发出订单，并在收到订货时记下所有的库存量。计算机系统能对大量种类的库存进行有效管理，这也是为什么大型企业愿意采用这种系统的原因之一。对于大型企业，其存货种类数以十万计，要使用人力及传统方法来对如此众多的库存进行有效管理，及时调整存货水平，避免出现缺货或者浪费现象简直是不可能的，但计算机系统对此能做出迅速有效的反应。

三、存货的日常管理

加强存货日常管理的目的是为了使企业保持科学合理的存货量。一个大型企业往往有成千上万种存货项目，有些存货价值大、数量多，有些存货价值小、数量少，如果不分重点，对每一项目存货都进行周密的规划、严格的控制，不仅使管理工作变得复杂，而且也容易造成顾此失彼的现象。因此，加强存货日常管理的主要途径是控制订货的数量和订购时间，选择适当的订货方式，最常用的方法是 ABC 控制法。

ABC 控制法是对企业品种繁多的存货，按存货资金进行统计、排列和分类，找出管理重点，提高存货管理经济效益的一种方法。通过排列分类，可以发现：少数项目的存货占存货资金总额的比例很大，而多数项目的存货占存货资金总额的比例很小。据此就可以对各类存货进行 ABC 分类，其步骤如下：

（1）计算每一种存货在一定时期内资金占用的金额和全部存货的资金占用总额；

（2）计算每一种存货资金占用额占全部资金占用额的百分比，并按从大到小顺序排列，制成表格；

（3）在同一表中计算累计存货种类数和累计金额百分数，据此可画出 ABC 管理图，如图 6-5 所示。

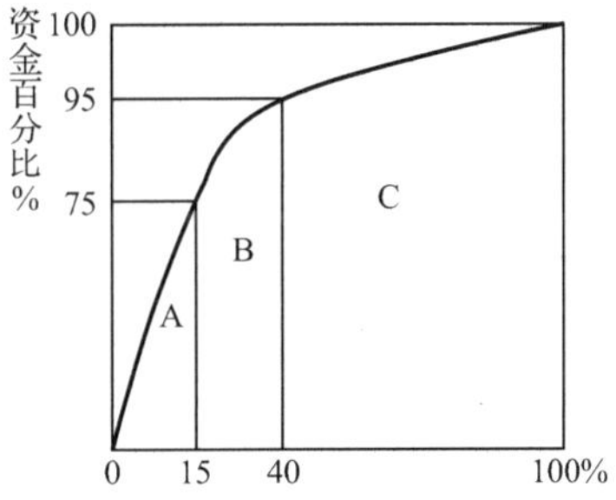

图 6-5 存货 ABC 管理图

（4）按存货在表中的排列次序，分为 ABC 三类：A 类存货，种类约占 15%，资金占用额约占 75%；B 类存货，种类约占 25%，资金占用额约占 20%；C 类存货，种类约占 60%，资金占用额约占 5%。

A 类存货种类虽少，但占用资金多，因而应集中主要力量，对其收入、发出进行严格的控制和管理；C 类存货虽然品种繁多，但占用资金不多，对这类存货不必花费大量时间和精力去进行规划和控制；B 类存货介于 A 类和 C 类之间，应给予相当的重视，但不必像 A 类那样进行非常严格的控制。

【课堂讨论】

某企业对某材料需求量为 8000 千克，订购成本每次为 50 元，每千克材料的储存成本为 5 元，每天均衡耗用。

要求：

（1）确定经济订货批量，每年最佳订购次数、订货周期和最佳订货周期。

（2）假定该种材料每千克 10 元，一次订购 500 千克，可给予 2%的价格折扣，求经济订货批量。

【讨论解析】

根据上述资料计算如下：

（1）经济订货批量，每年最佳订购次数、订货周期和最佳订货周期：

$$Q^*=\sqrt{\frac{2\times 8000\times 50}{5}}=400\text{（千克）}$$

年订购次数=8000÷400=20（次）

（2）按经济订货批量计算的年总成本 TC=8000×50÷400+400×5÷2+8000×10=82 000（元）

按取得折扣计算的年总成本 TC=8000×50÷400+400×5÷2+8000×10×(1−2%)=79 500（元）

显然，按取得折扣计算的年总成本比按经济订货批量计算的年总成本要低。所以，应选择每次订购 500 千克的决策方案。

【小结】

存货是企业在生产经营过程中为销售耗用而储备的资产，其管理的主要内容包括存货的功能与成本，存货经济批量模型和存货的日常管理。重点内容为存货经济批量的基本模型和数量折扣模型。

单元四　流动负债管理

流动负债主要有三种主要来源：短期借款、短期融资券和商业信用，各种来源具有不同的获取速度、灵活性、成本和风险。

一、短期借款

企业的借款通常按其流动性或者偿还时间的长短，划分为短期借款和长期借款。短期借款是指企业同银行或者其他金融机构借入的期限在 1 年（含 1 年）以下的各种借款。短期借款通常规定以下内容。

（一）信贷额度

信贷额度亦即贷款限额，是借款企业与银行在协议中规定的借款最高限额，信贷额度的有效期限通常为 1 年。一般情况下，在信贷额度内，企业可以随时按需要支用借款。但是，银行并不承担必须贷款的义务。如果企业信誉恶化，即使在信贷限额内，企业也可能得不到借款。此时，银行不会承担法律责任。

（二）周转信贷协定

周转信贷协定是银行具有法律义务地承诺提供不超过某一最高限额的贷款协定。在协定的有效期内，只要企业借款总额未超过最高限额，银行必须满足企业任何时候提出的借款要求。企业要享用周转信贷协定，通常要对贷款限额的未使用部分付给银行一笔承诺费用。

$$承诺费用=(周转信用额度-年内实际使用数)\times承诺费率$$

（三）补偿性余额

补偿性余额是银行要求借款企业在银行中保持按贷款限额或者实际借用额一定比例计算的最低存款余额。对于银行来说，补偿性余额有助于降低贷款风险，补偿其可能遭受的风险；对借款企业来说，补偿性余额则提高了借款的实际利率，加重了企业的负担。

$$借款实际利率=\frac{借款名义利率}{1-补偿性余额比例}$$

（四）贴现法计息

银行借款利息的支付方式一般为利随本清法，又称收款法，即在借款到期时向银行支付利息。但有时银行要求采用贴现法，即银行向企业发放贷款时，先从本金中扣除利息，而到期时借款企业再偿还全部本金。采用这种方法，企业可利用的贷款额只有本金扣除利息后的差额部分，从而提高了贷款的实际利率。

$$借款实际利率=\frac{借款名义利率}{1-借款名义利率}$$

二、短期融资券

（一）短期融资券及其分类

短期融资券（以下简称融资券），是由企业依法发行的无担保短期本票。在我国，短期融资券是指企业依照《短期融资券管理办法》的条件和程序在银行间债券市场发行和交易的、约定在期限不超过 1 年内还本付息的有价证券。中国人民银行对融资券的发行、交易、登记、托管、结算、兑付进行监督管理。短期融资券按不同标准可做不同分类。

（1）按发行人分类，短期融资券分为金融企业的融资券和非金融企业的融资券。在我国，目前发行和交易的是非金融企业的融资券。

（2）按发行方式分类，短期融资券分为经纪人承销的融资券和直接销售的融资券。非金融企业发行融资券一般采用间接承销方式进行，金融企业发行融资券一般采用直接发行方式进行。

（二）短期融资券的发行条件

（1）发行人为非金融企业，发行企业均应经过在中国境内工商注册且具备债券评级能力的评级机构的信用评级，并将评级结果向银行间债券市场公示。

（2）发行和交易的对象是银行间债券市场的机构投资者，不向社会公众发行和交易。

（3）融资券的发行由符合条件的金融机构承销，企业不得自行销售融资券，发行融资券募集的资金用于本企业的生产经营。

（4）对企业发行的融资券实行余额管理，待偿还融资券余额不超过企业净资产的 40%。

（5）融资券采用实名记账方式在中央国债登记结算有限公司（简称中央结算公司）登记托管，中央结算公司负责提供有关服务。

（6）融资券在债权债务登记日的次一工作日，即可以在全国银行间债券市场的机构投资人之间流通转让。

（三）短期融资券的发行程序

（1）公司做出发行短期融资券的决策；

（2）办理发行短期融资券的信用评级；

（3）向有关审批机构（中国人民银行）提出发行申请；

（4）审批机关对企业提出的申请进行审查和批准；

（5）正式发行短期融资券，取得资金。

（四）发行短期融资券筹资的特点

（1）短期融资券的筹资成本较低。相对于发行公司债券筹资而言，发行短期融资券的筹资成本较低。

（2）短期融资券筹资数额比较大。相对于银行借款筹资而言，短期融资券一次性的筹资数额比较大。

（3）发行短期融资券的条件比较严格。必须是具备一定信用等级的实力强的企业，才能发行短期融资券筹资。

三、商业信用

商业信用是指企业在商品或者劳务交易中，以延期付款或者预收货款方式进行购销活动而形成的借贷关系，是企业之间的直接信用行为，也是企业短期资金的重要来源。商业信用产生于企业生产经营的商品、劳务交易之中，是一种“自动性筹资”。

（一）商业信用的形式

1. 应付账款

应付账款是供应商给企业提供的一个商业信用。由于购买者往往在到货一段时间后才付款，商业信用就成为企业短期资金来源。如企业规定对所有账单均见票后若干日付款，商业信用就成为随生产周转而变化的一项内在的资金来源。当企业扩大生产规模时，其进货和应付账款相应增长，商业信用就提供了增产需要的部分资金。

商业信用条件常包括以下两种：

（1）有信用期，但无现金折扣。例如“N/30”表示 30 天内按发票金额全数支付。

（2）有信用期和现金折扣，如“2/10，N/30”表示 10 天内付款享受现金折扣 2%，若买方放弃折扣，30 天内必须付清款项。

供应商在信用条件中规定有现金折扣，目的主要在于加速资金回收。企业在决定是否享受现金折扣时，应仔细考虑。通常，放弃现金折扣的成本是高昂的。

（1）放弃现金折扣的信用成本。倘若买方企业购买货物后在卖方规定的折扣期内付款，可以获得免费信用，这种情况下企业没有因为取得延期付款信用而付出代价。例如，某应付账款规定付款信用条件为“2/10，N/30”，是指买方在 10 天内付款，可获得 2%的付款折扣，若在 10 天至 30 天内付款，则无折扣；允许买方付款期限最长为 30 天。

$$\text{放弃折扣的信用成本率}=\frac{\text{折扣\%}}{1-\text{折扣\%}}\times\frac{360\text{天}}{\text{付款期(信用期)}-\text{折扣期}}$$

公式表明，放弃现金折扣的信用成本率与折扣百分比大小、折扣期长短和付款期长短有关系，与货款额和折扣额没有关系。如果企业在放弃折扣的情况下，推迟付款的时间越长，其信用成本便会越小，但展期信用的结果是企业信誉恶化导致信用度的严重下降，日后可能招致更加苛刻的信用条件。

（2）放弃现金折扣的信用决策。企业放弃应付账款现金折扣的原因，可能是企业资金暂时的缺乏，也可能是基于将应付的账款用于临时性短期投资，以获得更高的投资收益。如果企业将应付账款额用于短期投资，所获得的投资报酬率高于放弃折扣的信用成本率，则应当放弃现金折扣。

2. 应计未付款

应计未付款是企业在生产经营和利润分配过程中已经计提但尚未以货币支付的款项。主要包括应付工资、应缴税金、应付利润或者应付股利等。以应付工资为例，企业通常以半月或者月为单位支付工资，在应付工资已计但未付的这段时间，就会形成应计未付款。它相当于职工给企业的一个信用。应缴税金、应付利润或者应付股利也有类似的性质。应计未付款随着企业规模的扩大而增加，企业使用这些自然形成的资金无需付出任何代价。但企业不是总能控制这些款项，因为其支付是有一定时间的，企业不能总拖欠这些款项。所以，企业尽管可以充分利用应计未付款，但并不能控制这些账目的水平。

3. 预收货款

预收货款是指销货单位按照合同和协议规定，在发出货物之前向购货单位预先收取部分或者全部货款的信用行为。购买单位对于紧俏商品往往乐于采用这种方式购货；销货方对于生产周期长、造价较高的商品，往往采用预收货款方式销货，以缓和本企业资金占用过多的矛盾。

（二）商业信用筹资的优缺点

1. 商业信用筹资的优点

（1）商业信用容易获得。商业信用的载体是商品购销行为，企业总有一批既有供需关系又有相互信用基础的客户，所以对大多数企业而言，应付账款和预售账款是自然的、持续的信贷形式。商业信用的提供方一般不会对企业的经营状况和风险做严格的考量，企业无需办理像银行借款那样复杂的手续便可取得商业信用，有利于应对企业生产经营之急需。

（2）企业有较大的机动权。企业能够根据需要，选择决定筹资的金额大小和期限长短，同样要比银行借款等其他方式灵活得多。甚至如果在期限内不能付款或者交货时，一般还可以通过与客户的协商，请求延长时限。

（3）企业一般不用提供担保。通常，商业信用筹资不需要第三方担保，也不会要求筹资企业用资产进行担保。这样，在出现逾期付款或者交货的情况时，可以避免像银行借款那样面临的抵押资产被处置的风险，企业的生产经营能力在相当长的一段时间内不会受到限制。

（4）及时回笼资金、节约收账成本。通过应收票据贴现和保理，企业可以避免因赊销而造成的现金流量不足，及时回笼资金。同时，还可以利用银行等专业金融机构的优势，帮助回收账款，减少坏账损失。

2. 商业信用筹资的缺点

（1）商业信用筹资成本高。尽管商业信用的筹资成本是一种机会成本，但由于商业信用筹资属于临时性筹资，其筹资成本比银行信用要高。

（2）容易恶化企业的信用水平。商业信用的期限短，还款压力大，对企业现金流量管理的要求很高。如果长期和经常性地拖欠账款，会造成企业的信誉恶化。

（3）受外部环境影响较大。商业信用筹资受外部环境影响较大，稳定性较差，即使不考虑机会成本，也是不能无限利用的。一是受商品市场的影响，如当求大于供时卖方可能停止提供信用。二是受资金市场的影响，当市场资金供应紧张或者有更好的投资方向时，商业信用筹资就可能遇到障碍。

四、流动负债的利弊

（一）流动负债的经营优势

理解流动负债（期限在 1 年或者 1 年以内）和长期负债（期限在 1 年以上）的优势和劣势相当重要。除了成本和风险的不同，为流动资产融资时使用短期和长期负债之间还存在经营上的不同。

流动负债的主要经营优势包括：容易获得，具有灵活性，能有效地为季节性信贷需要进行融资。这创造了需要融资和获得融资之间的同步性。另外，短期借款一般比长期借款具有更少的约束性条款。如果仅在一个短期内需要资金，以短期为基础进行借款可以使企业维持未来借款决策的灵活性。如果一个企业签订了长期借款协议，该协议规定了约束性条款、大量的预付成本和（或者）信贷合约的初始费用，那么流动负债就不具有那种灵活性了。

流动负债的一个主要使用方面是为季节性行业的流动资产进行融资。为了满足增长的需要，一个季节性企业必须增加存货和（或者）应收账款。流动负债是为流动资产中的临时性的、季节性的增长进行融资的主要工具。

（二）流动负债的经营劣势

流动负债的一个经营劣势是需要持续地重新谈判或者滚动安排负债。贷款人由于企业财务状况的变化，或者整体经济环境的变化，可能在到期日不愿滚动贷款，或者重新设定信贷额度。而且，提供信贷额度的贷款人一般要求，用于为短期营运资金缺口而筹集的贷款，必须每年支付至少 1 至 3 个月的全额款项，这 1 至 3 个月被称为结清期。贷款人之所以这么做，是为了确认企业是否在长期负债是合适的融资来源时仍然使用流动负债。许多企业的实践说明，使用短期贷款来为永久性流动资产融资是一件危险的事情。

【课堂讨论】

公司采购一批材料，供应商报价为1万元，付款条件为3/10、2.5/30、1.8/50、N/90。目前企业用于支付账款的资金需要在90天时才能周转回来，在90天内付款，只能通过银行借款解决。如果银行利率为12%。

要求：

确定公司材料采购款的付款时间和价格。

【讨论解析】

根据上述资料计算如下：

根据放弃折扣的信用成本率计算公式，10天付款方案，放弃折扣的信用成本率为13.92%；30天付款方案，放弃折扣的信用成本率为15.38%；50天付款方案，放弃折扣的信用成本率为16.50%。由于各种方案放弃折扣的信用成本率均高于借款利息率，因此初步结论是要取得现金折扣，借入银行借款以偿还货款。

10天付款方案，得折扣300元，用资9700元，借款80天，利息258.67元，净收益41.33元；

30天付款方案，得折扣250元，用资9750元，借款60天，利息195元，净收益55元；

50天付款方案，得折扣180元，用资9820元，借款40天，利息130.93元，净收益49.07元。

总结论：第30天付款是最佳方案，其净收益最大。

【小结】

流动负债管理主要包括短期借款、短期融资券和商业信用的管理，其重点内容为借款实际利率和放弃折扣的信用成本率的计算。

【综合案例解析】

上海东方公司存货管理案例

上海东方公司是亚洲地区的玻璃套装门分销商，套装门在香港生产然后运至上海。管理当局预计年度需求量为10 000套。套装门购进单价为395元（包括运费，单位是人民币，下同）。与订购和储存这些套装门相关的资料如下：

（1）去年订单共22份，总处理成本13 400元，其中固定成本10 760元，预计未来成本状态不变。

总成本=固定成本+变动成本

（2）虽然对于香港原产地商品进入大陆已经免除关税，但是对于每一张订单都要经双方海关检查，其费用为280元。

（3）套装门从香港运抵上海后，接收部门要进行检查。为此雇用一名检验人员，每月支付工资3000元，每个订单检验工作需要8小时，发生变动费用每小时2.50元。

（4）公司租借仓库来储存套装门，估计成本为每年2500元，另外加上每套门4元。

（5）在储存过程中会出现破损，估计破损成本平均每套门28.50元。

（6）占用资金利息等其他储存成本每套门20元。

（7）从发出订单到货物运到上海需要6个工作日。

（8）为防止供货中断，东方公司设置了 100 套的保险储备。

（9）东方公司每年工作 50 周，每周营业 6 天。

要求：

（1）计算经济批量模型中“订货成本”。

（2）计算经济批量模型中“储存成本”。

（3）计算经济订货批量。

（4）计算每年与批量相关的存货总成本。

（5）计算再订货点。

（6）计算每年与储备存货相关的总成本。

【答案】

（1）$订货成本=\frac{13\,400-10\,760}{22}+280+8\times2.50=420$（元）

（2）储存成本=4+28.50+20=52.50（元）

（3）$经济订货批量=\sqrt{\frac{2\times10\,000\times420}{52.5}}=400$（套）

（4）$每年相关总成本=\sqrt{2\times10\,000\times420\times52.5}=21\,000$（元）

或者：$每年相关总成本=\frac{10\,000}{400}\times420+\frac{400}{2}\times52.50=21\,000$（元）

（5）$再订货点=6\times\frac{10\,000}{50\times6}+100=300$（套）

（6）每年与储备存货相关的总成本=总购置成本+总订货成本+总储存成本

$$10\,000\times395+\left(\frac{10\,000}{400}\times420+10\,760+3000\times12\right)+\left[52.5\times\left(\frac{400}{2}+100\right)+2500\right]$$

=3 950 000+57 260+18 250=4 025 510（元）

知 识 总 结

营运资金管理项目主要介绍了现金管理、应收账款管理、存货管理和流动负债管理四大任务，其中，最佳目标现金余额的计算，信用政策及其决策方法、应收账款的监控与日常管理、最佳存货量的决策方法是本项目的重点内容。搞好营运资金的管理能更好地强化企业的财务管理工作，有利于企业提高管理效益。

教 学 检 测

一、单项选择题

1．现金循环周期的变化会直接影响所需营运资金的数额。一般来说，下列会导致营运资金数额变小的是（　　）。

A．存货周转期变长　　B．应收账款周转期变长
C．应付账款周转期变长　　D．应付账款周转期变短

2．发生应收账款的原因是（　　）。
A．商业竞争　　B．提高速动比率
C．加强流动资金的周转　　D．减少坏账损失

3．确定最佳现金持有量的模式中有成本分析模式和存货模式，在这两种模式中均考虑的成本费用是（　　）。
A．机会成本　　B．断货成本　　C．管理费用　　D．转换成本

4．在确定存货的再订货点时，不予考虑的因素是（　　）。
A．存货的交货时间　　B．存货的每日平均需要量
C．存货的每日平均送货量　　D．存货的保险储备量

5．企业赊销政策的内容不包括（　　）。
A．确定信用时间　　B．确定信用条件
C．确定现金折扣政策　　D．确定收账方法

二、多项选择题

1．流动资产投资又称经营性投资，与固定资产投资相比，下列说法正确的是（　　）。
A．投资回收期短　　B．流动性强
C．具有并存性　　D．具有波动性

2．企业所需的预防性资金数额大小（　　）。
A．与现金流量的不确定性成正比　　B．与企业借款能力成反比
C．与日常业务现金支付量成正比　　D．与企业偿债能力成正比

3．现金折扣政策的目的在于（　　）。
A．吸引客户为享受优惠而提前付款　　B．减轻企业负税
C．缩短企业平均收款期　　D．扩大销售量

4．营运资金周转，是指企业的营运资金从现金投入生产经营开始，到最终转化为现金为止的过程。营运资金周转通常与现金周转密切相关，现金的周转过程主要包括（　　）。
A．存货周转期　　B．应付账款周转期
C．应收账款周转期　　D．预收账款周转期

5．延长信用期间有可能会使（　　）。
A．销售额增加　　B．应收账款增加
C．收账费用增加　　D．坏账损失增加

三、判断题

1．企业持有一定数量的现金主要是基于交易动机、预防动机和投机动机。（　　）
2．现金的持有成本，是指企业因保留一定现金余额而增加的管理费用。（　　）
3．赊销是扩大销售的有利手段之一，企业应尽可能放宽信用条件，增加赊销量。（　　）
4．允许缺货的情况下，能够使变动性进货费用、变动性储存成本以及缺货成本总和最低的批量便是经济进货批量。（　　）
5．企业的信用标准严格，给予客户的信用期限很短，使得应收账款周转率很高，将有利

于增加企业的利润。（　　）

四、计算题

1. 某企业每年需耗用某材料 90 000 件，单位材料年存储成本 4 元，平均每次进货费用为 1800 元，某材料全年平均单价为 40 元。假定满足经济进货批量基本模型的全部假设前提。

回答下列互不相关的问题：

（1）经济进货批量；

（2）年度最佳进货批数；

（3）相关进货费用；

（4）相关存储成本；

（5）经济进货批量相关总成本；

（6）经济进货批量平均占用资金。

2. 已知：某公司现金收支平衡，预计全年（按 360 天计算）现金需要量为 250 000 元，现金与有价证券的转换成本为每次 500 元，有价证券年利率为 10%。

要求：

（1）计算最佳现金持有量。

（2）计算最佳现金持有量下的全年现金管理总成本、全年现金交易成本和全年现金持有机会成本。

（3）计算最佳现金持有量下的全年有价证券交易次数和有价证券交易间隔期。

3. 龙威公司是一个商业企业。由于目前的信用条件过于严格，不利于扩大消费，该公司正在研究修改现行的信用条件。现有甲、乙、丙三个放宽信用条件的备选方案，有关数据如表 6-5 所示。

表 6-5　三个放宽信用条件的备选方案

项目	甲方案（*n*/60）	乙方案（*n*/90）	丙方案（2/30，*n*/90）
年赊销额（万元/年）	1440	1530	1620
收账费用（万元/年）	20	25	30
固定成本	32	35	40
坏账损失率	2.5%	3%	4%

已知：该公司的变动成本率为 80%，资金成本率为 10%。坏账损失率是指预计年度坏账损失和赊销额的百分比。考虑到有一部分客户会拖延付款，因此预计在甲方案中，应收账款平均收账天数为 90 天；在乙方案中应收账款平均收账天数为 120 天；在丙方案中，估计有 40%的客户会享受现金折扣，有 40%的客户在信用期内付款，另外的 20%客户延期 60 天付款。

要求：

（1）计算丙方案的下列指标：

①应收账款平均收账天数；②应收账款机会成本；③现金折扣。

（2）通过计算填写下表，并选择一个最优的方案。（一年按 360 天计算）

项目	甲方案（*n*/60）	乙方案（*n*/90）	丙方案（2/30，*n*/90）
年赊销额			
减：现金折扣			
减：固定成本			
变动成本			
信用成本前收益			
减：应收账款机会成本			
坏账损失			
收账费用			
信用成本合计			
信用成本后收益			

学习情境七　利 润 分 配

知识要点

（1）掌握各种利润分配政策的基本原理、优缺点和适用范围。
（2）熟悉利润分配的原则及影响因素。
（3）熟悉利润分配的内容和程序。
（4）熟悉股票分割和股票股利的区别。

核心概念

利润分配程序　利润分配因素　股利分配政策　股票股利　股票分割

情境导入

上市公司的股利分配，特别是长期稳定的现金股利，是衡量上市公司投资价值的重要标志。我国上市公司不分配股利的公司较多，在股利支付率不高的大环境下，仍有一些表现良好的公司值得我们提倡，现给出三家医药制造业的股利分配资料，参见表 7-1。

表 7-1　三家医药制造业公司的股利分配表

年份	新兴制药			云南白药			明日制药		
	每股利润	每股现金股利	股利分配的其他形式	每股利润	每股现金股利	股利分配的其他形式	每股利润	每股现金股利	股利分配的其他形式
1998	0.61	0.3		0.27	0.13		0.12	0.07	
1999	0.58	0.3	送红股	0.18	0.03	转增股、送红股	0.15	0.02	
2000	0.61	0.2		0.27	0.14		0.16	0.04	
2001	0.6	0.185	转增股	0.4	0.1		0.18	0.08	
2002	0.75	0.25		0.5	0.2		0.15	0.08	
2003	0.72	0.30		0.61	0.32		0.09	0.06	
2004		0.30			0.45	转增股		0.04	

要求：

（1）分析评价三家公司股东的当前收益状况。

（2）你是否赞成三家公司的股利分配政策。

单元一　利润分配的认知

一、利润分配的基本原则

利润分配是企业根据国家有关规定和投资者的协议，对企业净利润进行的分配，也就是确定企业的净利润如何在分发给投资者和用于再投资这两方面所进行的分配。利润分配是一项十分重要的工作，它不仅影响到企业的筹资决策和投资决策，而且影响到国家、企业、职工、投资者多方面的利益关系；影响到企业长远利益与近期利益、整体利益与局部利益等关系的处理与协调。若要正确地进行利润分配、合理地组织企业财务活动和正确处理财务关系，在进行利润分配时应该遵循以下原则。

（一）依法分配的原则

企业利润分配必须依法进行，这是正确处理各方面利益关系的关键。为了规范企业的利润分配行为，国家制定和颁布了一系列的法规，主要包括企业制度方面的法规、财务制度方面的法规等，这些法规规定了企业利润分配的基本要求、一般程序和重大比例，企业应该认真执行，不得违反。

（二）兼顾各方面利益的原则

利润分配是利用价值形式对社会产品的分配，直接关系到有关各方的切身利益，因此，要坚持全局观念，兼顾各方利益。国家作为社会管理者，为行使其职能，必须有足够的资金保证，这就要求企业以缴税的方式无偿上缴一部分利润，这是每一个企业应尽的义务，同时也是企业发展的保障。投资者作为企业资本的投资者，也是企业的所有者，依法享有利润的分配权。企业所实现的净利润归投资者所有，是企业的基本制度，也是投资者投入资本的动力所在。职工作为企业利润的创造者，除了获得工资及奖金等劳动报酬以外，还要以适当的方式参与利润的分配，提取公积金，用于职工的集体福利设施支出。由此可见，企业进行利润分配时，必须统筹兼顾，合理安排。

（三）分配与积累并重的原则

企业进行利润分配，应正确处理长远利益与近期利益的辩证关系，将二者有机地结合起来，坚持分配与积累并重的原则。考虑企业未来发展的需要，增强企业的发展后劲，企业除按规定提取盈余公积金以外，可适当留存一部分利润作为积累。虽然这部分暂时未予分配，但仍归企业投资者所有。这部分积累不仅为企业扩大再生产筹措了资金，而且增强了企业抵抗风险的能力，提高了企业经营的安全系数和稳定性，也有利于增加所有者的投资回报。通过正确处理分配与积累的关系，留存一部分用于未来分配之需，还可以达到以丰补歉、平抑收益分配数额波动幅度、稳定投资报酬率的效果。实践证明，投资者更倾向于能够提供稳定回报的企业。

（四）投资与收益对等的原则

企业利润分配应当充分体现“谁投资谁受益”、受益大小与投资比例相适应，即投资与收益对等的原则，这是正确处理投资者利益的关键。投资者因其投资行为而享有收益权，并同其投资的比例相适应。这就要求企业在向投资者分配利润时，应本着平等一致的原则，按照各方投入资本的多少来进行，决不允许发生一方随意多分多占的现象。这样，才能从根本上保护投资者的利益，鼓励投资者投资。

（五）盈亏自负的原则

企业生产经营发生的亏损，国家不再予以弥补，而是由企业用以后年度实现的利润进行弥补。自负盈亏是市场经济要求在企业收益分配原则上的体现。坚持这一原则，有利于调动企业自身的积极性，使企业职工从根本上关心企业的生产经营成果，克服盈利归企业、亏损找国家的传统观念，同时也有利于减轻国家财政负担，理顺企业与国家之间的利益关系。

二、确定利润分配政策时应考虑的因素

分配是企业的一项重要的财务活动，收益分配就是对企业利润进行的分配，企业利润的形式包括利润总额和净利润。利润分配政策是指管理当局对利润分配有关事项所做出的方针和决策。由于税法的强制性和严肃性，缴纳税款是每个企业必须履行的义务，从这个意义上来说，利润分配的政策纳税是没有方案的选择性，因而利润分配政策实质上就是税后利润分配政策，也就是股利的分配政策。

对于税后利润，企业可以留存，也可以用于投资的分红。问题是在有限的净利润的前提下，如何解决好留存与分红的比例，以便处理好企业长期利益与近期利益、企业与股东的关系。企业的利润分配政策在一定程度上决定企业的对外再筹资能力，决定企业市场价值的大小。因此，利润分配政策的确定会受到各方面因素的影响，这些影响因素主要有以下几个方面。

（一）法律因素

为了保护债权人和股东利益，国家有关法律、法规对公司的股利分配政策做出如下硬性规定。

1. 资本保全

资本保全是为了保护投资者的利益所做出的法律限制，是公司财务管理当局应当遵循的一项重要原则，它要求公司发放的股利或者投资分红不得来源于资本，而只能来源于当期利润或者留存收益。其目的是为了防止公司任意降低资本结构中的权益资本的比例，保全公司的股东投入资本，以维护债权人的权益。

2. 资本积累

资本积累要求公司在分配净利润时，必须按照一定的比例和基数提取各种法定公积金。这是为了增强公司抵御风险的能力，维护投资者的利益。

3. 净利润

规定公司年度累计净利润必须为正数时才可发放股利，以前年度亏损必须足够弥补。此外，它要求公司在具体的分配政策上贯彻“无利不分”的原则，即当公司出现年度亏损时，一般不得分配股利。

4. 偿债能力

偿债能力是指企业按时足额偿还各种到期债务的能力。公司在分配股利时，必须保持充分的偿债能力。对公司而言，当现金股利的支付会影响其偿债能力和正常经营时，公司发放现金股利的数额要受到限制。

5. 超额累积利润

由于股东接受股利缴纳的所得税高于其进行股票交易的资本利得税，于是公司通过累积利润使股价上涨方式帮助股东避税。许多西方国家都注意到了这一点，并在法律上明确规定公司不得超额累积利润，一旦公司的保留盈余超过法律认可的水平，将被加征额外税额。我国法律对公司累积利润尚未做出限制性规定。

（二）股东因素

股利分配政策必须通过股东大会决议通过才能实施，股东出于自身考虑，对公司的股利分配往往会产生以下的影响。

1. 稳定的收入和避税

一些依靠股利维持生活的股东，往往要求公司支付稳定的股利，若公司留存较多的利润，将会遭到这部分股东的反对。另外，一些高股利收入的股东又出于避税的考虑，往往反对公司发放较多的股利。

2. 控制权的稀释

公司支付较高的股利，就会导致留存收益减少，这又意味着将来发行新股的可能性加大，而发行新股必然稀释公司的控制权，这是公司原有的持有控制权的股东们所不愿看到的局面。因此，若他们拿不出更多的资金购买新股以满足公司的需要，宁肯不分配股利而反对募集新股。

3. 规避风险

在某些股东看来，通过增加留存收益引起股价上涨而获得资本利得是有风险的，而目前所得股利是确定的，即便出现较少的股利，也强于未来较多的资本利得，因此他们往往要求较多地支付股利。

（三）公司因素

就公司的经营来讲，也存在一些影响股利分配的因素。

1. 盈余的稳定性

公司是否能获得长期稳定的盈余，是其股利决策的重要基础。盈余相对稳定的公司能够较好地把握自己，有可能支付比盈余不稳定的公司较高的股利；而盈余不稳定的公司一般采取低股利政策。对于不稳定的公司来讲，低股利政策可以减少因盈余下降而造成的股利无法支付、股价急剧下降的风险，还可将更多的盈余再投资，以提高公司权益资本比重，减少财务风险。

2. 资产的流动性

较多地支付现金股利会减少公司的现金持有量，使资产的流动性降低；而保持一定的资产流动性是公司经营所必需的。

3. 举债能力

具有较强举债能力的公司因为能够及时地筹措到所需现金，有可能采取较宽松的股利政策；举债能力弱的公司则不得不滞留盈余，因而往往采取较紧的股利政策。

4. 投资机会

有着良好的投资机会的公司需要有强大的资金支持，因而往往少发放股利，将大部分盈余用于投资；缺乏良好投资机会的公司，保留大量现金会造成资金的闲置，于是倾向于支付较高的股利。正因为如此，处于成长中的公司多采取低股利政策；陷于经营收缩的公司多采取高股利政策。

5. 资本成本

与发行新股相比，保留盈余不需要花费筹资费用，是一种比较经济的筹资渠道。所以，从资本成本考虑，如果公司有扩大资金的需要，也应当采取低股利政策。

6. 债务需要

具有较高债务偿还能力的公司，可以通过举借新债、发行新股筹集资金偿还债务，也可直接用经营积累偿还债务。如果公司认为后者适当的话（比如，前者资本成本高或者受其他限制难以进入资本市场），将会减少股利的支付。

（四）其他因素

1. 债务合同的约束

公司的债务合同，特别是长期债务合同，往往有限制公司现金支付程度的条款，以保护债权人的利益。通常包括：①未来的股利只能以签订契约之后的盈余来发放，也就是不能以过去的保留盈余来发放；②净营运资金低于某一特定金额时不得发放股利；③净利润的一部分以偿债基金准备的形式保留下来；④利息保障倍数低于一定水平时不得支付股利。上述限制使得公司只得采取低股利政策。

2. 通货膨胀

在通货膨胀情况下，公司折旧基金的购买力水平下降，导致公司没有足够的资金来源重置固定资产。此时公司往往不得不考虑留用一定的盈余，作为弥补折旧基金购买力水平下降的资金来源，因此在通货膨胀时期公司股利政策往往偏紧。

【课堂讨论】

企业在进行利润分配之前为什么要兼顾企业股东和债权人利益原则？

单元二　股利分配政策

股利分配政策是公司财务管理的一项重要内容，公司在确定股利分配政策时，应充分考虑各种因素的影响，并结合企业的实际情况。股利分配政策的一个核心问题就是确定股利支付比率，也就是说，在净利润相对有限的情况下，应将多少用于发放股利，多少留存于公司，它们之间是一个此消彼长的关系。所以股利分配既决定给股东发放多少股利，也决定着有多少净利润留存企业。减少股利分配，会增加留存收益，减少外部筹资需求，所以说股利决策也是内部筹资决策。

在股利分配的实务中，公司常采用的股利分配政策有如下几种。

一、剩余股利政策

剩余股利政策，就是在公司有着良好的投资机会时，根据一定的目标资本结构（最佳资本结构），测算出投资所需的权益资本，先从盈余当中留用，然后将剩余的盈余作为股利予以分配。这是一种投资优先的股利政策。采用这个股利分配政策的先决条件是公司必须有着良好的投资机会，因为股利分配政策要受到投资机会及其资本结构的双重影响，并且该投资机会预计报酬率高于股东要求的必要报酬率，这样才能为股东所接受。

采用剩余股利政策时应遵循以下几个步骤。

首先，设定目标资本结构，即确定权益资本结构与债务资本结构的比率，在此资本结构下，加权平均资本成本将达到最低水平。

其次，确定目标资本结构下投资所需的股东权益数额。

再次，最大限度地使用保留盈余来满足投资方案所需的权益资本数额。

最后，投资方案所需资本已满足后若有剩余盈余，再将其作为股利发放给股东。

【例 7-1】 某公司 2003 年提取了公积金、公益金后的税后利润为 1000 万元，第 2 年的投资计划所需资金为 1200 万元，公司的目标资本结构为权益资本占 60%，债务资本占 40%，那么按照公司目标资本结构的要求，公司投资方案所需权益资本为：

1200×60%=720（万元）

公司当年全部可用于分配股利的盈余为 1000 万元，可以满足上述投资所需的权益资本数额并有剩余，剩余部分再作股利发放，发放的股利数额为：

1000−720=280（万元）

若公司发放在外的流通股为 200 万股，则每股股利为：

280÷200=1.4（元）

采用本股利政策的理由：

奉行剩余股利政策，意味着公司只将剩余的盈余发放股利。这样做的根本理由就是为了保持最佳的资本结构，使加权平均资本成本最低。如例7-1，若公司不按剩余股利政策发放股利，将可向股东分配的1000万元全部用于投资（这样当年不发放股利），或者全部作为股利发放给股东（当年的每股股利为5元），然后再用债务筹资，这两种做法都会破坏目标资本结构，导致加权平均资本成本的提高，不利于提高公司的价值（股票价格）。由于是用剩余的盈余发放股利，必将导致各期股利忽高忽低，因此这种股利政策不会受到希望有稳定股利收入的投资者的欢迎。

二、固定股利政策

固定股利政策，是将每年发放的股利固定在某一水平上，并在较长的时期内不变，只有当公司认为未来盈余会显著地、不可逆转地增长时，才会提高年度的股利发放额。这是一种稳定的股利政策，目的是避免出现由于经营不善而削减股利的情况，在公司收益发生一般变动时，不会影响股利的支付。不过，在通货膨胀的情况下，大多数公司的盈余会随之提高，且大多数投资者希望公司能够提供足以抵消通货膨胀不利影响的股利，因此在长期通货膨胀的年代里也应提高股利发放额。

采用本股利政策的理由：

第一，稳定的股利向市场传递着公司正常发展的信息，有利于树立公司良好的形象，增强投资者对公司的信心，稳定股票的价格。

第二，稳定的股利有利于投资者安排股利收入和支出，特别是对那些对股利有很高依赖性的股东更是如此。而股利忽高忽低的股票，则不会受这些股东的欢迎，股票价格会因此而下降。

第三，稳定的股利政策可能会不符合剩余股利理论，但考虑到股票市场会受到多种因素的影响，其中包括股东的心理状态和其他要求，因此为了使股利维持在稳定的水平上，即使推迟某些投资方案或者暂时偏离目标资本结构，也可能要比降低股利或者降低股利增长率更为有利。

该股利政策的缺点在于股利的支付与盈余相脱节。当盈余较低时仍要支付固定的股利，这可能导致资金短缺，财务状况恶化；同时不能像剩余股利政策那样保持较低的资本成本。因此，这种股利政策只适应于经营比较稳定的公司采用。

三、固定股利支付率政策

固定股利支付率政策，是公司确定一个股利占盈余的比率，长期按此比率支付股利的政策。在这一股利政策下，各年股利额随公司经营的好坏而上下波动，获得较多盈余的年份股利较高，获得盈余较少的年份股利较低。它是一种变动的股利政策，这种股利政策不会给公司造成较大的财务困难。

采用本股利政策的理由：

主张实行固定股利支付率的人认为，这样做能使股利与公司盈余紧密地配合，以体现多盈多分、少盈少分、无盈不分的原则，才算真正公平地对待了每一位股东。但是，在这种政策下各年的股利波动较大，极易造成公司不稳定的感觉，对于稳定股票价格不利。

四、低正常股利加额外股利政策

低正常股利加额外股利政策，是指公司一般情况下每年只支付固定的、数额较低的股利；在盈余多的年份，再根据实际情况向股东发放额外的股利。但额外的股利并不固定化，不意味着公司永久地提高了规定的股利率。这是一种折中的股利分配政策，它介于稳定股利政策与变动股利政策之间。

采用本股利政策的理由：

第一，这种股利政策使公司具有较大的灵活性。当公司盈余较少或者投资需用较多资金时，可维持设定的较低但正常的股利，股东不会有股利跌落感；而当盈余有较大幅度增加时，则可适度增发股利，把经济繁荣的部分利益分配给股东，使他们增强对公司的信心，这有利于稳定股票的价格。

第二，这种股利政策可使那些依靠股利度日的股东每年至少可以得到虽然较低但比较稳定的股利收入，从而吸引住这部分股东。

以上各种股利政策各有所长，公司在分配股利时应借鉴其基本决策思想，结合本单位的实际情况，制定出适合本单位的股利政策。在公司实务中，通常倾向于采用稳定股利政策或者低正常股利加额外股利政策，因为这样做有助于保持公司股价的稳定。

【课堂讨论】

股利支付的多少，关系到投资者、潜在投资者和企业本身。股利支付的多少，取决于股利分配方案，请问股利分配方案取决于什么？

单元三　股利分配程序与支付方式

一、股利分配程序

（一）利润分配的顺序

企业实现的利润必须依法进行分配。按照《公司法》等法律、法规的规定，股份公司当年实现的利润总额，按照国家的有关规定进行调整后，依法缴纳所得税，然后再按下列顺序进行分配。

第一，计算可供分配的利润。将本年净利润（或者亏损）与年初未分配利润（或者亏损）合并，计算出可供分配的利润。如果可供分配的利润为负数（即亏损），则不能进行后续分配；如果可供分配的利润为正数（即本年累计盈利），则进行后续分配。

第二，计提法定盈余公积金。按抵减年初累计亏损后的本年净利润计提法定盈余公积金。提取盈余公积金的基数，不是可供分配的利润，也不一定是本年的税后利润。只有不存在年初累计亏损时，才能按本年税后利润计算应提取数。这种“补亏”是按账面数字进行的，与所得税法的亏损后转无关，关键在于不能用资本发放股利，也不能在没有累计盈余的情况下提取盈余公积金。

公司分配当年税后利润时应当按照 10%的比例提取法定盈余公积金；当法定盈余公积金累计达到公司注册资本的 50%时，可不再继续提取。任意盈余公积金的提取由股东会根据需要决定。提取的盈余公积金可用于弥补亏损、扩大公司生产经营或者转增公司资本。

第三，计提公益金。即按上述步骤以同样的基数计提公益金。提取的比例为 5%～10%，专门用于职工集体福利设施建设。

第四，向股东（投资者）支付股利（分配利润）。公司向股东（投资者）支付股利（分配利润），要在提取盈余公积金、公益金之后。股利（利润）的分配应以各股东（投资者）持有股份（投资额）的数额为依据，每一股东（投资者）取得的股利（分得的利润）与其持有的股份数（投资额）成正比。股份有限公司原则上应从累计盈利中分派股利，无盈利不得支付股利，即所谓“无利不分”的原则。但若公司用盈余公积金抵补亏损后，为维护其股票信誉，经股东大会特别决议，按不超过股票面值的 6%的比例，用盈余公积金支付股利，不过这样支付股利后留存的法定盈余公积金不得低于注册资本的 25%。

（二）股利分配的程序

股份公司向股东支付股利，其过程主要经历：股利宣告日、股权登记日、除息日和股利支付日。

（1）股利宣告日：即公司董事会将股利支付情况予以公告的日期。公告中将宣布每股支付的股利、股权登记期限、除去股息的日期和股利支付日期等事项。我国的股份公司通常一年派发一次股利，也有在年中派发中期股利的。

（2）股权登记日：即有权领取股利的股东资格登记截止日期，也称除权日。只有在股权登记日前在公司股东名册上有名的股东，才有权分享股利。

（3）除息日：即指领取股利的权利与股票相互分离的日期。在除息日前，股利从属于股票，持有股票者即享有领取股利的权利；除息日开始，股利权与股票相分离，新购入股票的人不能分享股利。证券业一般规定在股权登记日的前四天为除息日。除息日对股票价格有一定的影响，通常在除息日之前进行交易的股票，其价格高于在除息日之后进行交易的股票价格，其原因就主要在于前种股票的价格包含应得的股利收入在内。

（4）股利支付日：即向股东发放股利的日期。

股利支付程序举例说明如下。

【例 7-2】 假定 A 公司 1999 年 11 月 20 日发布公告：“本公司董事会在 1999 年 11 月 20 日的会议上决定，本年度发放每股为 4 元的股利；本公司将于 2000 年 1 月 7 日将上述股利支付给已在 1999 年 12 月 20 日登记为本公司股东的人士。”

上例中，1999 年 11 月 20 日为 A 公司的股利宣告日；1999 年 12 月 20 日为其股权登记日；1999 年 12 月 16 日为除息日，2000 年 1 月 7 日则为其股利支付日。

二、股利支付方式

股份有限公司向股东支付股利，有以下几种方式。

1. 现金股利

现金股利是以现金支付的股利，它是股利支付的主要方式。公司支付现金股利除了要有累计盈余（特殊情况下可用弥补亏损后的盈余公积金支付）外，还要有足够的现金，因此公司在支付现金股利前要筹备充足的现金。

2. 股票股利

股票股利是以公司发放的股票作为股利的支付方式。它是一种特殊形式的股利，用于发放股票股利的，除了当年可供分配利润外，还有公司的盈余公积和资本公积。股票股利并不直接增加股东财富，不会导致公司资产的流出或者负债的增加，因而不是公司资金的使用，同时也并不因此而增加公司的资产，但会引起所有者权益各项目的结构发生变化。

现举例说明如下。

【例 7-3】 某公司在发行股票股利前，股东权益情况参见表 7-2。

表 7-2 股东权益情况

单位：元

普通股（面值 1 元，已发行 500 000 股）	500 000
资本公积	700 000
未分配利润	1 800 000
股东权益合计	3 000 000

假定该公司宣布发放 10%的股票股利，即发放 50 000 股普通股股票，并规定现有股东每持 10 股可得 1 股新发放股票。若该股票当时的市价为 15 元，随着股票股利的发放，需从“未分配利润”项目划转出的资金为：

15×500 000×10%=750 000（元）

由于股票面额（1 元）不变，发放 50 000 股，普通股只应增加“普通股”项目 50 000 元，其余的 700 000 元（750 000−50 000）应作为股票溢价转至“资本公积”项目，而公司股东权益总额保持不变。发放股票股利后，公司股东权益各项目参见表 7-3。

表 7-3 发放股票股利后，股东权益情况

单位：元

普通股（面值 1 元，已发行 550 000 股）	550 000
资本公积	1 400 000
未分配利润	1 050 000
股东权益合计	3 000 000

可见，发放股票股利，不会对公司股东权益总额产生影响，但会发生资金在各股东权益项目间的再分配。

发放股票股利后，由于普通股股数的增加而引起每股利润的下降，每股市价有可能因此而下跌，但发放股票股利后股东所持股份比例并未改变，因此每位股东所持股票的市场价格总额仍能保持不变。

【例 7-4】 假定上述公司本年度盈余为 1 100 000 元，某股东持有 50 000 股普通股，发放股票股利对该股东的影响参见表 7-4。

表7-4　发放股票股利前后对比

单位：元

项目	发放前	发放后
每股收益（EPS）	1 100 000÷500 000=2.2	1 100 000÷550 000=2
每股市价	22	22÷(1+10%)=20
持股比例	50 000÷500 000=10%	55 000÷550 000=10%
所持股总价	22×50 000=1 100 000	20×55 000=1 100 000

发放股票股利对每股收益和每股市价的影响，可以通过对每股收益、每股市价的调整直接计算出：

$$发放股票股利后的每股收益=\frac{E_0}{1+D_s}$$

式中　E_0——发放股票股利前的每股收益；

D_s——股票股利发放率。

$$发放股票股利后的每股市价=\frac{M}{1+D_s}$$

式中　M——股利分配权转移日的每股市价；

D_s——股票股利发放率。

根据例7-4的资料：

$$发放股票股利后的每股收益=\frac{2.2}{1+10\%}=2（元）$$

$$发放股票股利后的每股市价=\frac{2.2}{1+10\%}=20（元）$$

尽管股票股利不直接增加股东的财富，也不增加公司的价值，但是对于股东和公司都有特殊的意义。

（1）股票股利对股东的意义：

第一，发放股票股利有可能引起每股市价的下跌，但事实上，发行少量的股票股利（2%～3%）后，大体不会引起股价的立即变化。这可能使股东得到股价相对上升的好处。

第二，发行股票股利一般是成长中的公司所为，因此投资者往往认为发行股票股利预示着公司将会有较大的发展，利润将大幅度增长，这足以抵消增发股票股利带来的消极影响。这种心理会稳定股价甚至反致其略有上升。

第三，在股东需要现金时，可将分得的股票出售，所缴纳的资本利得税比收到现金股利所需缴纳的所得税低，这使得股东可以获得纳税上的好处。

（2）股票股利对公司的意义：

第一，发放股票股利可使股东分享公司盈余而无须分配现金，保留下来的现金可以用于追加投资，有利于公司长期发展。

第二，在盈余和现金股利不变的情况下，发行股票股利有利于降低每股市价，从而增加股票的流动性，吸引更多的投资者，同时，也可以防止股票被恶意收购，从而有助于大股东控股。

第三，发放股票股利往往向社会透露公司将会继续发展的信息，从而稳定投资者对公司的信心，在一定程度上稳定股票价格。但在某种情况下，发放股票股利也会被认为是公司资金周转不灵的征兆，从而降低投资者对公司的信心，加剧股价的下跌。

第四，发放股票股利的费用比发放现金股利的费用大，会增加公司的负担。

3. 财产股利

财产股利是指除现金股利以外的资产支付的股利，主要包括实物股利和证券股利。实物股利是以实物资产如公司自产的产品或者未出售的商品等作为股利支付给股东。证券股利是以公司所拥有的其他公司的有价证券，如债券、股票，作为股利支付给股东。

4. 负债股利

负债股利是以负债支付的股利。通常以公司的应付票据支付给股东，也有发行公司债券抵付股利。由于负债均需还本付息，因此对公司构成较大的支付压力，只能作为公司已宣布并立即支付股利而现金又暂时不足时的权宜之策。

【课堂讨论】

企业支付股利可以用现金、股票、财产和负债等形式支付，请问企业以哪种方式支付成本最低？投资者最喜欢哪种方式？

单元四　股票分割与股票回购

一、股票分割

股票分割也称股份拆细或者拆股，是指公司将面额较高的股票分割成若干面额较低的股票的行为。例如，将原来的一股拆分成两股。进行股票分割的主要目的在于通过增加股票的数量来降低每股市价，从而吸引更多的投资者。

股票分割后，发行在外的股票数量将增加，每股面额将减少，每股盈余将下降，每股市价也会下降，但股东权益总额及相互间的比例不会改变。另外，股票分割向社会传播的有利信息和降低了股价，可能导致购买该股票的增加，反而使其价格上升，进而增加股东财富。

【例 7-5】 某公司原发行面额为 10 元的普通股 400 000 股，若按 1 股换成 2 股的比例进行股票分割，分割前、后的股东权益及每股盈余计算参见表 7-5 和表 7-6。

表 7-5　股票分割前的股东权益

单位：元

普通股（面额 10 元，已发行 400 000 股）	4 000 000
资本公积	12 000 000
未分配利润	20 000 000
股东权益合计	36 000 000

表 7-6 股票分割后的股东权益

单位：元

普通股（面额5元，已发行800 000股）	4 000 000
资本公积	12 000 000
未分配利润	20 000 000
股东权益合计	36 000 000

假定公司本年度净利润 600 000 元，那么股票分割前的每股收益为 1.5 元（600 000÷400 000）。

如果股票分割后公司净利润不变，分割后的每股收益则为 0.75 元，每股市价也会因此而下降。

事实上，鉴于股票分割与股票股利非常接近，所以一般要根据证券管理部门的具体规定对二者加以区分。有的国家的证券交易机构规定，发放25%以上的股票股利即属于股票分割。

对于公司来讲，实行股票分割的主要目的在于通过增加股票的股数来降低每股市价，从而吸引更多的投资者。另外，股票分割往往是成长中公司的行为，宣布股票分割后容易给人一种“公司正处于发展中”的信息，这种信息对公司会有帮助。

对于股东来讲，股票分割后各股东持有的股票数量增加，持股比例不变，虽然每股收益下降，但持股的总价值不变。只要股票分割后每股现金股利的下降幅度小于股票分割的幅度，则股东仍能获得较多的现金股利。再则，股票分割向社会传播的有利信息和降低了股价，会导致购买该股票的人数增加，反而会使股价上升，进而增加股东财富。

股票分割与发放股票股利都能达到降低公司股票价格的目的，但一般来说，只有在公司股票价格急剧上涨并且预期难以下降时，才会采用股票分割的办法来降低股票价格；而在公司股票价格的上涨幅度不大时，往往通过发放股票股利使股价维持在一个理想的水平之上。

相反，若公司认为自己的股票价格过低，为了提高股价，会采取反分割（也称股票合并）的措施。反分割是股票分割的相反行为。它是公司将原来面额较小的若干股票合并为一股面额较大的股票的行为。例如，将原来面额为 5 元、数量为 4 000 000 股的股票，按 2 股换成 1 股的比例进行合并，合并后股票面额将变为每股 10 元，股票数量变为 2 000 000 股。股票合并的主要目的在于提高价值被低估的股票价格。

二、股票回购

股票回购是现金股利的一种替代方式，即公司通过购回股东所持股票的方式将现金分配给股东。当公司的现金数量较大并且缺乏良好的投资机会时，公司可能会采取购回自己发行的股票方式，而不是采取发放现金股利的方式来处理多余的现金。公司在股票回购完成之后可以将所回购的股票注销，也可以将回购的股票作为“库藏股”保留。这样，市场上流通的股票将因此而减少，如果回购不会对公司的收益产生不良影响，市场上流通的股票的每股收益将有所增加，从而导致股价上涨，这意味着股利将被资本收益所取代。

股票回购按其实现的方式分类，有四种类型。

1. 公开市场收购

公开市场收购即公司在股票市场以等同于任何潜在投资者的地位，按照公司股票的当前市场价格回购。

2. 现金要约回购

现金要约回购可以分为固定价格要约回购和荷兰式拍卖回购。固定价格要约回购指公司在特定时间发出的以某一高出公司股票当前市场价格的价格回购既定数量公司股票的要约。为了在短时间内回购数量相对较多的股票，公司可以宣布固定价格回购要约。荷兰式拍卖回购在回购价格确定方面给了公司更大的灵活性。首先由公司指定回购价格的范围（通常比较宽）和计划回购的股票数量（可以用上下限的形式表示），然后由股东投标，说明其愿意以某一特定价格（股东可以在公司指定的回购价格范围内任选）出售股票的数量，最后由公司汇总所有股东提交的价格和数量后，确定此次股票回购的“价格-数量曲线”，并根据实际回购数量确定最终的回购价格。

3. 私下协议批量购买

私下协议批量购买通常作为公开市场收购方式的补充而非替代方式。批量购买的价格通常低于当前的市场价格，尤其是在卖方首先提出的情况下。

4. 交换要约

作为使用现金回购股票的方案的替代方案，公司可以向股东发出债券或者优先股的交换要约。

【课堂讨论】

请讨论股票分割对公司的资本结构会产生什么影响？具体的影响有哪些？

【综合案例解析】

江南汽车股份有限公司利润分配政策

2001年江南汽车股份有限公司实现利润总额为246 485 357元，没有纳税调整，所得税率为35%，实现净利润为160 215 482元，年初可供分配利润为114 639 784元。2001年公司股份总数为1 226 666 000股；已上市流通股份合计为517 971 800股，未上市流通股份合计为708 687 000股。普通股每股市价6元。

由于公司经营业绩好，产品适销对路，经过市场调查和预测，公司决定新上一条生产流水线，需要资金约120 000 000元，公司权益资本与负债资本比例为65%∶35%，公司有较强的举债能力。

经公司股东大会讨论决定如下。

（1）2001年度利润分配方案：

公司2001年度净利润为160 215 482元，计提法定盈余公积金为16 855 098元，计提法定公益金为16 855 098元，提取职工奖励和福利基金为13 000 000元，提取储备基金为43 860 000元，提取企业发展基金为22 950 000元，可供股东分配的利润按规定经境内会计师审计的利润表的数额作为公司利润分配的标准，为161 335 070元（含期初未分配利润114 639 784元），按每10股派发现金0.60元（含税）向全体股东分配红利，共计73 599 960元，尚余未分配利润87 735 110元结转下一年度。

（2）投资所需资金公司决定举债 20%，募集新股 10 000 000 股，发行价为 6.5 元。不足部分由留存收益解决。

【问题】

（1）该公司采用何种股利分配政策，该股利分配政策对公司的可持续发展会产生何种影响？

（2）该公司 2001 年的 10 股送 0.6 元现金股利分配方案以及 2002 年募集新股，对股东收益有何影响？

知 识 总 结

利润分配关系到各方面利益，是一个非常敏感的话题，在确定利润分配政策时应考虑诸多因素，并根据各种股利政策的基本原理、优缺点和适用范围，确定科学合理的股利分配方案，既能充分调动职工的积极性，又能推动企业的持续发展。

教 学 检 测

一、单项选择题

1. 股份有限公司用盈余公积金抵补亏损，经股东大会特别决议，还可以用盈余公积金支付股利，不过留存的法定盈余公积金不得低于注册资本的（　　）。

A. 40%　　B. 30%　　C. 20%　　D. 25%

2. 由于股利波动使外界产生公司经营不稳定的印象，不利于股票价格的稳定与上涨的股利分配政策是（　　）。

A. 剩余政策　　B. 固定股利政策

C. 固定股利比例政策　　D. 正常股利加额外股利政策

3. 在股利政策中，灵活性较大、对企业和投资者都较有利的方式是（　　）。

A. 正常股利加额外股利政策　　B. 固定股利比例政策

C. 固定股利政策　　D. 剩余政策

4. 法定盈余公积金达到注册资本的（　　）%时，可以不再提取。

A. 25　　B. 35　　C. 50　　D. 55

5. “国有资本收益管理”的亏损弥补规定中，下列（　　）项目不能用来弥补亏损。

A. 税后利润　　B. 税前利润　　C. 实收资本　　D. 盈余公积

6. （　　）之后的股票交易，其交易价格可能下降。

A. 股利宣告日　　B. 股权登记日　　C. 除息日　　D. 股利发放日

7. 一般来说，企业无盈利不得向投资者分配利润，但用公积金弥补亏损以后，经过股东大会特别决议，可按照不超过股票面值（　　）的比率用公积金向投资者分配利润。

A. 5%　　B. 10%　　C. 25%　　D. 6%

8. 企业投资并取得收益时，必须按一定的比例和基数提取各种公积金，这一要求体现的是（　　）。

A．资本积累约束 B．偿债能力约束
C．超额累积利润约束 D．资本保全约束

9．下列各项股利分配政策中，能保持股利与利润间的一定比例关系，体现风险投资与风险收益的对等关系的是（ ）。
A．剩余政策 B．固定股利政策
C．固定股利比例政策 D．正常股利加额外股利政策

10．有利于稳定股票价格，从而树立公司良好形象，但股利的支付与公司盈余相脱节的股利政策是（ ）。
A．剩余政策 B．固定股利政策
C．固定股利比例政策 D．正常股利加额外股利政策

11．在影响收益分配政策的法律因素中，目前，我国相关法律尚未做出规定的是（ ）。
A．资本保全约束 B．资本积累约束
C．偿债能力约束 D．超额累计利润约束

二、多项选择题

1．企业利润分配的项目有（ ）。
A．提取盈余公积 B．提取法定公益金
C．向投资者分配的利润 D．归还借款利息

2．下列股利支付方式中，目前在中国公司实务中常用的有（ ）。
A．现金股利 B．负债股利 C．财产股利 D．股票股利

3．采用正常股利加额外股利政策的理由是（ ）。
A．向市场传递公司正常发展的信息
B．使公司具有较大的灵活性
C．保持理想的资本结构，使综合成本最低
D．使依靠股利度日的股东有比较稳定的收入，从而吸引这部分股东

4．资本保全约束要求企业发放的股利或者投资分红只能来源于企业的（ ）。
A．留存收益 B．当期利润 C．实收资本 D．股本

5．发放股票股利，会产生（ ）的影响。
A．引起每股收益下降 B．使公司留存大量现金
C．股东权益内部各项目的比例变化 D．股东权益总额发生变化

6．收益分配政策在一定程度上决定企业的（ ）。
A．对外再筹资的能力 B．市场价值的大小
C．资本数额的多少 D．资金结构的优劣

7．我国发布的《企业国有资本与财务管理暂行办法》中“国有资本收益的管理”主要明确了（ ）内容。
A．国有资本收益构成
B．利润分配制度
C．亏损弥补规定
D．资产损失的处置以及产权转让收益和清算收益的处理

8．在下列收益分配政策中，企业普遍采用并为广大投资者所认可的基本政策有（ ）。

A．剩余政策
B．固定股利政策
C．固定股利比例政策
D．正常股利加额外股利政策

9．采用固定股利政策的理由包括（　　）。

A．有利于投资者安排收入与支出
B．有利于保持理想的资金结构
C．有利于公司树立良好的形象
D．有利于保持稳定股票价格

10．以下属于利润分配原则的有（　　）。

A．依法分配的原则
B．分配与积累并重的原则
C．投资与收益对等的原则
D．兼顾各方面利益的原则

三、判断题

1．股利支付日就是指企业董事会宣布发放股利的日期。（　　）
2．采用现金股利形式的企业必须具备两个条件：一是企业要有足够的现金；二是企业要有足够的留存收益。（　　）
3．根据“无利不分”的原则，当企业出现年度亏损时，一般不得分配利润。（　　）
4．发放股票股利会引起每股利润的下降，每股市价也有可能下跌，因而每位股东所持股票的市场总价值也将下降。（　　）
5．股份有限公司当年无利润时，一律不得分配股利。（　　）
6．比较而言在固定股利政策下，各年的股利变动较大，极易造成公司不稳定的感觉，对于稳定股票价格不利。（　　）
7．成长中的企业，一般采取低股利政策；处于经营收缩期的企业，一般采用高股利政策。（　　）
8．广义的收益分配是指对企业利润的分配。（　　）

四、计算题

1．恒丰公司 2008 年税后利润为 800 万，以前年度存在尚未弥补的亏损 50 万元。公司按 10%的比例提取盈余公积金，按 6%的比例提取公益金。在恒丰公司 1999 年的投资计划中，共需资金 400 万元，公司的目标资本结构为权益资本占 55%，债务资本占 45%。公司按剩余股利政策分配股利，2008 年流通在外的普通股为 300 万股。

要求：

（1）计算公司在 2008 年末提取的法定盈余公积金和公益金；

（2）公司在 2008 年分配的每股股利。

2．大华公司 2007 年发放股利共 255 万元。过去 10 年间该公司的盈利以 10%的速度固定持续增长，2007 年税后利润为 870 万元。1998 年预期盈利为 1381 万元，而投资总额为 1000 万元。预计 2008 年以后仍会恢复 10%的增长率。公司如果采取下列不同的股利政策，请分别计算 2008 年的股利。

要求：

（1）股利按照盈利的长期成长率稳定增长；

（2）维持 2007 年股利支付比率；

（3）采用剩余股利政策（投资 1000 万元中的 30%以负债融资）；

（4）1998 年投资的 60%以保留盈余投资，10%用于负债，未投资的盈余用于发放股利。

（5）1998 年的投资 40%用于外部权益融资，30%用于负债，30%用于保留盈余。未投资的盈余用于发放股利。

3．文华公司股东权益总额为 20000 万元，其中，流通在外的普通股 500 万股，每股面值 6 元，市价 20 元；资本公积 2000 万元；未分配利润 15 000 万元。

要求：列出以下两种情况下公司的股东权益，并做出比较。

（1）发放 10%的股票股利；

（2）以 1∶2 的比例进行股票分割。

学习情境八　财务分析与评价

知识要点

（1）掌握财务分析的基本方法。
（2）掌握偿债能力、营运能力、获利能力、发展能力指标的计算与分析。
（3）掌握杜邦分析体系的指标内容及分析方法。
（4）了解沃尔比重分析法。

核心概念

财务分析　偿债能力　营运能力　获利能力　发展能力指标　杜邦分析法

情境导入

华能国际的财务分析

华能国际的母公司及控股股东华能国电是于1985年成立的中外合资企业，它与电厂所在地的多家政府投资公司于1994年6月共同发起在北京注册成立了股份有限公司。总股本60亿股，2001年在国内发行3.5亿股A股，其中流通股2.5亿股，而后分别在香港、纽约上市。在过去的几年中，华能国际通过项目开发和资产收购不断扩大经营规模，保持盈利稳步增长。拥有的总发电装机容量从2900兆瓦增加到目前的15 936兆瓦。华能国际现全资拥有14座电厂，控股5座电厂，参股3家电力公司，其发电厂设备先进，高效稳定，且广泛地分布于经济发达及用电需求增长强劲的地区。目前，华能国际已成为中国最大的独立发电公司之一。华能国际公布的2014年年报显示，营业收入为1254.07亿人民币，净利润为105.74亿人民币，比去年同期分别降低了6.3%和8.93%。

【思考】

从财务分析的角度看，华能国际的财务报告说明了什么问题?我们应该如何利用财务指标分析来预警企业保持持续、稳定发展?

单元一　财务分析与评价的认知

一、财务分析基础

【情境资料8-1】

东盛有限公司2015年10月某种原材料费用的实际数是4620元，而其计划数是4000元。

实际比计划增加 620 元。由于原材料费用是由产品产量、单位产品材料消耗量和材料单价三个因素的乘积组成，因此，就可以把材料费用这一总指标分解为三个因素，然后逐个来分析它们对材料费用总额的影响程度。现假设这三个因素的数值参见表 8-1。

表 8-1　东盛公司对某种原材料费用的假设

项目	单位	计划数	实际数
产品产量	件	100	110
单位产品材料消耗量	kg	8	7
材料单价	元	5	6
材料费用总额	元	4000	4620

要求：分别运用连环替代法和差额分析法，计算下列各因素变动对材料费用总额的影响。

（1）产量变动的影响；

（2）材料变动的影响；

（3）价格变动的影响；

（4）全部因素的影响。

（一）财务分析的意义与内容

财务分析是根据企业财务报表等信息资料，采用专门方法，系统分析和评价企业财务状况、经营成果以及未来发展趋势的过程。财务分析既是对已完成的财务活动的总结，又是财务预测的前提，在财务管理的循环中起着承上启下的作用。财务分析所提供的信息，不仅能说明公司目前的财务状况，更重要的是能为公司未来的财务决策和财务计划提供依据。

1. 财务分析的意义

财务分析对不同的信息使用者具有不同的意义。具体来说，财务分析的意义主要体现在以下方面。

（1）可以判断企业的财务实力。通过对资产负债表和利润表有关资料进行分析，计算相关指标，可以了解企业的资产结构和负债水平是否合理，从而判断企业的偿债能力、运营能力及获利能力等财务实力，揭示企业在财务状况方面可能存在的问题。

（2）可以评价和考核企业的经营业绩，揭示财务活动存在的问题。通过指标的计算、分析和比较，能够评价和考核企业的获利能力和资产周转状况，揭示其经营管理的各个方面和各个环节问题，找出差距，得出分析结论。

（3）可以挖掘企业潜力，寻求提高企业经营管理水平和经济效益的途径。企业进行财务分析的目的不仅仅是发现问题，更重要的是分析问题和解决问题。通过财务分析，应保持和进一步发挥生产经营管理中成功的经验，对存在的问题应提出解决的策略和措施，以达到扬长避短、提高经营管理水平和经济效益的目的。

（4）可以评价企业的发展趋势。通过各种财务分析，可以判断企业的发展趋势，预测其生产经营的前景及偿债能力，从而为企业领导层进行生产经营决策、投资者进行投资决策和债权人进行信贷决策提供重要的依据，避免因决策错误给其带来重大的损失。

2. 财务分析的内容

财务分析信息的需求者主要包括企业所有者、企业债权人、企业经营决策者和政府等。不同主体出于不同的利益考虑，对财务分析信息有着各自不同的要求。

（1）企业所有者作为投资人，关心其资本的保值和增值状况，因此较为重视企业获利能力指标，主要进行企业获利能力分析。

（2）企业债权人因不能参与企业剩余收益分享，首先关注的是其投资的安全性，因此更重视企业偿债能力指标，主要进行企业偿债能力分析，同时也关注企业获利能力分析。

（3）企业经营决策者必须对企业经营理财的各个方面，包括运营能力、偿债能力、获利能力及发展能力的全部信息予以详尽地了解和掌握，主要进行各方面综合分析，并关注企业财务风险和经营风险。

（4）政府兼具多重身份，既是宏观经济管理者，又是国有企业的所有者和重要的市场参与者，因此政府对企业财务分析的关注点因所具身份不同而异。

尽管不同企业的经营状况、经营规模、经营特点不同，作为运用价值形式进行的财务分析，归纳起来其分析的内容不外乎偿债能力分析、运营能力分析、获利能力分析、发展能力分析和综合能力分析五个方面。

（二）财务分析的方法

1. 比较分析法

比较分析法，是通过对比两期或者连续数期财务报告中的相同指标，确定其增减变动的方向、数额和幅度，来说明企业财务状况或者经营成果变动趋势的一种方法。采用这种方法，可以分析引起变化的主要原因、变动的性质，并预测企业未来的发展趋势。

比较分析法的具体运用主要有重要财务指标的比较、会计报表的比较和会计报表项目构成的比较三种方式。

1）重要财务指标的比较

这种方法是指将不同时期的财务报告中的相同指标或者比率进行纵向比较，直接观察其增减变动情况及变动幅度，考察其发展趋势，预测其发展前景。不同时期的财务指标的比较主要有以下两种方法。

（1）定基动态比率，是以某一时期的数额为固定的基期数额而计算出来的动态比率。其计算公式为

$$定基动态比率=\frac{分析期数额}{固定基期数额}\times 100\%$$

（2）环比动态比率，是以每一分析期的数据与上期数据相比较计算出来的动态比率。其计算公式为

$$环比动态比率=\frac{分析期数额}{前期数额}\times 100\%$$

2）会计报表的比较

这是指将连续数期的会计报表的金额并列起来，比较各指标不同期间的增减变动金额和幅度，据以判断企业财务状况和经营成果发展变化的一种方法。具体包括资产负债表比较、利润表比较和现金流量表比较等。

3）会计报表项目构成的比较

这种方法是在会计报表比较的基础上发展而来的，是以会计报表中的某个总体指标作为100%，再计算出各组成项目占该总体指标的百分比，从而比较各个项目百分比的增减变动，以此来判断有关财务活动的变化趋势。

采用比较分析法时，应当注意以下问题：

（1）用于对比的各个时期的指标，其计算口径必须保持一致；

（2）应剔除偶发性项目的影响，使分析所利用的数据能反映正常的生产经营状况；

（3）应运用例外原则对某项有显著变动的指标做重点分析，研究其产生的原因，以便采取对策，趋利避害。

2. 比率分析法

比率分析法是通过计算各种比率指标来确定财务活动变动程度的方法。比率指标的类型主要有构成比率、效率比率和相关比率三类。

1）构成比率

构成比率又称结构比率，是某项财务指标的各组成部分数值占总体数值的百分比，反映部分与总体的关系。利用构成比率，可以考察总体中某个部分的形成和安排是否合理，以便协调各项财务活动。其计算公式为

$$构成比率=\frac{某个组成部分数值}{总体数值}\times 100\%$$

比如，企业资产中流动资产、固定资产和无形资产占资产总额的百分比（资产构成比率），企业负债中流动负债和长期负债占负债总额的百分比（负债构成比率）等。利用构成比率，可以考察总体中某个部分的形成和安排是否合理，以便协调各项财务活动。

2）效率比率

效率比率，是某项财务活动中所费与所得的比率，反映投入与产出的关系。利用效率比率指标，可以进行得失比较，考察经营成果，评价经济效益。

$$效率比率=\frac{所得}{所费}\times 100\%$$

比如，将利润项目与销售成本、销售收入、资本金等项目加以对比，可以计算出成本利润率、销售利润率和资本金利润率指标，从不同角度观察比较企业获利能力的高低及其增减变化情况。

3）相关比率

相关比率，是以某个项目和与其有关但又不同的项目加以对比所得的比率，反映有关经济活动的相互关系。利用相关比率指标，可以考察企业相互关联的业务安排的是否合理，以保障经营活动顺畅进行。

$$相关比率=\frac{某一指标}{另一相关指标}\times 100\%$$

比如，将流动资产与流动负债进行对比，计算出流动比率，可以判断企业的短期偿债能力，将负债总额与资产总额进行对比，可以判断企业的长期偿债能力。

【小贴士】

采用比率分析法时，应当注意以下几点：
（1）对比项目的相关性；
（2）对比口径的一致性；
（3）衡量标准的科学性。

3. 因素分析法

因素分析法是依据分析指标与其影响因素的关系，从数量上确定各因素对分析指标影响方向和影响程度的一种方法。

因素分析法具体有两种：连环替代法和差额分析法。

（1）连环替代法。

连环替代法，是将分析指标分解为各个可以计量的因素，并根据各个因素之间的依存关系，顺次用各因素的比较值（通常为实际值）替代基准值（通常为标准值或者计划值），据以测定各因素对分析指标的影响。

假设某指标 F，由 A、B、C 三个因素计算得来，设：

$F=A\times B\times C$

基数（计划、上年、同行业先进水平）：$F_0=A_0\times B_0\times C_0$

实际：$F_1=A_1\times B_1\times C_1$

基数：$F_0=A_0\times B_0\times C_0$　　①

置换 A 因素：$A_1\times B_0\times C_0$　　②

置换 B 因素：$A_1\times B_1\times C_0$　　③

置换 C 因素：$A_1\times B_1\times C_1$　　④

②-①即为 A 因素变动对 F 指标的影响

③-②即为 B 因素变动对 F 指标的影响

④-③即为 C 因素变动对 F 指标的影响

【例 8-1】东盛有限公司某月材料运费的相关资料参见表 8-2。

表 8-2　材料运费分析计算表

项目	计划	实际	差异
运输数量（t）	200	225	25

续表

项目	计划	实际	差异
运输里程（km）	600	580	−20
运价率（t • km）	1	1.05	+0.05
运费（元）	120 000	137 025	17 025

解：根据表 8-2 中的资料，材料运费总额实际数较计划数增加 17 025 元。

列示计划数：200×600×1=120 000（元） ①

依次将实际数据进行替换：

第一次替代：225×600×1=135 000（元） ②

第二次替代：225×580×1=130 500（元） ③

第三次替代：225×580×1.05=137 025（元） ④

实际指标：

②−①=135 000−120 000 = 15 000（元） 运输数量增加的影响

③−②=130 500−135 000 = −4500（元） 运输里程减少的影响

④−③=137 025−130 500 = 6525（元） 运价率提高的影响

15 000 +(−4500)+6525=17 025（元） 全部因素的影响

（2）差额分析法。

差额分析法是连环替代法的一种简化形式，是利用各个因素的比较值与基准值之间的差额，计算各因素对分析指标的影响。

假设某指标 F，由 A、B、C 三个因素计算得来，设：

$F=A\times B\times C$

基数（计划、上年、同行业先进水平）：$F_0=A_0\times B_0\times C_0$

实际：$F_1=A_1\times B_1\times C_1$

A 因素变动对 F 指标的影响：$(A_1-A_0)\times B_0\times C_0$

B 因素变动对 F 指标的影响：$A_1\times(B_1-B_0)\times C_0$

C 因素变动对 F 指标的影响：$A_1\times B_1\times(C_1-C_0)$

【例 8-2】 仍用例 8-1 中的资料，采用差额分析法计算确定各因素变动对材料运费的影响。

解：依次进行差额替代：

（1）由于运输数量增加对材料运费的影响：(225−200)×600×1=15 000（元）

（2）由于运输里程减少对材料运费的影响：225×(580−600)×1=−4500（元）

（3）由于运价率提高对材料运费的影响：225×580×(1.05−1)=6525（元）

（4）全部因素影响运费金额=15 000 +(−4500)+6525=17 025（元）

采用因素分析法时，必须注意以下问题。

（1）因素分解的关联性。构成经济指标的因素，必须是客观上存在着的因果关系，要能够反映形成该项指标差异的内在构成原因，否则就失去了应用价值。

（2）因素替代的顺序性。确定替代因素时，必须根据各因素的依存关系，遵循一定的顺序并依次替代，不可随意加以颠倒，否则就会得出不同的计算结果。

（3）顺序替代的连环性。因素分析法在计算每一因素变动的影响时，都是在前一次计算的基础上进行，并采用连环比较的方法确定因素变化影响结果。

（4）计算结果的假定性。由于因素分析法计算的各因素变动的影响数，会因替代顺序不同而有差别，因而计算结果不免带有假定性，即它不可能使每个因素计算的结果，都达到绝对的准确。为此，分析时应力求使这种假定合乎逻辑，具有实际经济意义。这样，计算结果的假定性，才不至于妨碍分析的有效性。

（三）财务分析的局限性

财务分析对于了解企业的财务状况和经营成绩，评价企业的偿债能力和经营能力，帮助制定经济决策，有着显著的作用。但由于种种因素的影响，财务分析也存在着一定的局限性。在分析中，应注意这些局限性的影响，以保证分析结果的正确性。

1. 资料来源的局限性

（1）报表数据的时效性问题。

财务报表中的数据，均是企业过去经济活动的结果和总结，用于预测未来发展趋势，只有参考价值，并非绝对合理。

（2）报表数据的真实性问题。

在企业形成其财务报表之前，信息提供者往往对信息使用者所关注的财务状况以及对信息的偏好进行过仔细分析与研究，并尽力满足信息使用者对企业财务状况和经营成果信息的期望。其结果极有可能使信息使用者所看到的报表信息与企业实际状况相距甚远，从而误导信息使用者的决策。

（3）报表数据的可靠性问题。

财务报表虽然是按照会计准则编制的，但不一定能准确地反映企业的客观实际。例如，报表数据未按通货膨胀进行调整；某些资产以成本计价，并不代表其现在的真实价值；许多支出在记账时存在灵活性，既可以作为当期费用，也可以作为资本项目在以后年度摊销；很多资产以估计值入账，但未必正确；偶然事件可能歪曲本期的损益，不能反映盈利的正常水平。

（4）报表数据的可比性问题。

根据会计准则的规定，不同的企业或者同一个企业的不同时期都可以根据情况采用不同的会计政策和会计处理方法，使得报表上的数据在企业不同时期和不同企业之间的对比在很多时候失去意义。

（5）报表数据的完整性问题。

由于报表本身的原因，其提供的数据是有限的。对报表使用者来说，可能不少需要的信息在报表或者附注中根本找不到。

2. 财务分析方法的局限性

对于比较分析法来说，在实际操作时，比较的双方必须具备可比性才有意义。对于比率分析法来说，比率分析是针对单个指标进行分析，综合程度较低，在某些情况下无法得出令人满意的结论；比率指标的计算一般都是建立在以历史数据为基础的财务报表之上的，这使比率指标提供的信息与决策之间的相关性大打折扣。对于因素分析法来说，在计算各因素对综合经济指标的影响时，主观假定各因素的变化顺序且规定每次只有一个因素发生变化，这些假定往往与事实不符。并且，无论何种分析法均是对过去经济事项的反映。随着环境的变化，这些比较标准也会发生变化。而在分析时，分析者往往只注重数据的比较，而忽略经营环境的变化，这样得出的分析结论也是不全面的。

3. 财务分析指标的局限性

（1）财务指标体系不严密。

每一个财务指标只能反映企业的财务状况或者经营状况的某一方面，每一类指标都过分强调本身所反映的方面，导致整个指标体系不严密。

（2）财务指标所反映的情况具有相对性。

在判断某个具体财务指标是好还是坏，或者根据一系列指标形成对企业的综合判断时，必须注意财务指标本身所反映情况的相对性。因此，在利用财务指标进行分析时，必须掌握好对财务指标的“信任度”。

（3）财务指标的评价标准不统一。

比如，对流动比率，人们一般认为指标值为 2 比较合理，速动比率则认为 1 比较合适，但许多成功企业的流动比率都低于 2，不同行业的速动比率也有很大差别，如采用大量现金销售的企业，几乎没有应收账款，速动比率大大低于 1 是很正常的。相反，一些应收账款较多的企业，速动比率可能要大于 1。因此，在不同企业之间用财务指标进行评价时没有一个统一标准，不便于不同行业间的对比。

（4）财务指标的计算口径不一致。

比如，对反映企业运营能力指标，分母的计算可用年末数，也可用平均数，而平均数的计算又有不同的方法，这些都会导致计算结果不一样，不利于评价比较。

【课堂讨论】

差额分析法是连环替代法的一种形式吗？

【情境资料解答】

1. 运用连环替代法，可以计算各因素变动对材料费用总额的影响。

根据上述情境资料 8-1 中的资料，材料费用总额实际数较计划数增加 620 元。

分析公式：材料费用总额=产量×单位产品材料消耗量×材料单价

计划指标： 100×8×5=4000（元）	①
第一次替代：110×8×5=4400（元）	②
第二次替代：110×7×5=3850（元）	③
第三次替代：110×7×6=4620（元）	④

实际指标：

②−①=4400−4000 = 400（元）	产量增加的影响
③−②=3850−4400 = −550（元）	材料节约的影响
④−③=4620−3850 = 770（元）	价格提高的影响
400−550+770 = 620（元）	全部因素的影响

2. 运用差额分析法，可以确定各因素变动对材料费用总额的影响。

根据上述情境资料 8-1 中的资料，材料费用总额实际数较计划数增加 620 元。

分析公式：材料费用总额=产量×单位产品材料消耗量×材料单价

（1）由于产量增加对材料费用的影响：(110−100)×8×5 = 400（元）
（2）由于材料消耗节约对材料费用的影响：(7−8)×110×5 = −550（元）
（3）由于价格提高对材料费用的影响：(6−5)×110×7 = 770（元）
（4）全部因素对材料费用的影响：400−550+770 = 620（元）

二、财务指标分析

【情境资料 8-2】

已知东盛有限公司 2015 年会计报表的有关资料参见表 8-3。

表 8-3　2015 年会计报表

单位：万元

资产负债表项目	年初数	年末数
资产	8000	10 000
负债	4500	6000
所有者权益	3500	4000
营业收入	（略）	20 000（本年数）
净利润	（略）	500（本年数）

要求：
（1）计算该企业 2015 年度的下列指标（凡计算指标涉及资产负债表项目数据的，均按平均数计算）：①净资产收益率；②总资产净利率（保留三位小数）；③营业净利率；④总资产周转率（保留三位小数）；
（2）假设该企业 2014 年的净资产收益率为 12%，营业净利率为 2.1%，请简单分析企业的获利能力。

【情境资料 8-3】

为了便于说明财务指标的计算和分析方法，现将本单元知识举例时需要用到的东盛有限公司的资产负债表（表 8-4）和利润表（表 8-5）列举如下。

表 8-4　资产负债表

编制单位：东盛有限公司　　2015 年 12 月 31 日　　单位：元

资产	年末余额	年初余额	负债和所有者权益（或者股东权益）	年末余额	年初余额
流动资产：			流动负债：		
货币资金	10 504 690	14 063 000	短期借款	500 000	3 000 000
交易性金融资产	1 050 000	150 000	交易性金融负债	0	0
应收票据	343 000	2 460 000	应付票据	1 000 000	2 000 000
应收账款	6 982 000	3 991 000	应付账款	9 548 000	9 548 000
预付款项	1 000 000	1 000 000	预收款项	0	0
应收利息	0	0	应付职工薪酬	1 800 000	1 100 000

续表

资产	年末余额	年初余额	负债和所有者权益（或者股东权益）	年末余额	年初余额
应收股利	0	0	应交税费	1 052 740	366 000
其他应收款	3 050 000	3 050 000	应付利息	0	0
存货	25 827 000	25 800 000	应付股利	0	0
一年内到期的非流动资产	0	0	其他应付款	500 000	500 000
其他流动资产	0	0	一年内到期的非流动负债	0	0
			其他流动负债	10 000 000	10 000 000
流动资产合计	48 756 690	50 514 000	流动负债合计	24 400 740	26 514 000
非流动资产：			非流动负债：		
可供出售金融资产	0	0	长期借款	6 000 000	6 000 000
持有至到期投资	0	0	应付债券	0	0
长期应收款	0	0	长期应付款	0	0
长期股权投资	2 500 000	2 500 000	专项应付款	0	0
投资性房地产	0	0	预计负债	0	0
固定资产	19 010 000	8 000 000	递延所得税负债	0	0
在建工程	5 280 000	15 000 000	其他非流动负债	0	0
工程物资	1 500 000	0	非流动负债合计	6 000 000	6 000 000
固定资产清理	0	0	负债合计	30 400 740	32 514 000
生产性生物资产	0	0	所有者权益：		
油气资产	0	0	实收资本	50 000 000	50 000 000
无形资产	5 400 000	6 000 000	资本公积	0	0
开发支出	0	0	减：库存股	0	0
商誉	0	0	盈余公积	1 262 095	1 000 000
长期待摊费用	0	0	未分配利润	2 858 855	500 000
递延所得税资产	75 000	0			
其他非流动资产	2 000 000	2 000 000			
非流动资产合计	35 765 000	33 500 000	所有者权益（或者股东权益）合计	54 120 950	51 500 000
资产总计	84 521 690	84 014 000	负债和所有者权益总计	84 521 690	84 014 000

表 8-5 利润表

编制单位：东盛有限公司　　　　2015 年度　　　　单位：元

项目	上年数	本年数
一、营业收入	10 400 000	12 500 000
减：营业成本	6 500 000	7 500 000
营业税金及附加	19 000	20 000

续表

项目	上年数	本年数
销售费用	150 000	200 000
管理费用	690 000	971 000
财务费用	235 000	300 000
资产减值损失	280 000	309 000
加：公允价值变动收益	200 000	10 000
投资收益	25 000	5 000
二、营业利润	2 751 000	3 215 000
加：营业外收入	300 000	310 000
减：营业外支出	31 000	30 400
三、利润总额	3 020 000	3 494 600
减：所得税	755 000	873 650
四、净利润	2 265 000	2 620 950

（一）偿债能力指标

偿债能力是指企业偿还到期债务（包括本息）的能力。偿债能力指标包括短期偿债能力指标和长期偿债能力指标。

1. 短期偿债能力指标

短期偿债能力是指企业流动资产对流动负债及时足额偿还的保证程度，是衡量企业当前财务能力，特别是流动资产变现能力的重要标志。

企业短期偿债能力的衡量指标主要有两项：流动比率和速动比率。

1）流动比率

流动比率是流动资产与流动负债的比率，它表明企业每一元流动负债有多少流动资产作为偿还的保证，反映企业用可在短期内转变为现金的流动资产偿还到期流动负债的能力。其计算公式为

$$流动比率=\frac{流动资产}{流动负债}\times 100\%$$

一般情况下，流动比率越高，短期偿债能力越强。但流动比率高，不等于企业有足够的现金或者存款用来偿债。因为，偿债需要存款，如果企业的流动资产中有大量不能及时变现的存货，则仍不能偿还到期的债务。怎样的比率才是比较合理的呢？财务管理界的人士普遍认为，2∶1 的流动比率对于大部分企业来说是比较合理的。但是，不同行业、不同企业、不同时期对流动比率的要求可能是不同的，比如制造业，其流动比率低于 2∶1，就会陷入困境。而大部分电力行业的流动比率接近 1∶1 也能经营得很成功。因此，企业应结合具体情况制定一个适合于本企业的流动比率，予以掌握。

【例 8-3】 根据东盛有限公司 2015 年的资产负债表（表 8-4）数据，计算该公司的流动比率填入表 8-6。

表 8-6 流动比率计算表

单位：元

项目	年初数	年末数
流动资产合计	50 514 000	48 756 690
流动负债合计	26 514 000	24 400 740
流动比率	190.52%	199.82%

该公司 2015 年年初和年末的流动比率略低于一般公认标准，不过年末流动比率比年初有所好转。公司应该继续采取措施，以提高其短期偿债能力。

2）速动比率

速动比率也称“酸性试验比率”，是企业的速动资产与流动负债的比率。其计算公式为

$$速动比率 = \frac{速动资产}{流动负债} \times 100\%$$

其中：

速动资产=货币资金+交易性金融资产+应收账款+应收票据

=流动资产−存货−预付账款−一年内到期的非流动资产−其他流动资产

该指标是评价企业用很快可以变现的速动资产来偿还到期流动负债的指标，它比流动比率更直接，也更确切。国际上通常认为，速动比率等于 100%时较为适当，低于 1 的速动比率被认为是短期偿债能力偏低。这仅是一般的看法，因为行业不同，速动比率会有很大差别，没有统一标准的速动比率。例如，采用大量现金销售的商店，几乎没有应收账款，大大低于 1 的速动比率则是很正常的。相反，一些应收账款较多的企业，速动比率可能要大于 1。

【例 8-4】 根据东盛有限公司 2015 年的资产负债表（表 8-4）数据，计算该公司的速动比率填入表 8-7。

表 8-7 速动比率计算表

单位：元

项目	年初数	年末数
货币资金	14 063 000	10 504 690
交易性金融资产	150 000	1 050 000
应收票据	2 460 000	343 000
应收账款	3 991 000	6 982 000
速动资产合计	20 664 000	18 879 690
流动负债合计	26 514 000	24 400 740
速动比率	77.94%	77.37%

分析表明该公司 2015 年年末的速动比率比年初有所降低，虽然该公司流动比率接近一般公认标准，但由于流动资产中的存货所占比重过大，导致公司速动比率远低于一般公认标准，公司的实际短期偿债能力并不理想，需采取措施加以扭转。

2. 长期偿债能力指标

长期偿债能力是指企业偿还长期负债的能力。企业长期偿债能力的衡量指标主要有三项：资产负债率、产权比率和利息保障倍数。

1）资产负债率

资产负债率又称负债比率，是企业负债总额对资产总额的比率。它表明企业资产总额中，债权人提供资金所占的比重，以及企业资产对债权人权益的保障程度。其计算公式为

$$资产负债率=\frac{负债总额}{资产总额}\times 100\%$$

一般情况下，该指标越小表明企业的长期偿债能力越强。但是，也并非说该指标对谁都是越小越好。从债权人来说，该指标越小越好，这样企业偿债越有保证。从企业所有者来说，如果该指标较大，说明利用较少量的自有资金投资形成较多的生产经营性资产，不仅扩大了生产经营规模，而且在经营状态良好的情况下，还可以利用财务杠杆作用，得到较多的投资利润。但如果该指标过大，则表明企业的债务负担重，企业资金实力不强，不仅对债权人不利，而且企业有濒临倒闭的危险。此外，企业的长期偿债能力与获利能力密切相关，因此企业的经营决策者应当将偿债能力指标（风险）与获利能力指标（收益）结合起来分析，予以平衡考虑。

【例 8-5】 根据东盛有限公司 2015 年的资产负债表（表 8-4）数据，计算该公司的资产负债率填入表 8-8。

表 8-8 资产负债率计算表

单位：元

项目	年初数	年末数
负债合计	32 514 000	30 400 740
资产总计	84 014 000	84 521 690
资产负债率	38.70%	35.97%

该公司 2015 年年初和年末的资产负债率均不高，说明公司长期偿债能力较强，这样有助于增强债权人对公司出借资金的信心。

2）产权比率

产权比率是指企业负债总额与所有者权益总额的比率，是企业财务结构稳健与否的重要标志，也称资本金负债率。它反映企业所有者权益对债权人权益的保障程度。其计算公式为

$$产权比率=\frac{负债总额}{所有者权益总额}\times 100\%$$

一般情况下，该指标越低，表明企业的长期偿债能力越强，债权人权益的保障程度越高、承担的风险越小，但企业不能充分地发挥负债的财务杠杆效应。所以，企业在评价产权比率适度与否时，应从提高获利能力与增强偿债能力两个方面综合进行，即在保障债务偿还安全的前提下，应尽可能提高产权比率。

产权比率与资产负债率具有共同的经济意义，两个指标可以相互补充。因此，对产权比率的分析可以参见对资产负债率指标的分析。

【例 8-6】 根据东盛有限公司 2015 年的资产负债表（表 8-4）数据，计算该公司的产权比率填入表 8-9。

表 8-9 产权比率计算表

单位：元

项目	年初数	年末数
负债合计	32 514 000	30 400 740
所有者权益总计	51 500 000	54 120 950
产权比率	63.13%	56.17%

该公司 2015 年年初和年末的产权比率均不高，同资产负债率的计算结果可相互印证，说明公司长期偿债能力较强，债权人的保障程度较高。

3）利息保障倍数

利息保障倍数又称已获利息倍数，是指企业息税前利润与利息费用的比率，反映了获利能力对债务偿付的保证程度。其计算公式为

$$\text{已获利息倍数}=\frac{\text{息税前利润}}{\text{债务利息}}\times 100\%$$

息税前利润是指包括债务利息和所得税前的正常业务经营利润，不包括非正常项目。这是由于由负债与资本支持的项目一般属于正常业务经营范围，因此计算利息保障倍数时应当以正常业务经营的息税前利润为基础。为了更加准确地反映利息的保障程度，债务利息应包括财务费用中的利息和资本化利息两部分。

该指标的重点是衡量企业支付利息的能力，没有足够大的息税前利润，利息的支付就会发生困难。由此可知，若要维持正常偿债能力，从长期看，利息保障倍数至少应当大于 1，这一指标越大，说明支付利息的能力越强；反之，则说明支付利息的能力越弱。此指标若低于 1，说明企业实现的利润不足以支付利息费用，表明企业有了较大的财务风险。但究竟企业利息保障倍数应是利息的多少倍，才算偿付能力强，这要根据往年经验并结合行业特点来判断。

【例 8-7】 根据东盛有限公司 2015 年的利润表（表 8-5）数据，并假定该公司利润表中的财务费用全部为债务利息支出，计算东盛有限公司的已获利息倍数填入表 8-10。

表 8-10 已获利息倍数计算表

单位：元

项目	2014 年	2015 年
息税前利润合计	3 020 000+235 000=3 255 000	3 494 600+300 000=3 794 600
利息支出总计	235 000	300 000
已获利息倍数	13.85	12.65

该公司 2014 年、2015 年的已获利息倍数都很高，远高于国际公认水平，说明公司有较强

的偿付债务及利息的能力。进一步的分析还需要根据往年经验并结合行业特点来判断。

（二）运营能力指标

运营能力是指企业经营的效率高低，即资金周转的速度快慢及其有效性。运营能力直接影响企业的偿债能力和获利能力。运营能力的分析评价指标主要有以下几项。

1. 应收账款周转率

应收账款在公司流动资产中有着重要地位，及时收回应收账款，不仅能增强公司短期偿债能力，也反映出公司管理应收账款方面的效率。应收账款运营能力可通过应收账款周转率指标进行分析。

应收账款周转率，也就是年度内应收账款转为现金的平均次数，它说明应收账款流动的速度。有周转次数和周转天数两种表示方法。其有关计算公式为

$$\text{应收账款周转率(周转次数)}=\frac{\text{营业收入}}{\text{平均应收账余额}}$$

其中：

$$\text{平均应收账款余额}=\frac{\text{应收账款余额年初数}+\text{应收账款余额年末数}}{2}$$

$$\text{应收账款周转期(周转天数)}=\frac{\text{平均应收账款余额}\times 360}{\text{营业收入}}$$

一般情况下，应收账款周转次数越高，周转天数越短，说明企业收回账款的速度越快，资产的流动性越强，资金周转状况越好。但是应收账款周转次数过高，周转天数过短，则说明企业的赊账条件过于苛刻，只赊销给信誉良好的客户，而信誉不好或者资金暂时紧张，不能严格按时付款的客户则被拒之门外，这样就会限制销售量的增长，从而影响企业的收益。如果应收账款周转次数过低，或者周转天数过长，则说明企业应收账款催收不利，或者是赊账条件太宽，这样不利于企业充分利用资金。所以考察应收账款的回收速度，必须与企业的赊账条件相结合。

【例 8-8】 根据东盛有限公司 2015 年的资产负债表（表 8-4）和利润表（表 8-5）数据，计算该公司的应收账款周转率填入表 8-11。

表 8-11 应收账款周转率计算表

单位：元

项目	2013 年	2014 年	2015 年
营业收入		10 400 000	12 500 000
应收账款年末余额	5 003 000	6 451 000（应收票据 2 460 000+应收账款 3 991 000）	7 325 000（应收票据 343 000 +应收账款 6 982 000）
平均应收账款余额		5 727 000	6 888 000
应收账款周转率（次）		1.82	1.81
应收账款周转期（天）		198.24	198.37

以上结果表明，该公司 2014 年及 2015 年度应收账款周转率均较低，同时该公司 2015 年

度的应收账款周转率比 2014 年度略微降低。这说明公司的运营能力进一步恶化。

2. *存货周转率*

存货周转率是一定时期内企业营业成本与平均存货余额的比率。它是反映企业销售能力和流动资产流动性的指标。衡量企业在一定时期内存货资产的周转次数，同时还是反映企业购、产、销平衡的效率的尺度。其计算公式为

$$\text{存货周转率(周转次数)}=\frac{\text{营业成本}}{\text{平均存货余额}}$$

其中：

$$\text{平均存货余额}=\frac{\text{存货余额年初数}+\text{存货余额年末数}}{2}$$

$$\text{存货周转期(周转天数)}=\frac{\text{平均存货余额}\times 360}{\text{营业成本}}$$

存货周转速度的快慢，不仅反映出企业采购、储存、生产、销售各环节管理工作状况的好坏，而且对企业的偿债能力及获利能力产生决定性的影响。因此，通过存货周转分析，有利于找出存货管理存在的问题，尽可能降低资金占用水平。存货既不能储存过少，否则可能造成生产中断或者销售紧张；又不能储存过多，否则可能形成呆滞、积压。一定要保持结构合理、质量可靠。其次，存货是流动资产的重要组成部分，其质量和流动性对企业流动比率具有举足轻重的影响，并且进而影响企业的短期偿债能力。因此一定要加强存货管理，以提高其变现能力和获利能力。

【例 8-9】 根据东盛有限公司 2015 年的资产负债表（表 8-4）和利润表（表 8-5）数据，计算该公司的存货周转率填入表 8-12。

表 8-12 存货周转率计算表

单位：元

项目	2013 年	2014 年	2015 年
营业成本		6 500 000	7 500 000
存货年末余额	24 000 000	25 800 000	25 827 000
平均存货余额		$\frac{24\,000\,000+25\,800\,000}{2}=24\,900\,000$	$\frac{25\,800\,000+25\,827\,000}{2}=25\,813\,500$
存货周转率（次）		0.26	0.29
存货周转期（天）		1379.08	1239.05
		或者 $=\frac{360}{0.26}=1384.62$	或者 $=\frac{360}{0.29}=1241.38$

由此可见，该公司 2014 年及 2015 年度存货周转率均非常低，这反映出存货管理效率很低。但 2015 年度存货周转率比 2014 年度有所加快，存货周转次数由 0.26 次增为 0.29 次，周转天数由 1379.08 降为 1239.05 天，其原因可能与 2015 年营业成本的增长有关。

3. 流动资产周转率

流动资产周转率是企业一定时期营业收入与平均流动资产余额的比率，它反映的是企业全部流动资产的利用效率。其计算公式为

$$流动资产周转率(周转次数)=\frac{营业收入}{平均流动资产余额}$$

其中：

$$平均流动资产余额=\frac{流动资产年初数+流动资产年末数}{2}$$

$$流动资产周转期(天数)=\frac{平均流动资产总额\times 360}{营业收入}$$

流动资产周转率是分析流动资产周转情况的一个综合性指标，这项指标越高，说明流动资产周转速度越快，相对地节约流动资产数额越大。而延缓周转速度，需要补充流动资产参加周转，形成资金浪费，相对地降低了企业的资金使用效率。

【例 8-10】 根据东盛有限公司 2015 年的资产负债表（表 8-4）和利润表（表 8-5）数据，计算该公司的流动资产周转率填入表 8-13。

表 8-13 流动资产周转率计算表

单位：元

项目	2013 年	2014 年	2015 年
营业收入		10 400 000	12 500 000
流动资产年末总额	49 300 000	50 514 000	48 756 690
平均流动资产总额		$\frac{49\,300\,000+50\,514\,000}{2}$=49 907 000	$\frac{48\,756\,690+50\,514\,000}{2}$=49 635 345
流动资产周转率（次）		0.21	0.25
流动资产周转期（天）		1727.55	1429.40

由此可见，该公司 2014 年及 2015 年度流动资产周转率均非常低，这反映出流动资产管理效率很低。但 2015 年度流动资产周转率比 2014 年度有所加快，流动资产周转次数由 0.21 次增为 0.25 次，周转天数由 1727.55 降为 1429.40 天，其原因可能与 2015 年营业收入的增长有关。

4. 固定资产周转率

反映固定资产周转情况的主要指标是固定资产周转率，它是企业一定时期营业收入与平均固定资产净值的比值，是衡量固定资产利用效率的一项指标。其计算公式为

$$固定资产周转率(周转次数)=\frac{营业收入}{平均固定资产净值}$$

其中：

$$平均固定资产净值=\frac{固定资产净值年初数+固定资产净值年末数}{2}$$

$$固定资产周转期(周转天数)=\frac{平均固定资产净值\times 360}{营业收入}$$

需要说明的是：

固定资产净额=固定资产原价-累计折旧-已计提减值准备

注意：这里的固定资产净额=固定资产净值。

一般情况下，固定资产周转率越高，表明企业固定资产利用越充分，同时也能表明企业固定资产投资得当，固定资产结构合理，能够充分发挥效率。反之，如果固定资产周转率不高，则表明固定资产使用效率不高，提供的生产成果不多，企业的运营能力不强。

【小贴士】

运用固定资产周转率时，需要考虑固定资产因计提折旧的影响其净值在不断地减少，以及因更新重置其净值突然增加的影响。同时，由于折旧方法的不同，可能影响其可比性。故在分析时，一定要剔除掉这些不可比因素。

【例 8-11】 根据东盛有限公司 2015 年的资产负债表（表 8-4）和利润表（表 8-5）数据，计算该公司的固定资产周转率填入表 8-14。

表 8-14 固定资产周转率计算表

单位：元

项目	2013 年	2014 年	2015 年
营业收入		10 400 000	12 500 000
固定资产年末净值	6 800 000	8 000 000	19 010 000
平均固定资产净值		$\frac{6\ 800\ 000+8\ 000\ 000}{2}=7\ 400\ 000$	$\frac{8\ 000\ 000+19\ 010\ 000}{2}=13\ 505\ 000$
固定资产周转率（次）		1.41	0.93
固定资产周转期（天）		256.15	388.94

以上计算结果表明，公司 2015 年度固定资产周转率比 2014 年度有所延缓，固定资产周转次数由 1.41 次降为 0.93 次，周转天数由 256.15 天升为 388.94 天，其主要原因是固定资产净值的增加幅度高于营业收入增长幅度所引起的。这表明公司的运营能力有所降低。

5. 总资产周转率

总资产周转率是企业一定时期营业收入与平均资产总额的比值。其计算公式为

$$总资产周转率(周转次数)=\frac{营业收入}{平均资产总额}$$

其中：

$$平均资产总额=\frac{资产总额年初数+资产总额年末数}{2}$$

$$总资产周转期(周转天数)=\frac{平均资产总额\times 360}{营业收入}$$

该项指标反映资产总额的周转速度。周转越快，反映销售能力越强。企业可能通过薄利多销的办法，加速资产的周转，带来利润绝对额的增加。

总之，各项资产的周转指标用于衡量企业运用资产赚取收入的能力，经常和反映获利能力的指标结合在一起使用，可全面评价企业的获利能力。

【例8-12】 根据东盛有限公司2015年的资产负债表（表8-4）和利润表（表8-5）数据，计算该公司的总资产周转率填入表8-15。

表8-15　总资产周转率计算表

单位：元

项目	2013年	2014年	2015年
营业收入		10 400 000	12 500 000
资产年末总值	75 600 000	84 014 000	84 521 690
平均资产总值		$\frac{75\ 600\ 000+84\ 014\ 000}{2}$=79 807 000	$\frac{84\ 014\ 000+84\ 521\ 690}{2}$=84 267 845
总资产周转率（次）		0.13	0.15
总资产周转期（天）		2762.55	2426.91

以上计算结果表明，公司2015年度总资产周转率比2014年度略有加快。这是因为该公司存货平均余额的增长程度（$\frac{25\ 813\ 500-24\ 900\ 000}{24\ 900\ 000}$=3.67%）虽远低于营业收入的增值程度（$\frac{12\ 500\ 000-10\ 400\ 000}{10\ 400\ 000}$=20.19%），但固定资产平均净值的增长程度（$\frac{13\ 505\ 000-7\ 400\ 000}{7\ 400\ 000}$=82.5%）却以更大幅度高于营业收入的增值程度，所以总资产的利用效果难以大幅提高。

（三）获利能力指标

对增值的不断追求是企业资金运动的动力源泉与直接目的。获利能力就是企业资金增值的能力，通常表现为企业收益数额的大小与水平的高低。不管是投资者、债权人还是企业管理部门都非常关心企业的获利能力。投资者取得投资收益，债权人取得本息都有赖于企业的获利能力，企业管理部门的业绩也体现在获利水平上，一切与企业有关的人都希望企业的获利能力不断提高。

由于企业会计的六大要素有机统一于企业资金运动过程，并通过筹资、投资活动取得收入，补偿成本费用，从而实现利润目标。因此，可以按照会计基本要素设置营业利润率、成本费用利润率、总资产报酬率和净资产收益率四项指标，借以评价企业各要素的获利能力及资本保值增值情况。此外，上市公司经常使用的获利能力指标还有每股股利和每股净资产等。

1. 营业利润率

营业利润率是企业一定时期营业利润与营业收入的比率。其计算公式为

$$营业利润率=\frac{营业利润}{营业收入}\times 100\%$$

营业利润率越高，表明企业市场竞争力越强，发展潜力越大，获利能力越强。

【例 8-13】 根据东盛有限公司 2015 年的利润表（表 8-5）数据，计算该公司的营业利润率填入表 8-16。

表 8-16 营业利润率计算表

单位：元

项目	2014 年	2015 年
营业利润	2 751 000	3 215 000
营业收入	10 400 000	12 500 000
营业利润率	26.45%	25.72%

以上计算结果表明，公司 2015 年度营业利润率比 2014 年度略有下降。

需要说明的是，从利润表来看，企业的利润包括营业利润、利润总额和净利润三种形式。而营业收入包括主营业务收入和其他业务收入，收入的来源有商品销售收入、提供劳务收入和资产使用权让渡收入等。因此，在实务中也经常使用营业净利率、营业毛利率等指标（计算公式如下）来分析企业经营业务的获利水平。此外，通过考察营业利润占整个利润总额比重的升降，可以发现企业经营理财状况的稳定性、面临的危险或者可能出现的转机迹象。

$$营业净利率=\frac{净利润}{营业收入}\times 100\%$$

$$营业毛利率=\frac{营业收入-营业成本}{营业收入}\times 100\%$$

2. 成本费用利润率

成本费用利润率是企业一定时期利润总额与成本费用总额的比率。其计算公式为

$$成本费用利润率=\frac{利润总额}{成本费用总额}\times 100\%$$

其中：

成本费用总额=营业成本+营业税金及附加+销售费用+管理费用+财务费用+资产减值损失

该指标越高，表明企业为取得利润而付出的代价越小，成本费用控制得越好，获利能力越强。

同利润一样，成本费用的口径也可以分为不同的层次，比如主营业务成本、营业成本等。在评价成本费用开支效果时，应当注意成本费用与利润之间在计算层次和口径上的对应关系。

【例 8-14】 根据东盛有限公司 2015 年的利润表（表 8-5）数据，计算该公司的成本费用利润率填入表 8-17。

表 8-17　成本费用利润率计算表

单位：元

项目	2014 年	2015 年
营业成本	6 500 000	7 500 000
营业税金及附加	19 000	20 000
销售费用	150 000	200 000
管理费用	690 000	971 000
财务费用	235 000	300 000
资产减值损失	280 000	309 000
成本费用总额	7 874 000	9 300 000
利润总额	3 020 000	3 494 600
成本费用利润率	38.35%	37.58%

以上计算结果表明，公司 2015 年度成本费用利润率比 2014 年度有所下降，公司应当深入检查导致成本费用上升的因素，改进有关工作，以便扭转效益指标下降的状况。

3. 总资产报酬率

总资产报酬率是企业一定时期内获得的报酬总额与平均资产总额的比率。它是反映企业资产综合利用效果的指标，也是衡量企业利用债权人和所有者权益总额所取得盈利的重要指标。其计算公式为

$$总资产报酬率=\frac{息税前利润总额}{平均资产总额}\times 100\%$$

其中：

$$\begin{aligned}息税前利润总额&=利润总额+利息支出\\&=净利润+所得税+利息支出\end{aligned}$$

一般情况下，该指标越高，表明企业的资产利用效益越好，整个企业获利能力越强，经营管理水平越高。企业还可以将该指标与市场资本利率进行比较，如果前者较后者大，则说明企业可以充分利用财务杠杆，适当举债经营，以获得更多的收益。

【例 8-15】 根据东盛有限公司 2015 年的资产负债表（表 8-4）和利润表（表 8-5）数据，计算该公司的总资产报酬率填入表 8-18。

表 8-18　总资产报酬率计算表

单位：元

项目	2013 年	2014 年	2015 年
利润总额		3 020 000	3 494 600
利息支出		235 000	300 000

续表

项目	2013 年	2014 年	2015 年
息税前利润总额		3 255 000	3 794 600
资产年末总额	75 600 000	84 014 000	84 521 690
平均资产总额		$\frac{75\ 600\ 000+84\ 014\ 000}{2}$=79 807 000	$\frac{84\ 014\ 000+84\ 521\ 690}{2}$=84 267 845
总资产报酬率		4.08%	4.50%

以上计算结果表明，公司 2015 年度综合利用效率略微高于 2014 年度，说明公司资产的使用情况、增产节约工作等情况有略微改进。

4. 净资产收益率

净资产收益率是企业一定时期净利润与平均净资产的比率。它是反映企业自有资金投资收益水平的指标。其计算公式为

$$净资产收益率=\frac{净利润}{平均净资产}\times 100\%$$

其中：

$$平均净资产=\frac{所有者权益年初数+所有者权益年末数}{2}$$

净资产收益率是评价企业自有资本及其积累获取报酬水平的最具综合性与代表性的指标，反映企业资本运营的综合效益。该指标通用性强，适应范围广，不受行业局限。

【小贴士】

在我国上市公司业绩综合排序中，净资产收益率指标居于首位。通过对该指标的综合对比分析，可以看出企业获利能力在同行业所处的地位，以及与同类企业的差异水平。一般认为，净资产收益率越高，企业自有资本获取收益的能力越强，运营效益越好，对企业投资人、债权人利益的保证程度越高。

【例 8-16】 根据东盛有限公司 2015 年的资产负债表（表 8-4）和利润表（表 8-5）数据，计算该公司的净资产收益率填入表 8-19。

表 8-19 净资产收益率计算表

单位：元

项目	2013 年	2014 年	2015 年
净利润		2 023 400	2 620 950
年末净资产额	49 476 600	51 500 000	54 120 950
平均净资产		$\frac{49\ 476\ 600+51\ 500\ 000}{2}$=50 488 300	$\frac{51\ 500\ 000+54\ 120\ 950}{2}$=52 810 475
净资产收益率		4.01%	4.96%

以上计算结果表明，公司 2015 年度净资产收益率略微高于 2014 年度，这是由于该公司净利润的增长高于所有者权益的增长所引起的，根据上述资料可以求得，该公司的净利润增长率为(2 620 950−2 023 400)÷2 023 400×100%=29.53%，而其所有者权益增长率为(52 810 475−50 488 300)÷50 488 300×100%=4.60%。

（四）发展能力指标

发展能力是企业在生存的基础上，扩大规模，壮大实力的潜在能力。分析发展能力主要考察以下四项指标：营业收入增长率、资本保值增值率、总资产增长率和营业利润增长率。

1. 营业收入增长率

营业收入增长率是企业本年营业收入增长额与上年营业收入总额的比率。它反映企业营业收入的增减变动情况，是评价企业成长状况和发展能力的重要指标。其计算公式为

$$营业收入增长率=\frac{本年营业收入增长额}{上年营业收入总额}\times 100\%$$

其中：

$$本年营业收入增长额=本年营业收入总额-上年营业收入总额$$

营业收入增长率是衡量企业经营状况和市场占有能力、预测企业经营业务拓展趋势的重要标志。该指标若大于 0，表明企业本年营业收入有所增长，指标值越高，表明增长速度越快，企业市场前景越好。若该指标小于 0，则说明产品或者服务不适销对路、质次价高，或者是在售后服务等方面存在问题，市场份额萎缩。该指标在实际操作时，应结合企业历年的营业收入水平、企业市场占有情况、行业未来发展及其他影响企业发展的潜在因素进行前瞻性预测，或者结合企业前 3 年的营业收入增长率做出趋势性分析判断。

【例 8-17】 根据东盛有限公司 2015 年的利润表（表 8-5）数据，计算该公司的营业收入增长率填入表 8-20。

表 8-20　营业收入增长率计算表

单位：元

项目	2014 年	2015 年
营业收入	10 400 000	12 500 000
营业收入增长率	—	20.19%

2. 资本保值增值率

资本保值增值率是企业扣除客观因素后的本年末所有者权益总额与年初所有者权益总额的比率，反映企业当年资本在企业自身努力下实际增减变动的情况。其计算公式为

$$资本保值增值率=\frac{扣除客观因素后的当年年末所有者权益总额}{年初所有者权益总额}\times 100\%$$

一般认为，资本保值增值率越高，表明企业的资本保全状况越好，所有者权益增长越快，债权人的债务越有保障。该指标通常应当大于 100%。

【例 8-18】 根据东盛有限公司 2015 年的资产负债表（表 8-4）数据，计算该公司的资本保值增值率填入表 8-21。

表 8-21 资本保值增值率计算表

单位：元

项目	2014 年	2015 年
所有者权益总额	51 500 000	54 120 950
资本保值增值率	—	105.09%

3. 总资产增长率

总资产增长率是企业本年总资产增长额同年初资产总额的比率，它可以衡量企业本期资产规模的增长情况，评价企业经营规模总量上的扩张程度。其计算公式为

$$总资产增长率=\frac{本年总资产增长额}{年初资产总额}\times 100\%$$

其中：

本年总资产增长额=资产总额年末数-资产总额年初数

【小贴士】

总资产增长率是从企业资产总量扩张方面衡量企业的发展能力，表明企业规模增长水平对企业发展后劲的影响。该指标越高，表明企业在一定时期内资产经营规模扩张的速度越快。但在实际分析时，应注意考虑资产规模扩张的质和量的关系，以及企业的后续发展能力，避免资产盲目扩张。

【例 8-19】 根据东盛有限公司 2015 年的资产负债表（表 8-4）数据，计算该公司的总资产增长率填入表 8-22。

表 8-22 总资产增长率计算表

单位：元

项目	2014 年	2015 年
资产总计	84 014 000	84 521 690
总资产增长率	—	0.60%

4. 营业利润增长率

营业利润增长率是企业本年营业利润增长额与上年营业利润总额的比率，反映企业营业利润的增减变动情况。其计算公式为

$$营业利润增长率=\frac{本年营业利润增长额}{上年营业利润总额}\times 100\%$$

其中：

本年营业利润增长额=本年营业利润总额-上年营业利润总额

【例8-20】 根据东盛有限公司2015年的利润表（表8-5）数据，计算该公司的营业利润增长率填入表8-23。

表8-23 营业利润增长率计算表

单位：元

项目	2014年	2015年
营业利润	2 751 000	3 215 000
营业利润增长率	—	16.87%

【课堂讨论】

如何分析公司的偿债能力？

单元二 上市公司基本财务分析

【情境资料8-4】

某上市公司2013年7月1日按面值发行年利率3%的可转换公司债券，面值10 000万元，期限为5年，利息每年末支付一次，发行结束一年后可以转换股票，转换价格为每股5元，即每100元债券可转换为1元面值的普通股20股。2013年该公司归属于普通股股东的净利润为30 000万元，2013年发行在外的普通股加权平均数为40 000万股，债券利息不符合资本化条件，直接计入当期损益，所得税税率为25%。假设不考虑可转换公司债券在负债成分和权益成分之间的分拆，且债券票面利率等于实际利率。

要求：

（1）计算基本每股收益；

（2）计算稀释每股收益。

一、上市公司特殊财务分析指标

（一）每股收益

每股收益是综合反映企业获利能力的重要指标，可以用来判断和评价管理层的经营业绩。

1. 基本每股收益

基本每股收益的计算公式为

$$\text{基本每股收益}=\frac{\text{归属于普通股股东的当期净利润}}{\text{当期发行在外普通股的加权平均数}}$$

【例8-21】 某上市公司20×8年度归属于普通股股东的净利润为25 000万元。20×7年末的股本为8000万股，20×8年2月8日，经公司20×7年度股东大会决议，以截至20×7年年末公司总股本为基础，向全体股东每10股送红股10股，工商注册登记变更完成后公司总股本变为16 000万股。20×8年11月29日发行新股6000万股。

$$基本每股收益=\frac{25\,000}{8000+8000+6000\times\frac{1}{12}}=1.52\ （元/股）$$

在上例计算中，公司20×7年度分配10送10导致股本增加8000万股，由于送红股是将公司以前年度的未分配利润转为普通股，转化与否都一直作为资本使用，因此新增的这8000万股不需要按照实际增加的月份加权计算，可以直接计入分母；而公司发行新股6000万股，这部分股份由于在11月月底增加，对全年的利润贡献只有1个月，因此应该按照1/12的权数进行加权计算。

2. 稀释每股收益

企业存在稀释性潜在普通股的，应当计算稀释每股收益。潜在普通股主要包括可转换公司债券、认股权证和股份期权等。

（1）可转换公司债券。对于可转换公司债券，计算稀释每股收益时，分子的调整项目为可转换公司债券当期已确认为费用的利息等的税后影响额；分母的调整项目为假定可转换公司债券当期期初或者发行日转换为普通股的股数加权平均数。

（2）认股权证和股份期权。认股权证、股份期权等的行权价格低于当期普通股平均市场价格时，应当考虑其稀释性。

计算稀释每股收益时，作为分子的净利润金额一般不变；分母的调整项目为增加的普通股股数，同时还应考虑时间权数。

行权价格和拟行权时转换的普通股股数，按照有关认股权证合同和股份期权合约确定。公式中的当期普通股平均市场价格，通常按照每周或者每月具有代表性的股票交易价格进行简单算术平均计算。在股票价格比较平稳的情况下，可以采用每周或者每月股票的收盘价作为代表性价格；在股票价格波动较大的情况下，可以采用每周或者每月股票最高价与最低价的平均值作为代表性价格。无论采用何种方法计算平均市场价格，一经确定，不得随意变更，除非有确凿证据表明原计算方法不再适用。当期发行认股权证或者股份期权的，普通股平均市场价格应当自认股权证或者股份期权的发行日起计算。

对投资者来说，每股收益是一个综合性的盈利概念，能比较恰当地说明收益的增长或者减少。人们一般将每股收益视为企业能否成功地达到其利润目标的计量标志，也可以将其看成一家企业管理效率、盈利能力和股利来源的标志。

每股收益这一财务指标在不同行业、不同规模的上市公司之间具有相当大的可比性，因而在各上市公司之间的业绩比较中被广泛地加以引用。此指标越大，盈利能力越好，股利分配来源越充足，资产增值能力越强。

【小贴士】

在分析每股收益指标时，应注意企业利用回购库存股的方式减少发行在外的普通股股数，使每股收益简单增加。另外，如果企业将盈利用于派发股票股利或者配售股票，就会使企业流通在外的股票数量增加，这样将会大量稀释每股收益。在分析上市公司公布的信息时，投资者应注意区分公布的每股收益是按原始股股数还是按完全稀释后的股份计算规则计算的，以免受到误导。

（二）每股股利

每股股利是企业股利总额与企业流通股数的比值。其计算公式为

$$每股股利=\frac{股利总额}{流通股数}$$

【例 8-22】　某上市公司 20×8 年度发放普通股股利 3600 万元，年末发行在外的普通股股数为 12 000 万股。每股股利计算如下：

$$每股股利=\frac{3600}{12\,000}=0.3（元）$$

每股股利反映的是上市公司每一普通股获取股利的大小。每股股利越大，则企业股本获利能力就越强；每股股利越小，则企业股本获利能力就越弱。但值得注意的是，上市公司每股股利发放的多少，除了受上市公司获利能力大小的影响以外，还取决于企业的股利发放政策。如果企业为了增强企业发展后劲儿增加企业的公积金，则当前的每股股利必然会减少；反之，则当前的每股股利会增加。

【小贴士】

反映每股股利和每股收益之间关系的一个重要指标是股利发放率，即每股股利分配额与当期的每股收益之比。借助于该指标，投资者可以了解一家上市公司的股利发放政策。

（三）市盈率

市盈率是股票每股市价与每股收益的比率，其计算公式如下：

$$市盈率=\frac{每股市价}{每股收益}$$

【例 8-23】　沿用例 8-21 的资料，同时假定该上市公司 20×8 年末每股市价 30.4 元。则该公司 20×8 年末市盈率计算如下：

$$市盈率=\frac{30.4}{1.52}=20（倍）$$

一方面，市盈率越高，意味着企业未来成长的潜力越大，也即投资者对该股票的评价越高，反之，投资者对该股票评价越低。另一方面，市盈率越高，说明投资于该股票的风险越大；市盈率越低，说明投资于该股票的风险越小。

影响企业股票市盈率的因素有：第一，上市公司盈利能力的成长性。如果上市公司预期盈利能力不断提高，说明企业具有较好的成长性，虽然目前市盈率不高，也值得投资者进行投资。第二，投资者所获取报酬率的稳定性。如果上市公司经营效益良好且相对稳定，则投资者获取的收益也较高且稳定，投资者就愿意持有该企业的股票，则该企业的股票市盈率会由于众多投资者的普遍看好而相应提高。第三，市盈率也受到利率水平变动的影响。当市场利率水平变化

时，市盈率也应做相应的调整。在股票市场的实务操作中，利率与市盈率之间的关系常用如下公式表示：

$$市场平均市盈率=\frac{1}{市场利率}$$

所以，上市公司的市盈率一直是广大股票投资者进行中长期投资的重要决策指标。

对于因送红股、公积金转增资本、配股造成股本总数比上一年年末数目增加的公司，其每股税后利润按变动后的股本总数予以相应的摊薄。

（四）每股净资产

每股净资产又称每股账面价值，是指企业净资产与发行在外的普通股股数之间的比率。用公式表示为

$$每股净资产=\frac{股东权益总额-优先股股本}{发行在外的普通股股数}$$

【例 8-24】 某上市公司 20×8 年年末股东权益为 15 600 万元，全部为普通股，年末普通股股数为 12 000 万股。则每股净资产计算如下：

$$每股净资产=\frac{15\ 600}{12\ 000}=1.3\ （元）$$

每股净资产显示了发行在外的每一普通股股份所能分配的企业账面净资产的价值。这里所说的账面净资产是指企业账面上的总资产减去负债后的余额，即股东权益总额。每股净资产指标反映了在会计期末每一股份在企业账面上到底值多少钱，它与股票面值、发行价值、市场价值乃至清算价值等往往有较大差距。

【小贴士】

利用每股净资产进行横向和纵向对比，可以衡量上市公司股票的投资价值。如在企业性质相同、股票市价相近的条件下，某一企业股票的每股净资产越高，则企业发展潜力与其股票的投资价值越大，投资者所承担的投资风险越小。但是，也不能一概而论，在市场投机气氛较浓的情况下，每股净资产指标往往不太受重视。投资者，特别是短线投资者注重股票市价的变动，有的企业的股票市价低于其账面价值，投资者会认为这个企业没有前景，从而失去对该企业股票的兴趣；如果市价高于其账面价值，而且差距较大，投资者会认为企业前景良好，有潜力，因而甘愿承担较大的风险购进该企业股票。

（五）市净率

市净率是每股市价与每股净资产的比率，是投资者用以衡量、分析个股是否具有投资价值的工具之一。市净率的计算公式如下：

$$市净率=\frac{每股市价}{每股净资产}$$

【例 8-25】 沿用例 8-24 的资料，同时假定该上市公司 20×8 年年末每股市价为 3.9 元，则该公司 20×8 年年末市净率计算如下：

$$市净率=\frac{3.9}{1.3}=3（倍）$$

净资产代表的是全体股东共同享有的权益，是股东拥有公司财产和公司投资价值最基本的体现，它可以用来反映企业的内在价值。一般来说，市净率较低的股票，投资价值较高；反之，则投资价值较低。但有时较低的市净率反映的可能是投资者对公司前景的不良预期，而较高的市净率则相反。因此，在判断某只股票的投资价值时，还要综合考虑当时的市场环境以及公司经营情况、资产质量和盈利能力等因素。

二、管理层讨论与分析

管理层讨论与分析是上市公司定期报告中管理层对于本企业过去经营状况的评价分析以及对企业和未来发展趋势的前瞻性判断，是对企业财务报表中所描述的财务状况和经营成果的解释，是对经营中固有风险和不确定性的揭示，同时也是对企业未来发展前景的预期。

管理层讨论与分析是上市公司定期报告的重要组成部分。要求上市公司编制并披露管理层讨论与分析的目的在于，使公众投资者能够有机会了解管理层自身对企业财务状况与经营成果的分析评价，以及企业在未来一定时期内的计划。这些信息在财务报表及附注中并没有得到充分揭示，对投资者的投资决策却相当重要。

管理层讨论与分析信息大多涉及“内部性”较强的定性型软信息，无法对其进行详细的强制规定和有效监控，因此，西方国家的披露原则是强制与自愿相结合，企业可以自主决定如何披露这类信息。我国也基本实行这种原则，如中期报告中的“管理层讨论与分析”部分以及年度报告中的“董事会报告”部分，都是规定某些管理层讨论与分析信息必须披露，而另一些管理层讨论与分析信息鼓励企业自愿披露。

上市公司“管理层讨论与分析”主要包括两部分：报告期间经营业绩变动的解释与前瞻性信息。

1. 报告期间经营业绩变动的解释

（1）分析企业主营业务及其经营状况。

（2）概述企业报告期内总体经营情况，列示企业主营业务收入、主营业务利润、净利润的同比变动情况，说明引起变动的主要影响因素。企业应当对前期已披露的企业发展战略和经营计划的实现或者实施情况、调整情况进行总结，若企业实际经营业绩较曾公开披露过的本年度盈利预测或者经营计划低10%以上或者高20%以上，应详细说明造成差异的原因。企业可以结合企业业务发展规模、经营区域、产品等情况，介绍与企业业务相关的宏观经济层面或者外部经营环境的发展现状和变化趋势，企业的行业地位或者区域市场地位，分析企业存在的主要优势和困难，分析企业经营和盈利能力的连续性和稳定性。

（3）说明报告期企业资产构成、企业销售费用、管理费用、财务费用、所得税等财务数据同比发生重大变动的情况及发生变化的主要影响因素。

（4）结合企业现金流量表相关数据，说明企业经营活动、投资活动和筹资活动产生的现金流量的构成情况，若相关数据发生重大变动，应当分析其主要影响因素。

（5）企业可以根据实际情况对企业设备利用情况、订单的获取情况、产品的销售或者积压情况、主要技术人员变动情况等与企业经营相关的重要信息进行讨论和分析。

（6）企业主要控股企业及参股企业的经营情况及业绩分析。

2. 企业未来发展的前瞻性信息

（1）企业应当结合回顾的情况，分析所处行业的发展趋势及企业面临的市场竞争格局。产生重大影响的，应给予管理层基本判断的说明。

（2）企业应当向投资者提示管理层所关注的未来企业发展机遇和挑战，披露企业发展战略，以及拟开展的新业务、拟开发的新产品、拟投资的新项目等。若企业存在多种业务的，还应当说明各项业务的发展规划。同时，企业应当披露新年度的经营计划，包括（但不限于）收入、费用成本计划以及新年度的经营目标，如销售额的提升、市场份额的扩大、成本升降、研发计划等，为达到上述经营目标拟采取的策略和行动。企业可以编制并披露新年度的盈利预测，该盈利预测必须经过具有证券期货相关业务资格的会计师事务所审核并发表意见。

（3）企业应当披露为实现未来发展战略所需的资金需求及使用计划，以及资金来源情况，说明维持企业当前业务完成在建投资项目的资金需求，未来重大的资本支出计划等，包括未来已知的资本支出承诺、合同安排、时间安排等。同时，对企业资金来源的安排、资金成本及使用情况进行说明。企业应当区分债务融资、表外融资、股权融资、衍生产品融资等项目对企业未来资金来源进行披露。

（4）所有风险因素（包括宏观政策风险、市场或者业务经营风险、财务风险、技术风险等），企业应当针对自身特点进行风险揭示，披露的内容应当充分、准确、具体。同时企业可以根据实际情况，介绍已（或者拟）采取的对策和措施，对策和措施应当内容具体，具备可操作性。

【情境资料解答】

根据上述情境资料 8-4，基本每股收益和稀释每股收益的计算过程如下：

基本每股收益=$\dfrac{30\,000}{40\,000}=0.75$（元）

假设全部转股，所增加的净利润=$10\,000\times3\%\times\dfrac{6}{12}\times(1-25\%)=112.5$（万元）

假设全部转股，所增加的年加权平均普通股股数=$\dfrac{10\,000}{100}\times20\times\dfrac{6}{12}=1000$（万股）

增量股的每股收益=$\dfrac{112.5}{1000}=0.1125$（元）

增量股的每股收益小于原每股收益，可转换债券具有稀释作用。

稀释每股收益=$\dfrac{30\,000+112.5}{40\,000+1000}\approx0.73$（元）

【课堂讨论】

上市公司的评价指标与非上市公司的评价指标相同吗？

单元三　企业综合绩效分析

【情境资料 8-5】

某公司 2015 年度有关财务资料如下。

（1）简略资产负债表如下：

单位：万元

资产	年初数	年末数	负债及所有者权益	年初数	年末数
现金及有价证券	51	65	负债总额	74	134
应收账款	23	28	所有者权益总额	168	173
存货	16	19			
其他流动资产	21	14			
长期资产	131	181			
总资产	242	307	负债及所有者权益	242	307

（2）其他资料如下：2015 年实现营业收入净额 400 万元，营业成本 260 万元，管理费用 54 万元，销售费用 6 万元，财务费用 18 万元。投资收益 8 万元，所得税税率 25%。

（3）2014 年有关财务指标如下：销售净利率 11%，总资产周转率 1.5，平均的权益乘数 1.4。

要求：

（1）计算 2015 年总资产周转率、平均权益乘数、营业净利率和净资产收益率（利用杜邦分析关系式计算）。

（2）采用差额分析法分析 2015 年净资产收益率指标变动的具体原因。

企业综合绩效分析方法有很多，传统方法主要有杜邦分析法和沃尔评分法等。

一、杜邦分析法

杜邦分析法又称杜邦财务分析体系，简称杜邦体系，是利用各主要财务比率指标间的内在联系，对企业财务状况及经济效益进行综合系统分析评价的方法。该体系是以净资产收益率为起点，以总资产净利率和权益乘数为核心，重点揭示企业获利能力及权益乘数对净资产收益率的影响，以及各相关指标间的相互影响作用关系。因其最初由美国杜邦企业成功应用，故得名。

杜邦分析法将净资产收益率（权益净利率）分解如图 8-1 所示。

其分析关系式为

净资产收益率=总资产净利率×权益乘数

=营业净利率×总资产周转率×权益乘数

（获利）　　（运营）　　（偿债）

运用杜邦分析法需要抓住以下几点：

（1）净资产收益率是一个综合性最强的财务分析指标，是杜邦分析体系的起点。

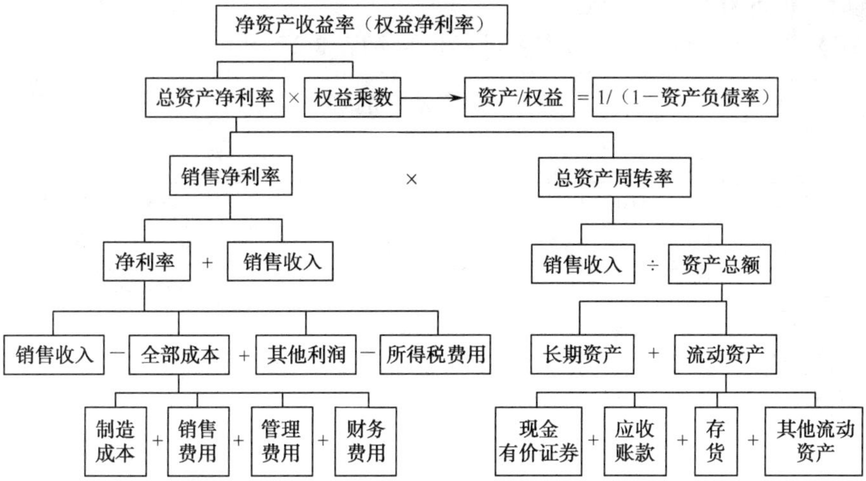

图8-1 杜邦分析体系

注：① 销售净利率即营业净利率，销售收入即营业收入，销售费用即营业费用。

② 上图中有关资产、负债与权益指标通常用平均值计算。

财务管理的目标之一是使股东财富最大化，净资产收益率反映了企业所有者投入资本的获利能力，说明了企业筹资、投资、资产营运等各项财务及其管理活动的效率，而不断提高净资产收益率是使所有者权益最大化的基本保证。所以，这一财务分析指标是企业所有者、经营者都十分关心的。而净资产收益率高低的决定因素主要有三个，即营业净利率、总资产周转率和权益乘数。这样，在进行分解之后，就可以将净资产收益率这一综合性指标升降变化的原因具体化，从而它比只用一项综合性指标更能说明问题。

（2）营业净利率反映了企业净利润与营业收入的关系，它的高低取决于营业收入与成本总额的高低。

要想提高营业净利率，一是要扩大营业收入，二是要降低成本费用。扩大营业收入既有利于提高营业净利率，又有利于提高总资产周转率。降低成本费用是提高营业净利率的一个重要因素，从杜邦分析图可以看出成本费用的基本结构是否合理，从而找出降低成本费用的途径和加强成本费用控制的办法。如果企业财务费用支出过高，就要进一步分析其负债比率是否过高；如果管理费用过高，就要进一步分析期资产周转情况，等等。从图 8-1 中还可以看出，提高营业净利率的另一途径是提高其他利润。为了详细地了解企业成本费用的发生情况，在具体列示成本总额时，还可根据重要性原则，将那些影响较大的费用单独列示，以便为寻求降低成本的途径提供依据。

（3）影响总资产周转率的一个重要因素是资产总额。

资产总额由流动资产与长期资产组成，它们的结构合理与否将直接影响资产的周转速度。一般来说，流动资产直接体现企业的偿债能力和变现能力，而长期资产则体现了企业的经营规模、发展潜力。两者之间应该有一个合理的比例关系。如果发现某项资产比重过大，影响资金周转，就应深入分析其原因，例如，企业持有的货币资金超过业务需要，就会影响企业的盈利能力；如果企业占有过多的存货和应收账款，则既会影响获利能力，又会影响偿债能力。因此，还应进一步分析各项资产的占用数额和周转速度。

（4）权益乘数主要受资产负债率指标的影响。

资产负债率越高，权益乘数就越高，说明企业的负债程度比较高，给企业带来了较多的杠杆利益，同时，也带来了较大的风险。

【例 8-26】 某企业有关财务数据参见表 8-24 和表 8-25。

表 8-24 基本财务数据

单位：万元

年度	净利润	营业收入	平均资产总额	平均负债总额	
2014	10 284.04	411 224.01	306 222.94	205 677.07	
2015	12 653.92	757 613.81	330 580.21	215 659.54	
年度	全部成本	制造成本	销售费用	管理费用	财务费用
2014	403 967.43	373 534.53	10 203.05	18 667.77	1562.08
2015	736 747.24	684 261.91	21 740.96	25 718.20	5026.17

表 8-25 财务比率

年度	2014	2015
净资产收益率	10.23%	11.01%
权益乘数	3.05	2.88
资产负债率	67.2%	65.2%
总资产净利率	3.36%	3.83%
营业净利率	2.5%	1.67%
总资产周转率（次）	1.34	2.29

（1）对净资产收益率的分析。该企业的净资产收益率在 2014 年至 2015 年间出现了一定程度的好转，从 2014 年的 10.23%增加至 2015 年的 11.01%。企业的投资者在很大程度上依据这个指标来判断是否投资或者是否转让股份，考察经营者业绩和决定股利分配政策。这些指标对企业的管理者也至关重要。

$$净资产收益率 = 权益乘数\times总资产净利率$$

2014 年　　$10.23\% = 3.05\times3.36\%$

2015 年　　$11.01\% = 2.88\times3.83\%$

通过分解可以明显地看出，该企业净资产收益率的变动在于资本结构（权益乘数）变动和资产利用效果（总资产净利率）变动两方面共同作用的结果，而该企业的总资产净利率太低，显示出很差的资产利用效果。

（2）对总资产净利率的分析。

$$总资产净利率 = 营业净利率\times总资产周转率$$

2014 年　　$3.36\% = 2.5\%\times1.34$

2015 年　　$3.83\% = 1.67\%\times2.29$

通过分解可以看出 2015 年该企业的总资产周转率有所提高，说明资产的利用得到了比较好的控制，显示出比前一年较好的效果，表明该企业利用其总资产产生营业收入的效率在增加。总资产周转率提高的同时营业净利率的减少阻碍了总资产净利率的增加。

（3）对营业净利率的分析。

$$营业净利率=\frac{净利润}{营业收入}$$

2014 年　　$2.5\%=\frac{10\,284.04}{411\,224.01}$

2015 年　　$1.67\%=\frac{12\,653.92}{757\,613.81}$

该企业 2015 年大幅度提高了营业收入，但是净利润的提高幅度却很小，分析其原因是成本费用增多，从表 8-24 可知：全部成本从 2014 年的 403 967.43 万元增加到 2015 年的 736 747.24 万元，与营业收入的增加幅度大致相当。

（4）对全部成本的分析。

全部成本 ＝ 制造成本+销售费用+管理费用+财务费用

2014 年　　403 967.43 = 373 534.53+10 203.05+18 667.77+1 562.08

2015 年　　736 747.24 = 684 261.91+21 740.96+25 718.20+5 026.17

本例中，导致该企业净资产收益率小的主要原因是全部成本过大。也正是因为全部成本的大幅度提高导致了净利润提高幅度不大，而营业收入大幅度增加，就引起了营业净利率的降低，显示出该企业销售盈利能力的降低。资产净利率的提高当归功于总资产周转率的提高，营业净利率的减少却起到了阻碍的作用。

（5）对权益乘数的分析。

$$权益乘数=\frac{资产总额}{权益总额}$$

2009 年　　$3.05=\frac{306\,222.94}{306\,222.94-205\,677.07}$

2010 年　　$2.88=\frac{330\,580.21}{330\,580.21-215\,659.54}$

该企业下降的权益乘数，说明企业的资本结构在 2014 年至 2015 年发生了变动，2015 年的权益乘数较 2014 年有所减小。权益乘数越小，企业负债程度越低，偿还债务能力越强，财务风险有所降低。这个指标同时也反映了财务杠杆对利润水平的影响。该企业的权益乘数一直处于 2～5 之间，也即负债率在 50%～80%之间，属于激进战略型企业。管理者应该准确把握企业所处的环境，准确预测利润，合理控制负债带来的风险。

（6）结论。对于该企业，最为重要的就是要努力降低各项成本，在控制成本上下功夫，同时要保持较高的总资产周转率。这样，可以使营业净利率得到提高，进而使总资产净利率有大的提高。

二、沃尔评分法

企业财务综合分析的先驱者之一是亚历山大·沃尔。他在 20 世纪初出版的《信用晴雨表研究》和《财务报表比率分析》中提出了信用能力指数的概念，他把若干个财务比率用线性关系结合起来，以此来评价企业的信用水平，被称为沃尔评分法。他选择了七种财务比率，分别给定了其在总评价中所占的比重，总和为 100 分；然后，确定标准比率，并与实际比率相比较，评出每项指标的得分，求出总评分。

【例 8-27】 某企业是一家中型电力企业，20×8 年的财务状况评分的结果参见表 8-26。

表 8-26 沃尔综合评分表

财务比率	比重 1	标准比率 2	实际比率 3	相对比率 4 = 3÷2	综合指数 5 = 1×4
流动比率	25	2.00	1.66	0.83	20.75
净资产/负债	25	1.50	2.39	1.59	39.75
资产/固定资产	15	2.50	1.84	0.736	11.04
销售成本/存货	10	8	9.94	1.243	12.43
销售收入/应收账款	10	6	8.61	1.435	14.35
销售收入/固定资产	10	4	0.55	0.138	1.38
销售收入/净资产	5	3	0.40	0.133	0.67
合　计	100				100.37

从表 8-26 可知，该企业的综合指数为 100.37，总体财务状况是不错的，综合评分达到标准的要求。但由于该方法技术上的缺陷，夸大了达到标准的程度。尽管沃尔评分法在理论上还有待证明，在技术上也不完善，但它还是在实践中被广泛地加以应用。

沃尔评分法从理论上讲，有一个弱点，就是未能证明为什么要选择这七个指标，而不是更多些或者更少些，或者选择别的财务比率，以及未能证明每个指标所占比重的合理性。沃尔的分析法从技术上讲有一个问题，就是当某一个指标严重异常时，会对综合指数产生不合逻辑的重大影响。这个缺陷是由相对比率与比重相“乘”而引起的。财务比率提高一倍，其综合指数增加 100%；而财务比率减少 50%，其综合指数只减少 50%。

【小贴士】

现代社会与沃尔的时代相比，已有很大的变化。一般认为企业财务评价的内容首先是获利能力，其次是偿债能力，再次是发展能力，它们之间大致可按 5∶3∶2 的比重来分配。获利能力的主要指标是总资产报酬率、营业净利率和净资产收益率，这三个指标可按 2∶2∶1 的比重来安排。偿债能力有四个常用指标。发展能力有三个常用指标（都是本年增量与上年实际量的比值）。假定仍以 100 分为总评分。

【例 8-28】 以例 8-27 中企业 20×8 年的财务状况为例，以中型电力生产企业的标准值为评价基础，则其综合评分标准参见表 8-27。

表 8-27 综合评分表

指标	评分值	标准比率（%）	行业最高比率（%）	最高评分	最低评分	每分比率的差
获利能力：						
总资产报酬率	20	5.5	15.8	30	10	1.03
营业净利率	20	26.0	56.2	30	10	3.02

续表

指标	评分值	标准比率（%）	行业最高比率（%）	最高评分	最低评分	每分比率的差
净资产收益率	10	4.4	22.7	15	5	3.66
偿债能力：						
自有资本比率	8	25.9	55.8	12	4	7.475
流动比率	8	95.7	253.6	12	4	39.475
应收账款周转率	8	290	960	12	4	167.5
存货周转率	8	800	3030	12	4	557.5
发展能力：						
销售增长率	6	2.5	38.9	9	3	12.13
净利增长率	6	10.1	51.2	9	3	13.7
总资产增长率	6	7.3	42.8	9	3	11.83
合计	100			150	50	

标准比率以本行业平均数为基础，在给每个指标评分时，应规定其上限和下限，以减少个别指标异常对总分造成不合理的影响。上限可定为正常评分值的 1.5 倍，下限可定为正常评分值的 0.5 倍。此外，给分不是采用“乘”的关系，而采用“加”或者“减”的关系来处理，以克服沃尔评分法的缺点。例如，总资产报酬率每分比率的差为 1.03% = (15.8%−5.5%)÷(30 分−20 分)。总资产报酬率每提高 1.03%，多给 1 分，但该项得分不得超过 30 分。

根据这种方法，对该企业的财务状况重新进行综合评价，得 124.94 分（表 8-28），是一个中等略偏上水平的企业。

表 8-28 财务情况评分

指标	实际比率 1	标准比率 2	差异 3=1−2	每分比率 4	调整分 5=3÷4	标准评分值 6	得分 7=5+6
获利能力：							
总资产报酬率	10	5.5	4.5	1.03	4.37	20	24.37
营业净利率	33.54	26.0	7.54	3.02	2.50	20	22.50
净资产收益率	13.83	4.4	9.43	3.66	2.58	10	12.58
偿债能力：							
自有资本比率	72.71	25.9	46.81	7.475	6.26	8	14.26
流动比率	166	95.7	70.3	39.475	1.78	8	9.78
应收账款周转率	861	290	571	167.5	3.41	8	11.41
存货周转率	994	800	194	557.5	0.35	8	8.35
发展能力：							
销售增长率	17.7	2.5	15.2	12.13	1.25	6	7.25
净利增长率	−1.74	10.1	−11.84	13.7	−0.86	6	5.14
总资产增长率	46.36	7.3	39.06	11.83	3.30	6	9.30
合计						100	124.94

【情境资料解答】

根据情境资料 8-5，计算分析过程如下：

（1）

2015 年净利润=(400−260−54−6−18+8)×(1−25%)=52.5（万元）

营业净利率=$\frac{52.5}{400}$=13.13%

总资产周转率=$\frac{400}{\frac{307+242}{2}}$=1.46

平均资产负债率=$\frac{\frac{74+134}{2}}{\frac{242+307}{2}}$=37.89%

权益乘数=$\frac{1}{1-37.89\%}$=1.61

2015 年净资产收益率=13.13%×1.46×1.61=30.86%。

（2）

营业净利率变动对净资产收益率的影响：(13.13%−11%)×1.5×1.4=4.47%；

总资产周转率变动对净资产收益率的影响：13.13%×(1.46−1.5)×1.4=−0.74%；

权益乘数变动对净资产收益率的影响：13.13%×1.46×(1.61−1.4)=4.03%；

营业净利率的提高使净资产收益率提高了 4.47%，总资产周转率的下降使净资产收益率下降 0.74%，权益乘数的提高使得净资产收益率提高 4.03%。

【课堂讨论】

杜邦分析法的核心指标是什么？

知 识 总 结

本情境主要介绍了三个方面的知识：财务分析与评价的认知、上市公司基本财务分析和企业综合绩效分析与评价。

通过本情境的学习，应注意理解和掌握财务分析是评价企业财务状况及经营成果的重要依据，分析的目的是为企业预测未来、进行经营决策提供信息。通过本项目的学习，应掌握偿债能力、运营能力、获利能力、发展能力和综合指标的运用。

教 学 检 测

一、单选题

1．债权人在进行企业财务分析时，最为关心的是（　　）。

A. 企业获利能力　　B. 企业偿债能力
C. 企业发展能力　　D. 企业资产运营能力

2. 下列指标中，属于效率比率的是（　　）。
A. 速动比率　　B. 资本利润率
C. 资产负债率　　D. 流动负债占全部负债的比重

3. A 公司是一个上市公司，20×9 年度归属于普通股股东的净利润为 4350 万元。20×8 年末的股本为 10 000 万股，20×9 年 3 月 5 日，经公司 20×8 年度股东大会决议，以截至 20×8 年年末公司总股本为基础，向全体股东每 20 股送红股 1 股，工商注册登记变更完成后公司总股本变为 10 500 万股，20×9 年 4 月 1 日新发行 6000 万股，9 月 1 日回购 1500 万股，以备将来奖励职工之用，则该上市公司 20×9 年基本每股收益为（　　）元。
A. 0.1　　B. 0.2　　C. 0.3　　D. 0.4

4. ABC 公司 20×8 年和 20×9 年的营业净利率分别为 7%和 8%，资产周转率分别为 2 和 1.5，资产负债率分别为 50%和 60%，与 20×8 年相比，20×9 年的净资产收益率变动趋势为（　　）。
A. 上升　　B. 下降　　C. 不变　　D. 无法确定

5. F 企业 2014 年营业收入净额为 30 000 万元，流动资产平均余额为 4200 万元，固定资产平均余额为 7800 万元。假定没有其他资产，则该企业 2014 年的总资产周转率为（　　）次。
A. 3.0　　B. 2.5　　C. 2.9　　D. 3.2

6. 在下列各项指标中，其算式的分子和分母均使用本年数据的是（　　）。
A. 资本保值增值率　　B. 技术投入比率
C. 总资产增长率　　D. 资本积累率

7. F 企业去年的营业净利率为 5.73%，资产周转率为 2.17；今年的营业净利率为 4.88%，资产周转率为 2.88。若两年的资产负债率相同，今年的净资产收益率比去年上升（　　）。
A. 1.62%　　B. 13.03%　　C. 16.2%　　D. 13%

8. 通过对比两期或者连续数期财务报告中的相同指标，确定其增减变动的方向、数额和幅度，来说明企业财务状况或者经营成果变动趋势的方法是（　　）。
A. 连续分析法　　B. 比较分析法　　C. 比率分析法　　D. 因素分析法

9. 甲企业本年营业收入为 36 000 元，应收账款周转率为 6，假设无应收票据，期初应收账款余额 4200 元，则期末应收账款余额为（　　）元。
A. 5000　　B. 6500　　C. 7800　　D. 4000

10. 下列关于资产负债率、权益乘数和产权比率之间关系的表达式中，正确的是（　　）。
A. 资产负债率+权益乘数=产权比率　　B. 资产负债率−权益乘数=产权比率
C. 资产负债率×权益乘数=产权比率　　D. 资产负债率÷权益乘数=产权比率

11. 净资产收益率在杜邦分析体系中是个综合性最强、最具有代表性的指标。通过对系统的分析可知，提高净资产收益率的途径不包括（　　）。
A. 加强销售管理，提高销售净利率
B. 加强资产管理，提高其利用率和周转率
C. 加强负债管理，提高其利用率和周转率
D. 加强负债管理，提高产权比率

12. 某公司经营杠杆为3，固定成本为4万元，利息费用为1万元，则利息保障倍数为（　　）。

A．2　　B．4　　C．3　　D．1

13．一般来说，下列不利于企业股票市盈率提高的是（　　）。

A．上市公司盈利能力的成长性强　　B．投资者所获报酬率的稳定性高

C．资金市场利率提高　　D．资金市场利率降低

14．下列各项业务中，能够降低企业短期偿债能力的是（　　）。

A．企业采用分期付款方式购置一台大型机械设备

B．企业从某国有银行取得3年期500万元的贷款

C．企业向战略投资者进行定向增发

D．企业向股东发放股票股利

二、多选题

1．下列各项中，属于速动资产的有（　　）。

A．应收账款　　B．预付账款　　C．交易性金融资产　　D．货币资金

2．财务报表是财务分析的主要依据，财务报表数据的局限性决定了财务分析与评价的局限性。具体表现为（　　）。

A．缺乏独立性　　B．存在过时的可能　　C．缺乏可靠性　　D．缺乏可比性

3．下列指标中，与净资产收益率直接相关的有（　　）。

A．权益乘数　　B．总资产周转率　　C．总资产增长率　　D．营业净利率

4．在对企业进行绩效评价时，下列不属于评价企业盈利能力的修正指标的有（　　）。

A．营业净利率　　B．资本收益率　　C．净资产收益率　　D．总资产报酬率

5．采用比较分析法时，应当注意的问题有（　　）。

A．计算口径一致性　　B．计算结果的假定性

C．剔除偶发性项目的影响　　D．运用例外原则

6．比率分析法是通过计算各种比率指标来确定财务活动变动程度的方法，比率指标的类型主要有（　　）。

A．构成比率　　B．动态比率　　C．相关比率　　D．效率比率

7．公司“管理层讨论与分析”中对于报告期间经营业绩变动的解释中应详细说明造成差异原因的情况有（　　）。

A．企业实际经营业绩较曾公开披露过的本年度盈利预测或者经营计划低10%以上

B．企业实际经营业绩较曾公开披露过的本年度盈利预测或者经营计划低20%以上

C．企业实际经营业绩较曾公开披露过的本年度盈利预测或者经营计划高10%以上

D．企业实际经营业绩较曾公开披露过的本年度盈利预测或者经营计划高20%以上

8．企业存在稀释性潜在普通股的，应当计算稀释每股收益。下列属于稀释性潜在普通股的有（　　）。

A．股份期权　　B．不可转换公司债券

C．可转换公司债券　　D．认股权证

9．企业财务分析的内容包括（　　）。

A．偿债能力分析　　B．运营能力分析

C．综合能力分析　　D．获利能力分析

10. 财务绩效定量评价是指对企业一定期间的（　　）进行的定量对比分析和评判。
    A. 盈利能力　　B. 资产质量　　C. 债务风险　　D. 经营增长
11. 因素分析法具体有两种，下列不属于这两种的有（　　）。
    A. 连环替代法　　B. 现金流量法　　C. 差额分析法　　D. 构成比率法
12. 会计报表的比较，具体包括（　　）。
    A. 会计预算表比较　　B. 利润表比较
    C. 现金流量表比较　　D. 资产负债表比较
13. 财务分析的局限性包括（　　）。
    A. 资料来源的局限性　　B. 时间价值的局限性
    C. 财务分析指标的局限性　　D. 财务分析方法的局限性
14. 某企业的应收账款周转率高，表明该企业（　　）。
    A. 收账迅速，账龄较短　　B. 资产流动性强，短期偿债能力强
    C. 增加收账费用和坏账损失　　D. 降低流动资产的收益性

三、判断题

1. 用于评价企业盈利能力的总资产报酬率指标中的“报酬”是指息税前利润。（　　）
2. 企业经营者必须对企业营运能力、偿债能力、盈利能力及发展能力的全部信息予以详尽了解和掌握。（　　）
3. 权益乘数的高低取决于企业的资本结构：资产负债率越低，权益乘数越高，财务风险越大。（　　）
4. 一般而言，利息保障倍数越大，企业可以偿还债务的可能性也越大。（　　）
5. 财务报表中的数据，均是企业过去经济活动的结果和总结，用于预测未来发展趋势，有参考价值，绝对合理。（　　）
6. 在计算应收账款周转次数时，公式分母通常是指扣除坏账准备前的余额的平均。（　　）
7. 每股股利与企业获利能力是反方向变动的。（　　）
8. 财务绩效定量评价基本指标计分是运用综合分析判断法原理，以企业评价指标实际值对照企业所处行业（规模）标准值，按照既定的计分模型进行定量测算。（　　）
9. 环比动态比率，是以某一时期的数额为固定的基期数额而计算出来的动态比率。（　　）
10. 认股权证、股票期权等的行权价格高于当期普通股平均市场价格时，应当考虑其稀释性。（　　）

四、计算题

1. ABC 公司 2015 年的财务数据如下：

收入	4000 万元
净利	640 万元
股利	192 万元
普通股股数	400 万股
年末资产总额	4000 万元
年末权益乘数	4（负债均为借款，负债平均利率 10%）

该公司股票属于固定成长股利股票，股利增长率为 6%。假设普通股股数当年没有发生

增减变化。

要求：

（1）计算该公司 2015 年的基本每股收益、每股净资产和净资产收益率；

（2）假设 2015 年 12 月 31 日的股票价格为 25 元，计算该股票的资本成本率；

（3）计算 2015 年 12 月 31 日该公司股票的市盈率。

2．ABC 公司近 3 年的主要财务数据和财务比率如下：

单位：万元

项目	2013 年	2014 年	2015 年
销售收入	4000	4300	3800
净利润	300	202.1	98.8
年末资产	1430	1560	1695
年末股东权益	600	650	650

要求：

（1）计算 2014 年和 2015 年的净资产收益率、销售净利率、总资产周转率和权益乘数。

（2）利用因素分析法分析说明该公司 2015 年与 2014 年相比净资产收益率的变化及其原因（按销售净利率、总资产周转率、权益乘数顺序）（总资产周转率保留四位小数）。

附录 A　资金时间价值系数表

表 A-1　1 元复利终值系数表

期数	1%	2%	3%	4%	5%	6%	7%	8%	9%	10%
1	1.0100	1.0200	1.0300	1.0400	1.0500	1.0600	1.0700	1.0800	1.0900	1.1000
2	1.0201	1.0404	1.0609	1.0816	1.1025	1.1236	1.1449	1.1664	1.1881	1.2100
3	1.0303	1.0612	1.0927	1.1249	1.1576	1.1910	1.2250	1.2597	1.2950	1.3310
4	1.0406	1.0824	1.1255	1.1699	1.2155	1.2625	1.3108	1.3605	1.4116	1.4641
5	1.0510	1.1041	1.1593	1.2167	1.2763	1.3382	1.4026	1.4693	1.5386	1.6105
6	1.0615	1.1262	1.1941	1.2653	1.3401	1.4185	1.5007	1.5869	1.6771	1.7716
7	1.0721	1.1487	1.2299	1.3159	1.4071	1.5036	1.6058	1.7138	1.8280	1.9487
8	1.0829	1.1717	1.2668	1.3686	1.4775	1.5938	1.7182	1.8509	1.9926	2.1436
9	1.0937	1.1951	1.3048	1.4233	1.5513	1.6895	1.8385	1.9990	2.1719	2.3579
10	1.1046	1.2190	1.3439	1.4802	1.6289	1.7908	1.9672	2.1589	2.3674	2.5937
11	1.1157	1.2434	1.3842	1.5395	1.7103	1.8983	2.1049	2.3316	2.5804	2.8531
12	1.1268	1.2682	1.4258	1.6010	1.7959	2.0122	2.2522	2.5182	2.8127	3.1384
13	1.1381	1.2936	1.4685	1.6651	1.8856	2.1329	2.4098	2.7196	3.0658	3.4523
14	1.1495	1.3195	1.5126	1.7317	1.9799	2.2609	2.5785	2.9372	3.3417	3.7975
15	1.1610	1.3459	1.5580	1.8009	2.0789	2.3966	2.7590	3.1722	3.6425	4.1772
16	1.1726	1.3728	1.6047	1.8730	2.1829	2.5404	2.9522	3.4259	3.9703	4.5950
17	1.1843	1.4002	1.6528	1.9479	2.2920	2.6928	3.1588	3.7000	4.3276	5.0545
18	1.1961	1.4282	1.7024	2.0258	2.4066	2.8543	3.3799	3.9960	4.7171	5.5599
19	1.2081	1.4568	1.7535	2.1068	2.5270	3.0256	3.6165	4.3157	5.1417	6.1159
20	1.2202	1.4859	1.8061	2.1911	2.6533	3.2071	3.8697	4.6610	5.6044	6.7275
21	1.2324	1.5157	1.8603	2.2788	2.7860	3.3996	4.1406	5.0338	6.1088	7.4002
22	1.2447	1.5460	1.9161	2.3699	2.9253	3.6035	4.4304	5.4365	6.6586	8.1403
23	1.2572	1.5769	1.9736	2.4647	3.0715	3.8197	4.7405	5.8715	7.2579	8.9543
24	1.2697	1.6084	2.0328	2.5633	3.2251	4.0489	5.0724	6.3412	7.9111	9.8497
25	1.2824	1.6406	2.0938	2.6658	3.3864	4.2919	5.4274	6.8485	8.6231	10.835

续表

期数	1%	2%	3%	4%	5%	6%	7%	8%	9%	10%
26	1.2953	1.6734	2.1566	2.7725	3.5557	4.5494	5.8074	7.3964	9.3992	11.918
27	1.3082	1.7069	2.2213	2.8834	3.7335	4.8223	6.2139	7.9881	10.245	13.110
28	1.3213	1.7410	2.2879	2.9987	3.9201	5.1117	6.6488	8.6271	11.167	14.421
29	1.3345	1.7758	2.3566	3.1187	4.1161	5.4184	7.1143	9.3173	12.172	15.863
30	1.3478	1.8114	2.4273	3.2434	4.3219	5.7435	7.6123	10.063	13.268	17.449
40	1.4889	2.2080	3.2620	4.8010	7.0400	10.286	14.794	21.725	31.408	45.259
50	1.6446	2.6916	4.3839	7.1067	11.467	18.420	29.457	46.902	74.358	117.39
60	1.8167	3.2810	5.8916	10.520	18.679	32.988	57.946	101.26	176.03	304.48
期数	12%	14%	15%	16%	18%	20%	24%	28%	32%	36%
1	1.1200	1.1400	1.1500	1.1600	1.1800	1.2000	1.2400	1.2800	1.3200	1.3600
2	1.2544	1.2996	1.3225	1.3456	1.3924	1.4400	1.5376	1.6384	1.7424	1.8496
3	1.4049	1.4815	1.5209	1.5609	1.6430	1.7280	1.9066	2.0972	2.3000	2.5155
4	1.5735	1.6890	1.7490	1.8106	1.9388	2.0736	2.3642	2.6844	3.0360	3.4210
5	1.7623	1.9254	2.0114	2.1003	2.2878	2.4883	2.9316	3.4360	4.0075	4.6526
6	1.9738	2.1950	2.3131	2.4364	2.6996	2.9860	3.6352	4.3980	5.2899	6.3275
7	2.2107	2.5023	2.6600	2.8262	3.1855	3.5832	4.5077	5.6295	6.9826	8.6054
8	2.4760	2.8526	3.0590	3.2784	3.7589	4.2998	5.5895	7.2058	9.2170	11.703
9	2.7731	3.2519	3.5179	3.8030	4.4355	5.1598	6.9310	9.2234	12.166	15.917
10	3.1058	3.7072	4.0456	4.4114	5.2338	6.1917	8.5944	11.806	16.060	21.647
11	3.4785	4.2262	4.6524	5.1173	6.1759	7.4301	10.657	15.112	21.119	29.439
12	3.8960	4.8179	5.3503	5.9360	7.2876	8.9161	13.215	19.343	27.983	40.037
13	4.3635	5.4924	6.1528	6.8858	8.5994	10.699	16.386	24.759	36.937	54.451
14	4.8871	6.2613	7.0757	7.9875	10.147	12.839	20.319	31.691	48.757	74.053
15	5.4736	7.1379	8.1371	9.2655	11.974	15.407	25.196	40.565	64.395	100.71
16	6.1304	8.1372	9.3576	10.748	14.129	18.488	31.243	51.923	84.954	136.97
17	6.8660	9.2765	10.761	12.468	16.672	22.186	38.741	66.461	112.14	186.28
18	7.6900	10.575	12.376	14.463	19.673	26.623	48.039	85.071	148.02	253.34
19	8.6128	12.056	14.232	16.777	23.214	31.948	59.568	108.89	195.39	344.54
20	9.6463	13.744	16.367	19.461	27.393	38.338	73.864	139.38	257.92	468.57
21	10.804	15.668	18.822	22.575	32.324	46.005	91.592	178.41	340.45	637.26

续表

期数	12%	14%	15%	16%	18%	20%	24%	28%	32%	36%
22	12.100	17.861	21.645	26.186	38.142	55.206	113.57	228.36	449.39	866.67
23	13.552	20.362	24.892	30.376	45.008	66.247	140.83	292.30	593.20	1178.7
24	15.179	23.212	28.625	35.236	53.109	79.497	174.63	374.14	783.02	1603.0
25	17.000	26.462	32.919	40.874	62.669	95.396	216.54	478.90	1033.6	2180.1
26	19.040	30.167	37.857	47.414	73.949	114.48	268.51	613.00	1364.3	2964.9
27	21.325	34.390	43.535	55.000	87.260	137.37	332.96	784.64	1800.9	4032.3
28	23.884	39.205	50.066	63.800	102.97	164.84	412.86	1004.3	2377.2	5483.9
29	26.750	44.693	57.576	74.009	121.50	197.81	511.95	1285.6	3137.9	7458.1
30	29.960	50.950	66.212	85.850	143.37	237.38	634.82	1645.5	4142.1	10143
40	93.051	188.83	267.86	378.72	750.38	1469.8	5455.9	19427	66521	*
50	289.00	700.23	1083.7	1670.7	3927.4	9100.4	46890	*	*	*
60	897.60	2595.9	4384.0	7370.2	20555	56348	*	*	*	*

注：* >99999。

表 A-2　1 元复利现值系数表

期数	1%	2%	3%	4%	5%	6%	7%	8%	9%	10%
1	0.9901	0.9804	0.9709	0.9615	0.9524	0.9434	0.9346	0.9259	0.9174	0.9091
2	0.9803	0.9612	0.9426	0.9246	0.9070	0.8900	0.8734	0.8573	0.8417	0.8264
3	0.9706	0.9423	0.9151	0.8890	0.8638	0.8396	0.8163	0.7938	0.7722	0.7513
4	0.9610	0.9238	0.8885	0.8548	0.8227	0.7921	0.7629	0.7350	0.7084	0.6830
5	0.9515	0.9057	0.8626	0.8219	0.7835	0.7473	0.7130	0.6806	0.6499	0.6209
6	0.9420	0.8880	0.8375	0.7903	0.7462	0.7050	0.6663	0.6302	0.5963	0.5645
7	0.9327	0.8706	0.8131	0.7599	0.7107	0.6651	0.6227	0.5835	0.5470	0.5132
8	0.9235	0.8535	0.7894	0.7307	0.6768	0.6274	0.5820	0.5403	0.5019	0.4665
9	0.9143	0.8368	0.7664	0.7026	0.6446	0.5919	0.5439	0.5002	0.4604	0.4241
10	0.9053	0.8203	0.7441	0.6756	0.6139	0.5584	0.5083	0.4632	0.4224	0.3855
11	0.8963	0.8043	0.7224	0.6496	0.5847	0.5268	0.4751	0.4289	0.3875	0.3505
12	0.8874	0.7885	0.7014	0.6246	0.5568	0.4970	0.4440	0.3971	0.3555	0.3186
13	0.8787	0.7730	0.6810	0.6006	0.5303	0.4688	0.415	0.3677	0.3262	0.2897
14	0.8700	0.7579	0.6611	0.5775	0.5051	0.4423	0.3878	0.3405	0.2992	0.2633
15	0.8613	0.7430	0.6419	0.5553	0.4810	0.4173	0.3624	0.3152	0.2745	0.2394
16	0.8528	0.7284	0.6232	0.5339	0.4581	0.3936	0.3387	0.2919	0.2519	0.2176

续表

期数	1%	2%	3%	4%	5%	6%	7%	8%	9%	10%
17	0.8444	0.7142	0.6050	0.5134	0.4363	0.3714	0.3166	0.2703	0.2311	0.1978
18	0.8360	0.7002	0.5874	0.4936	0.4155	0.3503	0.2959	0.2502	0.2120	0.1799
19	0.8277	0.6864	0.5703	0.4746	0.3957	0.3305	0.2765	0.2317	0.1945	0.1635
20	0.8195	0.6730	0.5537	0.4564	0.3769	0.3118	0.2584	0.2145	0.1784	0.1486
21	0.8114	0.6598	0.5375	0.4388	0.3589	0.2942	0.2415	0.1987	0.1637	0.1351
22	0.8034	0.6468	0.5219	0.4220	0.3418	0.2775	0.2257	0.1839	0.1502	0.1228
23	0.7954	0.6342	0.5067	0.4057	0.3256	0.2618	0.2109	0.1703	0.1378	0.1117
24	0.7876	0.6217	0.4919	0.3901	0.3101	0.2470	0.1971	0.1577	0.1264	0.1015
25	0.7798	0.6095	0.4776	0.3751	0.2953	0.2330	0.1842	0.1460	0.1160	0.0923
26	0.7720	0.5976	0.4637	0.3607	0.2812	0.2198	0.1722	0.1352	0.1064	0.0839
27	0.7644	0.5859	0.4502	0.3468	0.2678	0.2074	0.1609	0.1252	0.0976	0.0763
28	0.7568	0.5744	0.4371	0.3335	0.2551	0.1956	0.1504	0.1159	0.0895	0.0693
29	0.7493	0.5631	0.4243	0.3207	0.2429	0.1846	0.1406	0.1073	0.0822	0.0630
30	0.7419	0.5521	0.4120	0.3083	0.2314	0.1741	0.1314	0.0994	0.0754	0.0573
35	0.7059	0.5000	0.3554	0.2534	0.1813	0.1301	0.0937	0.6760	0.0490	0.0356
40	0.6717	0.4529	0.3066	0.2083	0.1420	0.0972	0.0668	0.0460	0.0318	0.0221
45	0.6391	0.4102	0.2644	0.1712	0.1113	0.0727	0.0476	0.0313	0.0207	0.0137
50	0.6080	0.3715	0.2281	0.1407	0.0872	0.0543	0.0339	0.0213	0.0134	0.0085
55	0.5785	0.3365	0.1968	0.1157	0.0683	0.0406	0.0242	0.0145	0.0087	0.0053

期数	12%	14%	15%	16%	18%	20%	24%	28%	32%	36%
1	0.8929	0.8772	0.8696	0.8621	0.8475	0.8333	0.8065	0.7813	0.7576	0.7353
2	0.7972	0.7695	0.7561	0.7432	0.7182	0.6944	0.6504	0.6104	0.5739	0.5407
3	0.7118	0.6750	0.6575	0.6407	0.6086	0.5787	0.5245	0.4768	0.4348	0.3975
4	0.6355	0.5921	0.5718	0.5523	0.5158	0.4823	0.4230	0.3725	0.3294	0.2923
5	0.5674	0.5194	0.4972	0.4761	0.4371	0.4019	0.3411	0.291	0.2495	0.2149
6	0.5066	0.4556	0.4323	0.4104	0.3704	0.3349	0.2751	0.2274	0.1890	0.1580
7	0.4523	0.3996	0.3759	0.3538	0.3139	0.2791	0.2218	0.1776	0.1432	0.1162
8	0.4039	0.3506	0.3269	0.3050	0.2660	0.2326	0.1789	0.1388	0.1085	0.0854
9	0.3606	0.3075	0.2843	0.2630	0.2255	0.1938	0.1443	0.1084	0.0822	0.0628
10	0.322	0.2697	0.2472	0.2267	0.1911	0.1615	0.1164	0.0847	0.0623	0.0462
11	0.2875	0.2366	0.2149	0.1954	0.1619	0.1346	0.0938	0.0662	0.0472	0.0340

续表

期数	12%	14%	15%	16%	18%	20%	24%	28%	32%	36%
12	0.2567	0.2076	0.1869	0.1685	0.1372	0.1122	0.0757	0.0517	0.0357	0.0250
13	0.2292	0.1821	0.1625	0.1452	0.1163	0.0935	0.0610	0.0404	0.0271	0.0184
14	0.2046	0.1597	0.1413	0.1252	0.0985	0.0779	0.0492	0.0316	0.0205	0.0135
15	0.1827	0.1401	0.1229	0.1079	0.0835	0.0649	0.0397	0.0247	0.0155	0.0099
16	0.1631	0.1229	0.1069	0.0930	0.0708	0.0541	0.0320	0.0193	0.0118	0.0073
17	0.1456	0.1078	0.0929	0.0802	0.0600	0.0451	0.0258	0.0150	0.0089	0.0054
18	0.1300	0.0946	0.0808	0.0691	0.0508	0.0376	0.0208	0.0118	0.0068	0.0039
19	0.1161	0.0829	0.0703	0.0596	0.0431	0.0313	0.0168	0.0092	0.0051	0.0029
20	0.1037	0.0728	0.0611	0.0514	0.0365	0.0261	0.0135	0.0072	0.0039	0.0021
21	0.0926	0.0638	0.0531	0.0443	0.0309	0.0217	0.0109	0.0056	0.0029	0.0016
22	0.0826	0.0560	0.0462	0.0382	0.0262	0.0181	0.0088	0.0044	0.0022	0.0012
23	0.0738	0.0491	0.0402	0.0329	0.0222	0.0151	0.0071	0.0034	0.0017	0.0008
24	0.0659	0.0431	0.0349	0.0284	0.0188	0.0126	0.0057	0.0027	0.0013	0.0006
25	0.0588	0.0378	0.0304	0.0245	0.0160	0.0105	0.0046	0.0021	0.0010	0.0005
26	0.0525	0.0331	0.0264	0.0211	0.0135	0.0087	0.0037	0.0016	0.0007	0.0003
27	0.0469	0.0291	0.0230	0.0182	0.0115	0.0073	0.0030	0.0013	0.0006	0.0002
28	0.0419	0.0255	0.0200	0.0157	0.0097	0.0061	0.0024	0.0010	0.0004	0.0002
29	0.0374	0.0224	0.0174	0.0135	0.0082	0.0051	0.002	0.0008	0.0003	0.0001
30	0.0334	0.0196	0.0151	0.0116	0.007	0.0042	0.0016	0.0006	0.0002	0.0001
35	0.0189	0.0102	0.0075	0.0055	0.0030	0.0017	0.0005	0.0002	0.0001	*
40	0.0107	0.0053	0.0037	0.0026	0.0013	0.0007	0.0002	0.0001	*	*
45	0.0061	0.0027	0.0019	0.0013	0.0006	0.0003	0.0001	*	*	*
50	0.0035	0.0014	0.0009	0.0006	0.0003	0.0001	*	*	*	*
55	0.0020	0.0007	0.0005	0.0003	0.0001	*	*	*	*	*

注：*＜0.0001。

表 A-3　1 元年金终值系数表

期数	1%	2%	3%	4%	5%	6%	7%	8%	9%	10%
1	1.0000	1.0000	1.0000	1.0000	1.0000	1.0000	1.0000	1.0000	1.0000	1.0000
2	2.0100	2.0200	2.0300	2.0400	2.0500	2.0600	2.0700	2.0800	2.0900	2.1000
3	3.0301	3.0604	3.0909	3.1216	3.1525	3.1836	3.2149	3.2464	3.2781	3.3100
4	4.0604	4.1216	4.1836	4.2465	4.3101	4.3746	4.4399	4.5061	4.5731	4.6410
5	5.1010	5.2040	5.3091	5.4163	5.5256	5.6371	5.7507	5.8666	5.9847	6.1051

续表

期数	1%	2%	3%	4%	5%	6%	7%	8%	9%	10%
6	6.1520	6.3081	6.4684	6.6330	6.8019	6.9753	7.1533	7.3359	7.5233	7.7156
7	7.2135	7.4343	7.6625	7.8983	8.1420	8.3938	8.6540	8.9228	9.2004	9.4872
8	8.2857	8.5830	8.8923	9.2142	9.5491	9.8975	10.260	10.637	11.029	11.436
9	9.3685	9.7546	10.159	10.583	11.027	11.491	11.978	12.488	13.021	13.580
10	10.462	10.950	11.464	12.006	12.578	13.181	13.816	14.487	15.193	15.937
11	11.567	12.169	12.808	13.486	14.207	14.972	15.784	16.646	17.560	18.531
12	12.683	13.412	14.192	15.026	15.917	16.870	17.889	18.977	20.141	21.384
13	13.809	14.680	15.618	16.627	17.713	18.882	20.141	21.495	22.953	24.523
14	14.947	15.974	17.086	18.292	19.599	21.015	22.551	24.215	26.019	27.975
15	16.097	17.293	18.599	20.024	21.579	23.276	25.129	27.152	29.361	31.773
16	17.258	18.639	20.157	21.825	23.658	25.673	27.888	30.324	33.003	35.950
17	18.430	20.012	21.762	23.698	25.840	28.213	30.840	33.750	36.974	40.545
18	19.615	21.412	23.414	25.645	28.132	30.906	33.999	37.450	41.301	45.599
19	20.811	22.841	25.117	27.671	30.539	33.760	37.379	41.446	46.019	51.159
20	22.019	24.297	26.870	29.778	33.066	36.786	40.996	45.762	51.160	57.275
21	23.239	25.783	28.677	31.969	35.719	39.993	44.865	50.423	56.765	64.003
22	24.472	27.299	30.537	34.248	38.505	43.392	49.006	55.457	62.873	71.403
23	25.716	28.845	32.453	36.618	41.431	46.996	53.436	60.893	69.532	79.543
24	26.974	30.422	34.427	39.083	44.502	50.816	58.177	66.765	76.790	88.497
25	28.243	32.030	36.459	41.646	47.727	54.865	63.249	73.106	84.701	98.347
26	29.526	33.671	38.553	44.312	51.114	59.156	68.677	79.954	93.324	109.18
27	30.821	35.344	40.710	47.084	54.669	63.706	74.484	87.351	102.72	121.10
28	32.129	37.051	42.931	49.968	58.403	68.528	80.698	95.339	112.97	134.21
29	33.450	38.792	45.219	52.966	62.323	73.640	87.347	103.97	124.14	148.63
30	34.785	40.568	47.575	56.085	66.439	79.058	94.461	113.28	136.31	164.49
40	48.886	60.402	75.401	95.026	120.80	154.76	199.64	259.06	337.88	442.59
50	64.463	84.579	112.80	152.67	209.35	290.34	406.53	573.77	815.08	1163.9
60	81.670	114.05	163.05	237.99	353.58	533.13	813.52	1253.2	1944.8	3034.8

续表

期数	12%	14%	15%	16%	18%	20%	24%	28%	32%	36%
1	1.0000	1.0000	1.0000	1.0000	1.0000	1.0000	1.0000	1.0000	1.0000	1.0000
2	2.1200	2.1400	2.1500	2.1600	2.1800	2.2000	2.2400	2.2800	2.3200	2.3600
3	3.3744	3.4396	3.4725	3.5056	3.5724	3.6400	3.7776	3.9184	3.0624	3.2096
4	4.7793	4.9211	4.9934	5.0665	5.2154	5.3680	5.6842	6.0156	6.3624	6.7251
5	6.3528	6.6101	6.7424	6.8771	7.1542	7.4416	8.0484	8.6999	9.3983	10.146
6	8.1152	8.5355	8.7537	8.9775	9.4420	9.9299	10.980	12.136	13.406	14.799
7	10.089	10.731	11.067	11.414	12.142	12.916	14.615	16.534	18.696	21.126
8	12.300	13.233	13.727	14.240	15.327	16.499	19.123	22.163	25.678	29.732
9	14.776	16.085	16.786	17.519	19.086	20.799	24.713	29.369	34.895	41.435
10	17.549	19.337	20.304	21.322	23.521	25.959	31.643	38.593	47.062	57.352
11	20.655	23.045	24.349	25.733	28.755	32.150	40.238	50.399	63.122	78.988
12	24.133	27.271	29.002	30.850	34.931	39.581	50.895	65.510	84.320	108.44
13	28.029	32.089	34.352	36.786	42.219	48.497	64.110	84.853	112.30	148.47
14	32.393	37.581	40.505	43.672	50.818	59.196	80.496	109.61	149.24	202.93
15	37.280	43.842	47.580	51.660	60.965	72.035	100.82	141.30	198.00	276.98
16	42.753	50.980	55.718	60.925	72.939	87.442	126.01	181.87	262.36	377.69
17	48.884	59.118	65.075	71.673	87.068	105.93	157.25	233.79	347.31	514.66
18	55.750	68.394	75.836	84.141	103.74	128.12	195.99	300.25	459.45	770.94
19	63.440	78.969	88.212	98.603	123.41	154.74	244.03	385.32	607.47	954.28
20	72.052	91.025	102.44	115.38	146.63	186.69	303.60	494.21	802.86	1298.8
21	81.699	104.77	118.81	134.84	174.02	225.03	377.46	633.59	1060.8	1767.4
22	92.503	120.44	137.63	157.42	206.34	271.03	469.06	812.00	1401.2	2404.7
23	104.60	138.30	159.28	183.60	244.49	326.24	582.63	1040.4	1850.6	3271.3
24	118.16	158.66	184.17	213.98	289.49	392.48	723.46	1332.7	2443.8	4450.0
25	133.33	181.87	212.79	249.21	342.60	471.98	898.09	1706.8	3226.8	6053.0
26	150.33	208.33	245.71	290.09	405.27	567.38	1114.6	2185.7	4260.4	8233.1
27	169.37	238.50	283.57	337.50	479.22	681.85	1383.1	2798.7	5624.8	11198
28	190.70	272.89	327.10	392.50	566.48	819.22	1716.1	3583.3	7425.7	1523.03
29	214.58	312.09	377.17	456.30	669.45	984.07	2129.0	4587.7	9802.9	20 714.2
30	241.33	356.79	434.75	530.31	790.95	1181.9	2640.9	5873.2	12941	28 172.3
40	767.09	1342.0	1779.1	2360.8	4163.2	7343.2	27290	69377	*	*

续表

期数	12%	14%	15%	16%	18%	20%	24%	28%	32%	36%
50	2400.0	4994.5	7217.7	10436	21813	45497	*	*	*	*
60	7471.6	18535	29220	46058	*	*	*	*	*	*

注：* >99999。

表 A-4　1 元年金现值系数表

期数	1%	2%	3%	4%	5%	6%	7%	8%	9%	10%
1	0.9901	0.9804	0.9709	0.9615	0.9524	0.9434	0.9346	0.9259	0.9174	0.9091
2	1.9704	1.9416	1.9135	1.8861	1.8594	1.8334	1.8080	1.7833	1.7591	1.7355
3	2.9410	2.8839	2.8286	2.7751	2.7232	2.6730	2.6243	2.5771	2.5313	2.4869
4	3.9020	3.8077	3.7171	3.6299	3.546	3.4651	3.3872	3.3121	3.2397	3.1699
5	4.8534	4.7135	4.5797	4.4518	4.3295	4.2124	4.1002	3.9927	3.8897	3.7908
6	5.7955	5.6014	5.4172	5.2421	5.0757	4.9173	4.7665	4.6229	4.4859	4.3553
7	6.7282	6.4720	6.2303	6.0021	5.7864	5.5824	5.3893	5.2064	5.0330	4.8684
8	7.6517	7.3255	7.0197	6.7327	6.4632	6.2098	5.9713	5.7466	5.5348	5.3349
9	8.5660	8.1622	7.7861	7.4353	7.1078	6.8017	6.5152	6.2469	5.9952	5.7590
10	9.4713	8.9826	8.5302	8.1109	7.7217	7.3601	7.0236	6.7101	6.4177	6.1446
11	10.368	9.7868	9.2526	8.7605	8.3064	7.8869	7.4987	7.139	6.8052	6.4951
12	11.255	10.575	9.9540	9.3851	8.8633	8.3838	7.9427	7.5361	7.1607	6.8137
13	12.134	11.348	10.635	9.9856	9.3936	8.8527	8.3577	7.9038	7.4869	7.1034
14	13.004	12.106	11.296	10.563	9.8986	9.2950	8.7455	8.2442	7.7862	7.3667
15	13.865	12.849	11.938	11.118	10.380	9.7122	9.1079	8.5595	8.0607	7.6061
16	14.718	13.578	12.561	11.652	10.838	10.106	9.4466	8.8514	8.3126	7.8237
17	15.562	14.292	13.166	12.166	11.274	10.477	9.7632	9.1216	8.5436	8.0216
18	16.398	14.992	13.754	12.659	11.690	10.828	10.059	9.3719	8.7556	8.0216
19	17.226	15.679	14.324	13.134	12.085	11.158	10.336	9.6036	8.9601	8.3649
20	18.046	16.351	14.878	13.590	12.462	11.470	10.594	9.8181	9.1285	8.5136
21	18.857	17.011	15.415	14.029	12.821	11.764	10.836	10.017	9.02922	8.6487
22	19.660	17.658	15.937	14.451	13.4886	12.3034	11.061	10.201	9.4424	8.7715
23	20.456	18.292	16.444	14.857	13.489	12.303	11.272	10.371	9.5802	8.8832
24	21.243	18.914	16.936	15.247	13.799	12.550	11.469	10.529	9.7066	8.9847
25	22.023	19.524	17.413	15.622	14.094	12.783	11.654	10.675	9.8226	9.0770

续表

期数	1%	2%	3%	4%	5%	6%	7%	8%	9%	10%
26	22.795	20.121	17.877	15.983	14.375	13.003	11.826	10.810	9.9290	9.1609
27	23.560	20.7059	18.327	16.330	14.643	13.211	11.987	10.935	10.027	9.2372
28	24.316	21.281	18.764	16.663	14.898	13.406	12.137	11.051	10.116	9.3066
29	25.066	21.844	19.189	16.984	15.141	13.591	12.278	11.158	10.198	9.3696
30	25.808	22.397	19.600	17.292	15.373	13.765	12.409	11.258	10.274	9.4269
35	29.409	24.999	21.487	18.665	16.374	14.498	12.948	11.655	10.567	9.6442
40	32.835	27.356	23.115	19.793	17.159	15.046	13.332	11.925	10.757	9.7791
45	36.095	29.490	24.519	20.720	17.774	15.456	13.606	12.108	10.881	9.8628
50	39.196	31.424	25.730	21.482	18.256	15.762	13.801	12.234	10.962	9.9148
55	42.147	33.175	26.774	22.109	18.634	15.991	13.940	12.319	11.014	9.9471

期数	12%	14%	15%	16%	18%	20%	24%	28%	32%
1	0.8929	0.8772	0.8696	0.8621	0.8475	0.8333	0.8065	0.7813	0.7576
2	1.6901	1.6467	1.6257	1.6052	1.5656	1.5278	1.4568	1.3916	1.3315
3	2.4018	2.3216	2.2832	2.2459	2.1743	2.1065	1.9813	1.8684	1.7663
4	3.0373	2.9137	2.8550	2.7982	2.6901	2.5887	2.4043	2.2410	2.0957
5	3.6048	3.4331	3.3522	3.2743	3.1272	2.9906	2.7454	2.5320	2.3452
6	4.1114	3.8887	3.7845	3.6847	3.4976	3.3255	3.0205	2.7594	2.5342
7	4.5638	4.2883	4.1604	4.0386	3.8115	3.6046	3.2423	2.9370	2.6775
8	4.9676	4.6389	4.4873	4.3436	4.0776	3.8372	3.4212	3.0758	2.786
9	5.3282	4.9464	4.7716	4.6065	4.3030	4.0310	3.5655	3.1842	2.8681
10	5.6502	5.2161	5.0188	4.8332	4.4941	4.1925	3.6819	3.2689	2.9304
11	5.9377	5.4527	5.2337	5.0286	4.656	4.3271	3.7757	3.3351	2.9776
12	6.1944	5.6603	5.4206	5.1971	4.7932	4.4392	3.8514	3.3868	3.0133
13	6.4235	5.8424	5.5831	5.3423	4.9095	4.5327	3.9124	3.4272	3.0404
14	6.6282	6.0021	5.7245	5.4675	5.0081	4.6106	3.9616	3.4587	3.0609
15	6.8109	6.1422	5.8474	5.5755	5.0916	4.6755	4.0013	3.4834	3.0764
16	6.9740	6.2651	5.9542	5.6685	5.1624	4.7296	4.0333	3.5026	3.0882
17	7.1196	6.3729	6.0472	5.7487	5.2223	4.7746	4.0591	3.5177	3.0971
18	7.2497	6.4674	6.1280	5.8178	5.2732	4.8122	4.0799	3.5294	3.1039
19	7.3658	6.5504	6.1982	5.8775	5.3162	4.8435	4.0967	3.5386	3.1090
20	7.4694	6.6231	6.2593	5.9288	5.3527	4.8696	4.1103	3.5458	3.1129

续表

期数	12%	14%	15%	16%	18%	20%	24%	28%	32%
21	7.5620	6.6870	6.3125	5.9731	5.3837	4.8913	4.1212	3.5514	3.1158
22	7.6446	6.7429	6.3587	6.0113	5.4099	4.9094	4.1300	3.5558	3.1180
23	7.7184	6.7921	6.3988	6.0442	5.4321	4.9245	4.1371	3.5592	3.1197
24	7.7843	6.8351	6.4338	6.0726	5.4509	4.9371	4.1428	3.5619	3.1210
25	7.8431	6.8729	6.4641	6.0971	5.4669	4.9476	4.1474	3.5640	3.1220
26	7.8957	6.9061	6.4906	6.1182	5.4804	4.9563	4.1511	3.5656	3.1227
27	7.9426	6.9352	6.5135	6.1364	5.4919	4.9636	4.1542	3.5669	3.1233
28	7.9844	6.9607	6.5335	6.1520	5.5016	4.9697	4.1566	3.5679	3.1237
29	8.0218	6.9830	6.5509	6.1656	5.5098	4.9747	4.1585	3.5687	3.1240
30	8.0552	7.0027	6.5660	6.1772	5.5168	4.9789	4.1601	3.5693	3.1242
35	8.1755	7.0700	6.6166	6.2153	5.5386	4.9915	4.1644	3.5708	3.1248
40	8.2438	7.1050	6.6418	6.2335	5.5482	4.1659	4.1659	3.5712	3.1250
45	8.2825	7.1232	6.6543	6.2421	5.5523	4.9986	4.1664	3.5714	3.1250
50	8.3045	7.1327	6.6605	6.2463	5.5541	4.9995	4.1666	3.5714	3.1250
55	8.3170	7.1376	6.6636	6.2482	5.5549	4.9998	4.1666	3.5714	3.1250

参 考 文 献

[1] 刘淑莲，牛彦秀．企业财务管理．东北财经大学出版社，2007.
[2] 斯蒂芬·R·福斯特．财务管理基础．中国人民大学出版社，2006.
[3] 詹姆斯·范霍恩著．财务管理与政策．东北财经大学出版社，2006.
[4] 注册会计师协会．财务成本管理．财政科学出版社，2007.
[5] 李雪莲．公司财务学．科学出版社，2007.
[6] 荆新等．财务管理学．中国人民大学出版社，2002.
[7] 财政部会计资格评价中心编．财务管理．中国财政经济出版社，2007.
[8] 汪平著．财务理论．经济管理出版社，2003.
[9] 张显国．财务管理．北京：机械工业出版社，2006.
[10] 王化成．高级财务管理学．北京：中国人民大学出版社，2003.
[11] 余绪缨．管理会计学．北京：中国人民大学出版社，1999.
[12] 陆正飞．高级财务管理．杭州：浙江人民出版社，2000.
[13] 财政部会计资格评价中心编．财务管理．北京：中国财政经济出版社，2007.
[14] 钟新桥等．现代企业财务管理．武汉：武汉理工大学出版社，2006.
[15] 谷祺．财务管理．大连：东北财经大学出版社，2007.
[16] 汤谷良．企业财务管理学．北京：经济科学出版社，2000.
[17] 王庆成．财务管理学．北京：高等教育出版社，2004.
[18] 财政部注册会计师考试委员会办公室．财务成本管理．北京：经济科学出版社，2007.
[19] 托马斯·科普兰等．财务理论与公司政策．东北财经大学出版社，2003.
[20] 詹姆斯·范霍恩．现代企业财务管理．经济科学出版社，2002.
[21] 罗斯等著．公司理财基础．东北财经大学出版社，2001.
[22] 刘淑莲．高级财务管理理论与实务．大连：东北财经大学出版社，2005.
[23] 陈勇．财务管理案例教程．北京大学出版社 2003.
[24] 王化成．财务管理教学案例．中国人民大学出版社，2005.
[25] 陈文浩．公司财务．上海：上海财经大学出版社，2003.
[26] 吴唐青．MBA 典型案例评析．安徽人民出版社，2002.
[27] 郑明望．财务管理．湖南大学出版社，2006.
[28] 郑明望．项目投资决策．湖南大学出版社，2009.
[29] 王静．中小企业标准化财务管理解决方案．经济科学出版社，2006.
[30] 夏鸾．企业纳税筹划操作实务．首都经贸大学出版社，2005.

反侵权盗版声明

举报电话：（010）88254396；（010）88258888

传　　真：（010）88254397

E-mail：　dbqq@phei.com.cn

通信地址：北京市海淀区万寿路 173 信箱

电子工业出版社总编办公室

邮　　编：100036